Hermann Schreiber · Irland

Hermann Schreiber

Irland

Seine Geschichte – seine Menschen

Bechtermünz Verlag

Genehmigte Lizenzausgabe für Bechtermünz Verlag
im Weltbild Verlag GmbH, Augsburg 1997
Copyright by Casimir Katz Verlag, Gernsbach 1997
Einbandgestaltung: Casimir Katz Verlag, Gernsbach
Umschlagmotiv: Siegfried Kuttig, Lüneburg
Gesamtherstellung: Wiener Verlag, Himberg bei Wien
Printed in Austria
ISBN 3-86047-859-1

Inhalt

Zwei Flughäfen, zwei Frauen	7
Als Irland keine Insel war	11
Das Volk der großen Steine	23
Ein Volk sorgt für Farbe	34
Der Schritt in die Geschichte	49
Kunst und Kult	62
Verklungenes Kriegsgeschrei	75
Piraten bringen den Glauben	89
Leben im Mittelalter	120
Die Heiligen schwärmen aus	127
Wasserwege und Inselschicksale	137
Von der Epte zum Shannon	157
Irland im angevinischen Reich	180
Die ungenutzte Gnadenfrist	205
Tod und dahin	227
Die ganze Wirklichkeit	242
Irland und die Königinnen	269
Eiserne Zeiten	282
Irland im Empire	309
Zwei Weltkriege und endlich 1949	329

Anhang:

Die Könige Englands und (bis 1949) Irlands	343
Zeittafel	345
Literatur-Hinweise	348
Register	350
Geneologische Tafeln	355

Zwei Flughäfen, zwei Frauen

Am 15. Dezember 1923 hatte in der Comédie des Champs-Élysées zu Paris die *Komödie Knock oder der Triumph der Medizin* Premiere; Jules Romains, später durch eine große Romanreihe zu Weltruhm gelangt, erzählt bühnenwirksam von einem Arzt, der eine chancenlose Praxis dadurch zum Erfolg führt, daß er seinen Patienten die romantischsten Krankheiten zuerst einredet und sie dann auf phantasievolle Weise heilt. Knock wurde für die Gebildeten der westlichen Hemisphäre zu einem Synonym für die Kräfte der Imagination, der Phantasie, der mit festem Glauben wiedererrungenen Gesundheit.

Knock ist aber auch der Name des bekanntesten, wenn auch jüngsten Wallfahrtsortes in Irland (und wir können nur hoffen, daß die Namensgleichheit mit jenem Wunderdoktor von Jules Romains nicht beabsichtigt war). Das Städtchen Knock liegt im Osten der Grafschaft Mayo, und dort hatten am 21. August 1879 gleich fünfzehn Katholiken eine gemeinsame Vision: Sie sahen die heilige Familie, vermehrt um den als Bischof gekleideten Johannes der Täufer, dazu schwebten ein Kreuz, ein Lamm und ein Engel über einem Altar. Die Erscheinung hielt aller pflichtgemäßen Skepsis der Kirchenoberen stand, und da die Scharen der Pilger dem Städtchen einen gewissen Wohlstand eingebracht hatten, wurde hundert Jahre nach dem Ereignis eine gewaltige Basilika errichtet, in der 7500 Menschen zugleich beten konnten. Als Papst Johannes Paul II. am 30. September 1979 hier eine Messe zelebrierte, waren es aber eine halbe Million Menschen, die das neue Gotteshaus umgaben.

Angesichts solcher Ziffern entschloß sich Monsignore James Horan, Hausherr der Wallfahrtskirche, in einer leeren und damit billigen Moorlandschaft nördlich des Städtchens einen Pilgerflughafen anlegen zu lassen. Die Mittel, mit denen er den irischen Premier- und den Verkehrsminister dazu brachte, das Projekt ernstzunehmen und die nötigen

Millionen zu bewilligen, waren – nach einem Bericht der *Frankfurter Allgemeinen Zeitung* vom 4. Januar 1996 – eine typisch irische Mischung aus Whiskey, Guinness und tiefstem Glauben an die heilige Jungfrau. London natürlich spottete über den Airport im Moor, aber Monsignore Horan stürmte mit dem Slogan 'Gott ist mein Kopilot' Herzen und Brieftaschen. Heute trägt der Flughafen seinen Namen – ein Flughafen, den nicht nur Pilger dankbar benützen, sondern auch heimwehkranke Iren aus Amerika, Touristen aus aller Welt und deutsche Literaturpilger, die hier in nächster Nähe der Heinrich-Böll-Insel Achill Island auf Torf landen können. Und wer es völlig unchristlich will, den hindert niemand, sich vom Horan-Airport aus schnurstracks auf die *Céide Fields* zu begeben, eine unter Torfschichten wohlerhalten gebliebene steinzeitliche Siedlungslandschaft, etwa fünftausend Jahre alt und seit 1969 teilweise ausgegraben.

Die kleine Geschichte will sagen, daß auf Irland alles möglich war, alles zu finden ist, was der Besucher anzutreffen wünscht, daß es eine Insel der großen und der kleinen Wunder ist und daß wir noch keineswegs am Ende dieser wunderlichen Geschehnisse angelangt sind.

Eines der erfreulichsten trug sich am 4. Juni 1996 zu, einem Dienstag. An diesem Tag kam es nach zwei privaten Begegnungen zum ersten offiziellen Besuch von Mary Robinson, Präsidentin der Republik Irland, bei Königin Elisabeth II. von England. Präsident Hillery, Vorgänger von Mary Robinson, hatte die große Nachbarinsel nur betreten, wenn er auf dem Londoner Flughafen Heathrow die Maschine wechseln mußte und hatte streng darauf geachtet, die Transit-Lounge nicht zu verlassen. Mary Robinson sah dies lockerer; als Katholikin mit einem Protestanten verheiratet, präsidiert sie der Republik auf eine Weise, die zu allen Hoffnungen Anlaß gibt, besucht oft Nordirland und beschränkt sich in London-Heathrow, auch wenn dies keineswegs ein mit frommen Gedanken gegründeter Pilgerflughafen ist, nicht auf die Transiträume, sondern zeigt auf Reisen und in allen Gesprächen, daß die lange Zeit der irischen Berührungsängste vorüber ist. Sie würde gewiß nicht – wie es Hillery getan hat – die Einladung zur Hochzeit des Prinzen von Wales ausschlagen, sofern er es noch einmal wagen sollte.

Dabei ist dieser offene Blick für die Welt, wie er Mary Robinson auszeichnet, inzwischen zu einem Markenzeichen der Iren geworden, die sich so lange auf ihrer Insel gegen die übrige Welt abgeschlossen hatten. Schon seit den Tagen der Pilgerväter gibt es irische Weltbürger, die fremde Kontinente nicht mehr als Missionare aufsuchen wie einst Columban, sondern um in der Welt heimisch zu werden, fern von den Hochmooren, Flüssen und grünen Tälern der heimatlichen Insel. "Ich bin mir", sagte Mary Robinson im Oktober 1996 in Frankfurt am Main in einer Ansprache, "seit längerem bewußt, daß die irische Diaspora für eine Bestimmung dessen, was *irisch* heißt, und für eine Erneuerung des irischen Identitätsbewußtseins angesichts der herannahenden Jahrtausendwende von großer Bedeutung ist. Die irische Diaspora nimmt weltweit Gestalt an, und dieser Prozeß beeinflußt die Herausbildung eines umfassenderen Verständnisses davon, was es heißt, irisch zu sein."

Damit erführe unser Thema eine sehr reizvolle Ausweitung: die Iren als Weltvolk im Gegensatz zu den Hirten und Fischern vom mittelalterlichen Rand Europas. Es ist ein Buch, das vielleicht schon bald geschrieben werden muß, weil es die irische Diaspora ist, die so manches irische Problem weiterschwelen läßt, das andernfalls vielleicht schon mangels Sauerstoffzufuhr zu Asche geworden wäre. Weltweite irische Nostalgie, religiöse Halsstarrigkeit und Machtmittel, wie sie auf der Insel selbst kaum vorhanden sind, haben sich das unglückliche Nordirland zum Schauplatz anachronistischer Dauerkämpfe erwählt, die jeder, der Irland und die Iren liebt, zutiefst bedauern muß, die als Gegenstand der Tagespolitik hier aber ebensowenig dargestellt werden können wie das Weltschicksal der dreißig Millionen Auswanderer und ihrer Nachkommen.

Seit Eamon de Valera hat kein irischer Präsident solche Abstimmungserfolge erzielen können wie Mary Robinson, und wenn auch die Iren nicht unter den galanten Völkern rangieren, so scheinen sie dieser energischen Frau doch die Möglichkeiten und Freiräume zu eröffnen, die sie einem männlichen Politiker nicht gewähren würden. Damit schließt sich die irische Geschichte zu einem Kreis mit jenen fernen Sagen, in denen die keltischen Frauen im Besitz der Geheimnisse waren, Frauen, zu denen die Helden pilgerten, wenn sie selbst Großes vollbringen wollten. Daß es vor Mary Robinson nicht wenige Politiker auf beiden Seiten der Irischen See gegeben hat, die solchen geheimen Wissens dringen bedurft hätten, steht auf einem anderen Blatt.

München, im Frühjahr 1997   Dr. Hermann Schreiber

Als Irland keine Insel war

In unseren Befürchtungen vor einer neuen Warmzeit, in der die Gletscher und das Polareis schmelzen könnten und der Meeresspiegel steigt, vergessen wir Europas Geburt aus einer langen Eiszeit. Unser kleiner Erdteil war damals längst bevölkert, wenn auch die Entscheidung zwischen den kräftigen, an eiszeitliche Verhältnisse hervorragend angepaßten Neandertalern und den schlanken, höher organisierten Cro-Magnon-Rassen noch nicht gefallen war (und wie man seit kurzem weiß, hatten die so unterschiedlichen Menschheits-Ausformungen sich da und dort sogar miteinander vermischt).

Das Eis schlug nicht nur Brücken, es verband sogar Kontinente. Es bot den sibirischen Jägern die Möglichkeit, von Norden her nach Amerika einzuströmen in die größte noch menschenleere Weite des Erdballs, und es verband auf unserem Kontinent die heutige Insel Irland zumindest in ihrem Nordteil mit Galloway, dem südwestlichen Schottland, also dem Norden der heutigen britischen Hauptinsel. Das einzige, was die Iren mit dieser empörenden Tatsache versöhnen kann, ist der Umstand, daß auch die Hauptinsel damals noch ein vorgeschobenes Stück des festländischen Europa war. Es gab nämlich den Ärmelkanal noch nicht – noch lange nicht, und der Kanal-Tunnel wäre darum ebenso überflüssig gewesen wie die Fährschiffe über die Irische See.

Während der Ärmelkanal noch bis in karolingische Zeiten bei Ebbe partienweise trocken fiel, so daß man die Kanalinseln zu Fuß erreichen konnte, zerschlug der Atlantik nach und nach die gegen Ende der Eiszeit immer brüchiger gewordene Brücke nach Nordirland, und seit dem siebenten oder achten vorchristlichen Jahrtausend scheint Irland dann tatsächlich das geworden zu sein, worauf es heute so stolz ist, nämlich eine grüne Insel am westlichen Rand eines Kontinents, mit dem es seither nicht allzuviel zu tun hat.

Das Vordringen des Menschen in leere Räume ist der reizvollste und zugleich geheimnisvollste Vorgang der geschichtslosen Zeiten; in den geschichtlichen ist er zur großen Ausnahme geworden und auf vergleichsweise winzige Inselkerne beschränkt. In Nordamerika kam die Südwanderung der sibirischen Jäger an einer gewaltigen, von West nach Ost durch den Kontinent gezogenen Barriere aus Felsen, Eis, Schnee und Urwald zum Stehen, die zu durchdringen abermals Jahrtausende erforderte. Irland hingegen bot, sofern man sich der Küste einmal genähert hatte, in seinem Innern schier endlose Strecken einladender Sümpfe und Waldungen, die sich weder zu steilen Gipfeln auftürmten noch mit tiefen Schluchten besondere Gefahren boten. Das Land war wenig gegliedert, allenthalben feucht und fruchtbar und abgesehen von Sumpfgeistern, Waldschraten und Wetterhexen – die man in der großen Leere bei verhangenem Himmel zu erahnen glaubte – lange Zeit unbewohnt.

Da die historischen Darstellungen, die uns mit der Vergangenheit Irlands vertraut machen wollen, ziemlich einheitlich mit den Kelten einsetzen (mitunter aber auch erst mit Römern und ersten Christen), hat sich die üppig wuchernde Sagentradition beeilt, die frühesten Zeiten der grünen Insel zu bevölkern, und diese Geschichten sind so reizvoll wie die seltsame und eigenartige Schöpfung des Insel-Menschen selbst, des Iren und der Irin, deren Zustandekommen sie uns auf sehr verschiedene Weise zu erklären versuchen.

Am nächsten kommt der historischen Wahrscheinlichkeit die Sage von einem Wanderkrieger namens Partholon, den die *Historia Britonum* (8. Jahrhundert) natürlich zum König macht. Er sei mit dreißig Schiffen und tausend Gefährten, die wie er aus Spanien vertrieben worden waren, auf der Suche nach Land in den Norden Schottlands gelangt. Dort machte ihm ein Gaufürst klar, daß weiter nördlich nur noch Inseln kämen; er solle sich lieber nach Irland wenden: "The Briton conductes the fleet to Ireland; then still uninhabited, and the present Irish are descended from Partholon's host (= Schar)." (*Mythology of the British Isles*, London 1990.)

Nun ist Geoffrey Ashe, von dem diese Ausführungen stammen, keine der ganz großen Autoritäten der irischen Vorgeschichte wie Macalister oder Movius, aber dort, wo Hypothesen das Feld beherrschen und die historische Wahrheit nur durch den Schleier der Legende zu erkennen ist, kommt es auch auf Finderglück und Ahnungsvermögen an, und davon hat Ashe, der erfolgreich bemüht war, die Legenden um König Arthur aufzuhellen und der Cadbury Castle ausgrub, mehr als so mancher Stubengelehrte. Und Ashe hatte bei seinen Versuchen, die Nebel über dem alten Irland zu durchdringen, den besten Meister, den es geben kann – nämlich Robert von Ranke-Graves, der sich in seinem berühmten zweibändigen Werk über die griechischen Mythen von keiner scheinbaren Absurdität verwirren ließ und uns damit einen einzigartigen Kosmos der buntesten Rätsel und verblüffendsten Lösungen enthüllte.

Darum nehmen wir wie er noch eine andere Version der Besiedlung Irlands als immerhin möglich hier auf, die Geschichte von Cessair, Tochter des Bith (was soviel bedeutet wie Leben), die mit einem Schiff aus dem Mittelmeerraum an den Küsten Irlands strandet. Auf dem Schiff befinden sich fünfzig Frauen, aber nur drei Männer, und diese auf den ersten Blick unwahrscheinliche Verteilung macht die Sage glaubhaft, denn die heroische Antike schonte den Gegner nicht; Unterlegene wurden gnadenlos ermordet, auch wenn es um ganze Siedlungen ging, und es gab Inseln, auf denen die Frauen eine ältere Sprache sprachen als später anderswoher zugewanderte Männer, welche die Ermordeten ersetzten.

Das Frauenschiff mit den drei Männern, von denen einer vielleicht aufgrund seines Alters dem Massaker entgangen war, erreichte den Süden Irlands, wo die Männer die Frauen unter sich aufteilten. Das hatte zur Folge, daß einer der Männer alsbald an sexueller Erschöpfung starb, im ganzen aber wurde die Insel von den Nachkommen dieser Schiffsbesatzung bevölkert, so zu lesen im ehrwürdigen *Lebor Gabala Erenn*, einem ebenso langatmigen wie umfangreichen Geschichtswerk fleißiger Mönche, entstanden zwischen 500 und 1170. Angesichts des Eifers, mit dem die Iren bis heute in Glaubensdingen agieren, läßt sich verstehen, daß die alte und etwas bedenkliche Überlieferung von dem Frauenschiff und den drei Männern unter den Händen der Mönche nicht so heidnisch-erotisch blieb, wie sie einst gewesen war und wie es vielleicht der blutigen Wirklichkeit entsprochen hatte. Cessair wird zur Enkelin Noahs, der sie jedoch nicht in seine Arche aufnehmen will, weswegen sie ein eigenes Schiff baut und sogar Gott abschwört. Das sind absurde, aber doch interessante Elemente; die Führerschaft einer starken Frau ist ebenso charakteristisch für das älteste Irland wie die Besonderheiten im Glauben, die Abspaltung einer Gruppe von Menschen aus der Glaubensgemeinschaft und ihre Flucht im Zeichen eines eigenen Gottes, der naturgemäß von den anderen, Zurückgebliebenen, als Götze bezeichnet wird.

Für uns bleibt in diesem heute nicht mehr aufzulösenden Knäuel einander ergänzender Überlieferungen wichtig, daß die Schiffe aus dem Mittelmeerraum kamen, nicht aus dem Norden, denn damit ist erwiesen, daß diese Sagen eine Zeit vor den Invasionen der norwegischen und dänischen Seefahrer schildern. Es gibt unwiderlegliche, weil schriftliche Beweise dafür, daß Irland im Bereich der antiken Schiffahrt lag und zwar keineswegs als zufällig aufgefundene Insel, sondern als ein vielleicht nicht regelmäßig, aber doch häufig angelaufenes Ziel kühner Kapitäne und Piloten aus den Haupthandelsstädten des westlichen Mittelmeers, aus Karthago und aus Marseille, damals Massalia genannt.

Alle Landnahme- und Besiedlungssagen des irischen Raumes sprechen von Schiffen und von Einwanderung über See. In keiner noch so märchenhaften, bunten und fernen Überlieferung klingen die beiden Landbrücken an, die bis in die letzten Ausläufer der Eiszeit im Norden und im Süden

Irland einerseits mit dem südwestlichen Schottland, andererseits aber mit Dyfed verbanden, dem südwestlichsten Wales, mit dem nachweislich bis ins fünfte Jahrhundert enge Verbindungen bestanden. Die Landbrücken versanken also, ehe das Gedächtnis der frühesten Bewohner Irlands einsetzte, ehe die Irische See, nach Norden und Süden offen, das gefährliche Meer wurde, das sie heute ist. Die in manchen Sagen anklingenden Hoch- und Sintfluten sind Erinnerungen an Sturmfluten, wie sie im ganzen westeuropäischen Küstenbereich von Portugal bis Norwegen immer wieder auftreten, wenn sie auch von den Klerikern in den altirischen Klöstern naturgemäß mit der biblischen Sintflut im Zweistromland in Verbindung gebracht wurden.

Die Bibel durfte nie beiseitegeschoben werden, wenn die Mönche der frühmittelalterlichen Klöster auch noch nicht so recht wußten warum: Das Alte Testament ist randvoll mit historischen Tatsachen, die sich inzwischen aus anderen Quellen bestätigen und ergänzen ließen. Zu ihnen gehört auch die sichere Kunde der frühen Seefahrt der Phöniker, jenes zeitweise von Israel unterworfenen Nachbarvolkes, dessen sich zum Beispiel König Salomon (etwa 990–930 v. Chr.) häufig bediente, wenn es um Fernfahrten auf dem Meer ging. Die Phöniker durchquerten vor mehr als dreitausend Jahren regelmäßig das Mittelmeer und vollbrachten auch außerhalb der sogenannten Säulen des Herkules (der Straße von Gibraltar) bedeutende seemännische Leistungen: Küstenfahrten in Westafrika, Fahrten zu den Azoren und zu den Kanarischen Inseln, Frachtfahrten zu den Scilly–Inseln und nach Cornwall, um Zinn einzutauschen, das dann in Tartessos (nahe dem heutigen Cadiz) verhüttet wurde, als wertvoller Bestandteil der Bronze.

Die Scilly-Inseln liegen etwa vierzig Kilometer vor Lands End, vor der Einfahrt zur Irischen See – 140 kleine Felseninseln, denen das Meer so heftig zusetzt, daß erst 1858 unter unendlichen Mühen und Gefahren ein erster Leuchtturm, genannt Bishop Light, installiert werden konnte. Die Scillys sind so deutlich Teile eines vom Meer zertrümmerten und teilweise verschlungenen Landes, daß die Iren wie die Bewohner von Cornwall überzeugt sind, hier sei das Land Lyonesse gelegen, das in frühesten Zeiten blühte.

Grund seines Reichtumes war das Zinn aus den Gruben von Cornwall, das die Seefahrer aus dem Mittelmeer sich nicht am Festland zu holen wagten, sondern auf den gleichsam exterritorialen, für den Güteraustausch geeigneten, Lyonesse vorgelagerten Inseln, in der antiken Geographie Kassiteriden, die Zinn-Inseln, genannt, obwohl auf ihnen selbst ja kein Zinn vorkam. Die alten Historiker vermochten mangels näherer Kenntnis noch nicht zwischen Herkunftsort und Umschlagplatz zu unterscheiden:

"Über die äußersten Länder in Europa, also nach Westen hin, kann ich nichts Bestimmtes mitteilen ... Ich weiß auch von den Zinn-Inseln nichts, von denen das Zinn zu uns kommt. Ferner kann ich trotz aller Mühe von keinem Augenzeugen Näheres über jenes Nordmeer in Europa erfahren. Daß Zinn und Bernstein aus dem äußersten Lande der Erde kommen, ist aber sicher."

Das schrieb Herodot im fünften vorchristlichen Jahrhundert, als der Handel mit den Kassiteriden längst florierte, nur hatten die Phöniker als gewitzte Kaufleute kein Interesse daran, die geschäftstüchtigen Griechen mit ihren Handelswegen vertraut zu machen. Auch die Augenzeugen, um die Herodot eigenem Bekunden nach so eifrig bemüht war, gab es längst; von dem einen hat uns die Gunst des Schicksals einen Bericht über die Jahrtausende hinweg gerettet, von dem anderen einen sensationellen Bericht leider nur in Bruchstücken erhalten.

"Es war bei den Tartessiern Sitte, ins Gebiet der Östrymnier (d. h. der Bewohner des äußersten Nordwestens) zu segeln. Auch die karthagischen Kolonisten und das Volk, das nahe den Säulen des Herkules lebte, suchten diese Gewässer auf ... Der Punier Himilko versichert, er habe sie (die Strecke dorthin) kaum in vier Monaten überwinden können" (Avienus).

Etwa gleichzeitig mit der Fahrt des Himilko schreibt der Prophet Hesekiel in einem Klagelied, gerichtet an die Phönikerstadt Tyrus: "Tarsis (= Tartessos) hat für dich Handel getrieben mit einer Fülle von Gütern aller Art und Silber, Eisen, Zinn und Blei auf deine Märkte gebracht. Jawan, Tubal und Meschech haben mit dir gehandelt und Sklaven und Geräte aus Kupfer als Ware gebracht." Hesekiel lebte im sechsten vorchristlichen Jahrhundert, also etwas vor Herodot, aber der Grieche aus Halikarnassos konnte den Text im Alten Testament nicht kennen. Damit ergeben sich Zeugen aus verschiedenen Sphären für die Beziehungen zwischen dem Alten Orient, dem Mittelmeer und den Küsten der Irischen See, und wenn es auch nicht die Enkelin des alten Noah ist, die den Weg nach Irland findet, ein Keim uralten Wissens scheint in der Geschichte aus dem *Lebor Gabala Erenn* doch aufgegangen zu sein.

Die Wissenschaft hat in den letzten Jahrzehnten entscheidende Fakten zu diesen ahnungsvollen Farbtupfern geliefert. Nach Jahrhunderten, in denen die Alte Welt zwischen dem Persischen Golf und der Ostküste des Mittelmeers für die Wiege der Bronzezeit gehalten wurde, für die Weltgegend, in der die Menschheit aus der Steinzeit in historische Zeiten herübertrat, steht heute fest, daß die Bronzezeit auf Kreta, in Ägypten und auf der Insel Lesbos um mindestens 700 Jahre früher einsetzte als in Vorderasien. In der Bretagne und im Limousin wurden Zinnlager schon seit etwa 2100 vor Christus abgebaut und waren darum schon in vorhomerischer Zeit (also im neunten vorchristlichen Jahrhundert) erschöpft. Damit begann die historische Rolle der Cornwall-Erze, und die Seefahrt zu den Scilly-Inseln mußte aufgenommen werden. Da Strabo nur von zehn Zinn-Inseln spricht, von denen eine unbewohnt war, ist es nicht völlig ausgeschlossen, daß auch die Labadie-Bank genau vor dem Eingang der Irischen See eine gewisse Rolle spielte, da sie damals noch Insel-Charakter hatte. Den Hinweis auf diese Zinnvorkommen verdankten die Händler aus dem Mittelmeerraum den vorkeltischen Bewohnern der Bretagne, die das nahe Südengland zweifellos gut kannten. Sie machten auch Versuche, im Geschäft zu bleiben, obwohl es auf französischem Boden kein Zinn mehr gab, und etablierten sich so lange als Zwischenhändler – unter anderem auf der Ile d'Oléron – bis die kühnen karthagischen Seefahrer den direkten Weg zu den Scilly-Inseln fanden.

Der berühmteste und am besten dokumentierte Versuch, einen tauglichen Seeweg zum Zinn zu finden, wurde aus der Not geboren. Die Phöniker – von denen eine bedeutende Kolonie an der Meerenge von Gibraltar bestand – nützten diese einzigartige Position gelegentlich, um die Durchfahrt in den Atlantik zu sperren und damit das Zinnhandels-Monopol zu verteidigen. Da ganz Frankreich aber die Wege des Zinns kannte, legten die Händler von Massalia zusammen und rüsteten zwischen 350 und 320 vor Christus eine eigene Expedition aus, in der Gironde-Mündung, vermutlich in dem alten Hafen Burdigala, oder aber in Corbilo, einem Hafen in der Loire-Mündung, der nicht lange zuvor in Hinblick auf den Englandhandel gegründet worden war. Strabo jedenfalls berichtet, daß die Such-Expedition der Massalioten unter der Leitung des Gelehrten Pytheas nach dreitägiger Seefahrt die Insel Ouessant erreicht hätte, eine bis heute schwer anzulaufende, von Riffen umgebene Insel vor der bretonischen Küste, die den Zinnlieferanten als neutraler Handelsplatz diente. Von dort sei Pytheas in weiteren sechs Tagen der Meerfahrt zu den Kassiteriden gelangt, den eigentlichen Zinn-Inseln, wo man Fremde schon des Handels wegen freundlich aufnahm und wo der häufige Umgang mit gesitteten Händlern auch die Einheimischen auf eine höhere Stufe der Zivilisation gehoben habe. Stichtenoth, der scharfsinnige Herausgeber der Pytheas-Fragmente, ist überzeugt, daß der Grieche wegen dieser Freundlichkeiten die Inseln auch auf seiner Rückfahrt wieder aufgesucht habe – da aber hatte er bereits Irland im Westen, Schottland im Norden und damit die britische Hauptinsel umrundet, ja sogar Norwegen besucht, eine sensationelle, heute jedoch nicht mehr angezweifelte Leistung.

So, wie Herodot die Umrundung Afrikas durch die Phöniker nicht zu glauben vermochte, haben auch die Zeitgenossen und unmittelbaren Nachfahren des Pytheas seine Fahrt ins Nordmeer so lange nicht für möglich gehalten, bis Berichte aus anderen Quellen sie nach und nach bestätigten oder doch wahrscheinlich machten. Der imposante Bericht *Vom Weltmeer*, den Pytheas niederschrieb und der eine Unzahl navigatorischer, geographischer und ethnographischer Sensationen enthielt, ist heute in allem, was wir von ihm noch an Texten besitzen, bestätigt. Die ungläubigen Gegner und Spötter zitierten seinen Text als absurd, als Beispiel für das große seemännische Lügengarn, und diese Zitate sind heute unser kostbarer Besitz, ein Besitz freilich, der uns zeigt, was wir durch den Verlust der ganzen Schrift verloren haben.

Die Römer kamen ja schon dreihundert Jahre nach Pytheas an die Kanalküste, und nach Cäsar war es dann Agricola, der große Feldherr, der die ganze britische Hauptinsel bis an die Grenzen Schottlands eroberte und durch seine Flotte umfahren und vermessen ließ. Die Ausdehnung der Küsten, die Gestalt des Landes, die Beschaffenheit des Meeres, das alles, was man Pytheas nicht geglaubt hatte, war nun bestätigt, und weil man Pytheas nicht geglaubt hatte, verloren die Römer mehr als eine Seeschlacht, weil sie nämlich mit dem Phänomen der Ebbe nicht vertraut waren und plötzlich auf dem Trockenen saßen, während Briten oder Friesen oder andere wilde Gegner auf die Schiffsbesatzungen aus dem Mittelmeer einstürmten.

Irland hat seither seinen Namen in allen alten geographischen Texten: Hibernia, Hiverne, Juverne und ähnlich, und die erste und älteste griechische Quelle, die ihn nennt, ist hundertfünfzig Jahre älter als Pytheas, der die Insel also nicht für die Griechen entdeckt, wohl aber als erster umrundet und nach ihren Ausdehnungen beschrieben hat, "in Hinsicht auf Lage und Gestalt schon auffallend richtig", wie Pauly-Wissowas ehrwürdige Realenzyklopädie der Klassischen Altertumswissenschaften feststellt.

Leider ist Pytheas an keiner bewohnten Stelle der irischen Insel an Land gegangen. Zwar kann er sie schwerlich ohne Küstenkontakt umrundet haben, einmal, weil ja Frischwasser aufgenommen werden mußte, zum andern der Verpflegung wegen, und er hätte uns auch Küstengestalt und Ausdehnung nicht so genau übermitteln können, wäre er weit draußen im Atlantik nach Norden gesegelt, was Mittelmeerschiffer, die an die Küstennähe gewöhnt waren, in der Regel auch vermieden. Aber er sagt nichts über die Iren, oder wenn er etwas gesagt hat, so ist die Stelle unter jenen Texten, die sich nicht rekonstruieren ließen. Hinsichtlich der Iren bleiben wir also auf die andere der erwähnten Quellen angewiesen, auf das Kuriosum einer Segelanweisung aus dem Raum Marseille, also aus dem gleichen Hafen wie im Falle des Pytheas; ein Periplus, der den poetischen Namen *Ora Maritima* (Die Säume des Meeres) trägt und in seiner ursprünglichen Gestalt alle bekannten Küsten von Tartessos am Guadalquivir bis zur Nordsee und von den Säulen des Herkules bis ins Schwarze Meer schildert, zum Teil genau nach Buchten und Vorgebirgen und mit Hinweisen für die Schiffahrt.

Der Verfasser dieses einzigartigen Werkes lebte im vierten Jahrhundert nach Christus und hieß Rufus Festus Avienus. Er stammte aus vornehmer und reicher römischer Familie, die sich ihrer etruskischen Abkunft rühmte, und hatte das für uns unschätzbare Hobby, sich uralter schriftlicher Materialien anzunehmen, die er in etwas gespreizte, aber ästhetisch einwandfreie Verse umgoß. Während er ein altgriechisches Lehrgedicht auf diese Weise auf beinahe den doppelten Umfang erweiterte, begnügte er sich bei den *Ora Maritima* mit den ihm vorliegenden Texten eines unbekannten griechischen Seefahrers aus Marseille, der den Kenntnisstand des sechsten vorchristlichen Jahrhunderts repräsentiert. Von dem lateinischen Text der *Ora Maritima* haben sich siebenhundert Verse erhalten, die Westeuropa bis Marseille schildern. In Prosa übertragen, lautet der uns interessierende Abschnitt:

"Die Küste am Ozean schwingt im Norden westwärts aus in ein Vorgebirge Östrymnis, das den tartessischen Schiffen, die sich ihm des Handels wegen von Süden her nähern, weithin schon mit breiter Stirne winkt: es kündet vom Ziel ihrer Fahrt, den Säulen des Nordens. Zu seinen Füßen breitet sich der östrymnische Busen, und in ihm liegen kleinere Inseln, reich an Blei und Zinn. Die Bewohner des Landes sind kräftig, stolzen Sinnes, geschickt. Stets zum Handeln bereit, durchschiffen sie auf eigentümlichen Fellbooten den Ozean. Denn sie kennen den Holzschiffbau noch nicht und fügen ihre Kähne aus aneinandergenähten Tierhäuten zusammen. Von den Östrymniden gelangt man einerseits in zwei Tagesfahrten zu einer großen Insel, die man die heilige nennt, auf der die Hiernen wohnen, und nah dabei liegt die Insel der Albionen."

Die Berge, die bei Avienus die Säulen des Nordens heißen, sind Irlands Schwarze Berge (Na Cruacha Dubha) im äußersten Südwesten der Insel, wobei der höhere Gipfel mit dem komplizierten Namen Carrantuohill bis heute schwer zu besteigen ist. Ehe die Seefahrer aus dem Süden in den Bereich dieser Berge über der Dingle-Bay kamen, mußten sie Lands-End passieren, das aber wie das ganze Cornwall nicht zu so beträchtlichen Höhen aufsteigt (Dartmoor 621 Meter), so daß sich dem Gewährsmann des Avienus wohl eher die Schwarzen Berge eingeprägt haben mögen, die ja auch die Südwestspitze einer großen Insel bezeichnen, einen Markierungspunkt für die Seefahrt.

Sehr beweiskräftig ist die Bemerkung über die Fellboote, deren es im Mittelmeer ganz gewiß keine gab. Die Iren hielten an ihnen offensichtlich durch Jahrhunderte fest, denn wenn wir auch bei Avienus einem Irland ohne Kelten, das heißt vor der Kelteneinwanderung begegnen, so nannten auch noch die Kelten, als sie um 500 vor Christus von Norden, also aus Schottland kommend, in Irland einsickerten, die Bewohner des Landes Fir-bolg, das heißt Fellboot-Leute. Auch Plinius und Strabo erwähnen diese Fahrzeuge noch, die herzustellen technisch weniger aufwendig war als das Zimmern von Holzbooten, vor allem, wenn Robben- und Walroßfelle im Überfluß vorhanden sind. Man darf demnach auf eine Bevölkerung von größter Meervertrautheit schließen, die weitgehend vom Meer lebte.

Das Volk der großen Steine

Wer immer durch die alte Welt segelte oder an ihren Rändern hin, er kam zu spät, wenn es darum ging, das verblüffendste Rätsel der Vorgeschichte zu lösen – die Megalith-Kultur, die unzweifelhafte Anwesenheit eines seefahrenden Volkes mit dem Hang zu zyklopischen Bauten auf der ganzen Welt, an allen Küsten, auf zahlreichen Inseln, die von den Europäern erst Jahrtausende später entdeckt wurden.

Ich werde es nicht riskieren, hier, wo es um Irland und ein solides Stück Europa geht, von vorgeschichtlichen Astronauten zu sprechen und von Besuchern aus anderen Welten. Aber es peinigt natürlich den schlichten Menschenverstand und die uns anerzogene oder eingeborene Logik, zweieinhalbtausend oder gar dreitausend Jahre vor den kühnsten Seefahrern der Antike, vor Himilco, vor Hanno, vor Pytheas und vor dem namentlich unbekannten Phöniker, der im Auftrag des Pharaos Necho rund um Afrika fuhr, ein Volk akzeptieren zu müssen, das mit Fahrzeugen, die wir uns nicht einmal vorzustellen vermögen, die Ozeane befuhr, mit Maschinen, die wir erst seit hundert Jahren ähnlich zu bauen verstehen, gewaltige Steinblöcke, Obelisken, Steintafeln und andere große Massen bewegten, die unseren Ingenieuren unter den Händen zerbrachen, als sie dem Rätsel dieser geheimnisvollen Übertechniker auf die Spur zu kommen versuchten.

Das uns somit nicht näher bekannte Großstein-Volk schien, wie alle Kultur, aus dem Vorderen Orient zu kommen, weil wir auf Inseln wie Malta gut erhaltene zyklopische, aus rohen Blöcken aufgeschichtete Bauten vorfanden, die mit der viel strapazierten Radiocarbon-Methode verschiedenen Epochen zugeordnet wurden und in ihrer Abfolge bis zu dem Höhepunkt der Tempelbau-Phase (Gigantija-Stufe) ein Zentrum und vielleicht die Wiege zumindest der europäischen Megalithkultur darzustellen schien. In den siebziger Jahren unseres Jahrhunderts revidierte jedoch der britische Forscher C. Renfrew mit Hilfe verfeinerter Radiocarbon-Techniken alle vorliegenden Datierungen und gelangte zu dem Schluß, daß sich die Megalithkulturen von den atlantischen Rändern Europas nach Osten bewegt hätten, mit anderen Worten, daß die rätselhaften, oft als Missionare bezeichneten Großsteinbauer vom Meer her kamen – wenn auch nicht gerade als Überlebende eines versunkenen Kontinents Atlantis.

Wer immer sich in West- oder Südeuropa gründlicher umgesehen hat, ist auf die eigenartigen, aber übereinstimmenden Steinsignale gestoßen, die dieses Volk bisweilen mit deutlicher Zweckbindung, bisweilen aber auch eigensinnig-unsinnig in die Natur gesetzt hat, gleichsam, als ahnte es etwas vom hilflosen Gelehrtenehrgeiz unseres Jahrhunderts und wollte ihm steinerne Nüsse zu knacken geben. Die vereinzelt aufragenden, wie phallische Symbole wirkenden Steine nennt man Menhire, die Steintische mit ihren ungefügen Plattendächern aus meist einem einzigen Stein hingegen Dolmen. Soweit sie sich erhalten haben, stehen die Menhire heute oft unvermittelt in Gärten oder an Küstenstücken, bis zu zwanzig Meter hoch, die selteneren Dolmen erheben sich wie vergessene Riesenpilze aus südenglischen Wiesen oder an bretonischen Gestaden. Am verwirrendsten sind die *Alignements*, ganze Armeen kleiner bis mittelgroßer Menhire, die wie steinerne Soldaten in der Landschaft herumstehen, als hätte ein großer General sie verlassen oder Merlin, der große Zauberer, sie in seinem Zorn in Stein verwandelt.

Während wir in Mitteleuropa die römischen Meilensteine und andere Römerreste als vertraute Vorformen unseres eigenen Lebens akzeptiert haben, auf die Schwellen unserer Häuser gelegt haben oder in Kirchenwände und auf Friedhöfen eingemauert, spricht uns aus Menhiren, Dolmen und Megalithgräbern täglich das Rätsel einer stummen Zivilisation an, ja auf der Ile de Sein vor der bretonischen Küste leben die paar hundert Inselbewohner seit zahllosen Generationen mit zwei Menhiren, die wie ein streitbares Ehepaar aufeinander einzureden scheinen – nur daß wir keinen Laut dieser urfernen Sprache kennen und kein noch so kleines Zeichen ihrer Schrift.

Es ist seltsam, daß uns ein kleiner Kubus wie der Stein von Rosette oder ein einziger beschriebener Menhir wie die Stele des Hammurabi unendlich mehr über das Großsteinvolk sagen würden als Hunderte unerschütterlich vor uns stehende Steine, Steinsetzungen und kunstvoll auf astronomische Ereignisse ausgerichtete Monumente. Aber so dramatisch, ja eloquent sich die Megalithen ausnehmen, so stark sie bei wechselnden Beleuchtungen, bei Bewölkung, bei schrägem Sonneneinfall auch auf uns wirken, es ist eine Sprache, die wir noch nicht zu verstehen vermögen.

Etwa auf der geographischen Breite der Insel Man mündet der Boyne-Fluß in die Irische See, zwischen der tiefen Dundalk-Bay im Norden und der Stadt Dublin. Der Boyne ist einer der Schicksalsflüsse Irlands, wenn es auch natürlich viele Menschen gibt, die nur den Fischreichtum des etwa 110 Kilometer langen Flußlaufs schätzen. Am Boyne, wo später so manche blutige Schlacht geschlagen werden wird, fanden sich vorgeschichtliche Bauwerke – wie die *Encyclopaedia Britannica* sagt – von höchstem archäologischem Interesse und größter Bedeutung, nur sind sie nicht, wie dieses angesehene Nachschlagewerk annimmt, bronzezeitlichen Ursprungs, sondern mindestens fünftausend Jahre alt, das heißt, sie fallen in die lange Phase der Megalithkultur, in der man die Bronze noch nicht kannte.

Die aus klobigen Steinen mörtellos und wie für die Ewigkeit errichteten Grabbauten werden gemeinhin als Königsgräber bezeichnet, und wenn man nicht unbedingt verlangt, daß zu einem König auch ein Reich gehöre, dann kann diese Bezeichnung auch hingehen, denn zweifellos waren die Männer, für die man die Anlagen von Newgrange und die in der Nachbarschaft errichtete, mächtige Herren mit Gewalt über Leben und Tod und jenem Reichtum, den man damals kannte – den Herden.

Das Megalithvolk bevorzugte, wie wir wissen, die Küsten, aber auch die Flußufer. Galt es, ein Baudenkmal besonders zu schützen, so fuhren sie in einen Fluß ein, und da der Boyne nicht tief und nur im Unterlauf schiffbar ist, müssen wir annehmen, daß diese frühen Besucher und Bewohner der grünen Insel über mindestens zwei Schiffstypen verfügten, ein hochseetüchtiges Segelfahrzeug mit kräftigem Kiel und über flachgehende Landungsboote, mit denen die Flüsse weit über die Mündungsgebiete hinaus landeinwärts befahren wurden.

Etwa zwanzig Kilometer von der alten Boyne-Mündung errichteten die Großsteinbauer drei Grabanlagen, von denen die größte heute Newgrange heißt und in ihrer Art ein Wunderwerk ist. Die Ausgrabungen begannen erst 1962, denn das große Ganggrab war durch die Aufschüttung eines Erdhügels geschützt und verborgen, was auch wiederum zu vielen Fragen Anlaß gab. Denn wenn auch viele Völker ihre Königsgräber gegen Grabraub schützten, indem sie komplizierte Gänge, tote Stollen und Quermauern einzogen, so setzt dieser Erdhügel doch voraus, daß die Letzten eines Volkes noch die Kraft und die Umsicht hatten, das uralte Grab vor den Blicken und den Zugriffen der Neuankömmlinge zu verbergen und einen Hügel aufzuschütten, der bei einer Länge von 90 Metern und einer Höhe von elf Metern gewaltige Erdbewegungen nötig machte.

Die Ausgrabungen waren denn auch erst in den frühen siebziger Jahren abgeschlossen, und die jüngsten Datierungsmethoden verraten uns, daß das lange Ganggrab mit seinen wesentlichsten Teilen und der Hauptkammer um 3200 vor Christus errichtet wurde; es ist also so alt wie die ältesten Hieroglyphen, so alt wie die ältesten Teile des Gilgamesch-Epos und fünfhundert Jahre älter als die Cheops-Pyramide. Die Ausgräber bewunderten vor allem die sechs Meter hohe Kuppel, die fünftausend Jahre lang nicht nur dem Druck der über ihr aufgeschichteten Erdmassen standgehalten hat, sondern auch dem irischen Wetter mit seiner starken Feuchtigkeit und den An- und Ausschwemmungen rundum. Über dem Eingang der Kammer war eine Öffnung so ausgebrochen, daß am Tag der Wintersonnenwende etwa eine Viertelstunde lang das Licht des Himmelsgestirns in die Grabkammer hineinfiel und sie erhellte.

Positionierung und Konstruktion dieser Licht-Luke weisen noch nicht unbedingt auf verblüffende astronomische Kenntnisse hin, sondern nur auf aufmerksame und konsequente Beobachtung des Sonnenlaufes, so wie ja auch Stonehenge auf der britischen Hauptinsel – das größte Megalith-Denkmal Europas – unzweifelhaft mit Rücksicht auf verschiedene Sonnenstände errichtet wurde. Das eigentliche Wunder bleibt demgegenüber das Gewölbe, nahm man doch bisher an, daß die Gewölbetechnik aus dem alten Orient über die Etrusker in die Mittelmeerwelt kam, weswegen das vielbesprochene Grabmal des Etruskerkönigs Porsenna als das Nonplusultra vorrömischer Architektur galt. Das gewaltige und widerstandsfähige Gewölbe über dem uns unbekannten Herrscher eines Megalithvolkes im Boynetal, geduldig und kunstvoll aus überkragenden Steinen für fünf Jahrtausende errichtet, wäre von den antiken Geographen gewiß als eines der Weltwunder bezeichnet worden.

Die großräumigen vorgeschichtlichen Grabanlagen beruhen alle auf der Vorstellung, daß der oder die hier Beigesetzte sich auch im künftigen Leben, also in der Existenz nach dem irdischen Tod, seiner Stellung gemäß mit Dienern, Frauen, Gesinde und Knechten umgeben wolle, Vorstellungen, die auf eine sehr sinnliche, dingliche Idee vom Jenseits schließen lassen und uns heute fremd sind. Da wir solche Großbegräbnisse aber von Ägypten bis zum Polarkreis finden, von viertausend vor Christus bis zum Jahr 1000 unserer Zeitrechnung, sollten wir diese verbreiteten und langlebigen Jenseitsvorstellungen nicht kurz als heidnisch oder gar barbarisch abtun; die detaillierte Schilderung, die uns Dante von Hölle und Fegefeuer gibt, ist zweifellos nicht weniger phantastisch als die Lösungsformen, wie sie die Erbauer der Pyramiden oder der Königsgräber des Boynetales fanden.

Die drei Seitenkammern des Newgrange-Grabes enthalten verschiedene Funde, die für die Datierung sehr wichtig wurden: zersplitterte oder nur noch in winzigen Plättchen erhaltene Knochen, dazwischen Aschen verschiedener Herkunft, Schalen aus Stein und einfache Ornamente.

Ähnlich ist der Befund in den nahegelegenen kleineren Ganggräbern, die zum Teil noch nicht zur Gänze ausgegraben und darum nicht in ihrer ganzen Ausdehnung zu besichtigen sind. Der Hügel über der Anlage von Knowth ist etwas weniger groß als jener von Newgrange und verbirgt mit einem Durchmesser von 85 Metern zwei voneinander unabhängige Ganggräber. Während Newgrange von achtunddreißig ungefügen Felsbrocken umgeben war, ist Knowth von achtzehn Hügeln umringt, die ebenfalls Grabstätten bargen, ohne daß man mit Sicherheit sagen könnte, ob die hier Bestatteten zu dem Herrscher der Grabkammer in einer bestimmten Beziehung standen. Auch ist die zeitliche Erstreckung, mit der wir es zu tun haben, für unsere Begriffe ungeheuer: Die vorgeschichtliche Grabanlage wurde offensichtlich von vielen aufeinanderfolgenden Generationen genutzt, ja die letzten hier vorgenommenen Bestattungen sollen in frühchristlicher Zeit erfolgt sein – ein Friedhof von dreieinhalb Jahrtausenden, für hundert Generationen, an einem Ort, wo nach der Überlieferung schließlich der heilige Patrick mit einem großen Frühlingsfeuer das Heilige Osterfest begangen und den heidnischen Kleinkönigen von Irland getrotzt haben soll.

Newgrange und Patricks Slane Hill machen das Tal des Boyne-Flusses wohl nicht zufällig zum heiligen Herzen Irlands, weil hier ein Gewässer aus dem Innersten der Insel zu kommen scheint und stromaufwärts zu ihm hinführt. Es ist ein Ort, in dem schließlich der christliche Glaube über jahrtausendealte Mythen triumphieren wird, ohne sie aber zu verdrängen. Wir vermögen zwar nicht zu verstehen, wie beinahe im ganzen Europa die doch nicht zu übersehenden steinernen Zeugen der Megalithkultur unbeachtet und unerforscht bleiben konnten, aber wir müssen zugeben, daß die Rätsel, die sie uns aufgibt, auch heute noch nicht gelöst sind und daß auch die Ausgrabungen am Boyne nur wieder ein Zipfelchen des Schleiers lüften können. Die großen Fragen bleiben, und sie sind für die westlichste Insel Europas, für diesen Saum des Ozeans, wichtiger als für das übrige Westeuropa, denn die Quellen der irischen Frühgeschichte fließen nur spärlich. Noch um die Jahrhundertwende wußte man vom vorkeltischen Irland herzlich wenig, und die megalithische Gemeinsamkeit Irlands mit England und der Bretagne ist die einzige, heute freilich noch nicht genutzte Chance, die frühen Bewohner Irlands kennenzulernen.

Wir wissen, daß sie in Stonehenge jene Blausteine aufstellten, die aus den Prescelly-Bergen stammten, das heißt, man hatte die 40–50 Tonnen wiegenden Monolithe über vierhundert Kilometer transportiert, ehe man sie in wohlüberlegten Positionen aufrichtete. Der dem gleichen Kulturvolk zuzuordnende, heute leider in vier Teile zerbrochene gigantische Monolith im bretonischen Locmariaquer wog im Ganzen 300 Tonnen; für seinen Transport waren mindestens 2.000 Menschen oder 300 Ochsen nötig, für seine Aufrichtung in die Senkrechte zwanzig Hebelwerke oder Flaschenzüge. Die Existenz einer so speziell ausgebildeten technischen Elite, die Kuppeln wie die von Newgrange oder Monolithen wie den von Locmariaquer zu schaffen imstande war, bedingt eine soziale Gliederung, wie sie in primitiven Gemeinschaften nicht anzutreffen ist. Die Bauten der Megalith-Menschen hatten keinerlei zweckbezogenen Charakter, es gab keine Scheunen, keine Mühlen, nicht einmal Verwaltungsarchitektur – jede ihrer Großleistungen hatte einen religiösen Bezug, wenn nicht gar eine transzendente oder astrologische Bedeutung: ein auf der ganzen Welt vielfach belegter Umstand, der für Irland besondere Bedeutung hat, weil schon die alten Seefahrer Irland die heilige Insel nennen, weil sich eine Erinnerung an die Megalith-Missionare ohne weiteres bis in die Zeiten der karthagischen und phönikischen Ozeanfahrten erhalten haben kann, standen die Denkmäler aus der großen Zeit des Megalithvolkes doch unübersehbar vor jedem Kapitän und Piloten, der sich auf das Meer wagte. Leider ist nicht zu erwarten, daß die Königsgräber am Boyne-Fluß uns eines Tages, sei es in Hieroglyphen oder in Keilschrift, dieses große Rätsel lösen werden.

Aber so ganz ahnungslos sind wir doch nicht hinsichtlich des Lebens dieser frühen Iren, vor allem, da sie auf der grünen Insel nicht nur als Besucher weilten, die in missionarischem Eifer ihre großen Steine aufstellten, sondern weil es ihnen am Boyne und in anderen küstennahen Stellen der Insel so gut gefiel, daß sie jahrhundertelang im Land blieben.

Die sicherste Leitlinie in die Vergangenheit, der rote Faden gleichsam, ist in der Zeit vor den Münzen die Keramik. Sie war bei diesem Volk, das so bedeutende technische Fertigkeiten besaß, erstaunlich primitiv, ja grob, allerdings nicht selten einfach verziert. Der Knochenschmuck diente meist auch praktischen Zwecken: Knöpfe, um die Kleidung zusammenzuhalten, Nadeln, um sie wie Broschen am Hals zu schließen; auch zum Nähen wurden Nadeln aus Knochenmaterial verwendet. Anspruchsvoller waren die Perlen, sie waren in mühsamer Handarbeit aus Stein gedreht und zum Aneinanderreihen durchbohrt. Mehr gingen die Megalith-Künstler aus sich heraus, wenn sie Platz hatten. Steinplatten verzierten sie mit Symbolritzungen und Ornamenten, die jenen der Bretagne gleichen und Verwandtschaft mit Megalithfunden in Spanien aufweisen, wo in Los Millares nahe von Almeria ein Kuppelgrab aus der gleichen Zeit wie Newgrange rekonstruiert werden konnte. Es enthielt – da es seit dem Ende des vierten vorchristlichen Jahrtausends nicht geöffnet oder beraubt worden war – Elfenbein und Straußeneier aus Afrika und zeigte auch in der Innenbemalung deutliche Verwandtschaft mit der Sahara-Kultur, die sich entwickeln konnte, weil das heutige Wüstengebiet damals noch eine tierreiche Steppe war. Das eröffnet die Möglichkeit zu faszinierenden Überlegungen über nordafrikanisch-iberischirische Beziehungen in einer Zeit, da man von phönikischer Seefahrt noch nicht sprechen konnte, wo es aber offensichtlich atlantische Megalithstämme gab, die den großen Ozean mit seiner Wildheit nicht fürchteten und zu befahren verstanden.

Welcher Glaube ihnen bei diesen Unternehmungen beistand, welche Götter in Stürmen und inmitten hoher Wogen zu ihnen sprachen, können wir nur ahnen. Unter den achthundert Dolmen, die auf Irland festgestellt wurden, hat sich keiner gefunden, der uns nennenswerte und erkennbare Bildvorstellungen vermittelt hätte, und auch auf den Menhiren fehlen die Gesichter, die zum Beispiel in Filitosa auf Korsika so eindrucksvoll von der Bildnerei eines versunkenen Volkes zeugen. Das große Himmelsgestirn war nahe in Leben und Tod, und wenn zur Wintersonnenwende die aufgehende Sonne ihre Strahlen bis in die mittlere Grabnische von Newgrange fallen ließ, dann möchte man meinen, daß dieser beglückende Vorgang jenen, die ihn alljährlich zumindest von außen mitansahen, den Glauben an ein Leben nach dem Tod und an eine Wiederkehr des Lebens im Sonnenlicht festigte.

Die Viehzüchter zwischen den Großsteindenkmälern sind die erste Kultur auf Irland, die diesen Namen verdient; die ersten Menschen auf der Insel sind sie nicht, soviel läßt sich mit Sicherheit sagen, weil wir zwar durch das Ansteigen des Meeresspiegels breite Grabungsräume an den Küsten verloren haben, aber doch eine Reihe von Fischersiedlungen aus ihren Resten erschließen können, ärmlichste Siedlungen, die zwei- bis dreitausend Jahre älter sind als die Megalithzentren am Boyne. Geoffrey Bibby hat einmal humorvoll beklagt, daß die Nordwesteuropa-Archäologie mit ihren Muschelhaufen und Küchenabfällen mit den prachtvollen Funden rund um das Mittelmeer nicht konkurrieren kann und daß auch der gewaltigste Muschelhaufen die Besucher begreiflicherweise nicht im entferntesten so anzieht wie ein in der Sonne glänzender Tempel. Auch mit attraktiven Venus-Statuetten durfte 6000 Jahre vor Christus in Irland niemand rechnen, der Kampf ums Überleben war hart, das zeigten die Fundstätten am Fluß Bann, auf Rough Island und bei Newferry in der Grafschaft Antrim, in der sich Nordirland bis auf 20 Kilometer dem schottischen Mull of Kintyre annähert.

Anders als England besitzt Irland nur wenige vorgeschichtliche Zentren, die im Binnenland lagen, weil die Insel durch Jahrtausende sehr dünn besiedelt war und weil die klimatischen Bedingungen und die tiefen Böden das Entstehen eines Wegenetzes sehr erschwerten. Die Fundstätten am Lough Neagh haben darum singuläre Bedeutung, und die humorbegabten Iren haben schon darauf hingewiesen, daß der Anklang an Loch Ness vielleicht nicht zufällig ist. Tatsächlich gibt es an diesem größten Binnengewässer der britischen Insel Uferstreifen, die uns bis heute archaisch anmuten, an denen höchstens Trampelpfade für Fischer hinführen, aber keine Straßen. Der Gegensatz zu den beiden nordirischen Autobahnen, die den See wie eine Zange, aber in deutlichem Abstand umgreifen, ist frappierend, vor allem im Norden, wo sich eine Lawine von Kraftfahrzeugen täglich zwischen Belfast und Londonderry durch Antrim wälzt.

Der Lough Neagh aber liegt dazwischen im Schutz seiner achttausend Jahre alten Rätsel, Zufluchtsort einer Fischerbevölkerung, die den Fischreichtum des Sees ebenso schätzte wie die Tatsache, daß sie hier mühe- und gefahrlos fischen konnte, ohne auf die Gezeiten Rücksicht nehmen zu müssen. Hier, an den Seeufern und am Flüßchen Bann, vollzog sich sehr langsam, im Lauf von Jahrtausenden, der Übergang von der nur aneignenden Fischereiwirtschaft und Jagd zum Ackerbau. In der historischen Grafschaft Tyrone, in der sich Irland so standhaft gegen die Truppen des schönen Grafen Essex wehrte, sind in den letzten Jahren auch ausgedehnte Abholzungen festgestellt worden, das heißt, man hat hier

Bau- und Schiffsbauholz geschlagen und Waldflächen für den Ackerbau nutzbar gemacht.

Es gab winzige Siedlungen, die sich offensichtlich nicht bedroht fühlten, denn Umwallungen und Einzäunungen fehlen (wie ja auch das spätere Megalith-Volk keine Befestigungen baute). Irland war also eine glückliche Insel ohne Feinde, und das, obwohl zweifellos schon eine gewisse Verbindung nach Schottland bestand: Ein sehr harter Werkzeugstein, eine Art Porzellanit, der in der Umgebung von Antrim noch heute nachweisbar ist, wurde zu Axtblättern verarbeitet, die das Lough-Neagh-Völkchen bis nach Schottland exportierte. Im frühen dritten Jahrtausend vor Christus scheint das Ackerland knapp geworden zu sein, die Moore hatten sich ausgebreitet, die Nutzflächen wurden rar. Damit ergab sich die Notwendigkeit, sie einzugrenzen, und es entstanden die ersten jener Hecken- und Saumbepflanzungen, die heute so charakteristisch für die britischen Inseln sind.

Das Megalith-Volk, das sich an Hunderten von Plätzen in Irland so deutlich manifestierte, fand demnach eine nicht mehr ganz primitive Einwohnerschaft vor, die Ackerbau trieb, die sich ihre wichtigsten Werkzeuge selbst herstellte und die – wenn auch nicht über die Weltmeere, so doch über die kleinen Distanzen der Irischen See – mit der britischen Hauptinsel in Verbindung stand. Auf dem Wasserweg wurden im Tausch gegen die begehrten Äxte Haustiere und Zuchtvieh eingeführt, in erster Linie Rinder und Schafe, aber auch Ziegen. Das interessanteste Haustier dieser frühesten irischen Landwirtschaft ist aber das Schwein. Nichts weist darauf hin, daß es importiert wurde, und doch war es auf der Insel verbreitet, vermutlich, weil es sich auch in kleinen Schiffen verhältnismäßig leicht transportieren ließ. Von den heutigen englischen Schweinerassen, die im 18. Jahrhundert aus komplizierten Kreuzungen entstanden, unterschied es sich, soweit man dies feststellen konnte, erheblich und beweist uns immerhin, daß die Iren jener Zeit nicht ausschließlich auf Fische, Krebse und Muscheln angewiesen waren.

Ein Volk sorgt für Farbe

Oh nein, ich meine nicht die Pikten, die "bemalten Leute" in Schottland, die sich am römischen Hadrianswall blutige Köpfe holten; sie kommen für dieses Kapitel viel zu spät, und die Farben ihrer Gesichts- und Körperbemalung sind auch viel zu primitiv für das Volk des irischen Stolzes, für die Kelten, denen der Ire, sofern er sich überhaupt mit Geschichte beschäftigt, alles zuschreibt, was an seinem Volk eigenartig, genial und damit unenglisch ist.

Natürlich kamen nach England und Schottland sehr viel mehr Kelten als auf die so lange unwirtliche Insel Irland, aber so primitiv-abendländische Logik hat die Iren noch nie gestört. Sie halten sich an die geographisch unbestreitbare Tatsache, daß die Kelten auf ihrer Westwanderung über Irland nicht hinausgelangen konnten, es sei denn, sie stürzten sich ins Meer – und da blieben sie denn doch lieber in Irland.

Selbst wenn wir die Frage der Kelten, ihrer Herkunft, ihrer Wanderung und ihrer Eigenschaften stockseriös in Angriff nehmen, kommt dabei nicht sehr viel mehr heraus, als schon Herodot wußte, der Vater der Geschichte, der vor beinahe zweieinhalb Jahrtausenden von den Kelten sagte: "Der Istros (das heißt: die Donau) durchfließt ganz Europa; er entspringt im Lande der Kelten, die nach den Kynetern (im südwestlichsten Spanien) das westlichste Volk von Europa sind. So fließt er (bzw. sie, die Donau) durch ganz Europa und mündet nahe dem Skythenlande ins Schwarze Meer."

Das ist die Stelle aus Herodots viertem Buch. Weniger glücklich ist die Behauptung im 33. Kapitel des zweiten Buches: "Der Istros kommt aus dem Lande der Kelten, von der Stadt Pyrene her, und fließt durch die ganze Mitte von Europa. Die Kelten wohnen jenseits der Säulen des Herkules (d. h. der Straße von Gibraltar) und sind Nachbarn der Kyneten, des am meisten (süd-)westlich wohnenden Volkes unter den Europäern."

Professor Glyn Daniel von der berühmten Universität Cambridge sagt heute, und man fühlt die leise Verwunderung in seiner Feststellung: "Laut Herodot wohnten die Kelten im Donau-Ursprungsgebiet, und tatsächlich scheint der in seinem Kern durch die geographischen Begriffe Böhmen/Bayern/Bodensee/Schwarzwald gekennzeichnete Raum die Urheimat der Kelten gewesen zu sein, allerdings muß man im Norden, Westen, Süden und Südosten noch Teile Mitteldeutschlands, Frankreichs, der Schweiz und Österreichs hinzurechnen" (*Enzyklopädie der Archäologie*, Bergisch Gladbach 1980).

Glyn Daniel weiß also zum Unterschied von seinem Landsmann Shakespeare, wo Böhmen liegt, und er beschreibt jenen Herzraum Europas, der uns lieb und teuer ist und in dem es zu Herodots Zeiten ganz gewiß noch keine Stadt gegeben hat, die diesen Namen verdient hätte. Pyrene meint also wohl die Pyrenäen, und auch mit dem äußersten Westen Europas geht Herodot ein wenig großzügig um, hat er doch noch keine Landkarte mit Projektionen vor sich, sondern nur seine vielen Aufzeichnungen, in denen die Berichte der Seefahrer eine besondere Rolle spielen. Und nimmt man diese als Quelle ernst, so ergibt sich, daß "jenseits der Säulen des Herkules" gar nicht so falsch ist, denn natürlich mußte man die Straße von Gibraltar durchfahren, wenn man zu den Kelten auf den britischen Inseln, den Zinn-Inseln Albion und Hierne gelangen wollte, und beschritt man den binnenländischen Weg, so gelangte man vom Ursprung des ganz Europa durchquerenden Hauptstromes nach Westen an den Rand des Festlandes, wenn auch nicht gerade an die Pyrenäen.

Die Namen, die alte Schriftsteller für die oft nebelverhangenen und durch einen stürmischen Ozean beschützten Länder des Nordwestens gefunden haben, brauchen uns nicht sonderlich zu beschäftigen, und alle Folgerungen und Anklänge, mit denen spekulative Pseudohistoriker operieren, haben sich nur in den seltensten Fällen als hilfreich erwiesen oder haben nur bestätigt, was sich ohnedies jeder selbst zusammenreimen kann, daß etwa das Tyle des Pytheas von Massilia später Thule genannt wird, daß aus Ernia Erin wird und daß Hibernia und der Winter innerlich zusammengehören, weil die Mittelmeer-Piloten schon bei der Vorstellung von Irland fröstelten und wir im französischen *hiver* diesen zweieinhalbtausend Jahre alten Namen noch immer besitzen. Die grüne Insel war also das Winterland, was höchst ungerecht ist angesichts der milden irischen Winter, andererseits aber auch ausdrückt, daß es auf Irland nicht allzuviele Tage gibt, in denen sich das einstellt, was die übrigen Europäer unter Sommer verstehen.

Woher die Kelten kamen, die nach und nach Irland erfüllten und es damit zu der keltischen Insel par excellence mit allen daraus resultierenden Vorzügen machten, ist aus dem Blick auf die Landkarte nicht zu beantworten. Diese nämlich würde uns die Vermutung nahelegen, daß die zentraleuropäischen Kelten sich über die Bretagne und das südliche England auf die Irische See zubewegten, diese bezwangen und unbeeindruckt von den hochaufragenden, aber verlassenen Megalithmalen in Irland an Land gingen. Aber seit 1970, also erst seit einem Vierteljahrhundert, weiß man es besser. In diesem Jahr wurde nämlich bei Botorrita in der spanischen Provinz Saragossa eine Bronzetafel mit etwa zweihundert Worten in keltiberischer Sprache gefunden, einer bedeutenden Untergruppe des Keltischen, die man bis dahin nur aus einigen Münzinschriften und unsicher überlieferten Namen von Gewässern und Bergen erschlossen hatte. Nun war man in der Lage – der kurze Exkurs ist unerläßlich und gleich wieder zu Ende – zwei Aussprache-Gruppen der keltischen Völker verläßlich zu trennen. Die eine, die Keltiberer, sprechen den indogermanischen Wurzellaut qu als kw aus, bei der anderen Großgruppe keltischer Völker wurde dieses indogermanische q nach und nach zum p.

Das klingt furchtbar akademisch, aber wie soll man Völker und Völkergruppen voneinander unterscheiden, die noch keine Reiche haben, keine Herrscherfamilien, keine festen

Wohnsitze? Die Zusammengehörigkeit der Kelten "dokumentierte sich vor allem auf dreifache Art – 1. in ihrer Sprache, 2. in ihrer Religion und 3. in ihrer materiellen Kultur" (Glyn Daniel). Und diese zwei Entwicklungen in den keltischen Sprachen zeigen uns, daß die p-Kelten über die Bretagne und Wales verteilt sind, die q-Kelten hingegen Irland, Schottland und die Insel Man bevölkerten. Die auf der kleinen Insel in der Irischen See inzwischen ausgestorbene keltische Sprache wurde auch das Manx genannt, in Schottland nannte man sie das Gälische und bemüht sich heute, den Gebrauch zumindest auf den Hebriden wiederzubeleben, und in Irland ist dieses Goidelisch oder Irische seit der Begründung der Republik Irland nach dem Ersten Weltkrieg einer ehrenwerten, aber nicht sonderlich aussichtsreichen Wiederbelebung ausgesetzt, die uns zu den englischen Ortsnamen die zungenbrecherischen keltischen Namen auf den Hinweistafeln beschert: *Baile Atha Cliath* für Dublin oder *Dun Laoghaire* für Kingstown, und je mehr von dem Zusammenschluß Europas die Rede ist und von der Aufhebung der Grenzen, desto mehr solchen sibyllinischen Ortsnamentafeln begegnet man überall, nicht nur auf dem blutig zerrissenen Balkan, sondern auch in idyllischen Städten Kataloniens, in der Bretagne, in Kärnten und sogar auf Korsika.

In der Rückschau auf vergangene Zeiten versöhnt man sich zwar nicht mit diesen Anachronismen, aber man erkennt, daß sie zumindest irgendwann ihren Sinn gehabt haben, und man urteilt milder über die Lokalhistoriker und Dorfbarden, die das Unrettbare zu retten versuchen, nachdem sie die Seele des Keltentums mit Emphase geopfert haben – die Iren nämlich wurden die eifrigsten und mutigsten Vorkämpfer jener christlichen Religion, die das Druidentum überwand und den Kelten damit das nahm, was sie neben Sprache und materieller Kultur zu einem einheitlichen Begriff machte, ihre originelle, unverwechselbare, ganz auf die keltischen Traditionen zugeschnittene und diese belebende Religion.

Da weder die heidnischen Römer noch die Christen Toleranz genug besaßen, die keltische Religion als historisches Phänomen anzuerkennen, sind unsere Kenntnisse über die Keltenreligion und ihre Ausübung sehr vage, und ihr heutzutage bester Kenner, der französische Gymnasiallehrer Jean Markale, hat gewiß recht, wenn er mit der französischen Vorliebe für die Pointe sagt: "Was wir aus dem ganzen weiten Bereich der Druidenkultur noch am besten kennen, das sind die Druiden selbst." Das heißt: *le druidisme*, wie die Franzosen sagen, ist schwer erfaßbar, die Druiden selbst aber sind, seit sie dem nüchternen Feldherrnblick Cäsars begegneten, *concreta* des abendländischen Geisteslebens geblieben und in gewissem Sinn das bis heute verdeckt wirksame Gegengewicht gegen das aus dem Südosten kommende, noch immer am Ostmittelmeer verwurzelte Christentum.

Während der römische Soldat sich im Feindesland nicht selten von abergläubischer Furcht beeinflussen ließ, Geschichten glaubte und in seiner eigenen Religion nicht den sicheren Rückhalt hatte wie die christlichen Heere, waren die römischen Feldherren nach Bildung, Selbstbewußtsein und Schärfe des Blickes zweifellos ihrem Jahrhundert voraus, was uns nicht nur Cäsar beweist, sondern ähnlich eindrucksvoll etwa auch Ammianus Marcellinus. Die Soldaten mochten an Seherinnen, an Waldgeister und keltische Zauberwesen glauben, Cäsar aber hielt sich an das, was er vor sich sah und gibt uns in seinem Gallischen Krieg eine Analyse der sozialen Lage im Keltenland:

"In ganz Gallien gibt es zwei Klassen von Menschen, die wirklich zählen und Ansehen besitzen. Die Menge nämlich wird beinahe wie Sklaven behandelt, wagt nichts von sich aus und wird zu keiner Beratung hinzugezogen. Von den erwähnten zwei Klassen aber sind die eine die Druiden, die andere die Ritter. Die Druiden gestalten den Kult, besorgen die öffentlichen und privaten Opfer, legen die religiösen Vorschriften aus. Bei ihnen sucht eine große Zahl junger Männer ihre Ausbildung, denn diese stehen bei den Galliern in hohem Ansehen. Sie nämlich entscheiden fast jeden öffentlichen und privaten Streit ... sie fällen das Urteil und setzen Belohnungen oder Strafen fest. Fügt sich ein einzelner oder ein Stamm ihrem Spruch nicht, so schließen sie ihn von den Opfern aus" (VI/13).

Interessant ist, daß Cäsar die Ausbildung bei den Druiden erwähnt, und man möchte annehmen, daß es andere Arten der Schulbildung gar nicht gegeben hat. Umso größere Bedeutung erlangten die Zentren dieser Ausbildung, die im westkeltischen Bereich die Rolle jener Lehrgespräche übernahmen, wie wir sie aus dem alten Griechenland kennen. Der Ort intensivster Schulung war auch der heiligste Punkt keltischer Traditionen-Pflege, das geistige Herz eines Bereichs, der sich auf dem Höhepunkt der Keltenmacht von Gallien über den Ärmelkanal und England bis nach Irland erstreckte. Das Druidenzentrum, gleichsam die theologische Universität dieses mächtigen Priesterstandes, lag zwischen England und Irland in Wales auf der Insel Anglesey, von den Römern in Anlehnung an den keltischen Namen Mona genannt (heute walisisch: Mon), eine eigene Grafschaft und große Insel in der Luftlinie zwischen Liverpool und Dublin.

Von etwa 100 vor Christus bis zur Zerstörung durch die Römer in den Jahren 61 und 78 war Mon das Rom der Kelten und strahlte durch die Druidenschule und die von hier ausgehenden und kontrollierten religiösen Regeln nach West und Ost, was die Römer vielleicht schon unter Cäsar erfuhren. Aber erst, als sich die Druiden immer deutlicher als die Führer des antirömischen Widerstandes erwiesen, nahmen die Besatzungstruppen auf der britischen Hauptinsel den ungemein schwierigen und verlustreichen Feldzug durch Wales und bis hinaus nach Anglesey auf sich.

Trotz aller Zerstörungswut der hart kämpfenden, über ihre Verluste erbitterten Legionäre haben sich hier zwei keltische Dörfer beinahe unversehrt erhalten: Ty Mawr am Fuß der Holyhead-Mountains und Din Lligwy oberhalb der gleichnamigen Bucht. In einem Moorsee erhielt sich sehr viel keltisches Kriegs- und Kultgerät von den Römern unbemerkt und ist heute der Stolz des *Welsh National Museums* von Cardiff: Waffen wie Schwerter, Speere und Wurflanzen, dazu kurze Stichwaffen, Schilde und – wenn auch zerbrochen – nicht weniger als vierzig Streitwagen. Der ganze Schatz wurde gefunden, als im Zweiten Weltkrieg hier, an der von den Deutschen abgewandten Seite der britischen Hauptinsel, ein Militärflughafen angelegt werden sollte und man beim Ausbaggern der Teiche und Sümpfe immer wieder auf Gerätschaften stieß, die weder Baggerführer noch Pioniere kannten, denn sie waren zweitausend Jahre alt!

Kennzeichnend für die Kraft, die von Mona ausging, ist die Tatsache, daß die heilige Insel der Druiden zweimal erobert werden mußte, wobei in der ersten kriegerischen Begegnung die Römer die Angsterfüllt-Verblüfften waren, beim zweitenmal aber die Kelten:

"Im Konsulatsjahr des Caesennius Paetus und des Petronius Turpilianus (d. h. A.D. 61) erlitten wir in Britannien eine schwere Niederlage", schreibt Tacitus im Vierzehnten Buch seiner *Annalen*, berichtet dann vom Tod des Feldherrn Veranius, der seinen Ruhm in der Verwüstung von aufständischen Gebieten gesehen hatte, und von Suetonius Paulinus, der nun ein schweres Erbe antrat. Er wußte offensichtlich, daß ein Angriff auf die Druideninsel Mona ihm besonderen Ruhm einbringen würde, da sie stark bevölkert war und seit langem als eine Art Fluchtburg für unbotmäßige Silurer diente, jenen dem Typus nach mittelmeerisch wirkenden Keltenstamm, den Tacitus von den Kelten des Nordens unterscheidet.

"Suetonius Paulinus ließ für die seichten und unbekannten Gewässer Schiffe mit flachem Kiel bauen. Sie beförderten das Fußvolk hinüber (d. h. von Wales nach Anglesey). Die Reiterei folgte durch eine Furt, und an tieferen Stellen schwamm der Mann neben seinem Pferd."

Die Römer machten sich also die Sandbank am Südende der Menaistraße zunutze und gerieten in Bedrängnis nur bei tieferen Prielen. Heute verbinden Brücken Anglesey mit Wales. Die berühmteste, die Britanniabrücke, erbaute Stephenson schon 1846 als Eisenbahnbrücke mit zwei tunnelartigen, rechteckigen Röhren. Solche Weltwunder hatte das alte Mona noch nicht zu bieten, aber die Römer fanden gleichwohl Grund zu staunen:

"Am Strand standen die feindlichen Reihen, Waffe an Waffe und Mann an Mann. Die Weiber liefen in Leichenkleidern hin und her, mit aufgelösten Haaren, Fackeln in den Händen, so daß sie aussahen wie Furien. Ringsum standen die Druiden und stießen mit erhobenen Händen Verwünschungen aus, während sie die eigenen Götter um Hilfe baten. Solch ungewohnter Anblick erschreckte unsere Soldaten, und wie gelähmt setzten sie sich (zunächst) den feindlichen Waffen aus. Dann aber sprach ihnen der Feldherr Mut zu und sie selbst ermahnten einander, doch nicht vor einem Haufen von Weibern und Schwärmern (wörtlich spricht Tacitus von Fanatikern) sich zu ängstigen. Sie griffen also an, streckten die Gegner nieder und erstickten sie in den Bränden ihrer eigenen Fackeln. Nach vollendetem Sieg wurde eine römische Besatzung auf die Insel gelegt. Die heiligen Haine wurden zerstört, in denen grauenvolle Kulthandlungen stattgefunden hatten, schrieb der religiöse Brauch der Silurer doch vor, an den Altären das Blut der Kriegsgefangenen zu vergießen. Um den Willen der Götter zu erkunden, öffnete man den zu opfernden Menschen die Leiber und studierte ihre Eingeweide."

Da auch Cäsar diese blutigen Bräuche bestätigt, besteht kein Grund daran zu zweifeln, daß Menschenopfer in der Religion der Druiden ihren festen Platz hatten. Die Eroberung der heiligen Insel hatte im ganzen Britannien solche Entrüstung hervorgerufen, daß allenthalben Aufstände ausbrachen, Suetonius Paulinus eilends von Mona abmarschieren und sich anderen Brennpunkten der Kämpfe zuwenden mußte. Erst Agricola (40–93), Schwiegervater des Historikers Tacitus, vollendete den Versuch, auf der Druideninsel eine stabile Römerherrschaft zu etablieren:

"Aber es fehlte an Schiffen, wie das bei plötzlichen Entschlüssen so geht. Überlegung und Beharrlichkeit des Feldherrn setzten dennoch den Übergang durch. Ausgewählte Hilfstruppen, die mit dem Wechsel von Ebbe und Flut vertraut waren, wurden in einer besonderen Schwimmweise geübt, bei der sie ihre Waffen über Wasser hielten und ihren Pferden die nötige Hilfe gaben. Sie durften alles zusätzliche Gepäck ablegen, und Agricola ließ sie so plötzlich ins Wasser gehen, daß die Feinde, die mit einer Flotte aus vielen Schiffen und dem Schutz des Meeres gerechnet hatten, um Frieden baten: Wer so in den Krieg gehe, für den gebe es nichts Unüberwindliches. Sie übergaben Agricola die Insel" (woran Tacitus noch zwei Zeilen Lobsprüche über seinen Schwiegervater schließt).

Cäsar, dessen Eroberung von Britannien bekanntlich nicht von Dauer war, scheint die heilige Insel Mona mit der erheblich kleineren, aber mitten in der Irischen See liegenden Insel Man zu verwechseln, die in der Geschichte der keltischen Besiedlung Irlands eine besondere Rolle spielt. War Anglesey die heilige Insel der Druiden, so erfreute sich Man der besonderen Aufmerksamkeit des Megalithvolkes, das auf der nur knapp 600 Quadratkilometer großen, 16 Kilometer breiten Insel bedeutende Großsteinbauten errichtete (Cashtal yn Ard nahe bei Kirk Maughold, König Orrys Grab bei Laxey und der Mull-Zirkel bei Cregneish, der allerdings wegen moderner Verbauung nicht mehr so eindrucksvoll ist wie früher).

Die Verwechslung vor zweitausend Jahren kann man Cäsar kaum vorwerfen, erliegt ihr doch noch in unseren Tagen ein hochmodernes *Lexikon alter Kulturen* mit der lapidaren Mitteilung, Man sei das Mona der britischen Römerzeit. Es war dies mitnichten, sondern hat eine absolut eigenständige Bedeutung als Hort der keltischen Sondersprache Manx, als eine Insel, die von Irland und England etwa gleichweit entfernt ist und damit stets besondere Begierden von Seefahrern und Eroberern weckte. Vor allem aber war Man eine Pflanzstätte jener Höhlenkultur, wie wir sie auf den Orkneys mit den vorgeschichtlichen Siedlungen Skara Brae und anderen kennenlernten. Auf Man haben wir in der Nußschale die Gesamtgeschichte der britischen Insel bis auf Wilhelm den Eroberer, vor allem, da die skandinavischen Seefahrer sich hier, wenige Segelstunden von Irland und von England entfernt, bis ins neunte Jahrhundert halten konnten. Leider wurde auf der engen Insel das bronzezeitliche Dorf bei Ronaldsway nach den Ausgrabungen von 1935–37 wieder zerstört, und auch von den Hügelbefestigungen der Kelten aus dem zweiten nachchristlichen Jahrhundert ist nicht mehr viel zu sehen, obwohl die Briten selbst mitten im Zweiten Weltkrieg, 1941–44, an der Sicherung der Fundstätten bei Ballakeigan arbeiteten.

Für die Römer war die Insel Man offensichtlich schon zu weit draußen im Meer, vor allem, da die Irische See ja ein besonders gefährliches Gewässer ist. Die praktisch kaum zugängliche Insel gab damit ihren Bewohnern einen einzigartigen Schutz, in der sich der Sonderzweig des iberischen Keltisch weitgehend unbeeinflußt erhalten, wenn auch kaum entwickeln konnte. Die Zone dieser Keltenstämme, die irgendwann aus dem Süden gekommen sein mußten, reicht demnach, nach dem unbestechlichen Zeugnis der Sprache, über Irland und die Insel Man nach Schottland, wobei wir annehmen dürfen, daß zumindest zwischen dem südwestlichen Schottland und dem nördlichen Irland dauernde und enge Beziehungen bestanden. Tacitus bestätigt diese Verteilung der Sprachstämme indirekt, wenn er betont, daß die Kelten aus der Bretagne und jene in Südengland und in Wales sich ohne sonderliche Mühe miteinander verständigen konnten: Das war der andere Zweig.

Da Tacitus die Druiden Fanatiker nennt und sie nur im Kampf, als Gegner, schildert, hat das Zeugnis Cäsars mehr

Gewicht, und man muß es bewundern, mit welch beinahe wissenschaftlichem Interesse sich dieser Feldherr und Staatsmann inmitten der unsäglichen Schwierigkeiten des Krieges in Gallien mit dem Druidentum beschäftigt. Nach den richterlichen Funktionen, die Cäsar offensichtlich besonders beeindruckt haben, interessiert er sich für Hierarchie und Organisation des Druidentums selbst. Er weiß bereits, daß alle, die tiefer in die Wissensfülle der Druiden eindringen wollen, nach Britannien reisen, und daß die Druiden ihre Gemeinschaften nicht nur religiös, sondern auch bei gleichsam zwischenstaatlichen Verhandlungen vertreten, wenn überregionale Zusammenkünfte stattfinden. Mit diesen Mitteilungen gewinnt man für die heilige Insel, von der Pytheas von Massalia spricht, eine weitere Hypothese hinzu: Es kann sich außer um Helgoland durchaus auch um die Druideninsel Mona in der Irischen See gehandelt haben, die Insel der Druiden-Schulen.

Die Kelten erscheinen in der Darstellung Cäsars als eine enge und geschlossene Gemeinschaft, die ihren Wert in sich selbst trägt; das heißt, wer aus ihr ausgeschlossen wird, etwa dadurch, daß er, wie erwähnt, heiligen Handlungen und Opferungen nicht mehr beiwohnen darf, wird zwar nicht vogelfrei in dem Sinn, wie wir es aus dem späteren altgermanischen und nordischen Strafrecht kennen, aber das Leben ist für ihn nicht mehr lebenswert:

"Wer mit solchem Bann belegt ist, gilt als Frevler und Verbrecher. Alle gehen ihm aus dem Weg und fliehen Begegnung und Gespräch (mit ihm), um sich durch die Berührung kein Unheil zuzuziehen. Solchermaßen Ausgeschlossene sind keine Rechtspersonen mehr und können keine Ehre beanspruchen."

Für die Historiker am interessantesten war Cäsars Mitteilung, daß es über den zahlreichen Druiden in verschiedenen Gegenden des keltischen Siedlungsgebietes einen obersten Druiden gebe, also gleichsam einen Papst. "Stirbt dieser, so folgt ihm der Druide nach, der sich deutlich vor den übrigen auszeichnet, oder die Druiden stimmen im Fall mehrerer gleich Würdiger über die Nachfolge ab; es soll auch schon Kämpfe mit Waffen um dieses höchste Amt gegeben haben", eine erstaunliche, aber kaum anzuzweifelnde Mitteilung, aus der man schließen darf, daß nicht selten der jüngere Bewerber über den älteren triumphiert hat und, im Umkehrschluß, daß bei den Kelten auch ältere Männer noch fähig waren, sich der Waffen zu bedienen und Zweikämpfe durchzustehen; in zahlreichen irischen Sagen wird diese Kampftüchtigkeit der Alten und Weisen für die Nachwelt bewahrt.

Leider gewinnen wir aus Cäsar nicht die Sicherheit über den Geltungsbereich des Druidentums, über die Druiden-Internationale gleichsam. Cäsar betont zwar die herausragende Rolle der britischen Inseln, daß die Lehre von dort gekommen sei und daß sie dort am reinsten gepflegt werde. Das Gebiet der Karnuten aber, in dem sich die gallischen Druiden zu Beratungen versammelten, lag mitten in Frankreich, zwischen Loire und Seine mit den Brennpunkten an der Stelle der heutigen Städte Chartres und Orléans, wo denn auch bald die ersten großen Gallieraufstände ausbrachen. Es war also nicht so, daß es ein für die britischen Inseln und Festland-Gallien gemeinsames, leicht erreichbares Beratungs- oder Gerichtszentrum etwa am Ärmelkanal gegeben hätte. Die Gründe dafür können nur vermutet werden. Einer der wichtigsten ist wohl die Doppelheit des Keltenstromes, einerseits aus der Iberischen Halbinsel nach Norden mit dem Hauptziel Irland, andererseits aus dem Herzen Europas mit dem Vordringen bis zum Ärmelkanal. Die Festlandskelten kannten den Hauptstrom Europas, den für die Griechen besonders wichtigen Istros, die Donau, und sie bedienten sich im alltäglichen Verkehr – nicht in Dingen der Religion – der griechischen Schrift. Auf Irland wiederum gab es eine eigene keltische Schrift, nicht für die heiligen Handlungen, bei denen Mündlichkeit Tradition und oberstes Gebot war, sondern für die Notwendigkeiten eines organisierten Lebens. Schriften können trennen, sie sind mehr als Gebrauchsartikel, sie bergen altes Wissen und schaffen Verbindungen, und während die griechische Schrift uns beweist, daß es schon in vorrömischer Zeit ein Wissen von Europa und einen Verkehr der europäischen Völker untereinander gab, hat sich die Insel Irland den Ruhm einer eigenen Schrift geleistet:

Ogma ist nach der irischen Sage einer der drei Hauptgötter, nach späteren Überlieferungen jedoch Sohn des viel wissenden Eladan und der Seherin Etan; er gilt als der Erfinder der Ogam genannten Schrift, die sich mit fünf Gruppen zu jeweils fünf Zeichen jedoch eng an das griechische und das lateinische Alphabet anschließt, aber auf kunstvolle Schriftzeichen verzichtet, sondern Ritzungen oder Runen festlegt. Waagrechte und schräge Striche und Strich-Gruppen halten fest, was sich in Holz und Stein anders nicht eingraben ließe; sie haben also keine symbolische Bedeutung wie die altgermanischen Runen oder auch wie chinesische Schriftzeichen, sondern transponieren lediglich in Hinblick auf hölzernen oder steinernen Untergrund.

Die Ogam-Schrift kann einem Kundigen aber auch als Unterlage für sachliche Mitteilungen dienen, in denen Zahlen und Mengen eine Rolle spielen. Verglichen mit den ersten keltischen Münzen, die oft nur ein Münzbild griechischer oder römischer Prägung nachbildeten, ohne es zu verstehen oder die Umschrift lesen zu können, ist die Ogam-Schrift immerhin eine spezifisch für die örtlichen Verhältnisse in Irland entwickelte Mitteilungs-Strategie, die bei Rechtsgeschäften zum Beispiel wegen der Herden oder bei der Festlegung von Zeiträumen eine Rolle gespielt haben muß.

Sylvia und Paul F. Botheroyd führen in ihrem *Lexikon der Keltischen Mythologie* den bemerkenswerten Umstand an, daß von den 360 aufgefundenen Ogam-Inschriften nicht weniger als 200 auf südirische Grafschaften entfallen. In Wales, Cornwall und Devon sind sie so selten, daß ihr Auftreten Theorien über enge oder intensive Beziehungen zwischen Irland und dem südlichen England kaum zu stützen vermögen; ganz ähnlich verhält es sich mit den Vorkommen auf der Insel Man und in Schottland. Immerhin hat die Vielzahl der Fundorte angesichts sehr unterschiedlicher Erhaltung die Datierung erleichtert und das überraschende Ergebnis erbracht, daß diese Denkmäler der Ogam-Schrift aus nachrömischer Zeit stammen (5.–8. Jahrhundert) und erst entstanden, als es in Irland bereits christliche Zentren gab.

Wir stehen also der Tatsache gegenüber, daß die Geheimschrift der Druiden in den Jahrhunderten ihre größte Verbreitung fand, als die altkeltische Religion um ihre Existenz kämpfen mußte. Es ist bis heute nicht sicher, wann das Christentum nach Irland gekommen ist, und wir werden davon noch zu sprechen haben; daß es im fünften Jahrhundert jedoch vor, neben oder nach Patrick nicht wenige Christen auf der Insel gab, ist unbestritten. Erst jetzt, da der neue Glaube mit der Übermacht griechisch-römischer Kultur, mit einer erprobten Schrift und wohlausgebildeten Klerikern um die Herrschaft im alten Irland kämpfte, gewann die Geheimschrift der Druiden ihre besondere Bedeutung. Die Missionare aus England und aus Gallien verstanden sie nicht, die Druiden und ihre letzten Anhänger aber vermochten sich nicht nur mit den Ogam-Ritzungen einigermaßen zu verständigen, sie hatten auch ein systematisch angeordnetes und zu gebrauchendes Handwerkszeug der Magie in der Ogam-Schrift zur Hand, konnte man doch einen neuen Gott nicht mit irdischen Waffen bekämpfen, sondern nur mit den geheimen Kräften, wie sie innerhalb der Druidentradition bekannt und kultiviert worden waren.

Die Sage stützt diese Vermutung, wenn sie Gegenstände mit Ogam-Schriftzeichen mit Zauberkräften ausstattet und damit den christlichen Symbolen entgegensetzt. Die Ogam-Schrift erhält eine Funktion, die weit über die der Mitteilung oder der Erinnerungshilfe hinausgeht. Sie wird zu einem Mittel, mit dem Geisterreich zu kommunizieren und die Dämonen der heidnischen Zwischenwelt im Kampf gegen die neue Religion zu Hilfe zu rufen, indem etwa ein Eisenreif mit Ogam-Zeichen eine Bannfunktion erfüllt und einen Steg sperrt. Damit hat sich die Ogam-Schrift nicht nur hinsichtlich der Schreibtechnik, sondern auch in ihrem Symbolgehalt und ihrer stummen Macht an die Runen der skandinavischen Völker angenähert, die sich bald an den nördlichen und nordöstlichen Küsten der britischen Inseln einfinden werden.

Daß wir bis heute über die eigentliche Funktion der seltsamen Strichschrift des Ogma nicht im Klaren sind, hängt mit einigen Wesenszügen zusammen, die für das Keltentum besonders charakteristisch sind. Es gibt keinen vernünftigen Grund daran zu zweifeln, daß sich auch die irischen Kelten der griechischen Schrift oder einer bequemen Abänderung des griechischen Alphabets bedienten, da wir das eindeutige Zeugnis eines Cäsar über den keltischen Schriftgebrauch in Gallien und im südlichen Britannien besitzen.

Angesichts der Stabilität der keltischen Welt, angesichts eines Halbjahrtausends aktiven Druidentums wäre es völlig unverständlich, wenn die keltischen Druiden in Kenntnis der Praxis ihrer gallischen Kollegen nicht Ähnliches auch im eigenen Tätigkeitsbereich versucht haben sollten, vor allem, da wir seit den Untersuchungen des engagierten Keltologen Heinrich Zimmer *Über direkte Handelsverbindungen Westgalliens mit Irland im Altertum und frühen Mittelalter* Bescheid wissen (Gesamtsitzung der Preuß. Akademie der Wissenschaften vom 11.3.1909).

In dem Wirklichkeitsverständnis der Kelten, in dem Götter, Halbgötter, Zauberer und Magie nicht diskutiert wurden, sondern selbstverständlich waren, bedurfte es aber eben neben der Gebrauchsschrift einer geheimen, Magie transportierenden zweiten Systematik von Zeichen für Beschwörungen, für Flüche und für die Aufzeichnung dessen, was eigentlich gar nicht schriftlich festgehalten werden durfte.

Der Schritt in die Geschichte

Oxford und Cambridge, die berühmtesten englischen Universitäten, rivalisieren auch auf dem Gebiet der wissenschaftlichen Publikationen, und ihre Nachschlagewerke vornehmlich zu geisteswissenschaftlichen Themen erfüllen jeden Nicht-Engländer mit Neid. Mit Ehrfurcht öffnet man darum *The Cambridge Historical Encyclopaedia of Great Britain and Ireland*, überfliegt die Reihe illustrer Beiträge und liest dann den ersten Satz der Darstellung, der kurz und bündig sagt: *Contact with Rome took Britain from prehistory into history*, auf deutsch: Es war die Berührung mit Rom, die Britannien aus der Vorgeschichte in die Geschichte herüberführte – ein Satz, an dem nicht zu rütteln ist, nur hätte man ihn nicht als den ersten Satz eines Großoktavbandes von vierhundert Seiten zu lesen vermutet: Gab es denn vor Cäsar (der im zweiten Satz auf uns zukommt) nichts zu berichten?

Der bedeutendste französische Gallien-Historiker, der Sorbonne-Professor Camille Jullian (1859–1933) hat nach Forschungen von Moke und Pirenne nachgewiesen, daß jenes kriegerische Volk, das Cäsar Belgae nennt, nicht den Germanen zuzurechnen ist (wie Cäsar aufgrund ihrer Tapferkeit vermutete), sondern eine Vereinigung von mehr als einem Dutzend keltischer Stämme war. Ihre kriegerische Tüchtigkeit hatten sie sich in ständigen, seit dem sechsten vorchristlichen Jahrhundert andauernden Kämpfen gegen die von Osten herandrängenden Germanen erworben; zudem hatten sie in ihren Siedlungsgebieten zwischen der Marne und den griechischen Inseln eine besonders hochstehende materielle Kultur entwickelt. Diese, in den alten Texten Belgae genannten Kelten waren es, die über den Kanal setzten und sich in England ausbreiteten, während die in Gallien zurückgebliebenen Stämme, immer stärker mit germanischen Wanderstämmen vermischt, zu den Hauptwidersachern der Römer wurden. (Es ist ja bekannt, daß der Kelte Vercingetorix letztlich durch den alten Gegensatz zu den Germanen zu

Fall kam, da die Vandalen Reiterei und andere Hilfstruppen für Cäsar stellten, gegen klingenden Lohn natürlich.)

Angesichts so unterschiedlicher Entwicklungen in Mittel-, Süd- und Westeuropa stellt sich uns die einigende Kraft der keltischen Sprache und Kultur sehr eindrucksvoll dar. Das Beispiel ist zwar nicht einzigartig, in späterer Zeit wird man es erleben, daß in Ägypten kämpfende vandalische Söldner Verbindung mit ihren schlesischen Siedlungsgebieten halten, aber für vorchristliche Jahrhunderte ist das so entstehende Gesamtbild eines keltischen Mittel- und Westeuropa doch faszinierend. Gewiß nicht minder wichtig als Sprache und materielle (La Tène-)Kultur war die einigende Kraft der Religion, deren Hauptcharakteristikum Camille Jullian in einem wohlausgebildeten Jenseitsglauben erblickt: Ein Volk, das mit so unbändiger Tapferkeit in die Schlachten geht, muß von einem glanzvollen Weiterleben und von dem überzeitlichen Wert kriegerischer Tugenden überzeugt sein (*Histoire de la Gaule I.*)

Das Leben nach dem Tod ist als Vorstellung unerläßlich, wenn der Tod seinen Schrecken verlieren soll, und die Kelten glaubten an ein Weiterleben in der sinnlichsten und nächstliegenden Form, nämlich durch die Seelenwanderung. Die Seele entweicht im Augenblick des Sterbens und beginnt eine neue Daseinswanderung in einem anderen Körper. Wir wissen, daß es schwer erklärbare Erlebnisse gibt, die diesen Glauben zu stützen scheinen: das sogenannte déja-vu-Phänomen, die Überzeugung, eine Szene schon einmal erlebt, eine Landschaft schon einmal (in einem früheren Leben) gesehen zu haben, nicht selten so deutlich, daß man den weiteren Verlauf der Szene zumindest für eine kurze Strecke voraussagen kann. Da die Kelten die komplizierten Erklärungen nicht kannten, die uns die Psychologie heute für dieses Phänomen liefert, hatten die Druiden es nicht schwer, ihnen die Angst vor dem Tod mit der Verheißung eines neuen, anderen und womöglich besseren Lebens zu nehmen, in dem sie für ihre Tapferkeit belohnt werden.

Es muß aber auch sehr konkrete Gründe für die Wehrhaftigkeit der Kelten insbesondere auf der Insel Irland gegeben haben, denn die Historiker und Topographen sprechen von nicht weniger als 50.000 Befestigungsanlagen auf der Insel, die ja nur etwa so groß ist wie Österreich, allerdings mehr Nutz- und Siedelflächen und weniger Berge hat. Die eindrucksvollsten Befestigungen liegen am Meer, setzen also Angriffe von See her voraus, und das in keltischer Zeit, bis zu tausend Jahre vor den Raids der Normannen. Es ist also völlig unklar, wer die Angreifer waren, gegen die man Ringmauern und Fluchtburgen aufrichtete, will man nicht annehmen (wozu allerdings Anlaß besteht), daß die einzelnen Miniaturreiche auf der grünen Insel einander in einem fort und herzhaft bekriegten, gleichsam um nicht aus der Übung zu kommen.

Zwei dieser Anlagen (von vielen anderen, weniger gut erhaltenen) verdienen heute noch den Besuch, die eine liegt auf der Dingle-Halbinsel, die andere auf der größten der Aran-Inseln. Fort Dunbeg auf dem nach ihm benannten Vorgebirge liegt westlich der malerischen Kleinstadt Dingle, die als die westlichste Stadt Europas gilt, obwohl Ventry und Ballyferiter und das kleine Dunquin noch weiter draußen auf der Halbinsel liegen. Fährt man von Dingle auf der aussichtsreichen Küstenstraße nach Westen, so hat man die imposanten Steinwälle von Fort Dunbeg zur Linken, hoch über dem Meer. Nicht weniger als vier Wälle haben sich erhalten, in ihrer Mitte ein seltsamer, beinahe an die konischen Türme von Zimbabwe erinnernder Steinbau, der im Innern jedoch viereckig ist. Unterirdische Gänge, von denen sich einer noch erhalten hat, verbanden dieses Festungs-Zentrum mit den Außenwerken, zu denen wohl auch noch eine Anlage weiter draußen am Westrand der Halbinsel gehörte, weil in dem Ortsnamen Dunquin auch noch das vorkeltische Wort *dun* für Festung steckt. Der idyllische Fischerort und Ausgangshafen zu den zum Nationalpark erklärten und unbewohnten Blasket-Inseln hat überhaupt nichts Martialisches mehr, aber der Name bewahrt die Erinnerung an eine vorgeschichtliche Befestigung, wie sie hier, am äußersten Westende einer Halbinsel, zweifellos auch ihre natürliche Berechtigung hatte.

Nicht ganz so leicht zu erreichen wie die Festungen auf der Dingle-Halbinsel ist Dun Aenghus auf der Hauptinsel der Aran-Gruppe. Von Galway oder Rossaveal bestehen im Sommer mehrmals täglich Fährverbindungen nach Inishmore, da die Übernachtungsmöglichkeiten auf den Inseln beschränkt sind und der Tourismus vor allem Tagesausflügler bringt. Ihr Hauptziel ist, sofern sie sich überhaupt für irische Geschichte interessieren, die imposante Festung von Aenghus mit ihren drei Steinwällen, die von Inishmore aus in den Ozean hinausblickt, nicht auf das Land zu, als erwarte man eventuelle Angreifer aus den Fernen des Atlantiks. Die Klippen, auf denen die Festung errichtet wurde, fallen so steil ab, daß sie auch ohne Wehrbauten nicht zu bezwingen wären, und erhöhen die eindrucksvolle Anlage noch um beinahe hundert Meter über dem Strand und der Brandung, die hier sehr stark ist.

Der Innenraum der Festung ist mit einem Durchmesser von nur 45 Metern so klein, daß man wohl an eine Fluchtburg für kürzere Aufenthalte denken muß, an eine Zuflucht vor Überfällen, nicht an ein Festungswerk, bei dem an lange Kriege gedacht ist, und das ist auch natürlich: Der Angreifer mußte über das Wasser kommen, er kam lautlos und war plötzlich da, es gab keine verbrannten Dörfer auf seinem Weg und kein Feldgeschrei. Das innerste Mauerrund hatte eine Dicke von mehr als fünf Metern am Boden, mörtellos aufgeschichtet und absurd stark in einer Zeit, da es mauerbrechende Fernwaffen doch gar nicht gab, und in einer Situation, in der das übliche Belagerungsgerät nicht in Stellung gebracht werden konnte. Die Restaurierung wurde im vorigen Jahrhundert vorgenommen, sie berücksichtigt die erkennbaren Trennwände und stellt Kammern wieder her, ohne daß der Rekonstruierung besondere Überzeugungskraft zugeschrieben werden könnte. Das Rätsel, warum man vor mehr als zweitausend Jahren sich in diesem Maß sichern zu müssen glaubte, bleibt bestehen. Eine Antwort sucht für die besser bekannten Keltenburgen im nahen Wales Wolfgang Metternich, Spezialist für Fragen des Burgen- und Schlösserbaues aus Frankfurt am Main:

"Ganz Europa nördlich von Alpen, Pyrenäen und Karpathen war in den Jahrhunderten vor Christi Geburt keltisch, ohne daß es allerdings je zu einer Großstaatenbildung gekommen wäre. Extrem individualistisch, wie die Kelten durch alle Perioden ihrer Geschichte nun einmal waren, bildeten sie nirgendwo größere politische Gebilde oder gar Staaten. Kleinkönigreiche und Stammesfürstentümer, die sich gegenseitig und ihre sonstigen Nachbarn permanent bekriegten, zeigen, daß die Kelten am politischen Zusammenschluß oder gar (an) Nationalstaaten nicht interessiert waren. Nicht der organisierte Krieg, vielmehr Eroberungs- und Kampfeslust verhinderten immer wieder die Einigung der Kelten untereinander und machten sie zum Schrecken ihrer Nachbarn." (*Die Königsburgen von Wales*, Darmstadt 1984.)

Zu dieser Wesens- und Lebensart paßten der schnelle Überfall, der durch nichts provozierte Raub, dem dann die Vergeltung folgte. Erst die Clans, die Familienverbände, konzentrierten Macht über größere Territorien, bis es schließlich zu der Coiced-Einteilung Irlands kam, in die Teilung der Insel in Fünftel, die als sehr alt gilt, aber natürlich in sich schon eine Spätform keltischen Lebens darstellt.

Diese historischen Landschaften haben sich in ihrer Bedeutung bis heute erhalten und heißen Ulster, Leinster, Munster, Connacht und Mide. Ulster heißt irisch Ulad und war schon dem griechischen Geographen Ptolemaios bekannt. "Bereits in der Sage steht Ulster stets gegen alle anderen irischen Provinzen", schreibt Löpelmann zu einem Zeitpunkt, da die Nordirland-Unruhen praktisch eingeschlafen waren (1942), und vermutet als Grund für diese Sonderstellung des nördlichsten Irland eine andere rassische Zusammensetzung, also vielleicht eine stärkere vorkeltische Restbevölkerung. Von den fünf Namen, die Löpelmann nennt, ist nur Mide inzwischen verschwunden, er deckt sich im wesentlichen mit der Grafschaft Meath, die einen westlichen und einen östlichen Teil hat und zwischen Ulster im Norden und Leinster im Süden liegt. Munster bildet den Südwestteil von Irland und Connaught den Westen. Durch seine zentrale Lage hatte aber Mide-Meath die besten Chancen, bei der zeitweisen Einigung des keltischen Irland auch zum Verwaltungs- und Herrschafts-Mittelpunkt zu werden, spielten Entfernungen in frühen Zeiten doch eine ungleich größere Rolle als heute. Dies hat sich in der Königsburg von Tara (irisch Temair oder Teamhair na Riogh) bewiesen, die man heute zwar nicht mehr vorfindet, aber von der ein Hügel etwa vierzig Kilometer nordwestlich von Dublin immerhin so viele Reste bewahrt hat, daß man sich Lage, Anlage und Bedeutung dieser irischen Hauptkönigsburg einigermaßen vorstellen kann. Da sie seit dem Jahr 1022 ihre bedeutende Rolle nicht mehr spielte, sind Mauern und Erdwälle grün überwachsen, und der Besucher braucht Phantasie und guten Willen, um sich wirklich einfühlen zu können.

Der Hügel von Tara ist einer der auf der ganzen Erde vorzufindenden Beweise dafür, daß die Kultstätten die gleichen bleiben, auch wenn die Kulte wechseln, und daß Herrscher und Kulturen, so verschieden sie auch sein mögen, immer wieder die selben herausragenden Punkte einer Landschaft oder auch einer Küstenregion zu Schwer- und Angelpunkten machen. Ganz wie der Zobten in Schlesien oder verschiedene Alpenpässe ist der Hügel von Tara mit Sicherheit durch Jahrtausende ein Ort besonderer Bedeutung gewesen und geblieben. Mitten in der Anlage, soweit sie heute noch erkennbar ist, befindet sich der *Mount of the Hostages,* auf deutsch Hügel der Geiseln, so genannt, weil die Ausgräber hier in einem viertausend Jahre alten Ganggrab nicht weniger als vierzig verbrannte Leichen, allerdings aus wesentlich späterer Zeit entdeckten. Nach der heute geltenden Deutung haben sie mit dem Großsteinvolk nichts zu tun, sondern waren Geiseln, wie sie von den frühen irischen Kleinkönigen genommen wurden, um gegen Überfälle gesichert zu sein, und wurden getötet, als ein ausgehandelter Frieden gebrochen wurde.

Nördlich dieses düsteren Ortes bezeichnen zwei parallele Erdwälle die Position der alten Königshalle, ohne die man im regenreichen Irland ebensowenig auskam wie bei den Germanen der skandinavischen Länder. Auch im Innern wies die Halle – soweit man den sagenhaften Überlieferungen trauen darf – manche Parallele zu nordgermanischen Einrichtungen auf, die freilich von den verschiedenen Spezialforschern der Hügel-Altertümer sehr unterschiedlich bewertet werden. Eindeutig ist der Bodenbefund; ihm zufolge war die Halle ein sehr langes Rechteck, also vergleichsweise schmal und nicht als Saal proportioniert, sondern wohl für ein Bankett bestimmt, zwei endlos lange Parallelreihen von Bänken, was es wohl erleichterte, die Teilnehmer an der Versammlung im Auge zu behalten. Es scheint auch nicht, wie in den nordischen Königshallen, Galerien für die Frauen gegeben zu haben. Es fanden sich auch Fundamente für nicht weniger als vier Herde, auf denen die Mahlzeiten zubereitet wurden.

Die Sitzordnung spielte angesichts der Größe des Bankettsaales eine besondere Rolle; ob man nah oder fern dem König saß, war in diesem Fall ein beträchtlicher Unterschied. Das kleine Volk füllte Vorraum und Nordende des langgestreckten Bauwerks, am anderen Ende hatte das Personal eine Art Warteraum für die verschiedenen Einsätze längs der Tafeln; auch die Sicherheitswache war dort konzentriert. Der König und seine Familie hatten ihren Platz in der Mitte, also nicht, wie bei den Nordgermanen, am sogenannten oberen Ende. Dennoch darf man sich die Atmosphäre im Bankettsaal von Tara nicht im heutigen Sinn festlich denken, sondern eher düster-geheimnisvoll, fehlte es doch vor allem an der Beleuchtung, wie wir sie gewöhnt sind, und mit Sicherheit auch an einer zweckdienlichen Belüftung. Die Fackeln waren nicht pechbestrichene Hölzer, sondern glosende Binsenbündel aus den zahlreichen Mooren, und über dem Ganzen lag schwerer Dunst von heißem Fett. Nicht zu beneiden waren die Sänger, die in dieser Atmosphäre bei nie wirklich ruhigem Saal ihre langen Lieder vortrugen, weitgehend den Vorträgen entsprechend, wie wir sie aus den Sagas auf Island kennen und wie sie sogar am Hof des Königs Attila üblich waren. Zu allen Zeiten tat solch ein Sänger gut daran, die anwesenden Mächtigen reichlich mit Lob zu bedenken und auch die Vorfahren nicht zu vergessen.

Wenn die zwei aufgefundenen parallelen Erdwälle tatsächlich die Plazierung der Halle bezeichnen und nicht nur den Zugangsweg zu einer völlig verschwundenen Kultstätte, so darf man mit einer Länge von etwa 180 Metern für die Halle rechnen, bei nur dreißig Metern Breite. Das sind Abmessungen, die kaum eine andere Deutung als die geschilderte zulassen, denn Versammlungen mußten sein, Festlichkeiten gestatteten den Getreuen und einem Teil des Volkes, die Herrschenden in Fleisch und Blut zu erleben, und konkretisierten damit ein System, das im wegearmen Irland sonst weitgehend abstrakt geblieben wäre. Ein imposant feiernder König, ob er dabei nun lag oder auf einem Thron saß, ein Mächtiger, der aß und trank wie sie alle, das war schließlich etwas, woran man glauben und wofür man schuften mußte.

Im flachen Irland genügt ein Hügel von 189 Metern Seehöhe, wegen behutsam ansteigender Flanken kaum als solcher zu erkennen, um eine Sonderstellung für Jahrtausende zu begründen. Es war wohl mehr, es war wohl die Abgeschlossenheit dieser Insel am äußersten westlichen Rand des kleinen Erdteils Europa, die das uralte und einzigartige reiche Sagengut der Kelten nicht verströmen, sondern weiterwirken ließ. Das Luftbild von Tara ist in seiner Bedeutungslosigkeit ein Beweis dafür, daß dieser Ort, an dem Konkretes so sehr mangelt, seine Magie in sich trug und trägt, die Magie der Macht.

Unter den wenigen noch heute aufragenden Resten von Tara ist *Lia Fal*, ein Steinpfeiler. Man hat ihn am Hügel der Geiseln gefunden, nahe dem viertausend Jahre alten Ganggrab, und hat ihn auf das Massengrab für die Tapferen gepflanzt, die 1798 mit unzureichender französischer Unterstützung für die Unabhängigkeit von Großbritannien rebelliert hatten (und es war zu ihrem Gedenken, weniger wegen der legendären Könige von Tara, daß hier am 15. August 1843 eine halbe Million Iren zusammenkamen, um nach Dutzenden weniger gewaltiger Meetings hier für die Auflösung der Union mit England zu demonstrieren).

Lia Fal ist demnach kein gewöhnlicher Stein; er sah nicht nur stumm allem zu, sondern soll auch Laute von sich gegeben haben, einen bekräftigenden Schrei, wenn der wahre König, der Richtige, auf ihn trat. Der Gedenkstein für die Toten von 1798 wird darum noch heute als Krönungsstein bezeichnet, weil von ihm die Bestätigung des Gewählten oder Erhobenen ausging, und vielleicht auch, weil doch die artverwandten Schotten ebenfalls ihren Krönungsstein hatten, *the Stone of Destiny*, der Stein des Schicksals, der Bestimmung, und weil dieser schottische Stein in einer merkwürdigen, wenn auch sagenhaften Beziehung zum irischen Tara steht: Tea, eine schottische Prinzessin, habe den Stein, an den sich ferne biblische Mythen knüpfen, nach Irland gebracht und dort einen König geheiratet, der auf Tara residierte. Als Prinz Fergus später das Reich von Dalriada im südwestlichen Schottland gründete, brachte er den Stein zunächst auf die Insel Iona, das berühmte heilige Eiland, in dem die Begräbnisstätten so vieler Fürsten der frühesten schottischen Geschichte bis heute erkennbar sind. Von Iona aus trat der Stein seine Wanderung nach Scone an: Kenneth Mac Alpin, der große Einigerkönig der Schotten, habe den Stein in Scone niedergelegt, was wohl zwischen 846 – seinem Sieg über die Pikten – und 860, seinem Todesjahr, geschah. Die Leute von Tara aber fanden, wie man sieht, einen neuen Stein, fehlte es auf dem Hügel mit seiner uralten Verbauung doch nicht an Steinen jeglicher Form, und da es Prinz Fergus gewesen war, der den heiligen Stein geraubt hatte, nannten unbotmäßige Nachfahren den Menhir *Bod Fearghais*, was soviel heißt wie 'Glied des Fergus'.

Der Weihestätte von Tara und ihren Wirkungen tut dies keinen Abbruch. Langsam zur Höhe ansteigend, erkennt man den besonderen Reiz der Lage, der jedem Bauwerk auf dieser an sich unbeträchtlichen Höhe eigen sein mußte, die Kreise im Grünen – sehr wenig Geschichte in sehr viel Natur – die geraden Hecken, ein Waldstück wie zum Schutz gegen den Seewind und in der meisten Zeit des Jahres Einsamkeit, Luft aus der Ferne und dazwischen, weil es eben heute nirgends mehr fehlen darf, ein Symbol des christlichen Irlands mit der Statue des heiligen Patrick, umgeben von den stummen Geistern heidnischer Könige.

Ähnlich wie Stonehenge hat auch der Hügel von Tara Augenblicke, in denen er seiner flachwelligen Alltäglichkeit entrückt scheint und mit stimmungsvoller Beihilfe seitens des irischen Wetters zur mythischen Dekoration wird. An wolkigen Spätnachmittagen, wenn die Sonne sich auf den Dun Ari Forest Park gesenkt hat und nur noch die obersten Ränder der Hecken und Mauern rund um den alten Königssitz vergoldet, dann ahnt man etwas von der Besonderheit dieses Ortes, dessen Geister nicht sterben wollen, auch wenn sie keine Stimme mehr haben.

Noch bunter jedoch läßt die Sage die Könige von Tara leben, sie gibt ihnen die schönsten, vokalreichsten Namen, die es in europäischen Herrschergeschlechtern jemals gegeben hat, wenn auf den Stammvater Cruidne als erster König Ollom Fodla folgt. Die alten Sänger sprachen von Bres, Sohn des Elada, von Eochu und Oengus, und die Sagen können sich nicht genug darin tun, die Pracht der Feste in der großen, langgestreckten Halle zu schildern.

Es ist nicht wichtig, daß der archäologische Befund uns sagt, die alten Iren waren nicht viel reicher als ihre Nachfahren, sie feierten gerne Feste, aber sie hatten kaum die Möglichkeit, dafür besonders kostbare Kleidung anzulegen. Auch die Berichte der wenigen Reisenden, die in frühen Zeiten die regenreiche Insel aufsuchten, wissen nichts von Geschmeide, Pelzen oder glitzerndem Schmuck, sondern betonen, daß die Iren eine leichte, praktische und leicht zu reinigende Kleidung trugen, die nicht lange an der Leine zu hängen brauchte, wenn einer der überraschenden Regengüsse sie durchnäßt hatte. Sie bestand im wesentlichen aus einem langen Hemd, über dem ein Mantel oder ein Überwurf getragen wurde. Schuhe oder Sandalen konnten sich nur die Wohlhabenden leisten. Andererseits sei die Schönheit der irischen Frauen und Mädchen gerade in dieser leichten Kleidung besonders zur Geltung gekommen; trotz des verwirrenden Umstands, daß Männer und Frauen in ihrer schlichten ländlichen Zweckkleidung einander ähnlich sahen.

Die leise Enttäuschung über den nicht sonderlich gewaltigen und schon gar nicht sakralen Eindruck dessen, was von Tara noch übrig ist, bekämpfen wir am besten mit dem Buch in der Hand, mit dem Wissen von der Bedeutung, die solche Weihestätten in vorkeltischer, keltischer und christlicher Zeit auf der Insel Irland hatten, ja daß die Kleinkönige der verschiedenen Gaue nicht so sehr um Herden und Untertanen kämpften, sondern um jene Punkte der Landschaft, mit denen sich die Aura der Heiligkeit verband, sei es aus Tradition, sei es, weil irgendein rätselhaftes Monument den Volksglauben von der Besonderheit des Platzes immer wieder wachhielt.

Es ist bemerkenswert, daß diese Orte zumindest auf unserer Insel keine Tempel oder andere Kultgebäude aufwiesen, und der große Druidenforscher Jean Markale hat es ja überhaupt als unkeltisch abgetan, sich innerhalb von Mauern und unter Dächern zum Gottesdienst zu versammeln. Die keltische Gläubigkeit entzündete sich auf eine uns heute besonders berührende Weise an den großen und kleinen Wundern der Natur, und der besondere Charakter solcher Orte hat denn auch im allgemeinen den Übergang zum Christentum unbeschadet überstanden. In der Bretagne und in der Provence werden bis heute jene Quellen und Brunnen von der Bevölkerung geliebt und geachtet, die in vorrömischer Zeit als heilig galten und von den Menschen der Umgebung, mitunter aber auch von weither, aufgesucht wurden. Da wir schon gesehen haben, daß das Boyne-Tal mit seinen Großsteingräbern einen uralt-sakralen Charakter hat, ein Tal, auf das man vom Hügel von Tara aus hinunterblickt, ist es nicht verwunderlich, daß die Quelle des Boyneflusses für die Iren wichtiger war als andere Quellen: Er entspringt im sogenannten Bog of Allen in der Nähe von Carbury in der Grafschaft Kildare. Die Burg von Carbur(r)y und Carrick Castle zeugen von der Bedeutung des Quellgrundes, in dessen Nähe auch einer der höchsten Menhire Irlands aufragte (5 Kilometer südöstlich von Naas, der sogenannte Menhir von Punchestown). Er lag auf dem Weg vom Meer zu den Boyne-Quellen, der freilich heute, im westlichen Vorfeld der Millionenstadt Dublin, nicht mehr als solcher erkennbar ist. Der viertausend Jahre lang aufrechte Wächter stürzte 1931 wohl nicht ganz zufällig um, wobei sich herausstellte, daß er eine uralte Grabstelle beschützt hatte.

Auch die Quellenlandschaft des Shannon-River wetteiferte an Bedeutung mit Tara, ist dieser Fluß doch mehr als doppelt so lang als der Boyne und mit beinahe vierhundert Kilometern auch bedeutender als die Themse, was bis heute mancher nicht gerne hört, weswegen es komplizierte Rechnereien über die beinahe hundert Kilometer lange Trichtermündung des Shannon gibt und über seine Passagen durch kleine Seen. Der Shannon fällt aus dem Quellbereich auf dem Cuilcagh-Berg sehr schnell auf eine Seehöhe von nur etwa siebzig Metern herab. Die unentwirrbare Kette winziger Seen und Teiche, zum Teil miteinander in Verbindung zwischen Ballyshannon im Norden und Cavan, dem Grafschafts-

Hauptort, schafft im Norden der Insel eine auffällige und im Namen zum Ausdruck kommende Parallele zu der nach Westen weisenden tiefen Shannonmündung. Es sind zwei tiefe Einbrüche des Meeres, die ähnlich wie in Schottland einen Teil Irlands vom Kern der Insel loslösen wollen, wofür die Sagen naturgemäß früh nach Erklärungen suchten (die Wissenschaft findet sie in den Drumlins, in eiszeitlichen Ausschürfungen). Und da der schmale Trichter sich zum weiten Atlantik öffnete und in seiner Verengung einen außerordentlichen Tidenhub aufwies, fand die Vorstellung nicht nur der Uferbevölkerung am wechselvollen Geschehen rund um diesen Fluß immer neue Nahrung.

In der altirischen Sage heißt der Shannon um vieles schöner Siona, er ist also ein weiblicher Fluß wie die Donau in Europa, und in der schönsten der sagenhaften Liebesgeschichten, in der Sage von Diarmait und Grainne, ist es ein Lachs aus dem Fluß, der die Flüchtenden vor dem Hungertod rettet.

Tatsächlich ist der Shannon, sofern das Bild überhaupt gestattet ist, ein weiblicher Fluß, zum Unterschied vom Boyne, dem Fluß der Könige und der großen Schlachten. Zwischen sanften Hügeln bisweilen kaum sichtbar, windet sich Siona dem Meer zu, ein Fluß, der seine Inseln zärtlich umspült und trotz des bunten Lebens an seinen sommerlichen Ufern immer noch an die alten Mythen erinnert, an sehnsüchtige Vogelmenschen, die sich hier in die Lüfte schwingen, an vergessene Dichter, die hier ihr Klagelied sangen.

Kunst und Kult

Wenn wir noch heute längs der nördlichen und der südlichen Seidenstraße um das Tarimbecken versandete Tempel finden und in diesen Tempeln Wandmalereien und Götterfiguren, so wird uns klar, daß eine Kult-Stätte für die Erinnerung an versunkene Religionen unendlich wertvoll ist. Sir Aurel Stein hat in seinem unsterblichen Bericht über *The Ruins of Desert Cathay* Splitterreligionen und Mischkulte zum Leben erweckt, über die durch Jahrtausende der Sturm der Kriege und der Wandervölker hinweggegangen war.

Eine Religion der Flüsse und der Wälder macht sich ihre Götterbilder aus Holz, und da die frommen irischen Christen nichts lieber taten, als hölzerne Götzenbilder ins Feuer zu werfen, mögen sich zwar die Verfechter eines neuen Glaubens an so manchem altirischen Götterbild gewärmt und ihre Kleider getrocknet haben, uns aber fehlen auf die bedauerlichste Weise die Beweise für das oft geleugnete Bildnertum der frühen Kelten.

Glücklicherweise ist dank vieler Funde die La-Tène-Kultur der jungen Bronzezeit heute so gut bekannt und als so einheitlich erwiesen, daß wir aus Funden auf dem europäischen Festland auch auf die Götterbilder des alten Irland schließen dürfen, etwa aus einer Eichenholzstatue, die man aus dem keltischen Hafen an den Gestaden des Genfer Sees gehoben hat. Die überlebensgroße, etwa zweitausend Jahre alte Statue blieb im Schlamm unter dem Anlegesteg unversehrt und ist noch heute in ihrer Verwitterung, mit der düsteren Kapuze, höchst eindrucksvoll. Andere Holzfiguren haben sich in Mooren auf den britischen Inseln erhalten, wobei es sich im Fall des irischen Fundes vermutlich um eine Caillech-Figur handelt, eine Art Baubo, ein häßlich-obszönes und in anderen Darstellungen darum verschleiertes Riesenweib, das sich jedoch durch Zauberkraft in ein wunderschönes junges Mädchen verwandeln kann. Die Sage blieb vor allem im äußersten Süden Irlands lebendig und mit dem Steinkreis nördlich von Clonakilty (südwestlich von Cork) in Verbindung. Das Spektrum der Frauengestalten in der keltischen Kunst ist jedoch so breit, daß die Caillech-Figuren nur eine Art Zusammenfassung darstellen, Symbol dafür, daß die Frau alles sein kann, lieblich und fürchterlich, Beglückung und Bedrohung. Es ist ein naheliegender Schluß, von der 'Alten von Beare', wie die bekannteste Caillech-Darstellung heißt, auf mutterrechtliche Traditionen zu schließen. Sie treten uns in der Sage immer wieder entgegen, wenn junge Helden alte Frauen in deren Höhlen aufsuchen und sich besondere Tricks mit den Waffen und die Geheimnisse eines erfolgreichen Zweikampfs beibringen lassen. Solche Sagen kennzeichnen einen Übergang, in dem durchaus noch bewußt und bekannt ist, daß das Urwissen von Krieg und Kampf bei den Caillechs zu finden ist, bei den Frauen, die Schrecken verbreiten und die nun, da ihre Zeit vorbei ist, ihr Wissen an die Helden weitergeben. Die weibliche Gottheit auf dem Deckel des Kraters von Vix ist offensichtlich in einer Unterweisung begriffen, sie lehrt und zeigt. (Der Krater von Vix, einer der bedeutendsten Funde aus keltischer Zeit, ist ein riesiges Weinmischgefäß, das im sechsten Jahrhundert vor Christus geschaffen und 1953 unterhalb des Mont Lassois bei Chatillon sur Seine ausgegraben wurde.)

Eine Muttergöttin mit ihren beiden Gatten findet sich auch auf dem kunstvoll verzierten Silberkessel, der 1891 in einem Moor auf der Halbinsel Jütland gefunden wurde. Als keltisch charakterisiert ihn, daß die Götter Cernunnos und Taranis auf ihm wiedergegeben sind, aber ganz offensichtlich als weniger bedeutend erscheinen neben der dominanten weiblichen Göttin, deren große Augen Weisheit ausdrücken sollen, während der breite Mund andeutet, daß ihre Worte besonderes Gewicht hatten. Der Kessel – aus Silber und neun Kilogramm schwer – ist bis heute ein umstrittenes und verschieden gedeutetes Fundstück, selbst das Auffindungsjahr geben manche mit 1880 statt mit 1891 an. Die in Silberblech auf den Kessel selbst aufgebrachten Figuren und Motive gelten als eine Höchstleistung keltischer Kunst, eine Arbeit, für die im damaligen Jütland die Voraussetzungen fehlten. Sie ist vermutlich im vorrömischen Gallien entstanden und um die Wende zum letzten vorchristlichen Jahrhundert von einer Fürstenfamilie, die vor den Römern floh, nach Jütland mitgenommen worden. Cernunnos heißt der Gehörnte, ein Gott mit einem Hirschgeweih, das sich jedoch in der Regel nicht ausbreitet und mit vielen Schaufeln und Enden an das bekannte Rotwild erinnert, sondern in zwei dünnen Geweihstangen nach oben weist, eine deutliche Stilisierung, wie sie Göttern zukommt. Cernunnos sitzt oft mit untergeschlagenen Beinen wie ein Buddha reglos und ohne Anteil zu nehmen, umgeben von anderen Tieren. Er gilt meist – nicht überall im keltischen Raum – als jener Unterwelt-Gott, der die Pflanzen wachsen läßt, kein Todesgott, wie spätere Unterweltgötter, sondern eine Gottheit, die dort aktiv ist, wo alljährlich neues Leben entsteht, unter den Wurzeln.

Taranis hingegen ist der Gott des Himmelsgewölbes und wird oft als göttliches Pferd mit geschmücktem oder bewehrtem Kopf dargestellt. Tritt er in menschlicher Gestalt auf, so ist sein Attribut das (Sonnen-)Rad, das er über den Himmel schleudert. Seine sehr charakteristische und unverwechselbare Figur erscheint in der keltischen Kunst vom Balkan bis zu den britischen Inseln, und seine schmale, elegante, an griechische Vorbilder erinnernde Nachformung in Silberblech auf dem Kessel von Gundestrup ist einer der Hauptgründe dafür, daß in neuester Zeit nicht Gallien als Herstellungsort dieses Wunderwerkes gilt, sondern Thrakien, also das heutige Bulgarien.

Taranis war auch Gegenstand intensiver naturwissenschaftlicher Grübeleien im Kreis der Druiden. Sie sahen in Taranis den Blitzeschleuderer, und da die Gewitter Feuchtigkeit und in der Folge Fruchtbarkeit bringen, stellten die Druiden den Zusammenhang zwischen Blitz und Gedeihen her und brachten dem Taranis in Dürrezeiten – die in Irland freilich selten sind – Menschen- und Tieropfer dar. Er ist, anders als Cernunnos, also ein Gott mit vergleichsweise großem Aufgabenbereich, weswegen man ihm seine Gefräßigkeit verzieh. Ungleich bedeutender und einfallsreicher ausgestattet sind in der Religion der Kelten die weiblichen Götter in ihrer Doppelrolle als Mütter und Kriegsherrinnen. Da die kühnsten Hypothesen den Bereich der keltischen Religion bis an die Schwelle Asiens ausdehnen, ist es nur natürlich, daß die Muttergöttinnen sehr verschiedene Namen und Ausprägungen haben. In Irland aber hat Etain praktisch keine Konkurrenz, oder sie hat dank ihrer suggestiven Persönlichkeit alle Mythen und Traditionen an sich gezogen, die in früheren Stadien des religiösen Lebens noch mit anderen Göttergestalten verbunden waren.

Auf dem Kessel von Gundestrup kommt die Muttergöttin mehrfach mit ihrem majestätischen Antlitz vor, wobei andere Götter für sie Ungeheuer erlegen, aber auch ihre Vormacht durch die Entsendung von Dämonen beeinträchtigen wollen. Aber die Muttergöttinnen erscheinen auch schon in Tiergestalt, und das ist eine Berührung mit der langen Mythe von Etain, der irischen Göttin, die so schön ist, daß sich überall, wohin sie kommt, Götter und Halbgötter ihretwegen bekriegen. Den Sieg erringt schließlich Midir, Herr des Feenhügels von Bri Leith, weil er die harte Bedingung des Göttervaters erfüllt, zwei Ebenen rodet und durch zwölf Wasserläufe urbar macht. Natürlich gibt es auch heute noch einen Hügel, der mit dieser Sage in Verbindung steht, es ist Arvagh nördlich des Loch Gowna, eine der geheimnisvollsten Landschaften der Grafschaft Longford. Midir aber hat eine eifersüchtige erste Frau, die offensichtlich auch über übermenschliche Gaben verfügt, denn sie verzaubert die schöne Etain über verschiedene Zwischenstationen, die spätere Ausschmückungen sind, in ein großes, wunderschönes, leise summendes Insekt, das angenehme Düfte verströmt. In dieser Form attraktiver Wehrlosigkeit bringt Etain sieben Jahre zu, den Winden zwischen den Meeren preisgegeben, bis

Oengus in ihr, trotz der Insektengestalt, Etain entdeckt und ihr ein gläsernes Haus baut – womit das Firmament gemeint sein könnte – so daß sie in solchem Schutz ihre Schönheit und Gestalt wiedergewinnt.

Während die Muttergöttinnen bei vielen Religionen anzutreffen sind, beweist uns Oengus die sprudelnde Phantasie und freche Originalität der keltischen Mythe, die es in vielem mit der griechischen Götterwelt aufnehmen kann. Oengus ist nämlich der Sproß einer absolut skandalösen Verbindung, einer Augenblickslaune des Schöpfergottes Dagda, der Boand, der Muttergöttin, beiwohnt. Um sein Liebesglück zu verlängern, läßt er Tag und Nacht über Gebühr lange dauern, und die Frucht solcher Magie ist der göttliche Knabe Oengus, in gewissem Sinn also ein Vorläufer von Goethes Euphorion. "Oengus", sagt das Lexikon von Sylvia und Paul F. Botheroyd, "Oengus ist der Gott der lichten Kräfte, der überall hilfreich und schützend eingreift". Mit der einzigartigen Phantasie der Inselkelten wird diesem schönen und gütigen Kind ein Schicksal bereitet, das seiner würdig ist, ein Leben der Wundertaten, aber auch der Sehnsüchte, und als Oengus schließlich selbst ein Opfer der Liebe wird, weil er allnächtlich eine wunderschöne Jungfrau sieht, die sich ihm entzieht, kaum daß der die Hand nach ihr ausstreckt, tun sich hilfreiche Götter-Verwandte zusammen, um ihm das Mädchen – eine Schwanenjungfrau – an die Seite zu legen. Die beiden leben fortan glücklich in der Wunderlandschaft Bruig na Boyne, das heißt dort, wo die eindrucksvollen Grabkammern des Großsteinvolkes naturgemäß die Phantasie der Barden beflügelt haben. Ein Götterkind kann ja nicht irgendwo seine Zelte aufschlagen, auch wenn es sich mit einer sehr menschlichen Schwanenjungfrau zusammengetan und sie aus einem Schwarm von hundertfünfzig in Ketten vorbeigeführten Gefangenen oder Sklavinnen befreit hat.

Die Geschichten, allesamt erst in christlicher Zeit aufgezeichnet, sind bunt und einfallsreich, aber nur selten soweit zu entwirren, daß ihr Kern sichtbar wird. Oengus jedenfalls ist eine Lieblingsgestalt der Geschichtenerzähler, weil er immer zur Stelle ist, wenn sie den Knoten so grausig und blutig geschürzt haben, daß ihn nur noch ein *Deus ex Machina* mit dem gleißenden Götterschwert durchhauen kann.

Sichere bildnerische Darstellungen des jugendlichen Gottes Oengus gibt es nicht, zumindest ist noch kein Kopf oder Relief aufgefunden worden, die eine sichere Zuordnung gestatten würden. Einzig das Antikenmuseum in Mainz besitzt als Fragment von einer Säule den Kopf eines Götterjünglings, bei dem der Künstler an Oengus gedacht zu haben scheint. Das ebenmäßige, rundliche Gesicht zeigt einen träumerischen Ausdruck, die breite, niedrige Stirn ist faltenlos, das Haupt von Locken umrahmt. Über der Schöpfung eines unbekannten Meisters liegt ein starker Zauber, zu dem die leichte, wie zweifelnde Seitenneigung des Kopfes beiträgt. Das Kunstwerk, auf 66 nach Christus zu datieren, ist an diesem Ort nicht verwunderlich: Der Rhein schuf die Verbindung zum Meer und zu den Handelszielen jenseits des Kanals. Als der römische Feldherr Agrippa hier im Jahr 38 vor Christus sein erstes Winterlager einrichtete, bestand auf diesem Hafenplatz längst eine blühende keltische Schiffer- und Händlersiedlung. Und nichts wanderte in jenen Zeiten so leichtfüßig und häufig um den damals bekannten Erdball wie Götter und Kulte, das zeigen uns bis in die Spätantike die Mithrasstatuen in Schottland und die Feld-, Wald- und Wiesengötter, die von ihren Heimatorten aus mit den römischen Legionären, aber auch mit Kaufleuten in Fernen zogen, zu denen sie schließlich ganz und gar nicht paßten. Diese an sich höchst reizvolle Mobilität nicht nur der Götter, sondern auch vieler religiöser Ideen und Gedanken, hat die Keltenforschung um weitere Unsicherheiten bereichert, so daß Jean-Jacques Hatt, Professor an der Universität Straßburg, schließlich zu der Einsicht gelangte, die Keltenstämme hätten vor allem auf dem Gebiet der religiösen Kunst besondere schöpferische Originalität entwickelt und sich keineswegs auf mittelmeerische Vorbilder beschränkt: "Die den Kelten eigenen Elemente, wie beispielsweise mit Reliefs verzierte Pfeiler, Rumpfstatuen, kauernde Figuren und Janusköpfe, scheinen in der Tat überall vertreten zu sein." Und ein wenig später: "Wir glauben, in diesen Darstellungen einerseits gewisse Elemente eines archaischen Pantheons (Sonnenreiter), andererseits gewisse religiöse Handlungen eines Rituals feststellen zu können, welches in der keltischen Religion am Ende der La-Tène-Zeit und zu Beginn der gallisch-römischen Epoche noch lebendig war: Hirsch- und Stieropferungen, Versammlungen bewaffneter Männer zu Ehren einer oder mehrerer Muttergöttinnen, Duelle junger Krieger u. a."

Hirschkult und Hirschgott ersetzen in den Bereichen des nördlichen Keltentums den Stier aus den alten Mittelmeerkulten. Die Mehrzahl der Muttergöttinnen entspricht einem mutterrechtlichen System, das nur langsam weicht, weil es niemand verdrängen will, weil es selbst die Druiden nicht anzutasten wagen. Bildnerische Darstellungen von Götterkämpfen scheinen anzudeuten, daß sich Macht und Geltung einzelner Götter ebenfalls in einem Wandel befanden, wobei in Irland der römische Einfluß weitgehend – nicht vollständig – fehlte, so daß sich die natürliche Alterung der Druidenreligion aus sich selbst heraus vollzog. Die Aufweichung der Traditionen hatte verschiedene Ursachen. Die eine war der von Jürgen Elvert betonte Zusammenhang zwischen den Kultstätten und der Königsmacht. Er machte jede politisch-militärische Auseinandersetzung auch zu einem Kampf zwischen lokalen Gottheiten und religiösen Überlieferungen. Die Oengus-Mythen, die endlich am Boyne, nahe Tara münden, scheinen einen partiellen Sieg dieses Fürstensitzes über andere Kultorte anzudeuten.

Weit geheimnisvoller und kaum zu ergründen ist die Dauerwirkung der gerade in Irland blühenden erzählerischen Phantasie, der Einfluß einer Volksseele, deren zweite Natur die Irrealität und der allenthalben waltende Zauber ist. Er ist deutlich festgemacht in den Siden, den irdischen Orten, an denen die Unsterblichen nahe den Menschen leben, gleichsam eine Welt in der Welt, man hat solche Reiche Mittelerde genannt, Anderswelt, Feenwelt. Die Iren sind, soweit wir sehen, das einzige Volk, das alle numinosen Orte, alle Lokalitäten mit transzendenter Ausstrahlung, zu einem sichtbaren Reich zusammenfaßt.

"Fast in allen (irischen Märchen) wird die Verwicklung der Ereignisse oder ihre Lösung durch den Zutritt eines der geisterhaften Wesen bewirkt, die in zahlloser Menge Wasser und Land, Wälder und Berge, Felsen und Einöden bewohnen und die reizendste wie die häßlichste Gestalt annehmen", schreiben Bolte und Polivka in ihren berühmten Anmerkungen zu den Kinder- und Hausmärchen der Brüder Grimm. Sie rühmen die Unverfälschtheit des irischen Märchengutes, wodurch die einzelne Erzählung schlüssiger wirkt, weniger Lücken und Widersprüche aufweist, besser in einen Gesamtzusammenhang paßt, und sie fahren fort: "Die Elfen sind bei den Iren seltener geneigt, sich als gütige und wohltätige Wesen zu beweisen, und ihre Gaben müssen ihnen mit List abgewonnen werden" (V, 56). Nun ist die List einer jener Kunstgriffe, die in der altgermanischen Literatur wenig Sympathie genießen. Der wahre Held geht lieber thumb in den Tod, als sich einer List zu bedienen. Die Kelten hingegen rühmen sich gern ihres Scharfsinns, die irischen Heldensagen wimmeln von Tricks, Kunstgriffen, Zaubertücke und List von Merlin bis Asterix. Müssen wir darum auch bei den irischen Feenmädchen vorsichtig sein? Sind sie insgeheim schöne Teufelinnen, die zu den Zauberkräften noch die natürlichen Möglichkeiten eines schönen Weibswesens als Waffe einsetzen? Der Feenglaube ist das feinste Gespinst in der irischen Überlieferung, man sollte ihn nicht mit späteren oder gar modernen Vorstellungen befrachten:

"Die Vorstellung von den Feen entstand ... abseits von jeder festen Götterlehre aus dem heiteren Spiel der leichtbeschwingten keltisch-französischen Phantasie, die über die Abgründe menschlicher Schicksalsfragen hinweg in das Wunderland führte, ohne sich dabei um entthronte keltische

Gottheiten und ihre Priesterinnen, um alte druidische Mysterien oder um römische Parzen und nordische Nornen zu kümmern", sagt etwas unwirsch Dr. Bernhard Kummer, Volkskundler in Leipzig, im *Handwörterbuch des deutschen Aberglaubens*, wird aber bald sanfter in seinen Urteilen: "Wohl nirgends sonst im Volksglauben ist so die Phantasie des fröhlichen, von überirdisch Gutem träumenden Menschen herrschend wie im Glauben an jene Feen, die bald hilfsbereit den harten Gang des Menschengeschicks mit ihren Wundern durchkreuzen, bald in seliger Anmut nur sich selbst zur Lust in märchenumwobenen Feenländern und Grotten ihr ewig schönes und ewig junges Dasein verbringen, allen Vorstellungen menschlicher Todes- und Schicksalsangst entrückt, ja voll Widerwillen gegen die Vorstellung des Todes."

Doktor Kummer wird so poetisch, daß man sicher sein darf, er kennt die keltischen Feenmärchen (welchen Titel eine frühe deutsche Sammlung auch trug), und er wird richtig böse auf jene anderen Feenforscher, die diesen Luftgeistern eine Herkunft von Leichendämonen zuschreiben und "dieses Märchenland voll potenzierter Lebendigkeit über die Rosengärten mittelalterlicher Dichtung hinweg mit dem spukerfüllten Ruheplatz der Toten" verknüpfen. Wir werden noch Meinungen begegnen, die alles Genie der englischsprachigen Literatur in Irland und irischstämmigen Autoren vereint finden, was selten böse gemeint ist, sondern entschuldbarer Begeisterung für jene Phantasie und Vorstellungskraft entspringt, die sich schon in den frühesten Erzeugnissen irischer Sagen- und Märchen-Überlieferung erweist. Aber man kann es auch in ruhiger Überzeugung sagen, wo es zunächst nur um die Feen geht, Mütter und Töchter, Geliebte und Schwestern all der namenlosen Dichter, die an dem großen Sagenteppich der grünen Insel geknüpft haben: "Von irisch-keltischer Herkunft erweisen sich die Feen als die einzigen wunderbaren Wesen, die dem französischen (aus den Galliern erwachsenen) Volke wirklich eigneten. Sie zeugen, wenn auch kaum von einem ursprünglichen Mondkult des keltischen Weibes so doch von der eigentümlich keltischen Auffassung von Weibe ... Wunderbare, zarte, in seliger Zwecklosigkeit und überirdischem Frieden lebende Frauen ... so finden wir, eng verwandt den Side altirischer Sagen, die sagenumwobenen Feen (Melusine, Viviane, Morgane) auch in der altfranzösischen Dichtung, später mit christlichem Wunderglauben vermischt" (Kummer a.a.O.).

Natürlich entziehen sich die Feen der Vernunft, dem rationalen Erfassen, ja der Annäherung; eben darum aber ist die Topographie des Feenglaubens in besonderem Maß charakteristisch nicht nur für die altirische Religion, sondern auch für eine Literatur, die erst tausend Jahre nach ihrer Entstehung aufgezeichnet wurde, was ein Feen-Meisterstück an sich ist.

Das alte Irland wird uns als Wunderland so recht deutlich, wenn wir uns klar machen, daß wir auf dieser Insel nie mit den sanges- und trinkfreudigen, rauhkehligen und handfesten Zeitgenossen allein sind. Das alte Irland ist nicht tot, und wäre es das, so besäße auch das heutige Irland nur einen Bruchteil seiner Anziehungskraft. In den irischen Sagen ist für die Feenwelt eine ganze Fülle von Bezeichnungen gefunden worden, vertraute Worte, die sogleich einen zweiten Sinn erhalten. Wir lesen da von der Welt der Lebendigen, in der es weder den Tod noch die Sünde gibt; die Side als Botin der Feenkönigin lockt den Helden aufs Meer hinaus zur Fahrt nach einer Märcheninsel, die bei den Bretonen Avalun heißt. Einmal geriet solch eine Botin aus der elbischen Halbwelt an einen Heiligen, das war Sankt Brandan oder Brendan. Er bestieg mit frommen Gefährten ein Schiff und fuhr weit nach Westen, bis er zur Insel Bresil gelangte, die auch als Sankt Brandans heilige Insel noch bis ins achtzehnte (!) Jahrhundert auf Weltkarten zu finden ist. Der Heilige jedoch und seine dreimal neun Gefährten fanden sich, als ihr Schiff gestrandet war, auf der Wunderinsel zwischen zahlreichen wunderschönen Frauen in verführerischen Gewändern – die erste sagenhafte Kunde von den irischen Meeres-Eremiten, von denen noch zu sprechen sein wird, charakteristisch vermengt mit mutterrechtlichen Vorstellungen, mit der Amazonensage und fernen Anklängen an die Irrfahrten des Odysseus.

Trifft dieser Feenzauber auf einen eher weltlich gesinnten Iren wie Condla (Connle), so ist es um den jungen Mann geschehen, auch, wenn sein Vater König Conn von Tara ist, in hundert Schlachten erprobt. (Sylvia und Paul F. Botheroyd riskieren es sogar, ihm eine feste Regierungszeit beizumessen, und zwar 157 bis 122 vor Christus.) Condla steht mit seinem Vater auf einem Hügel und blickt über das Land hin, das er dereinst erben soll. Da kommt von fern her eine Frau auf sie zu, wird immer größer, aber nur Condla kann sie sehen, der Vater weiß nicht, mit wem der Thronerbe spricht. Schließlich bleibt ein Apfel in Condlas Hand zurück, Unterpfand einer Liebe, die den Prinzen endlich dazu bringt, in das gläserne Schiff der Fee zu springen und mit ihr davon zu segeln. Die Feenkönigin hat Mitleid mit dem verlassenen Vater und präsentiert ihm nach einer reichlich nebligen Suchfahrt einen Thronfolger aus einer anderen ruhmreichen Dynastie. Man darf annehmen, daß die Sage die Ablösung eines Herrschergeschlechts von Tara durch ein anderes als historischen Kern hat.

Man sieht, die Feen greifen in menschliche Schicksale ein, ja sie treten mitunter sogar als Gefahr für die Herrschenden auf, wenn diese, wie Conn der hundert Schlachten, schon viel Unheil angerichtet haben. Conn ließ darum seine Festungswälle nicht nur von Soldaten besetzen, sondern bat auch die Druiden um regelmäßige Kontrollgänge gegen Feenzauber (!).

Da das Wasser als Schicksalsmacht jeder Inselbevölkerung den Feen besonders vertraut ist, haben Seeleute oft mit ihnen zu tun. Sie sind harte Gesellen und eigentlich die natürlichen Gegner solch zarter Märchengespinste; nach langer Meerfahrt nach Frauen lüstern, wenden sie Seemannszauber an, um die badenden Schönen zu bannen. Immer aber halten die

Elfen und Sirenen es mit den Söhnen gegen die Väter, mit den Prinzen gegen den König. Eine der schönsten Geschichten dieser Art, keltisch, wenn auch im Ursprung vielleicht nicht irisch, ließ sich der bedeutende Volkskundler Paul Sébillot im Jahr 1881 im bretonischen Plévenon erzählen: Der Bewerber um die Hand einer Prinzessin treibt, zu einem grausamen Tod verurteilt, an einen Bootsmast gebunden dem Untergang entgegen, als ein Mädchen von großer Schönheit aus den Wellen auftaucht, sich ins Boot schwingt und die Stechmücken vertreibt, die den Gefesselten martern.

"Ihr Wesen", sagt der uns schon bekannte Doktor Kummer aus Leipzig von Feen, "ist Schönheit, Heiterkeit, Jugend, idealisierte Weiblichkeit nach gallischem Geschmack und deshalb bei uns oft nicht ganz verstanden; mit ihnen verglichen zu werden (*belle comme une fée*) gilt selbst einer Königin als höchstes Lob, wie wir aus dem altfranzösischen *Chanson de Geste* wissen." Und das, was bei uns oft nicht verstanden wird, das erobert sich mitunter das deutsche Gemüt so vollständig, daß es den Glücklichen dann nicht mehr losläßt wie Condla, den Prinzen: Martin Löpelmann etwa, dem wir die schönste Sammlung altirischer Märchen und Geschichten verdanken, wäre nicht so tief in diese Wunderwelt eingetaucht und wäre ihr nicht ein Leben lang zu unserem Glück verfallen geblieben ohne die Liebe zu der Keltin Mary, einer Studentin aus Dublin, die ihn das Gälische lehrte und ihm eine Geschichte um die andere erzählte, bis er sie von den Feen und Göttinnen des alten Irland kaum noch zu unterscheiden vermochte.

Da die glücklichen Luftgeister Grenzen nicht respektieren, wird es sich wohl nie mit Sicherheit feststellen lassen, ob sie der keltischen Bretagne entsprangen und nach Westen bis Irland ausschwärmten oder ob sie von Irland aus den Kontinent eroberten, Vorboten jener geschichtlich schon erfaßbaren Schar von Missionaren, die von der grünen Insel aus ein noch reichlich barbarisches Europa zu christianisieren unternahmen. Ehe wir ihren Schritten folgen dürfen, verdienen jedoch nach so vielen anmutigen Gestalten auch die Helden des alten Irland ein wenig Beachtung, schlugen sie doch gewiß nicht jahrhundertelang eifrig aufeinander ein, um dann völlig vergessen zu werden ... Sie nämlich verkörpern das mächtige Irland, die Insel der ausgedehnten Sümpfe und der wallenden Nebel, der langen Regennächte, die wegloses Land zur Wildnis machen, bis ein unverdrossener Krieger sein Pferd durch das Dunkel in den Sonnenaufgang lenkt.

Verklungenes Kriegsgeschrei

Etwa im Jahr 80 hatten der Geschichtsschreiber Cornelius Tacitus und sein Schwiegervater, der römische Feldherr Agricola, eine eher zufällige Berührung mit Irland. Die Römer bauten in Galloway im südwestlichen Schottland Befestigungen gegen die Pikten, als sich ein Flüchtling aus Irland bei Agricola melden ließ, ein Mann, der wohl auf die Kunde von der Anwesenheit der Römer die an dieser Stelle sehr schmale Irische See mit einem Boot überquert hatte und dem Feldherrn seine Dienste anbot. Da der Ire in seiner Heimat eine Art Häuptling gewesen war und jedenfalls mehr zu berichten wußte als einfache Leute, nahm Agricola ihn mit nach Rom oder nötigte ihn, dorthin mitzukommen: An einem klaren Tag hatte nämlich Agricola, von einem Vorgebirge zwischen Solway Firth und Firth of Clyde aus, nach Irland hinübergeblickt:

"Den Hibernien (= Irland) zugekehrten Teil Britanniens (d. h. das südwestliche Schottland) besetzte Agricola mehr aus Hoffnung als aus Furcht, da Hibernien, in der Mitte zwischen Britannien und Spanien gelegen (!) und auch vom gallischen Meer aus leicht erreichbar, die bedeutendsten Teile unseres Reiches in lebhaftem Austauschverkehr verbinden könnte. Seine (Irlands) Ausdehnung ist im Vergleich zu Britannien beschränkt, übertrifft aber die Inseln des Mittelmeeres. Boden und Klima sowie Begabung und Bildung der Einwohner weichen nicht sehr von Britannien ab; Anfahrtswege und Hafenorte sind durch Handel und Kaufleute bekannt. ... (Agricola) hat mir oft gesagt, Hibernien könne durch eine einzige Legion und einige wenige Hilfstruppen besiegt und behauptet werden; auch würde es in Hinblick auf (das unbotmäßige) Britannien förderlich sein, wäre es von einem Ring bewaffneter römischer Kolonien umgeben, so daß die Freiheit gleichsam aus dem Gesichtskreis verschwände" (Tacitus, *Agricola*).

Es ist die einzige, leider relativ kurze Erwähnung Irlands und des wegen einer Fehde geflüchteten Stammesfürsten oder Kleinkönigs (regulus).

Die wenigen Zeilen über Irland werden stets im Zusammenhang mit der Eroberung der Hauptinsel durch die Römer gelesen, die ja mit den Kämpfen des Agricola im hohen Norden an jene Schicksalslinie gelangten, die auch das normannische England und die Tudorkönige nicht wirklich zu überschreiten vermochten. Für uns aber läßt sich doch einiges daraus schließen, daß Agricola meint, Irland mit wenig Soldaten und in kurzer Zeit erobern zu können: Die Insel war also zweifellos von Spähern, wenn auch vermutlich nicht von Römern, besucht und beurteilt worden, und das Urteil der Sendboten hatte offensichtlich dahin gelautet, daß auf der grünen Insel nicht viel zu holen sei.

Eine weitere wichtige Mitteilung gibt uns Tacitus mit der Feststellung, daß die Seewege und die Hafenorte durch den emsigen Handel gut bekannt seien. Irland war also zwar nicht besetzt, aber es lag auch keineswegs außerhalb der römischen Sphäre, wie ja an vielen Orten der alten Welt der Kaufmann den Vorreiter des Soldaten machte, der eigentliche Entdecker und Informant war und gelegentlich gar keine Truppenmacht nach sich zog, weil man, was das betreffende Land zu bieten hatte, mühelos und friedlich durch den Handel gewinnen konnte.

Irland war also nicht das waffenstarrende Reduit wie etwa die Schweiz, die sich in zwei Weltkriegen zwischen übermächtigen Gegnern unabhängig und ungekränkt halten konnte, obwohl kriegführende Staaten sie von allen Seiten umschlossen. Irland genoß den Schutz seiner Bedeutungslosigkeit und seiner Armut, ohne daß es besonderen kriegerischen Ruhmes oder der Kunde von heldenmütigen Iren bedurft hätte. Die römischen Geschichtsschreiber, die uns so ausführlich von Kriegen und Aufständen auf der britischen Hauptinsel berichten, haben aus Irland nichts anderes zu melden, als daß ein Kleinkönig, dem der Boden zu Hause zu heiß geworden ist, über eine Meerenge nach Schottland flieht.

Wenn in den irischen Sagen von Helden die Rede ist, so wird man vergeblich nach geschichtlichen Urbildern dieser Überlieferungen suchen. Während also Cassivelaunus als Führer eines gefährlichen, gegen Cäsar gerichteten Widerstandes eine historische Figur gewesen und von der Überlieferung lediglich heroisiert worden ist wie Armin der Cherusker, wird man die vorchristliche irische Geschichte vergeblich nach Männern dieses Formats durchforsten. Auch zum Schicksal und zur Leistung der Boadicea hat die grüne Insel keine Parallele zu bieten, so viele Göttinnen und streitbare Frauen uns auch aus den Sagen entgegentreten: Boadicea, geschlagen, versklavt, wegen der Vergewaltigung ihrer Töchter durch die Römer unsäglich gedemütigt, nimmt eine Rache von mythischer Größe durch die Vernichtung der jungen Römerstädte im Süden Englands, darunter London, und ihre Streitwagenschlacht gegen Suetonius Paullinus 61 oder 62 nach Christus wurde vor allem von den Historienmalern des vorigen Jahrhunderts wiederholt dargestellt. Ihre Gestalt ist ein bestechendes Beispiel für die Mythisierung eines Helden, wenn es sich auch um eine Frau handelt, was bei den Kelten nicht ungewöhnlich ist. Boadicea war nicht nur die Gemahlin eines Königs und nach seinem Tod seine Nachfolgerin in der Macht, sie war auch Oberhaupt der Druiden, und was man ihr antat, war Frevel gegen die keltische Götterwelt, die sich nach der Überzeugung der abergläubischen Römer denn auch wehrte:

"In Camulodunum (heute: Colchester) war dem vergötterten Kaiser Claudius ein Tempel gebaut worden, der aussah wie ein Zwinger ewiger keltischer Dienstbarkeit. Und die für ihn bestellten römischen Priester vergeudeten unter dem Vorwand religiöser Obliegenheiten die Reichtümer des Landes ... Währenddessen fiel ohne ersichtlichen Grund das Standbild der Siegesgöttin in Camulodunum um, und zwar nach rückwärts, als weiche es vor einem Angreifer zurück.

Rasende Weiber (!) weissagten daraus den nahenden Untergang der Römer. Auch sollte ein merkwürdiges Stöhnen der Kurie von Camulodunum vernommen worden sein, im Theater wollte man Wehrufe gehört haben, und in der Brandung der Ozeane (d. h. sowohl im Ärmelkanal als auch in der Irischen See) habe Flut aufgeschäumt. Die Themse zeigte auf ihren Fluten das Bild der brennenden Römersiedlung Londinium, und wenn die See bei Ebbe zurückwich, waren die Strände von Leichen bedeckt. All diese Gerüchte steigerten die Siegeszuversicht der Britannier und die Furcht der römischen Kaufleute in den Kolonialstädten" (Tacitus, *Annalen* XIII, 32–33). Als Suetonius Paullinus mit seiner Armee herbeieilte, forderte er die Städter auf, sich in den Schutz seiner Truppen zu begeben; unter jenen, die dies nicht taten, wüteten die aufständischen Britannier gnadenlos, machten keine Gefangenen und keine Sklaven, sondern schlachteten etwa 70.000 Fremde ab.

Für die irische Heldensage sind Widersprüche und Ungereimtheiten charakteristisch, als müsse der Held aus dem Irdischen hinauf in eine höhere Existenz gehoben werden. Das beginnt schon bei der Geburt, die ganz ähnlich wie im Fall des Herakles nicht auf die übliche und alltägliche Weise erfolgen darf: Cuchullin, der populärste unter vielen Helden, wird von der jungfräulichen Prinzessin Dechter geboren, einer Schwester des Königs Conchobar (der etwa die Position des südenglischen Königs Artus einnimmt).

In den Sagen der verschiedensten Völker haben künftige Helden, Religionsstifter oder Kulturheroen als erste Hürde zum Leben stets eine besonders schwierige Geburt zu bewältigen. Sie entspringen aus dem Kopf einer Göttin, sie kommen in einem Grab zur Welt, schwimmen in einem Korb den Nil hinunter, erblicken das Licht der Welt in einer Höhle oder werden aus der Hüfte geboren, bleiben danach eine gewisse Zeit unerkannt und machen dann durch frühe Taten auf sich aufmerksam.

So faszinierend die Wanderung solcher und anderer Motive durch die Alte Welt auch ist, für Cuchullin führt die Suche nur ins nahe Gallien, denn die Mutter des Helden verlangt, daß man ihn Setanta nenne, und dieser Name ist – wie Sprachforscher eindeutig ermittelt haben – aus dem festländischen, dem gallischen Keltisch nach Irland gekommen.

Als Sohn einer ledigen Mutter zunächst rechtlos und ohne Hausmacht, muß Cuchullin-Setanta sich seinen Platz in der Welt erst erobern. Da seinen Namen noch keiner kennt, läßt er sich vor der Burg des Conall Cernach nur als 'Jüngling von Ulster' anmelden, was dem Burgherrn wenig sagt. Als man ihm den Eintritt verweigert, zertrümmert Cuchullin, wie junge Helden eben sind, die ganze Torbastion der Burg und tötet alles, was sich ihm entgegenstellt, bis er vor König Conchobar steht, der auf der Burg zu Besuch weilt. Conall Cernach – 'der mit der Beule', aus einem Kampf um eine schöne Schottin – erkennt in dem stürmischen Knaben den künftigen Helden, und fortan werden die beiden wie Brüder miteinander aufwachsen.

Karl Viktor Müllenhoff, der große Germanist, hat darauf hingewiesen, daß es die Heldensage ist, durch die ein Volk aus der Mythe in die Geschichte vorzudringen versucht. Der Held ist keine Märchengestalt mehr, und mit der Sage gibt er sich auch nicht zufrieden; der wahre Held verlangt nach dem historischen Profil, vor allem dann, wenn die frühe Geschichte eines Volkes so wirr und arm an Großereignissen ist wie die der Iren auf ihrer abgeschiedenen Insel.

Nun haben Conall Cernach und Cuchullin zwar eine Menge von Toten hinterlassen, und die Sänger, die von ihren Taten berichteten, wurden nicht müde, sich für die unterlegenen Gegner der beiden Helden die grauenhaftesten Todesarten auszudenken; aber für den geschichtlichen Ansatz bot sich doch eher ein König als ein Kämpfer an, und darum wird uns in sehr spät aufgezeichneten Überlieferungen versichert, König Conchobar von Emuin Macha sei eine geschichtliche Gestalt und habe gleichzeitig mit Jesus Christus gelebt – wie Sylvia und Paul F. Botheroyd feststellen eine sehr durchsichtige Verquickung altirischer und christlicher Überlieferungen, um der neuen Religion Wurzeln im Volksglauben zu schaffen.

Woran man glauben darf, weil wir es vor uns sehen, das ist das Herrschaftszentrum, das Emuin Macha genannt war und Conchobar zugeschrieben wird, als glanzvolle Residenz, in der es an nichts fehlte. Erdwälle und Grabensysteme auf einem Hügel westlich des Städtchens Armagh beweisen uns, daß hier eine vorgeschichtliche Residenz lag, auch wenn sie heute den modernen Namen Navan Fort trägt. Drei Kilometer außerhalb des Straßenknotenpunktes Armagh, nördlich der Straße A 28 nach Killylea, kann man einen Blick über Ulster werfen, das offensichtlich von hier aus regiert wurde, und zwar seit dem dritten vorchristlichen Jahrhundert. In der Reisezeit gibt es hier auch ein kleines Besucherzentrum mit Informationen für jene, die sich einen Palast oder Festungsmauern erwartet haben – die hätten schon Cromwells Zerstörungswut nicht überdauert, existierten aber im siebzehnten Jahrhundert nicht mehr.

Die Burgen in Cornwall, die mit König Arthur oder Artus und seiner Tafelrunde in Verbindung gebracht werden, sind noch heute sehr ansehnlich und durchaus dazu angetan, uns den großen, bis heute lebendigen Sagenkreis im hellsten Licht erscheinen zu lassen; dennoch spricht manches dafür, daß König Conchobar eine gewisse Priorität genießt und daß die Artussage auf Motiven aus Ulster beruht, in Cornwall phantasievoll ausgebaut.

Das ist sehr bemerkenswert aus einem besonderen Grund: Die reiche antike Sagenwelt, die unglaubliche Fülle von Anekdoten, Mythen, Märchen und oft unbotmäßigen Geschichten über Götter und Halbgötter, wie die griechische und die römische Antike sie uns überliefert haben, beziehen Stoffe, Gestalten, Einfälle und Wendungen aus einem Geistesleben, das in sich schon ein Wunderwerk ist, aus einer politischen und materiellen Kultur, die alle Lebensbereiche erfaßt und erfüllt hatte: Zweieinhalb Jahrtausende lang lebte allein die abendländische Kunst aus den Anregungen, wie sie das einzigartige Mythengeflecht der phantasiebegabten Griechen sammelte, und aus der Fülle von Motiven, die sich bei Dichtern und Historikern des ewigen Rom erhalten haben.

Demgegenüber ist die Insel Irland eine regnerische Einöde, von zahlreichen Rinderherden erfüllt, von halbbarbarischen Königen regiert, die in Wahrheit Großbauern sind und deren Lebensläufe von einer unvorstellbaren Eintönigkeit gewesen sein müssen mit blutigen Höhepunkten und kriminellen Kleinereignissen in großer Zahl. Auf diesem Hintergrund, vor dieser grauen Wirklichkeit, explodiert die keltische Phantasie und bevölkert Binnenseen, Flüsse, Hügel und Küsten, in deren Bereich sich kaum Erzählenswertes ereignet hatte, mit Gestalten und Geschehnissen, die nicht dem kombinatorischen griechischen Witz entstammen, sondern geheimnisvoller Kreativität, als habe tatsächlich eine kleine Schar von Keltengöttern und -göttinnen das unter den Wolken dahinvegetierende Volk durch den schönen Wahn für die Kargheit des Landes entschädigen wollen. Homer konnte aus der Fülle klirrender Historie schöpfen und von den Bildern sonnenbeschienener Inseln Farbe und Leben für seine Dichtung gewinnen; die namenlosen irischen Barden sogen sich in ihrer Verzweiflung Gestalten und Geschicke aus den Fingern bis hin zu absurden und obszönen Bizarrerien und unbesorgt um zahllose Widersprüche, wie sie vor allem die Geschichte von Cuchullin aufweist und wie wir sie nicht auflösen können, weil dies bei Erfundenem ohnedies bedeutungslos wäre.

Obwohl die iberischen Kelten braunhaarig und blauäugig sind, eine sehr reizvolle Mischung der natürlichen Vorzüge, die noch heute bei den Berbern in Nordafrika anzutreffen ist, gelten die Blonden in der Sage als die überlegenen Wesen, die strahlenden Schönheiten, die halbgöttlichen Naturen. Cuchullin weist mitunter ritterliche Züge auf, die freilich von den mittelalterlichen Schreibern stammen können, die seine

Geschichte aufgezeichnet haben; aber er beträgt sich gegenüber den Frauen mit jener archaischen Rücksichtslosigkeit, wie sie sich nur durch eine Gesellschaft erklärt, in der die Frauen mit den Männern mindestens gleichberechtigt waren.

Die Sänger späterer Zeiten mögen ihre liebe Not gehabt haben, diese Widersprüche in der Natur des Helden und in seiner Position zwischen den Zeitaltern aufzuklären. Als eine Feindin Cuchullin durch eine blonde Maid in Versuchung führen und damit seiner Kampfeskraft berauben will, heftet er mit einem Speerwurf die Kleider der Blonden an den Boden und zwingt sie so, nackt in die Nacht hinaus zu fliehen.

Mit dieser List gescheitert, bemüht die unbeugsame Königin die niedrigsten Dämonen. Diese füllen ihre Blase so sehr, daß sie tagelang Wasser lassen und zwischen sich und den verfolgenden Cuchullin stinkende Gräben mit Urin legen kann. (Löpelmann vermutet, daß diese unappetitliche Ausgestaltung nur erfunden wurde, um den seltsamen Ortsnamen Fual Medb – Harn der Medb – zu erklären und Authentizität vorzutäuschen.)

In dieser Art findet sich noch so manches absurde Detail und manche den Kontinentaleuropäer verblüffende Ausgestaltung in den großen irischen Sagen, so daß es nur natürlich ist, daß eine populäre Gestalt wie Cuchullin von solchem Material unklarer Herkunft (oder aber reiner Phantasie entspringend) besonders viel an sich gezogen hat. "Gerade die etwas phantastischen Auswüchse durften nicht fortgelassen werden", sagt Julius Pokorny, führender Fachmann für altkeltische Dichtung, in seiner Einleitung zu einer Sammlung irischer Märchen. "Sie gehören zur Wesenheit des irischen Märchens, das mit seiner exotischen Fülle von Bildern dem fernen Orient näher steht als den nächsten Nachbarn. Sollten hier am Ende Rasse-Eigentümlichkeiten vorkeltischer Bewohner durchschimmern, einer Urbevölkerung, die ein zäheres Leben hatte als alle Eroberer und die sich in Sprache und Kultur, in der ganzen Wesensart immer wieder durchsetzte? Ich möchte es mit Bestimmtheit annehmen."

Wir finden in der langen, vieles an sich ziehenden Geschichte des Kriegs- und Frauenhelden Cuchullin Motive aus der Herakles-Sage, vor allem aus seinen Prüfungen, bei denen ja bekanntlich die Rinder auch eine gewisse Rolle gespielt haben: König Augias, dessen Stall er auf sehr effektive Weise durch die Einleitung von Gießbächen reinigte, ist ja eine historische Figur aus dem südlichsten Spanien, aus dem Hinterland jener Stadt Tartessos, die zweifellos Handel mit den Zinn-Inseln, mit dem Süden Britanniens und Irlands hatte.

Ältere, irland-eigentümliche Motive der Sage lassen sich in den Beziehungen des Helden zu Frauen und Mädchen erkennen. Sie treten ihm als Kampfmaiden entgegen, schon als Begriff und Vorstellung höchst eigentümlich und reizvoll, und Cuchullin muß die seltsamsten Dinge anstellen, um hinter die Geheimnisse des Waffenhandwerks zu kommen, die waffenkundige Frauen wohl ihren Söhnen beibringen, im übrigen aber niemandem. Daß Cuchullin nach und nach in dieses geheime Wissen eindringt und es schließlich für sich selber zu nutzen weiß, kann kaum anders als im Sinn der Ablösung des Mutterrechts und der Weiberherrschaft gedeutet werden. Natürlich ist auch dieser archaische Vorgang von den Erzählern der ersten Niederschriften ausgestaltet worden: Präsentiert sich Cuchullin bei der schwer auffindbaren Behausung der alten Kämpferin, so tritt ihm zunächst die junge und schöne Speermaid entgegen, aber nicht mit ihr darf er die erste Nacht verbringen, sondern die Mutter erklärt den ansehnlichen Ankömmling als ihren Gast, womit sich der weltweit verbreitete Brauch der Gastprostitution als Form der friedlichen Vereinnahmung um Cuchullin schließt wie die Wolle der Omphale um Herakles, den sanften und weiberhörigen Helden.

Als echter Held bleibt Cuchullin trotz dieser Abenteuer im Herzen unschuldig wie Parzival, und als ihm Königin

Mugain mit ihren Hofdamen mit entblößten Brüsten entgegentritt, errötet er und wendet sich ab.

Das Geschlecht wird zu der einzigen Kraft, die den unbändigen Heldenmut, das beinahe irre Kampfeswüten eines jungen Helden zu bezwingen vermag:

"Leborcham, die zauberkundige Botin des Königs ... lief geschwind zum König und meldete: Ein Wagenfahrer naht, und schrecklich kommt er daher. Drei blutüberströmte Köpfe seiner Feinde hängen an dem Wagen, Hirsche traben ihm zur Seite und Schwäne fliegen beständig über dem Gefährt als Geleite. – Das ist Cuchullin, sagte König Conchobar, er hat seine Hände (erstmals) in Blut getaucht, er kommt daher in der Raserei des Kampfes, und wenn wir seinen Grimm nicht dämpfen können, werden alle Jungmannen von Emuin Macha durch ihn fallen. So beschloß man denn in aller Eile, Cuchullin dreimal fünfzig splitternackte Weiber entgegenzuschicken unter ihrer Anführerin Scandlach, um den Rasenden durch den Anblick von soviel Nacktheit zu besänftigen. So gingen denn unter Führung der Scandlach zehn und siebenmal zwanzig rotnackte Weiber auf die Straße hinaus, die von der Furt der Wache her gegen Emuin Macha führte. Und als Cuchullin herangefahren kam, zeigten sie ihm ihre Blöße. Da verbarg der junge Held sein Gesicht vor den nackten Frauen und blickte nach unten auf den Wagen. So fuhr er an ihnen vorbei in die Burg von Emuin."

Martin Löpelmann, in dessen Übersetzung wir die Stelle zitieren, erinnert an einen ähnlichen Vorgang aus der antiken Sagenwelt, als der Held Bellerophon Poseidon bittet, eine Sturmflut über die xanthische Ebene hereinbrechen zu lassen: "Da niemand Bellerophon überreden konnte, sich zurückzuziehen, hoben die xanthischen Frauen ihre Röcke über die Hüften, liefen ihm so entgegen und boten sich ihm an ... Bellerophon war dadurch so eingeschüchtert, daß er sich umdrehte und davonlief" (Ranke-Graves 75).

Auf Conchobars Burg wird Cuchullin vom Wagen gehoben, nacheinander in drei Bottiche mit kaltem Wasser getaucht und auf diese Weise endlich besänftigt, eine trotz aller typisch irischen Übertreibungen doch höchst bezeichnende Geschichte, die natürlich dem großen Historiker des Mutterrechts, dem Baseler Rechtshistoriker Johann Jakob Bachofen, Anlaß zu weitreichenden Folgerungen gab.

Die Szene ist tatsächlich überaus einprägsam. Cuchullin tritt mit den Hirschen des Keltengottes Cernunnos auf, er steht auf einem Streitwagen wie Baodicea, er setzt das männliche Element, die Raserei im Kampf und die unbändige Kraft, gegen die List und die alte Macht der Frauen. Es ist ein Übergang, und jene, die ihn uns aufzeichnen, sind längst keine Heiden mehr, sondern sitzen in walisischen Klöstern oder auch in Irland selbst und erschauern unter dem Eindruck dieser alten Geschichten von der Macht des Geschlechts und von der magischen Wirkung der Nacktheit.

Der Gegensatz zwischen weiblicher Ausschweifung und jungmännlicher Keuschheit zieht sich durch das ganze französische und deutsche Mittelalter und ist in zahlreichen Miniaturen alter Handschriften festgehalten, in denen der wandernde ritterliche Jüngling, sobald er auf der gastlichen Burg eingetroffen ist, zunächst einmal von hilfreichen Mägden in einem Badezuber vom Staub des langen Rittes gesäubert wird:

"Cuchullin wurde vor Scathach geführt. Nachdem er ihr erklärt hatte, daß er gekommen sei, von ihr etliche Waffenkünste zu lernen, ließ sie ihn von ihrer Tochter Uathach, ohne ihm weiter Auskünfte zu geben, in ein besonderes (Bade-)Haus führen. Hier bediente ihn die Kampfmaid. Sie wusch und badete ihn und brachte ihm Speise und Trank. Dabei verfehlte sie nicht, ihm zu bedeuten, daß es sein Schaden nicht sein würde, ihr zu Gefallen zu sein."

Während sich aber zum Beispiel Parzival oder auch Ulrich von Liechtenstein in dieser Szene sanft und gesittet benehmen, bricht Cuchullin dem Mädchen, das ihm zärtlich über das Haar streicht, wütend einen Finger, so daß sie aufschreiend davonläuft. Damit wird die Szene zum Beispiel. Nach den Ablöseriten zwischen Mutterrecht und Patriarchat, zwischen Weiber-Übermacht und dem Sieg der Männerwelt, wird die Cuchullin-Sage nun zum Schauplatz des Überganges vom Heidentum zur neuen christlichen Religion, der – dies dürfen wir nicht vergessen – ja alle Schreiber, Dichter und Sprachgelehrten angehören, die das alte irische Sagengut aufzeichnen. Getreu den Traditionen des frühen Christentums ist das Weib das Gefäß der Sünde und damit die Bewahrerin der heidnischen Sündhaftigkeit, der heidnischen Unbefangenheit in allem, was das Geschlecht und den Umgang zwischen den Geschlechtern betrifft. Der junge Held hingegen repräsentiert die immanente Keuschheit des christlichen Ritters, der als *fal parsi* (arabisch für 'der reine Tor') bei seinem kontinentalen Schöpfer Chrétien de Troyes in die Nähe des verbreiteten Dümmlingsmärchens gerät. Da eine kymrische Übersetzung des *Perceval* bekannt ist, läßt sich der Weg dieses Motivs aus dem alten Frankreich über Wales in die ebenso keltische Sagentradition Irlands verfolgen. Die Frauen bleiben im Besitz ihres alten Wissens und sind dem Leben näher, sie sind die Überlegenen, weil der junge Held gegenüber der Versuchung machtlos ist. Das Christentum gibt ihm kein Rezept mit, er kann nur den Blick abwenden, davonlaufen oder gewalttätig werden, um seine ritterliche Untadeligkeit zu retten, ohne die er für jeden Orden untauglich wäre, ob die Ordensritter nun auf den Meeren, auf den Paßhöhen oder in offener Feldschlacht gegen das Heidentum kämpfen.

Ein Zeitgenosse des Chrétien de Troyes, nämlich Robert de Boron, hat deutlich ausgesprochen, daß es in diesem Heldenlied um den Sieg der neuen Religion geht oder um ihren Untergang, und es sind König Artus und sein in diesem Fall positiv geschilderter Hofzauberer Merlin, die das Christentum gegen das auferstandene Heidentum retten – zeitgenössisch präsent in Form der Wikingerflotten, die alle Küsten des christlichen Abendlandes mit heidnischen Kämpfern heimsuchten, so daß um die Jahrtausendwende das Christentum in weiten Zonen Europas ernsthaft bedroht war.

In der Sage stirbt der Held in der Folge von ungeheuren, blutigen Siegen. Seine schöne Frau ist Emer, die Tochter des Magiers Forgal, und als Cuchullin einmal den Versuch macht, sie zu betrügen, fallen fünfzig Frauen mit blanken Dolchen über den Helden und die Fee aus der Anderswelt her. Der nicht mehr untadelige Held hat den Reinheits-Schild verloren, und ein gegnerischer Pfeil trifft ihn in die Eingeweide. Auf dem Hügel von Tara ruht er an der Seite von Emer, die an gebrochenem Herzen gestorben ist, in einem Steingrab, das König Conchobar für den Unvergessenen aufrichten ließ aus den schwersten Blöcken, die man heranschaffen konnte (nach einer anderen Version ist es nur der Kopf des Helden, der auf dem Königshügel beigesetzt ist, ein Kopf mit dreifarbigem Haupthaar, um die blonden, die braunen und die rothaarigen Stämme der Inselkelten zu symbolisieren).

"Mit wenigen Ausnahmen werden dort (in den Sagen) alle Helden und Könige als groß, blond und blauäugig geschildert, und die Sage berichtet sogar von einem König, der nicht schwarzhaarig sein wollte, weil das einem Herrscher nicht wohl ansteht, und den Gott auf sein Gebet hin weißblond werden ließ" (Pokorny).

Cuchullin jedenfalls ist kein Recke, sondern mittelgroß; sein heldisches Feuer brennt innerlich, seine Kraft kommt aus dem Temperament, nicht aus den Muskeln, er wirkt mediterran in seiner Attraktion auf Frauen und germanisch nur darin, daß er mit der Frauengunst nicht umzugehen versteht. In dieser sehr bezeichnenden Vermengung verschiedener Eigenschaften und Vorzüge, Hemmungen und Tugenden erscheint Irlands Nationalheld eher als ein lebendiges Denkmal denn eine blutvolle Gestalt volkseigener Dichtung, eher aus nostalgischen Elementen zusammengesetzt denn als kräftig weiterwirkendes Erbe. Die Ursache dafür mag sein, daß zwischen dem Entstehen der Sage und ihrer Aufzeichnung nicht nur dreihundert Jahre Wikingerherrschaft lagen, sondern auch der Übergang einer intellektuell verwaisten, von den Segnungen antiken Gedankengutes nicht erreichten Inselbevölkerung in die allerschlichtesten Formen eines frühen, unkritischen Christentums. Patricius oder Patrick wird zu keinem Nachfolger des Cuchullin, aber er wird das Bild des Helden verdunkeln, und zwar eineinhalb Jahrtausende lang; erst nach den Forschungen des neunzehnten Jahrhunderts und den Aufständen der Iren gegen England an der Schwelle unseres Jahrhunderts wird sich Irland des Mannes erinnern, der in seiner Unbändigkeit und in seinen verzweifelten Kämpfen dem Schicksal dieser Insel besser entspricht als die frommen Sieger im Zeichen Gottes.

Piraten bringen den Glauben

Es ist bekannt, daß die Ile de Sein vor der bretonischen Küste bis ins achtzehnte Jahrhundert einem phantastischen Kult der Mondanbetung huldigte und erst in jahrelanger Bemühung durch einen tapferen und selbstlosen Priester christianisiert werden konnte. Bedenkt man dieses Beispiel eines landnahen, kleinen Eilands, so erscheint die Annahme plausibel, das Christentum sei tatsächlich erst im fünften Jahrhundert durch einen Missionar namens Patrick auf die grüne Insel gekommen. Aber Irland war eben viel zu groß, um als heidnische Enklave ausgespart bleiben zu können und wurde trotz seiner Randlage, wie wir bereits wissen, schon wenige Jahrzehnte nach Christi Geburt von gallischen Händlern und iberischen Seefahrern christlichen Glaubens aufgesucht. Die Handelsverbindungen waren uralt, an ihnen hatte sich nichts geändert, nur auf den Schiffen gab es von Jahr zu Jahr mehr Menschen, die jenem neuen Glauben anhingen, der sich auf den endlosen Straßen des Römerreiches von Ägypten bis zum Hadrianswall und von Cadiz bis ans Schwarze Meer verbreitet hatte.

Da die Iren mit der Annahme des Christentums keine anderen Menschen geworden sind, verfechten sie die unterschiedlichen Theorien über die Christianisierung ihres Landes mit einem Eifer, den heilig zu nennen einem bisweilen schwer fällt, und der Mann, um den es geht, nämlich der Heilige Patrick, hat selbst für Diskussionsstoff gesorgt, weil er, wie Walter Berschin es ausdrückt, viel zuviel von Gott und viel zuwenig von sich selbst sprach, als er seine Autobiographie schrieb: (*Die Iren und Europa im frühen Mittelalter*, Stuttgart 1982)

"Ich, Patricius, ein ganz bäuerischer, sündiger Mensch und der geringste aller Gläubigen ... ich hatte zum Vater den Diakon Calpurnius, einen Sohn des Presbyters Potitus, der in der Ortschaft Bannavem Taburniae lebte. Er hatte nahebei ein Landhaus, dort fiel ich in Gefangenschaft. Damals war ich ungefähr sechzehn Jahre alt, den wahren Gott kannte ich noch nicht. Und ich wurde in die Gefangenschaft nach Irland geführt mit vielen tausend (!) Menschen. Wir haben es verdient, denn wir sind von Gott gewichen und haben seine Gebote nicht gehalten, wir sind unseren Priestern nicht gehorsam gewesen ... Hier (in der Fremde) öffnete der Herr den Sinn meines ungläubigen Wesens, damit ich mich, wenn auch spät, meiner Verfehlungen erinnerte und damit ich mich aus ganzem Herzen zum Herrn, meinem Gott, bekehrte."

In einem anderen, kürzeren und in vielem rätselhaften Schriftstück bezeichnet Patrick seinen Vater als *Decurio*, und da die saubere irische Minuskelschrift des autobiographischen Berichts (*Confessio*) eine Falschlesung praktisch ausschließt, muß man wohl annehmen, der Vater des Heiligen sei zunächst Decurio, ein römischer Verwaltungsbeamter, gewesen und nach seiner Bekehrung dann Diakon geworden. Schwieriger als die Deutung des heute im Trinity College zu Dublin aufbewahrten Manuskriptes war die Suche nach dem Geburtsort, den Patrick seiner Meinung nach höchst eindeutig angegeben hatte, da er die Veränderungen der Ortsnamen nach dem Ende der römischen Besatzung Britanniens und nach der Eroberung der Insel durch die französischen Normannen naturgemäß nicht voraussehen konnte.

Die stärkste Hilfe für die Lokalisierung bot das geschilderte Ereignis eines offenbar invasionsartigen Überfalls, denn tausende Gefangene als Beute wegzuführen, das ist bei einem kurzen Raid, wie sie etwa am Ärmelkanal zweitausend Jahre lang immer wieder vorfielen, denn doch nicht möglich. Der irische Kleinkönig Niall Noigiallach war im Jahr 404 oder 405 mit seiner Piratenflotte tief in den Bristol-Channel eingedrungen und konnte erst 405 wieder aus der Uferregion zwischen Cardiff und der Severnmündung vertrieben werden. Im Raum des Severn wird der in späterer Schreibweise Banwen lautende Geburtsort des Heiligen heute gesucht.

Patrick wurde christlich erzogen, ohne freilich sich sehr fromm zu verhalten, die Einkehr kam erst in der Notzeit fern der Heimat, als er – einer von vielen jungen Sklaven – in den Grafschaften Antrim oder Connaught als Viehhüter arbeiten mußte.

Nachdem Patrick zur Verzweiflung seiner Biographen endlos und wortreich seine Unbildung beklagt hat und sich dafür entschuldigt, daß er überhaupt etwas schreibt, nimmt er die Darstellung der Ereignisse wieder auf:

"Aber nachdem ich nach Irland geraten war – täglich hütete ich dort Schafe und oft am Tage betete ich – nahte mehr und mehr die Liebe Gottes ... und vor Tagesanbruch wurde ich wach zum Gebet in Schnee und Eis und Regen, und ich spürte kein Weh ... denn damals glühte der Geist in mir ... und nach kurzer Zeit hörte ich eine Botschaft: Siehe, dein Schiff ist bereit. Es war nicht nahe, sondern vielleicht zweihundert Meilen entfernt, und ich war dort nie gewesen und ich kannte dort keinen Menschen. Da also wandte ich mich in die Flucht und ließ den Mann zurück, bei dem ich sechs Jahre gewesen war ... und ich fürchtete nichts, bis ich bei dem Schiff ankam."

Zweihundert römische Meilen – und andere kann Patrick nicht gemeint haben – sind etwa 300 Kilometer, was die Annahme stützt, er habe die Schafe in Connaught gehütet, einer der fünf alten irischen Grafschaften, deren südliche Grenze der Shannon-Fluß bildete. Er mußte also Irland durchqueren, wollte er zu einem der Hafenorte gelangen, von denen aus Schiffe nach Gallien fuhren. Dort ging es ihm dann ein wenig wie den frommen Buddhisten auf den malaysischen Schiffen: Das rauhe Schiffsvolk, so glaubenslos, daß man die Männer kaum Heiden nennen konnte, machte den Christen Patrick für alles verantwortlich, was geschah, er habe doch als einziger eine Verbindung zu höheren Mächten. An die unwirtliche Dünenküste des südwestlichen Frankreich verschlagen, irren die Schiffbrüchigen hungrig umher, bis ihnen Patrick eine Schweineherde heranbetet und sie in landwirtschaftlich erschlossene Gebiete geraten.

Nach einer neuerlichen, nun aber nur zwei Monate währenden Gefangenschaft kehrt Patrick zu den Seinen am Severn heim, die ihn beglückt aufnehmen und inständig bitten, nach so vielen Abenteuern doch nicht noch einmal von zu Hause fortzugehen. Aber die Stimme aus der Schafhirtenzeit meldet sich wieder. In seinen Nächten im Vaterhaus entsinnt er sich der großen Insel, auf der das Heidentum noch herrscht und die wenigen Christen der Hilfe und des Zuspruchs bedürfen; er glaubt, Briefe zu lesen, die ihn zum Kommen auffordern und vernimmt einen Chor der Bittenden, "die beim Walde Voclut wohnen, der nahe dem Westmeer liegt".

Dieser Wald, heute Fochlad geschrieben, lag in der Nähe von Killala-Bay an der irischen Nordküste, wo noch heute davon gesprochen wird, daß Patrick hier eine Kirche gegründet habe. Ehe er diesem Ruf aus der Ferne folgte, bildete Patrick sich aber, denn seine ungenügende Vorbildung für das hohe und wichtige Amt eines Missionsbischofs marterte ihn ja auf weiten Strecken seiner *Confessio*. Die Forschung nimmt an, daß er einige Jahre auf dem damals wichtigen, sehr erfolgreich arbeitenden Kloster auf der Insel Lérins südlich von Cannes zubrachte und danach noch eine bewußtere Ausbildung zum Missionar in Auxerre absolvierte, wo man die Kontakte mit Irland besonders pflegte. Warum die *Confessio* diese Lehrzeiten nicht genauer schildert, ist schwer zu begreifen und hängt vielleicht mit der extremen Bescheidenheit Patricks zusammen, der sich immer wieder als unwürdig, ungelehrt und als Bauern hinstellt.

In Auxerre wurde Patrick von dem später heilig gesprochenen, durch verschiedene zum Teil kuriose Traditionen berühmten Bischof Amator mit zwei anderen Adepten zum Diakon geweiht. Da Amator von 388 bis 418 Bischof von Auxerre war, muß diese Ordination spätestens 418 erfolgt sein, als Patrick noch nicht dreißig Jahre alt war. Weil in Auxerre geordnete Verhältnisse herrschten und Amator ein gebildeter und reicher Bischof war, ist aus dieser Zeit allgemein – nicht nur auf Patrick bezüglich – relativ viel überliefert, unter anderem die Namen seiner Gefährten, von denen einer Iserninus hieß und Ire war, der andere Auxilius. Vor allem aber wird hier in Auxerre der eigentliche Sinn von Patricks Irlandmission klar: Das Problem der Kirche waren nicht die irischen Heiden, sondern die Abweichler, die dem als Irrlehre erklärten Pelagianismus huldigenden, an Zahl schnell zunehmenden irischen Christen.

Es war – das muß zum besseren Verständnis und um der Wahrheit die Ehre zu geben gesagt werden – eine Zeit, zu der man von Irrlehren eigentlich nicht sprechen konnte. Die großen Kirchenlehrer saßen in Nordafrika, Ägypten, Rom, Mailand, Trier und Tours, und um die gemeinsame, die verbindliche Lehre aus all diesen Lehrmeinungen wurde noch auf Konzilien und Synoden gerungen. Diesen Zusammenkünften haftete noch viel Zufälliges an, weil das Reisen im vierten und fünften nachchristlichen Jahrhundert noch sehr abenteuerlich war, weil die meist älteren Synodalen oft erschöpft, krank oder gar nicht ankamen, und weil nur ein Teil der Geladenen der Verhandlungssprachen Lateinisch und Griechisch mächtig war. Dieser Umstand verhalf einem hochgebildeten Häretiker namens Pelagius zu einigen Erfolgen; er verhandelte fließend in beiden Sprachen der alten Welt, korrespondierte mit verschiedenen Autoritäten und hatte zudem in einem vornehmen jungen Römer namens Coelestius einen wortgewaltigen und mutigen Propagator. Dieser Pelagius, ein Brite oder Ire, leugnete die Erbsünde und verhieß den Gläubigen den Himmel aus eigener Kraft – von einigen weniger wichtigen Nuancen seiner Lehre abgesehen schon Grund genug, ihn im detailversessenen Meinungsstreit dieser Frühzeit zu bekämpfen.

Pelagius hatte in England und Irland zahlreiche Anhänger, sein versöhnliches Christentum öffnete sich den Heiden williger und verführerischer als die mit Drohungen und Höllenstrafen gespickte offizielle Lehre jener Zeit. Im römisch besetzten England hatte ein Missionsbischof namens Palladius einige Erfolge gegen die Pelagianer erzielt, weil er sich auf die inzwischen jahrhundertealte römische Kultur und die gut funktionierende Verbindung mit Rom stützen konnte. In Irland hingegen, wo man ihn gar nicht verstand, hatte er Schiffbruch erlitten, und darum bildete man in Auxerre zwar nicht überhastet, aber doch mit deutlicher Zielrichtung eine neue Truppe aus, die siegen sollte, wo Palladius gescheitert war und, vermutlich 431, das Land entmutigt verlassen hatte (er starb später in Schottland).

Edmund Crosby Quiggin vermutet in seinem Beitrag zum Patrick-Artikel in der *Encyclopaedia Britannica,* daß Patrick – in Konkurrenz zu Palladius – mit einer Entsendung nach Irland gerechnet hatte und tief enttäuscht war, als Rom den anderen Mönch ihm vorzog. Indes sei schon ein Jahr darauf, als Palladius mit seinen vier Gefährten gescheitert war, Patrick an die Kanalküste Galliens entsendet worden und habe dort jenes Schiff gefunden, mit dem er 432 (?) als geweihter Missionsbischof in Irland landete.

Bei allem Respekt für das unentbehrliche große Nachschlagewerk der angelsächsischen Welt muß gesagt werden, daß solche für das Mittelalter höchst ungewöhnliche Promptheit, ja eigentlich atemberaubende Geschwindigkeit der Reaktion den Finger auf die offenen Wunden der gesamten Überlieferung legt. Die an ihrem Nationalhelden mit lobenswerter Zähigkeit festhaltenden Iren haben mit ihren Kommentaren, Umdeutungen und Erklärungsversuchen schließlich einen patrizischen Lebenslauf gezimmert, der eher einem Sindbad zukommt denn einem Mönch aus den monotonen Einöden des frühen Mittelalters. Schon 1985 stellte E. A. Thompson sich und uns die Frage *Who was St. Patrick*, und 1993 rundete L. De Paor die Problematik mit einem Panorama ab (*St. Patrick's World*).

Niemand glaubt heute an eine Lebenszeit von 120 Jahren für den Heiligen, aber niemand unter den ernsthaften Forschern bezweifelt die Echtheit der beiden Zeugnisse, der

Confessio und der *Epistola militibus Corotici* (Brief an die Soldaten des Coroticus). Es spricht vielmehr so manches dafür, daß Palladius im Südosten und St. Patrick im Norden und Nordwesten gleichzeitig tätig gewesen sind. Da die frühesten Versuche, eine Geschichte der irischen Kirche zu schreiben, ins siebente Jahrhundert fallen, vermengten sich für die frommen Historiographen wohl die Lebensläufe und Aktivitäten der beiden Missionsbischöfe, was zu der Annahme der schwer zu integrierenden langen Aufenthalte Patricks in Gallien führte. Die Daten für Germanus von Auxerre (Nachfolger des Amator) und Palladius sind hingegen gut bezeugt und mehrfach belegt.

Natürlich ist der Ort, wo der Heilige an Land ging, wo das katholische Irland gleichsam aus der Taufe gehoben wurde, ebenso Gegenstand anhaltender Kontroversen wie die ganze Lebensgeschichte des Irland-Apostels selbst. Die Kirche weiß aus alten Hymnen, sehr alten Biographien und Überlieferungen von einem ersten Landungsversuch Patricks und seiner Gefährten bei Wicklow im Südosten Irlands, andere Quellen präzisieren, daß es sich um den Ort Inverdea am Fluß Vartry und nahe dessen Mündung gehandelt habe. Man kann es sich gut vorstellen, denn der kleine Fluß, der sich noch in Meernähe zu einem kleinen Binnensee erweitert, durchfließt auf dem Weg von den Wicklow Mountains zur Irischen See eine der reizvollsten Landschaften Irlands, in der heute freilich nichts mehr an Patrick erinnert. Es ist nur der Zauber dieses klimatisch begünstigten Naturschutzgebietes und die Abgeschiedenheit rund um eine altertümlich-enge kleine Stadt, die der Grafschaft Wicklow eine besondere Aura geben. Von Wicklow Head genießt man einen guten Fernblick in Richtung Saint David's in Wales.

Die Iren, die eben Palladius vertrieben hatten, scheinen vorgewarnt gewesen zu sein; jedenfalls empfingen sie Patrick und die Seinen mit Schmähungen und Steinwürfen, so daß sich das Schiff eilends vom Ufer entfernte und Nordkurs einschlug. Vermutlich wurden irische Lotsen gewonnen, denn die schmale Einfahrt zum Strangford Lough im Nordosten der Insel wäre andernfalls kaum zu finden gewesen. In der Südwestbucht, dort wo heute die Stadt Downpatrick mit ihrem Namen an den Vorgang erinnert, fanden die Missionare aus Gallien freundliche Aufnahme.

So wie die schmale Lagune bei Wicklow ist natürlich auch der sichere Hafen am Strangford Lough später von den Wikingern entdeckt, besiedelt und ausgebaut worden. Aber während in Wicklow nur noch die Reste der Wikinger-Siedlung zu sehen sind (Saint Mantan) und die Normannenburg darüber, hat sich in Downpatrick das Gedächtnis des Heiligen den Erinnerungen an die nordischen Krieger als überlegen erwiesen. Man kennt sogar seinen genauen Landungsplatz in dem ufernahen Dorf Saul nördlich der heutigen Stadt Downpatrick. Hier in Saul soll er seine erste Kirche gebaut haben, was nicht unwahrscheinlich ist – besser konnte er seine gefahrvolle Tätigkeit nicht beginnen als mit einer Dankeskapelle dort, wo er irischen Boden betreten durfte und freundlich aufgenommen wurde. Und natürlich will das kleine Saul auch der Ort sein, wo Patrick starb und begraben liegt und zeigt auf dem kleinen Friedhof das Grab des Heiligen. Die Kirchenlexika haben nichts dagegen, und auch ein Teil der Historiker hält es für denkbar, daß Patrick sich in den letzten Jahren seines Lebens wieder in diesen kleinen Ort zurückgezogen und dort sein Leben beschlossen habe, im Jahr 461, etwa 75 Jahre alt, wie die heute herrschende Ansicht lautet, nicht erst im Jahr 493 und 120 Jahre alt, wie wir in Herders berühmtem Kirchenlexikon lesen können, aus der Feder des Theologieprofessors Franz Kaulen (Bonn), päpstlicher Hausprälat und führende Autorität seiner Zeit.

In einem auf jeden Fall aber langen Leben tat Patrick nun aber mehr, als man von einem ehemaligen Schafhirten erwarten durfte. Er war als geweihter Bischof und von seiner Aufgabe beseelt zweifellos eine charismatische Persönlichkeit, ja er soll neben Ehrfurcht und Verehrung sogar Angst verbreitet haben, denn sein ehemaliger Dienstherr verbrannte sich und sein Gehöft auf die bloße Kunde von der Landung Patricks hin, um der Strafe durch den Bischof zu entgehen.

Patrick hatte freilich anderes im Sinn. Zwar schützte ihn für den Anfang seiner Tätigkeit ein christlich gewordener Kleinkönig namens Dichu. Wenn sich Patrick aber aus diesem Nordostwinkel Irlands wegbewegen und eine größere Öffentlichkeit finden wollte, mußte er mit König Loigaire in Konflikt geraten, ein Fürst, der auch als Hochkönig bezeichnet wird und den Kleinkönigen weit überlegen war, da er von seinem kriegerischen Vater Niall Noigiallach nicht nur erprobte Kämpfer übernommen hatte, sondern auch gefüllte Schatztruhen. Der geraubte Jüngling trat also nach Jahrzehnten dem Sohn jenes Mannes gegenüber, der durch diese Gewalttat dem Leben Patricks eine neue Wendung gegeben hatte. Als Patrick in Saul an Land ging, herrschte Loigaire erst vier Jahre, und da er bis 467 regierte, ist er der König, der das Wirken des Heiligen in Irland gleichsam begleitete.

In den zweihundert Jahren christlicher Infiltration vor der Ankunft Patricks hatte die neue Religion sich zwar noch keine Krone erobert, aber sie war in einige der besitzenden und später sogar in die Königsfamilien vorgedrungen in einem sehr langsamen Prozeß, in dem die Frauen eine besondere Rolle spielten, ganz ähnlich wie in Deutschland oder in Rußland. Ursprünglich auch in Irland eine Religion der Entrechteten, der Sklaven und der Besitzlosen, hatte sich das Christentum auf dem Weg über Dienerinnen, Hofgesinde und Konkubinen in die großen Familien eingeschlichen, und Patrick selbst berichtet uns in dem beredtesten Teil seiner *Confessio*, in einem Kapitel, in dem er so deutlich aus sich herausgeht wie sonst nur in seinen frommen Bußübungen, von einer hochgestellten Frau, die für seine Missionsarbeit entscheidend geworden sei:

"Da war eine gesegnete Irin, eine schöne Frau von edler Geburt, die ich taufte; und nach wenigen Tagen kam sie aus einem bestimmten Grunde zu uns: Sie sagte uns, daß sie eine Nachricht von einem Boten Gottes erhalten habe, der sie mahnte, eine Jungfrau Christi zu werden und sich Gott zu nähern. Dank sei Gott, am sechsten Tag danach ergriff sie dies(en Vorsatz) auf das beste und begierigste, wie es alle Jungfrauen Gottes tun, nicht nach dem Willen ihrer Väter, vielmehr erdulden sie auch Verfolgungen und falsche Anschuldigungen von den Ihren, und doch wird ihre Zahl immer größer. Wieviele dort geboren sind, um (dereinst) in unserer Weise zu leben, wissen wir nicht, ganz zu schweigen von den Witwen und den einsamen Christinnen. Doch am meisten mühen sich unter ihnen die Frauen, die in Sklaverei leben. Beständig ertragen sie Einschüchterungen und Drohungen, aber der Herr gab vielen aus seinen Mägden Gnade, denn obwohl es ihnen verboten ist, folgen sie ihm in Stärke nach."

Eine zweite Hilfe erwuchs Patrick aus den natürlichen Spannungen innerhalb der herrschenden Familien, dem latenten Gegensatz zwischen dem Herrscher und den weniger glücklichen Brüdern, und da das ganze Irland ja kein Land der Paläste und der glänzenden Hofhaltungen war, sondern das wenige an königlichem Reichtum von anderen Küsten zusammenrauben mußte, gab es auch in der Umgebung des Hochkönigs Loigaire einen Unzufriedenen, nämlich seinen Bruder Fedilmid, der auf Trim eher bescheiden lebte. Der Ort am River Boyne, also in einem der ältesten Siedlungsgebiete Irlands, bezog seine Bedeutung von einer Furt über den Boyne, die mangels Brücken vom Nordsüdverkehr genutzt wurde; erst in normannischer Zeit erfolgte hier der erste Brückenbau, zu dessen Schutz eindrucksvolle Burgen erbaut wurden.

Fedilmid bot Patrick die Möglichkeit eines Klosterbaues in Trim, wofür der Heilige angeblich jene Anhöhe wählte, auf der sich noch heute der *Yellow Steeple* erhebt, der gelbe Turm, neben dem Normannenschloß am Südufer des Boyne das Wahrzeichen von Trim. Das Kloster soll der Gottesmutter geweiht gewesen sein und hatte somit die Aufgabe, die Frauen und Mädchen zu beherbergen, die sich dem neuen

Glauben widmen und als Nonnen wirken wollten. Die Beziehung zwischen dem Königsbruder und der schönen, hochgeborenen Irin, die den Schleier nehmen wollte, hat Patrick in seiner *Confessio* nicht aufgehellt, doch ist ein Zusammenhang zu vermuten. Damit wurde die Grafschaft Meath zu einem Zentrum von Patricks missionarischer Tätigkeit.

Während die mönchischen Berichterstatter über das Wirken das Missionsbischofs sich in der üblichen Ausschließlichkeit mit seiner seelsorgerischen Tätigkeit beschäftigen und an Fakten lediglich die Klostergründungen reportieren, weist die weltliche Geschichtsschreibung im Zusammenhang mit dem Heiligen auf zwei bemerkenswerte Umstände hin:

Erstens war die Mission des britischen Bischofs die erste bewußte und organisierte Initiative, das Christentum außerhalb des römischen Weltreichs zu verbreiten, und zweitens waren diese Bemühungen nie zuvor in einem Land erfolgt, das auf so niedriger Stufe der Zivilisation stand. Im festländischen Europa, im Nahen Osten und auch in Nordafrika war auf dem Boden griechischer, römischer und orientalischer Kultur die christliche Lehre an Menschen herangebracht worden, die an einen gewissen Umgang mit Geschriebenem gewöhnt waren und staatliche Organisationsformen kennengelernt hatten, die dem geistigen Niveau der christlichen Lehre und ihren Ansprüchen entsprachen. Irland hingegen war weniger kultiviert und entwickelt als das keltische Gallien, das Cäsar ein halbes Jahrtausend vor Sankt Patrick erobert hatte, es bildete mit dem nicht viel weiter fortgeschrittenen Schottland den barbarischen Rand eines kleinen Kontinents, der vom Süden und Osten her bereits jahrhundertelang Kultur empfangen hatte.

Es läßt sich also bei aller Sympathie für die alten Kelten und ihre keltiberischen Einsprengsel nicht behaupten, daß auf Irland eine alte einheimische Kultur von einer landfremden Religion überlagert, besiegt und schließlich vernichtet wurde. Ja man gelangt eigentlich zu der Erkenntnis, daß die Iren, hätten die Mönche ihnen nicht eine taugliche Schrift gebracht, in ihren Ogam-Runen allenfalls ein paar Zaubersprüche festgehalten hätten, keinesfalls aber die Fülle der altirischen Sagenwelt und Überlieferung.

Daß trotz dieser Überfülle an poetischen Einfällen, ausgesponnenen Handlungen und voll charakterisierten Figuren das Mischvolk aus den westlichsten Keltenstämmen in einem Barbarentum mit erschreckenden Gewohnheiten verharrt haben soll, wird nur glaubhaft, wenn wir die zeitlichen Ebenen trennen. Die irische Sagenherrlichkeit, erst zu Zeiten unseres Nibelungenliedes aufgezeichnet, ist deutlich später entstanden als das Bild des alten Irland, der Insel Hibernia, wie es uns die antiken Autoren zeichnen. Daß sie Irland kannten – Pytheas als erster, Tacitus und Agricola par distance und Ptolemaios bereits erstaunlich genau – kann nicht bezweifelt werden. Wenn aber Strabo und Diodor die alten Iren als Menschenfresser bezeichnen, so ist dies weit weniger glaubhaft als das beredte Lamento, das Strabo angesichts des irischen Wetters anstimmt.

Nicht zu bezweifeln ist freilich die Kopfjägerei der irischen Helden, denn sie ist kein Ruhmgerede, sondern durch Grabfunde belegt. Die kommensurable Seite des Kopf-Kultes bestand darin, daß man die Köpfe geschätzter Vorfahren wie Reliquien aufbewahrte, und zwar, da es sich ja um keinen sehr großen Gegenstand handelte, in Gefäßen, die mit Zedernöl gefüllt waren und den Kopf unter Luftabschluß konservierten. So und ähnlich ist der Kopfkult schon für die Zeit um 300 vor Christus bei den Kelten belegt und damit eine zu Zeiten des Heiligen Patrick bereits altehrwürdige Gewohnheit, durch die die Verstorbenen sich im Gedächtnis der Nachlebenden erhielten. Über die Türen genagelt, scheinen Kopf-Trophäen über den Erinnerungswert hinaus eine Art Abwehrzauber gewesen zu sein und tauchen in solcher Verwendung in Frankreich, England und im nördlichen Spanien auf.

"Die irischen Helden ziehen in den Kampf wie Schnitter", schreiben Sylvia und Paul F. Botheroyd, "allerdings, um

Köpfe zu ernten. Sie befestigen sie auf Stöcken, fahren sie auf den Streitwagen umher ... Conall Cernach, Ulsters zweitgrößter Held und Ziehbruder Cuchullins ist auf Köpfe geradezu versessen, keine Nacht schläft er ohne einen unterm Knie."

Dieser Welt wollten Patrick und seine Gefährten eine Religion der Liebe bringen; an die Stelle der Blutrache wollten sie die Vergebung setzen, den Kampf aller gegen alle, wie er in den Fünfteln der Insel geherrscht hatte, wollten sie durch die Einigkeit in einem neuen Glauben ersetzen, den sich der Ire überhaupt nicht vorzustellen vermochte, weil ihm alle Hilfen dazu fehlten. Von tiefstem Glauben und einem lebhaften Sendungsbewußtsein durchdrungen, mußte Patrick an die Stelle sehr deutlich vorstellbarer, mit vielen sinnlichen Attributen ausgestatteter Götter einen allmächtigen Gott setzen, den er nicht zu beschreiben vermochte, und wenn er versuchte, das Neue Testament in seinen Grundzügen nachzuerzählen, sprach er von Weltgegenden, Völkern, Herrschaftsverhältnissen und Geschehnissen, die zu begreifen der Ire beim besten Willen keine Möglichkeit hatte.

Diese besondere Lage erklärt nicht nur in Irland, sondern auch auf dem Kontinent, daß die Missionare zu symbolischen, aber theatralischen Handlungen gezwungen waren, daß sie die Konfrontation mit dem hergebrachten Ritual suchen mußten als einzige Möglichkeit, sich Menschen verständlich zu machen, die nichts anderes verstanden. Bonifatius mußte die Eiche des Donnergottes bei Fritzlar in Hessen fällen, und Patrick, der mit seinen Gefährten so friedlich, beinahe wie ein Schiffbrüchiger an Land gekommen war, mußte sein Osterfeuer gegen den Feuerkult von König Leoghaire setzen.

"Am Vorabend des Osterfestes zündete der Heilige vor dem Einbruch der Nacht nach der alten Liturgie das Osterfeuer an. Am nämlichen Abend feierte auch König Leoghaire mit den versammelten Großen nach altem Brauch (!) die Abendmahlzeit La Bealtinne, und weil nach dem Gesetze in dieser Nacht kein anderes Feuer angezündet werden durfte, wurden alle Anwesenden von Unwillen ergriffen, als sie von den Höhen (des Burghügels) Tara im Thale das Feuer des heiligen Patricius auflodern sahen. Der Heilige wurde gefangengesetzt und den versammelten Clans(häuptern) vorgeführt. Mit Unerschrockenheit verkündete er ihnen das Evangelium und widerlegte siegreich alle Einwendungen, welche die Druiden vorbrachten."

Der treuherzige Bericht des alten Heiligenlexikons von Stadler-Ginal ist zweifellos nicht erfunden, denn Ereignisse wie dieses prägen sich den Völkern ein. Nur daß der Vorgang in der Bekehrung des Königs gipfelt, bestreiten die weltlichen Quellen. Möglich ist, daß zwei Töchter des Königs sich später taufen ließen und sich zumindest in der Klosterschule einfanden, wenn schon nicht als Nonnen mit Gelübde. Sankt Patrick selbst, an dessen autobiographischen und historischen Mitteilungen ja nicht gezweifelt werden kann, spricht – wie wir gesehen haben – selbst von vornehmen Frauen, die sich dem Christentum aufgeschlossen zeigten. Der hochgebildete Sankt Gallener Kirchenhistoriker und Bischof Karl Johann Greith (1807–82) nennt in seiner Geschichte der altirischen Kirche und ihrer Verbindung mit Rom, Gallien und Alemannien sogar die Namen der frommen Prinzessinnen: Ethnea und Fethlimia.

Begünstigt durch seine Kenntnis der Landessprache, die sich allerdings damals vom angestammten Walisisch des Heiligen nur wenig unterschied, suchte Patrick absichtlich Orte auf, wo Versammlungen und Zusammenkünfte stattfanden, wo es zu den im gälischen Bereich bis heute populären Wettkämpfen kam oder wo heidnische Opfer dargebracht wurden. Unausweichlich war dabei die Konfrontation mit dem altirischen Hauptgötzen Crom Cruach, dem sich die Gläubigen alljährlich bei einem großen Opferfest so demütig unterwarfen, daß es bei der Prosternation (wie die späteren christlichen Chronisten wohl nicht ohne Ironie berichten) verbreitet zu Verletzungen der Kniescheiben kam. Der Kult des Crom Cruach ist schon aus der Zeit Königs Tigernmas mac Fallaigh bezeugt, der im 17. vorchristlichen Jahrhundert herrschte und einer der frühesten Könige ist, von denen wir sichere Kunde haben. Er fand bei einer kultischen Versammlung zum großen Opfer für Crom Cruach mit einem Teil seines Volkes den Tod, ein Ereignis, für das sich eine Erklärung noch nicht gefunden hat. (Allenfalls könnte man eine Seuche vermuten, die angesichts des Zusammenströmens von so vielen Menschen eine furchtbare Ernte hielt.)

Sankt Patrick soll sich mit seinen Getreuen am Tag des Menschenopfers für den Moloch eingefunden und die Opferhandlung unterbrochen haben. An der Stelle des heidnischen Steinkreises erbaute er, um die Geister zu bannen, eine kleine Kirche. Ermutigt durch diesen Erfolg, der tatsächlich erstaunlich ist, zog der Heilige weiter bis in die entlegensten Gegenden auch des westlichen Irland, wo sich allerdings uralte Christenzentren fanden, die Händler und Seeleute hier gebildet hatten. Das erklärt vielleicht die hier besonders spektakulären Erfolge und die Erwähnung einer Massentaufe von 12.000 Iren.

Das *Book of Armagh* enthält Mitteilungen über Sankt Patrick und Stellungnahmen zu seinem Wirken, die sich zum Teil nur in diesem Dokument erhalten haben und damit singulären Wert besitzen, wie immer man im einzelnen die historische Aussagefähigkeit beurteilen mag. Der zweite und der dritte Teil des Buches von Armagh sind irische Varianten bekannter Texte: Eine Übersetzung des Neuen Testaments mit einigen bezeichnenden Abweichungen vom griechischen Original und eine Vita des heiligen Martin von Tours, der ja im Höhepunkt seiner Tätigkeit an der Loire zu finden war, dem Fluß, der auf den Portus Nemetum zuhielt und damit auf einen der wichtigsten Ausgangspunkte für den Handel zwischen Gallien, Britannien und Irland. Wegen der engen Verbindung zur Loire hatten phantasievolle Kleriker aus Patrick auch einen Neffen des Heiligen Martin machen wollen, doch hat sich diese kühne Verbindung zwischen einem Mönch aus

Wales und einem römischen Offizier aus Pannonien in die ernsthafte Literatur nicht hinübergerettet.

Das Schriftwerk von Armagh bleibt gleichwohl sensationell als Zeugnis früher Schreib- und Klosterkultur unmittelbar nach dem Ausklingen jener barbarischen Verhältnisse in Irland, die uns die Sagen erkennen lassen, und am Vorabend neuer blutiger Zeiten, hatten doch die Dänen mit dem Überfall auf das Inselkloster Lindisfarne an der äußersten Südostecke Schottlands im Jahr 793, also wenige Jahre vor der Entstehung des *Book of Armagh*, eines der großen Daten der Weltgeschichte gesetzt – den Beginn der Wikingerzeit. Im Trinity College zu Dublin kann man das Wunderwerk in seiner Vitrine liegen sehen, die farbig mit der Feder ausgeführten Initialen und die drei ganzseitigen figuralen Zeichnungen, eine Technik, die eher auf das abgelaufene 8. Jahrhundert zurückweist als voraus in die karolingischen Zeiten einer mehr praktischen und schlichten Klosterkultur.

Was Armagh betrifft, so hat das einzigartige Buch seine Schuldigkeit ganz offensichtlich getan. Die Gründung einer Kirche durch Patrick an diesem alten Wegekreuz wird umso weniger bezweifelt, als Tirechan, der Biograph des Heiligen, schon im siebenten Jahrhundert davon berichtete; es gibt auch eine Liste von Äbten und Bischöfen in Armagh, die vor das Jahr 500 zurückreicht und bis 1200 geführt ist; auch ein Brief aus Rom, den der Dalmatiner Johannes (später Papst Johannes IV.) schon vor seiner Krönung im Jahr 540 geschrieben hat, spricht von einem Abtbischof in Armagh, der den lateinischen Namen Tomianus führte.

Es scheint, daß sich die zumindest moralische Autorität von Armagh über das ganze nördliche Irland erstreckte, und es spricht für die entstandene kleine Stadt, daß sich ihr Ruhm in erster Linie auf die Klosterschule gründete. Daß andere irische Gegenden kleine Beträge nach Armagh entsandten, um die Bildungsstätte am Leben zu erhalten, deutet darauf hin, daß junge Leute aus ganz Irland nach Armagh gingen, um zu lernen und zu studieren, mit Sicherheit nicht nur theologisches Wissen, sondern auch jene Fächer, die später im europäischen Universitätsleben als die Sieben Freien Künste bezeichnet wurden. Darf man diese Nachrichten auch nicht so auffassen, als habe es hier schon lange vor Bologna oder Paris eine Universität gegeben, so ist damit doch klar, daß es die Mönche, die Klöster und die über das reine mönchische Dasein hinausgehenden Aktivitäten einer neuen Bildungsschicht waren, die Irland aus den Anachronismen der Barbarei befreiten. Jürgen Elvert deutet an, daß dieser Übergang von einem alten heidnischen Gelehrtenstand, wie ihn das späte Druidentum bildete, zu der neuen Bildungselite der Kleriker sich nicht reibungslos vollzog. Es ging ja nicht nur um die Religion, es ging auch um die Macht in den Gemeinwesen, die Beraterfunktionen, den Einfluß auf die heranwachsenden Adeligen, und mancher Druide mag seine Anhänger zum Kampf mit der Waffe ermuntert haben. Andererseits gingen nicht wenige Persönlichkeiten aus der druidischen Oberschicht unter dem Einfluß Patricks zum Christentum über und erhielten Kirchenränge wie Ibar von Begerin in Wexford, die Herren Mel und Jarlat in Ardagh und Fiacc von Sletty, der zum ersten Bischof von Leinster gemacht wurde und ein hohes Alter erreichte. Und wie auf dem Festland, so gab es natürlich auch auf der grünen Insel Einsiedler, die in einem der vielen öden Orte des kargen Landes in der Stille die Entwicklung abwarteten und sich dann, wenn Not am Mann war, doch zu Kirchenämtern bereitfanden, wie der Eremit Conlath, dem wegen seiner untadeligen Frömmigkeit und seines gegen Versuchungen schützenden Alters alle Nonnenklöster unterstellt wurden, die Brigida (die Heilige Brigit) gegründet hatte. Es waren aber gerade die Nonnenklöster und das gegenüber kontinentalen Gewohnheiten geradezu skandalös wirkende enge Zusammenleben mit den Mönchen, die schließlich die patrizische Kirche, also das irische Klosterleben der ersten Phase, in Verruf brachten, manche Autoren von einem raschen Verfall sprechen lassen und die Verdienste der endlichen Regeneration den Engländern zuschreiben.

Elvert weist darauf hin, daß die Kleriker bei der Gründung von Klöstern und Kirchen, um Konflikte zu vermeiden, oft auf Ödland auswichen, doch zeigt uns der historische Befund auch viele christliche Gründungen in naher Konkurrenz zu heidnischen Kult- und Begegnungsstätten.

Der einst so berühmte Schulort Armagh ist heute ein schmuckes Städtchen von 13.000 Einwohnern, mit vielen bunten viktorianischen Häusern und im weltlichen Bereich ohne erkennbare Spuren aus alten Zeiten – zu oft hat es hier gebrannt, zu exponiert waren die Klöster den Angriffen der Nordmänner ausgesetzt. Bemerkenswert ist die hier im Norden Irlands beinahe tröstlich wirkende Tatsache, daß es in dem kleinen Gemeinwesen eine protestantische und eine katholische Kathedrale gibt, beide natürlich dem Heiligen Patrick geweiht, ein Anlaß, zu überlegen, warum wir in Deutschland keine protestantischen Kirchen haben, die das Andenken des Heiligen Bonifatius pflegen.

Die protestantische Kathedrale erhebt sich im Herzen des Städtchens auf uralten Fundamenten: Die Krypta stammt aus dem zehnten Jahrhundert und macht es durchaus wahrscheinlich, daß ihr an dieser Stelle ein Gotteshaus aus dem fünften oder sechsten Jahrhundert vorangegangen ist. Äußerlich ist die Kathedrale allerdings durch eine Restaurierung entstellt, die im vorigen Jahrhundert vorgenommen wurde und die mediävalen Aspekte weitgehend getilgt hat. Daß Patricks Gründung sich auch bald als Begräbnisstätte der irischen Könige durchsetzte (so wie Iona als heilige Insel des Columba für die schottischen Herrscher) zeigt eine Gedenktafel an der Außenmauer der Kathedrale. Sie erinnert an Brian Boruma, einen der bedeutendsten Herrscher des mittelalterlichen Irland und einen der wichtigsten Förderer von Armagh als Hauptort des irischen Christentums und christlicher Bildung.

Damit haben wir, um der Stadt Armagh willen, um ein Halbjahrtausend über den Tod Sankt Patricks hinausgegriffen, hoffen aber, damit keine Verwirrung gestiftet zu haben, ist doch die Entwicklung der christlichen Religion und der Kirche in Irland die einzige erkennbare Konstante der Inselgeschichte, während die hundert bis zweihundert Kleinkönige des Mittelalters mit ihren unentwirrbaren Querelen in verdiente Vergessenheit geraten sind.

Daß Brian Boruma Armagh immer wieder aufsuchte, so gut bezeugt im Jahr 1005, daß die Suprematie der christlichen Zentren von Armagh offensichtlich bestritten wurde und bestreitbar war, lenkt unsere Aufmerksamkeit auf die Rivalen der kleinen Schulstadt und auf die Nachfolger des großen Missionars: Schon im nächsten Menschenalter tritt uns anstelle von vereinzelten Pioniertaten eine solche Fülle von blühenden neuen Zentren entgegen, daß sich das Wort von einer wahren Explosion an Heiligkeit auf der grünen Insel vielfach bestätigt. Daß wir trotzdem nicht alles wörtlich nehmen und vor allem nicht mit der Latte rationaler Historiographie messen dürfen, wird uns klar, wenn wir im Katalog der irischen Heiligen (Ussher: *Britannicarum ecclesiarum antiquitates*, London 1639) über die heiligen Zeitgenossen des Patricius lesen:

"Damals waren alle Bischöfe berühmt und heilig und voll des heiligen Geistes, 350 an der Zahl, Gründer von Kirchen. Sie hatten ein Haupt, Christus, einen Führer, Patricius. Sie hatten dieselbe Messe, dieselbe Liturgie, dieselbe Tonsur von Ohr zu Ohr, hielten Ostern an der vierzehnten *luna* nach dem Äquinoktium (*luna* steht hier für *nisan*; das Osterdatum entspricht somit unserer Ermittlungsweise), die Excommunication der einen Kirche galt bei allen. Sie verschmähten den Dienst und den Verkehr der Frauen nicht, weil sie, gegründet auf den Felsen Petri, den Sturmwind der Versuchung nicht fürchteten. Sie waren alle Bischöfe, die von den Römern und Franken, Briten und Skoten abstammten."

Wenn wir als Todesdatum des Heiligen Patrick die phantastische Annahme 493 beiseite lassen und die anderen Hypothesen akzeptieren, die einen Zeitraum zwischen 463 und 465 nennen, so ergibt sich, daß die für Ussher bis 534 oder gar 542 reichende Phase jenes großen ersten Aufbruchs doch gut achtzig Jahre über den Tod des großen Heiligen hinaus ein besonderes Klima schuf, eine intensive Atmosphäre von Sendungsbewußtsein und Einsatzbereitschaft, die im damaligen Europa nicht ihresgleichen hatte. Gewiß, auch in Gallien war es nicht viel anders; es genügte, Bischof und damit Ordnungsmacht einer mitunter sehr kleinen Diözese zu sein, um zunächst in den Geruch der Heiligkeit zu gelangen und dann in den großen Kanon einzugehen. Gregor von Tours hat uns dies in einzigartiger Weise geschildert, und daß es dabei mehr auf die Stärke der betreffenden Persönlichkeit ankam als auf ihre Würdigkeit im kirchlichen Sinn beweisen viele von Gregors Zeitgenossen, aber auch schon im 5. Jahrhundert jener Lupus von Troyes, der als großer Zauberer, Geisterbanner und Hexenmeister galt und als der einzige Gallier, den König Attila fürchtete. Bischof Lupus, der achte Herr der Diözese Troyes, lebte von 383 bis 478 und präsidierte mit Germanus von Auxerre (380–448), auf der Synode von 429 gegen die Pelagianer. Lupus war mit einer Unterbrechung von zwei Jahren, in denen er Attila in dessen Hofstaat begleitete, 52 Jahre lang Oberhirte seiner an schönen Kirchen so reichen Stadt.

Man hat Lupus den Merlin unter den großen Prälaten genannt, und so wie er mag sich manch einflußreicher Druide die Macht über ein kleines Reich dadurch gesichert haben, daß er die neue Religion mit dem konfusen, aber überreichen Kosmos der alten Weisheiten und Traditionen kombinierte; ihrer Heiligkeit im Verständnis jener frühen Zeit tat dies ebensowenig Abbruch wie 'Dienst und Verkehr der Frauen', wie Zimmermann etwas sibyllinisch übersetzt.

Bischofssitze, die sich dem Gedächtnis besonders eingeprägt hatten, sind unter anderen Kildare, Wexford, Emly und

Clonard. Sie erlangten eine gewisse Bedeutung, weil Patricks Nachfolger Benignus von Armagh nicht die Autorität seines Lehrers und Meister genoß und weil Patrick selbst in seinen letzten Lebensjahren Armagh aufgab und sich nach Saul zurückzog, was von den konkurrierenden Orten so ausgelegt wurde, als sei der Heilige von seiner Tätigkeit und seinem Umfeld in Armagh enttäuscht gewesen.

Das ostirische Kildare in der Grafschaft Leinster ist heute durch seine Pferdezucht und das irische Nationalgestüt weitaus bekannter als durch die Erinnerung an den 460 gestorbenen Bischof Auxilius oder die Äbtissin Brigida, die um 455 in Faughart bei Dundalk geboren wurde und in dem Ort Kildare, der deutsch etwa 'Kirche der Eiche' heißt, ein schnell berühmt gewordenes Doppelkloster für Nonnen und Mönche gründete; dem dazugehörenden Männerkloster stand ein Abt vor, den Brigida ernennen durfte, so daß die Harmonie in der seltsamen Institution gesichert war. Brigida ist das weibliche Gegenstück zu Patrick, da ihr Fest auf den 1. Februar gelegt wurde, einen der vier Jahreszeitentage in der alten keltischen Mythologie, wodurch die Heilige an die Stelle einer heidnischen Gottheit getreten sein dürfte. Ein weiterer heidnischer Brauch auf Kildare war das von den Nonnen sorgsam unterhaltene Vestalinnenfeuer, das bis 1540 ununterbrochen brannte, als nach etwa tausend Jahren das Kloster aufgehoben wurde.

Das unterschwellige Verlangen des Volkes nach einer verehrungswürdigen Frau war in Irland, dem Land der Muttergöttinnen, besonders stark, und so übertraf der Kult der Brigida sehr bald den Patricks an Intensität und Verbreitung. Von Irland gelangte ihre Verehrung nach Schottland, England und schließlich auf den Kontinent mit zahlreichen Brigida-Stätten auch in Deutschland; Frankreich folgte, aber auch Skandinavien, und über Portugal erreichte der Kult sogar die Kanarischen Inseln. In der Schweiz gilt sie als Schutzherrin des Rindviehs, wohl auch ein Anklang an die heidnischen Wirtschaftsformen in Irland.

Tatsächlich gibt es nach D. O. Croinin drei altirische Göttinnen mit dem Namen Brigida, die im Heidentum allerdings nicht mit den Rindern in Verbindung gebracht wurden, sondern mit der Heilkunde und, für den alten Zinnhandel sehr interessant, mit der Kunst der Metallbearbeitung. Auch die Eiche, der Kildare seinen Namen verdankt, gilt als vorchristlich, als ein Wahrzeichen auf der leichten Anhöhe, die später das Kloster tragen sollte. Ein Reisender des 12. Jahrhunderts – nämlich Gerald de Barri, der den englischen Prinzen John auf einer Irlandreise begleitete – will den heiligen Baum, von einem Zaun aus Flechtwerk geschützt, noch gesehen haben. Leider aber wußte der vielgereiste Mann, unter dem Namen Giraldus Cambrensis einer der bekanntesten Schriftsteller seiner Zeit und Freund von Richard Löwenherz, über die Lebensumstände der Heiligen auch nicht viel mehr als ihr erster Biograph von 650, der uns aber immerhin mit allgemeinen Angaben über Kildare unterhält und von einer besonders großen Kirche zu berichten weiß, in deren Schatz sich Gefäße und Reliquienschreine von großer Kostbarkeit befunden hätten. Sehr wichtig ist auch die Erwähnung einer *schola cantorum*, also einer Ausbildungsstätte für den Kirchengesang. Da die Erwähnung einer solchen Institution für Irland allgemein in die Mitte des 7. Jahrhunderts gesetzt wird, genießt Kildare damit beinahe Priorität vor Rom, wo die ersten Erwähnungen solcher Sängerschulen erst in die zweite Hälfte des 7. Jahrhunderts fallen. Unklar ist, ob die *schola cantorum* von Kildare sich auf Männer und Knaben beschränkte oder ob auch Mädchen und Frauen im Kirchengesang unterwiesen wurden.

Die reiche Kirche und die blühenden Klöster machten aus Kildare schon in diesem Jahrhundert ein begehrtes Objekt, so daß König Faelan hier zunächst einen Bruder als Bischof einsetzte, dem dann ein Königsneffe nachfolgte. Das ewige Feuer von Kildare findet sich auf vielen Darstellungen der Brigida, meist als eine um ihr Haupt wabernde Flammenwand, ohne daß auf dem Kontinent diese Anspielung verstanden worden wäre.

Zur Konkurrenz als Schulstadt erwuchs schon im sechsten Jahrhundert das Kloster Clonard an dem in der irischen Geschichte so oft genannten Fluß Boyne. Es gilt als eine Gründung des heiligen Finnian, der vollständig Finnian moccu Telduib hieß und 549 starb. Er war Abt und Bischof zugleich und kam aus der Grafschaft Leinster, hatte keinen unmittelbaren Kontakt mit Patrick, sondern wurde durch dessen Jünger für den neuen Glauben gewonnen. Er ist einer der ersten irischen Kleriker, von denen wir sicher wissen, daß sie sich zur besseren Ausbildung nach Wales begaben, wo die alten Druiden-Hochburgen inzwischen zu Stätten des Christentums geworden waren. Um 520 kehrte er nach Irland zurück und baute Clonard zu einer so wichtigen Schule aus, daß ihm verschiedene junge Mönche aus England und Wales nachfolgten – vermutlich nicht nur, um zu studieren, sondern auch, weil im südlichen und östlichen Teil der Hauptinsel die siegreichen Angeln und Sachsen den Resten der römischen Zivilisation mit großem Mißtrauen begegneten und Heiden waren. Die ersten Missionare, die der Papst zu ihnen entsandte, verließen Rom erst gegen Ende des 6. Jahrhunderts, das heißt: das eroberte Britannien fiel ins Heidentum zurück, Irland hingegen wurde zur Zuflucht der Christen!

Clonard, lange Zeit gemeinsam mit Monasterboice verwaltet, erhielt erst auf der Synode von Uisneach im Jahr 1111 die Bestätigung als Bischofssitz – es waren, wie auch in Gallien, viel zu viele winzige Bistümer entstanden, so daß eine gewisse Durchforstung Not tat – und verlor diesen Charakter schon 1202 wieder zugunsten von Trim. In seiner relativ kurzen Blütezeit leistete Clonard mit seinen emsigen Mönchen sehr Wichtiges für die Ausbreitung des Christentums im Herzen der Insel und für unsere Kenntnis des alten Klosterlebens; einige frühe Annalen scheinen in den Schulen von Clonard entstanden zu sein.

Es gäbe aus dieser Zeit, in der das nie von den Römern besetzte Irland doch die römische Zivilisation bewahrte und beschützte, noch so manches Kloster zu erwähnen, aber Aufzählungen ermüden, weswegen nur noch eines Sonderfalles gedacht sei, des Heiligen Enda oder Endeus, Enkel eines Herzogs in Ulster. Er wuchs auf 'als eine Rose unter Dornen', weil er als junger Adeliger in den ständigen Fehden der irischen Kleinreiche allen Versuchungen kriegerischen Lebens ausgesetzt war und sich auch nicht scheute, nach einem siegreichen Feldzug vor dem Nonnenkloster seiner Schwester Fanchea vom Pferd zu steigen und sich eine hübsche Novizin auszusuchen, die er heiraten wollte. Nach der um kompromißlose Heiligkeit bemühten Vita des Enda starb das Mädchen angesichts solchen Ansinnens vor Schreck, was wiederum Enda dazu brachte, sein Leben zu überdenken und fromm zu werden. Er begab sich, um mehr Kenntnisse zu erlangen, nach Schottland auf die kleine Klosterinsel Whithorn, wo Sankt Ninian mehr als hundert Jahre zuvor eine Kirche aus blendend weißem Stein zwischen die grauen und schwarzen Fischerhäuser gesetzt hatte. Dieses weiße Haus (*Candida Casa*) zog in der Folge viele Ratsuchende an, und auch Enda wurde hier die Erleuchtung zuteil.

Aber es sollte auch in Irland ein Inselkloster sein, Whithorn ging ihm nicht aus dem Sinn, und so erbat er sich von König Oengus eine der unwirtlichen Aran-Inseln vor der irischen Westküste. Wir sind der Gruppe, die etwa 50 Kilometer vom Land in der wilden See liegt, schon gelegentlich der vorgeschichtlichen Festung Dun Aenghus begegnet, und es war dieselbe Insel Inishmore, die Enda sich erwählte. Die Reste der Klosterbauten liegen an der Killeany-Bay am östlichen Ende der Insel und erinnern an die Gründung Endas, in der er besonders strenge Regeln für alle Mönche erließ, als ob die Inselexistenz an einem stürmischen Meer nicht schon Prüfung genug gewesen sei. Maire und Liam de Paor vermuten in ihrem Buch über Alt-Irland, daß diese Tendenz zur Strenge aus dem Erbe der Wüsten-Eremiten stammte, wie sie in frühchristlichen Zeiten auf Sinaï lebten; die seit alters bestehende Handelsverbindung zwischen dem Mittelmeer und der irischen Süd- und Westküste habe diese Einflüsse auf die grüne Insel gebracht.

Unbarmherzig waren die Zwänge, denen sich die Klostergründer auf der Insel ausgesetzt sahen, umsomehr, als sie ihrem Drang nach Abgeschiedenheit, nach Distanz zum immer noch blutigen und gewalttätigen politischen Geschehen auf der Insel folgten und dafür Gründungsorte und Bauvorhaben in Kauf nahmen, die nicht nur die technischen Möglichkeiten der Zeit überforderten, sondern auch den Menschen, die in diesen Klöstern leben sollten, schier Unerträgliches zumuteten.

Das Kloster Endas auf der größten der Aran-Inseln ist als Schöpfung eines adeligen Eremiten mit hochreichenden Verbindungen mit adäquaten Räumlichkeiten ausgestattet. Die Härten des Lebens kamen aus der Regel, die sich jedoch schon nach dem Tod des Enda (späteste Annahme 540) abschwächte; auch brachte der Ruhm, der sich von seiner Person auf das ganze Kloster erstreckte, Pilger auf die Insel, und die von ihm erbaute Hauptkirche blieb mit dem Namen Kill-Enda durch Jahrhunderte ein Pilgerziel, was einen bescheidenen Wohlstand des Inselklosters zur Folge hatte. Was blieb, war die Kälte, denn auf den Inseln waren Holz und Flechtwerk sehr selten und alle Klostergebäude waren aus Stein aufgeschichtet.

Eine extreme Lösung der Einsamkeitssehnsucht verwirklichte das Inselkloster auf Great Skellig, auch Skellig Michael genannt, die bedeutendste Insel einer kleinen Gruppe von Felsen und Riffen westlich von Bolus Head im Atlantik, also vor den südwestlichen Halbinseln Irlands. Die heute wegen ihres reichen Bestandes an Seevögeln unter Naturschutz stehende und damit nur von See aus zu besichtigende Skellig-Gruppe trägt auf einer Terrasse etwa 150 Meter über dem Meer noch erkennbare Reste eines Inselklosters aus dem 7. Jahrhundert. Seine Gründung wird wohl zu Unrecht einem der fünf Heiligen mit Namen Finnian zugeschrieben, man wußte beinahe zweihundert Jahre lang so gut wie nichts von diesen Mönchen, die hier draußen vor allem einen Feind hatten: den Wind. Die sechs Zellen, deren jede aber wohl von zwei oder drei Mönchen bewohnt wurde, ähneln den Trulli Süditaliens oder den Nuraghen auf Sardinien, doch weisen sie, anders als diese Natursteinbauten in warmen Gegenden, im Innern kunstvoll geglättete, windundurchlässige Wände auf, auch Bänke und Schränke waren aus Stein.

Auf dem Inselchen hatten die Mönche versucht, durch quer zu den Hängen gezogene Mauern winzige Beete anzulegen und die Erde gegen das Schwemmwasser der Regenfälle zu sichern, und natürlich gab es auch einen in seiner Kargheit erschütternden Inselfriedhof. Bei Sturm weht es den Schaum der Wogen bis zur Klosterterrasse hinauf, dann mußten die Mönche die Zisternen abdecken, sonst wäre auch das Regenwasser für sie ungenießbar geworden. Man hat im Abstieg zum Meer 670 Stufen gezählt; die Treppe gab den Mönchen die Möglichkeit, bei ruhiger See zu fischen, ein paar Kräuter wuchsen in den Terrassengärten.

Ein Halbjahrtausend nach dem Tod des letzten Mönches von Sankt Michael im 13. Jahrhundert nahmen sich die Leuchtturmwärter dieser kleinen Gärten an, die nach der Aufgabe des Inselklosters noch bis ins 16. Jahrhundert von Mönchen aus Ballingskelligs Bay aus Gründen der Pietät weitergepflegt wurden. Die Theorie, daß die Mönche sich vor den Wikingern hierher geflüchtet hätten, ist inzwischen fallengelassen worden, waren doch gerade die von den Schiffen aus leicht zu erreichenden Klöster dieser Tage eine willkommene Beute für die Nordmänner. Die Leuchtturmwärter saßen, wie uns der kenntnisreiche Irland-Baedeker versichert, von 1820 bis 1987 auf dem Inselchen, ehe hier wie auch vor anderen Küsten die Technik solches Eremitendasein mit seinen beträchtlichen Versorgungsschwierigkeiten überflüssig machte. Ähnlich wie Lindisfarne hat aber Sankt Michael auf Skellig nie aufgehört, ein besonderes Interesse zu erwecken, und seit wenigen Jahren gibt es sogar eine Spezialuntersuchung über das Kloster, so klein es war (Horn/Marshall/Rourke: *The Forgotten Hermitage of Skellig Michael*, 1990).

Ist man seefest und wagemutig, so kann man in den Monaten April bis September zwar nicht den Vogelfelsen auf Little Skellig besuchen, wohl aber den Klosterberg, eine Art Berg Athos Irlands mit weniger gutem Wetter. Von Ballinskellig aus, wohin schon die Mönche abwanderten, besteht die Möglichkeit zu einer Bootsfahrt nach Skellig Michael, auch Great Skellig genannt. Obwohl es nur zwanzig Kilometer sind, ist man an die zwei Stunden unterwegs, denn die Fahrt erfolgt in einem offenen Boot mit Außenbordmotor, weil die See auch bei gutem Wetter nie ruhig ist und die Wellen in einem Kabinenboot schon so manchen Touristen gegen die Wand geschleudert haben. Man sitzt also wie James Boswell und Doktor Johnson bei ihrer denkwürdigen Hebridenreise vor nunmehr zweihundert Jahren, mit dem Schiffchen heben sich Magen und Gedärme, und ein wenig feucht ist die Angelegenheit auch, weil immer wieder Spritzer überkommen: Ölzeug, Wolle, Verpflegung sind vonnöten, Dinge, die man bei griechischen Klöstern inzwischen nicht mehr braucht.

Man lernt bei dieser Gelegenheit den Ausgangshafen Ballinskelligs kennen, kein richtiger Ort, sondern ein Pier und rundherum verstreut auf den Höhen liegende Häuschen, als seien auch die heutigen Bewohner noch so einsamkeitssüchtig wie die alten Mönche. Auf der Fahrt hinaus zu den Skellig-Felsen sieht man immer wieder riesige Seevögel am Himmel kreisen, die aus den Reservaten auf Little Skellig kommen oder ein wenig weiter aus dem Norden, von Puffin Island, das mit dem Vorgebirge Bolus Head eine Bucht bildet. Diese zum Atlantik offene Bucht führt in Erinnerung an den Vielleicht-Gründer von Sankt Michael auf Great Skellig den Namen Saint Finn(e)ans Bay.

Man kann für die Vogelparadiese vor dieser stürmischen Küste nur hoffen, daß hier keine Tanker stranden und Öl verlieren. Der Naturschutzpark Tearaght Island westlich der Dingle-Halbinsel trägt vielleicht aus diesem Grund einen Leuchtturm und Loop Head an der Shannonmündung ebenfalls.

Für unser Verständnis eines aktiven Klosterlebens mit Rodungen, Schulen, Verwaltung bäuerlicher Pachtgrundstücke und kultureller Ausstrahlung auf ganze Landschaften ist die extreme Isolation, wie sie im irischen Mönchtum immer wieder sichtbar wird, überraschend, vor allem, da das barbarische Land die kleine Armee des Christentums sehr wohl hätte gebrauchen können. Tatsächlich bedurfte es einer neuen Entwicklung, ehe sich eine engere Verbindung zwischen den christlichen Zentren und dem Volk von Irland ergab, und diese machte sich die entstehenden personellen und familiären Verbindungen zwischen dem Klerikerstand und dem eingesessenen Adel zunutze. Die fünf bis sieben Königtümer, über denen zeitweise in Tara und in Cashel Hochkönige saßen, konnten die Ablösung der Druidenschulen durch die Klöster nicht mehr ignorieren und waren auch wegen des Verkehrs mit England und Gallien auf die Hilfe schreibender Mönche angewiesen. Bald erwies es sich als nützlich, jüngere Söhne aus adeligen Familien – ähnlich wie auf dem europäischen Festland – nach ein wenig Vorbildung als Vorsteher über die Klöster und Bistümer zu setzen, zu denen das Herrscherhaus ja oft die Grundstücke gestellt hatte.

Diese Verbindungen zwischen kirchlicher und weltlicher Macht waren von wechselnder Intensität und hatten bisweilen im Norden, rund um Tara und Clondale, stärkeres Gewicht. Nach dem Tod Patricks und seiner Jünger-Generation erstarkte der christliche Einfluß aber im Süden, wo mit Cashel, auf einem Berg in der Ebene von Femen gelegen, die Kleinkönige von Munster nicht nur ihre weltliche Machtsphäre erweiterten, sondern offensichtlich auch auf die Hilfe der Kirche zählen konnten. Hier gab es zum Unterschied von Tara kein heidnisches Erbe, an das die Klosterorganisation anknüpfen konnte, aber einen gut funktionierenden Handelsverkehr mit England, der auch den geistigen Austausch mit dem südlichen Britannien förderte und damit spätrömische Einflüsse importierte. Im 9. Jahrhundert kam es sogar soweit, daß verschiedene Könige von Munster auch Äbte von Cashel waren, also Priesterkönige des Mittelalters!

Zwar ist das Schlagwort vom finsteren Mittelalter inzwischen auch für Irland widerlegt, aber dieses Zusammenrücken von weltlicher und geistlicher Macht – die auf dem Kontinent oft in hartnäckigem Gegensatz verharrten, zeigt doch, daß die schwachen Kräfte des Fortschritts und des kulturellen Aufstiegs in Irland in höchstem Maß aufeinander angewiesen waren. Für Irland wie für Schottland sind alle Entwicklungsphasen bis an die Schwelle unseres Jahrhunderts durch die Armut an Mitteln, Möglichkeiten und Subsidien gekennzeichnet. Denken wir an die schottischen Jünglinge, die, um in London studieren zu können, von zu Hause einen großen Sack Bohnen in die Hauptstadt mitbrachten für die abendlichen, selbst zubereiteten Mahlzeiten. Ganz ähnlich ging es in den irischen Schulen zu; die jungen Kleriker tasteten sich mit Hilfe ihrer kleinen Schreibtäfelchen an ein Wissen heran, das von dem der Schulen Galliens oder des südlichen Deutschland noch himmelweit entfernt war.

Und doch sind es die Schreibstuben in den winzigen und weitverstreuten Klöstern, sind es diese Gemeinschaften in einer unvorstellbar armseligen Existenz, die neben dem für den Gottesdienst Nötigen – den Abschriften aus den Evangelien – immer wieder Texte aus den Überlieferungen des eigenen Volkes fixierten, teils in der Volkssprache, teils auf Latein. Und da sich kaum tiefere Gegensätze denken lassen als jene, die zwischen der lebhaften Phantasie und krausen Erotik der Sagenerzähler auf der einen und den schreibfreudigen Mönchen auf der anderen Seite herrschten, muß man diesen Männern und Frauen in ihren Zellen Anerkennung dafür zollen, daß sie offensichtlich Heidnisches als schlicht volkstümlich erkannten und nicht verteufelten, wie dies noch unter Ludwig dem Frommen in Deutschland geschah.

Ging es einem der Klosterbrüder in dem Text, mit dem er sich abmühte, allzubunt zu, dann riskierte er wohl einen behutsamen Einwand am Fuße seines Schriftstücks; Maire und Liam de Paor haben uns ein Beispiel solch köstlicher Distanzierung übermittelt:

"Ich, der ich diese Geschichte oder besser Fabel, niedergeschrieben habe, bezweifle in ihr jedoch mancherlei; denn teils finden sich da erdichtete Dämonen, teils poetische Bilder, einiges ist wahr, anderes nicht, und gar manches kann nur Toren ergötzen."

So hielt es auch Herodot, der Vater der Geschichte, von dem dieser skeptische Mönch vielleicht gar nichts wußte. Nur hat sich manches, von dem Herodot behauptete, es nicht glauben zu können, inzwischen als wahr erwiesen, so wie wir für manches dankbar sind, an dem sich nach der Meinung jenes namenlosen Klerikers nur Toren ergötzen können.

Sie kamen ja meist aus dem Volk, diese jungen Männer, die als Kinder Schafe gehütet hatten und dann doch eine Berufung zu Höherem in sich fühlten, und diese Jungfrauen, die aus dem Halbdunkel der verrauchten Stuben in eine andere Welt zu entrinnen versuchten. In den Klöstern fanden sie weder Reichtum noch Wohlleben, oft nicht einmal Verständnis oder Liebe, aber sie fanden den geistigen Ausweg, den Zutritt in die große, ja unendliche Gemeinschaft der Lesenden und Wissenden, und die ersten Zeilen, die sich ihnen erschlossen, müssen nach einem Landleben voll von Monotonie und nicht ohne Gefahren wie eine Droge gewirkt haben. Es gab ja keine wirklich wirksame, omnipräsente staatliche Ordnung, sondern nur das vage über den Hügeln vorhandene, für den Adel und die Besitzenden erkennbare, althergebrachte System von kleinen und größeren Herrschaften. Die städtischen Ballungen, in denen der den ländlichen

Zwängen entrinnende Mensch sich freier fühlen, persönliche Chancen erhoffen durfte, gab es nicht, die Großfamilie mit ihrem Anhang und ihren Verschwisterungen bestimmte das Leben nach heidnischen Überlieferungen, die sich nur sehr langsam wandelten. Aber eines ist deutlich und vielfach belegt: Das 7. und das 8. Jahrhundert, die Epoche, die auf die ersten christlichen Missionare folgte, war eine Zeit des Aufschwungs der irischen Wirtschaft mit entscheidenden Rückwirkungen auf die Lebensweise auch des kleinen Volkes. Muß man auch mit weiter anhaltenden Schwierigkeiten rechnen, wenn die Mönche versuchten, das kleine und ärmste Volk, die Leibeigenen missionarisch zu erreichen, so bahnte sich in der Mittelschicht doch eine Konsolidierung der seßhaften Lebensweise an; das Handwerk erstarkte und die Bildungsarbeit, die zunächst geduldig und zäh vor allem in den Familien der Kleinkönige und der großen Herdenbesitzer geleistet worden war, begann ihre Früchte zu tragen.

Der Vorgang, der große Aufbruch ist in Irland geheimnisvoll wie kaum irgenwo sonst im alten Europa und doch unbestreitbar in seiner bedächtigen Allgewalt. John Millington Synge (1871–1909), dem wir ein einzigartiges Buch über die Aran-Inseln verdanken, bezieht die Deutung für diesen Vorgang aus dem Meer, aus der Natur: "Die einzige Wahrheit, die eine Woge kennt, ist, daß sie brechen wird. Die einzige Wahrheit, die eine Knospe kennt, ist, daß sie sich öffnen und blühen wird. Die einzige Wahrheit, die wir kennen, ist, daß wir eine Flut prächtigen Lebens sind, Resultat der Besessenheit der Erde."

Leben im Mittelalter

Die Sagen haben uns ein erstes, sehr buntes und in vielen Zügen märchenhaftes Bild von den Geschehnissen zwischen den Burgen und Herrensitzen vermittelt, vom Dauervergnügen des Rinderraubes, der in Wildwestmanier in einem Land über die Bühne ging, in dem es anderes offensichtlich nicht zu rauben gab, und von der Tatsache, daß eine gesellschaftliche Moral im christlichen Sinn lange Zeit nicht existierte. Das Rachedenken, die Vergeltungs-Justiz, die Verherrlichung des kampftüchtigen einzelnen, das waren alles Wertbegriffe und Vorgänge, die den Missionsklöstern bei ihrer Erziehungs- und Bildungsarbeit schier unüberwindliche Schwierigkeiten bereiteten.

Aber sie waren ja nicht alle Ritter und Herren, und sie litten unter den dauernden Übergriffen und Eigentumsdelikten eigentlich alle mehr, als dem Anlaß entsprach, sahen sie doch, auch wenn sie noch nicht allzuviel von der neuen Religion begriffen hatten, kleine Gemeinschaften ruhig und emsig arbeitender Männer in ihrer Mitte, die von Jahr zu Jahr deutlicher zu kleinen Fortschritten in der Landwirtschaft gelangten, die ihr Handwerkszeug fertigten, die untereinander in einem fruchtbaren Austausch standen und sogar fähig waren, über die Insel hinaus Verbindungen zu pflegen: Mit dem westgotischen Spanien, aus dem Wein und Keramikerzeugnisse bezogen wurden, und mit dem angelsächsisch beherrschten, im Grunde aber doch noch römisch kultivierten England, aus dem Mönche kamen und Händler und auch der eine oder andere Gelehrte, der sich seine Sporen in Gallien verdient hatte. Daß die irischen Rinderzüchter, die auch Ziegen hielten und Schafherden zu ihrem Besitz zählten, in dieser Zeit noch nomadisch lebten, gilt als unwahrscheinlich. Dagegen sprechen an die 30.000 Erdwälle, die damals wohl Holz- und Riedhäuser umgeben hatten und die gegen Raubtiere und Überfälle kurzzeitigen Schutz geboten haben mögen, wobei wohl der Schutz der Herden gegen die reichliche Population der Insel mit Wölfen im Vordergrund stand, denn von Festungen im militärischen Sinn kann man bei diesen Anlagen nicht sprechen. Richtige Festungen mit Steinbauten sind selten und oft nichts anderes als bewohnbar gemachte eisenzeitliche Burganlagen; mittelalterliche Burgen im europäischen Sinn finden sich nur ausnahmsweise, doch gab es vereinzelte solcher Verteidigungsbauten, die sich sehr geschickt natürliche Gegebenheiten wie Höhlen, Felsen oder stollenähnliche Abgänge zum Meer oder zum Ufer eines Binnengewässers zunutze machten. Die hölzernen Zubauten wie Schutzzäune (Palisaden), welche die Erdwälle verstärkten, haben sich nur ausnahmsweise erhalten. Gleiches gilt für die Wohnbauten innerhalb der Wälle, die überwiegend aus vergänglichem Material errichtet waren. Wo sie standen, ließ sich auf kuriose Weise ermitteln, nämlich aus den Abfällen, die von den alten Iren nicht etwa, wie bei den nordischen Völkern üblich, hinter dem Haus gesammelt wurden, sondern mit denen die Familie lebte. Sie müssen, in irgendeinen Winkel der Behausung zusammengefegt, nach und nach für recht unangenehme Gerüche gesorgt haben. Die Tafelsitten, die Gewohnheit, abgenagte Knochen oder andere Tischabfälle einfach irgendwohin zu werfen, wandelten sich, wie man weiß, erst in anspruchsvolleren Steinbauten und angesichts gestiegener Ansprüche an das Personal. Noch Heinrich VIII. hat – Charles Laughton hat es ihm unvergeßlich nachgemacht – sich an der Tafel wenig Zurückhaltung auferlegt, und das Zeugnis eines Rabelais beweist uns, daß man sich auf dem Kontinent tausend Jahre nach dem Heiligen Patrick auch nicht viel besser aufführte als im armen Irland.

Die Unsitten des frühen Mittelalters gestatteten den Archäologen, die Mitteilungen aus den Sagen zu bestätigen: Man lebte im wesentlichen von den Rindern und schlachtete vor allem im Herbst, weil es an Winterfutter fehlte und eine überlegte Vorratswirtschaft auch andere Gebäude verlangt hätte. Pferde wurden nur gelegentlich zur Ernährung herangezogen, wenn ein Reit- oder Zugtier geschlachtet werden mußte. Schafe, Ziegen und Schweine vervollständigten die Speisekarte und wurden am liebsten als Spießbraten im Rahmen von örtlichen Festen verzehrt. Mit Menschenopfern und Kannibalismus scheint schon die erste Generation der Missionare im fünften Jahrhundert aufgeräumt zu haben, fehlte doch bald der kultische Hintergrund für so scheußliche Vorgänge.

Hinsichtlich der Haustiere gibt es gewisse Unsicherheiten, weil sich die Knochen von Wölfen und Hunden bekanntlich nicht unterscheiden lassen und weil die bildlichen Darstellungen von Katzen erst in Schriftwerken auftauchen, die ein Halbjahrtausend nach der frühen Klosterepoche liegen. Doch darf man annehmen, daß sich die Mönche die Monotonie des Klosterlebens durch die Gesellschaft von Katzen belebten, die auf dem Seeweg aus Ägypten und Spanien nach Irland gekommen sein mögen. Sie fanden in den meist auf freiem Feld liegenden Klosterbauten auch wegen der Mäuseplage genug zu tun. Geflügel wurde wenig gehalten, doch reichlich gejagt, und auch das Meer und die Binnengewässer haben zweifellos mit ihrem damaligem Reichtum an Fischen und Schalentieren viel zur Ernährung beigetragen.

Eine wichtige Neuerung, durch das römische Recht ins Land gebracht und von den Mönchen sorgsam beachtet, waren die Grundstücksgrenzen. Am Anfang standen die Schenkungen, bei denen so mancher lokale Herrscher zum erstenmal überlegen mußte, wie man denn ein Stück des ererbten Landes eindeutig aus dem angestammten Besitz der Sippe herausschneidet. In England wußte man es seit Cäsar und Claudius, in Irland lernte man es, und damit begann die Aufteilung des Landes, was anfangs zu Konflikten führte, schließlich aber Ruhe einkehren und die Raubzüge abebben ließ. Den Bauern motivierte es offenbar, Eigenland zu beackern und zu bebauen oder ein fest umgrenztes Pachtland zu nutzen, und das wiederum ließ die Landwirtschaft aufblühen.

Im feuchten, aber milden Klima der Insel gedieh so ziemlich alles, was der Bauer aussäte, voran Weizen und Roggen als Brotgetreide, aber auch Hafer als Futterbeimischung und Flachs, der ja bis heute in Irland in besonders guten Qualitäten gedeiht. Verblüffend ist, daß sich in dem so oft von Seewinden heimgesuchten Land viele Generationen von Frauen damit abmühen mußten, Handmühlen zu drehen, um die Körner zu zermahlen. Irgendwann mögen dann die Mönche, die aus England nach Irland kamen, bei einem der Klöster Wind- oder Wassermühlen erbaut haben.

Aus Furcht, die leicht gebauten Häuser anzuzünden, vielleicht aber auch, um dem Dauergestank zu entgehen, errichtete man die Feuerstellen lange Zeit nach Nomadenbrauch im Freien und erhitzte Getränke, indem man heiße Steine oder glühendes Metall in die Flüssigkeit versenkte, so daß man die Iren jener Zeit als die Erfinder des Tauchsieders bezeichnen kann. Offensichtlich war ihnen die Konstruktion von Herden mit Rauchabzug und Herdplatten mit Ringen lange Zeit zu kompliziert. Die Gefäße, in denen dieser seltsame Vorgang vollzogen wurde, barsten nicht, denn sie waren aus Holz und in den Fugen abgedichtet. Keramik aus Spanien gab es nicht mehr, seit die Araber dort herrschten, den Gotenhandel nach Irland unterbunden hatten und den Weinanbau verkommen ließen. Nur im Umkreis von Klöstern und ihren Werkstätten entstanden Metallgefäße und andere Metallarbeiten, die jedoch bald immer kunstvoller ausgeführt wurden und unter dem Einfluß des Klosterlebens und der Gottesdienste eine selbständige Entwicklung hin zum Kunsthandwerk und zur Kunst nahmen.

Aus Verzierungen, Halbreliefs und Ritzungen auf den kirchlichem Gebrauch dienenden Gegenständen wissen wir beinahe mehr als aus den Ausgrabungen, weil sich ein auf einem Kreuz abgebildeter Wagen, da aus Holz gefertigt, ja nicht erhalten hat, das Kreuz aber schon. Auch Stühle werden uns oft gezeigt, Karren und Pfluggespanne zwischen allerdings sehr viel Ornamentik, die uns allenfalls über Pflanzen Auskunft gibt.

Handwerk und Kunsthandwerk zeigen uns auch im irischen Mittelalter die Kirche und die Fürstenhöfe als Auftraggeber; ein Bürgertum in unserem Sinn gab es nicht, da sich ja noch keine Städte gebildet hatten. Das kleine Volk schied wegen seiner Armut, aber auch wegen der geringen Ansprüche an den eigenen Lebensstil als Konsument und Auftraggeber weitgehend aus. So gab es in einem Land, in dem überwiegend aus Holz und mit Holz gebaut wurde, für den Zimmermann und Bautischler viel zu tun; der irische Bauer und Leibeigene aber verrichtete, was an seinen Wohnungen zu tun war, fast stets selbst.

Selbst die Klöster gelangten nur sehr langsam zu wirtschaftlicher Selbständigkeit und blieben während ihrer ganzen Existenz von der fürstlichen Familie abhängig, die bei der Gründung Pate gestanden und die Grundstücke zur Verfügung gestellt hatte. Das behinderte die Kirche jahrhundertelang in ihrem Aufstieg zur Macht, nicht zuletzt, weil die Fürsten – wie man die Kleinkönige besser nennt – und Clanshäupter die neue Kirchen-Existenz in Mauern, auf Feldern, mit Gehöften und Klostergemeinschaften zwar einerseits schützten, andererseits aber mit einem gewissen Mißtrauen kontrollierten. Während sich die meisten Historiker nicht ganz klar darüber sind, in welchem Maß die geistigen Traditionen des Heidentums, die druidische Wissenschaft und die sogenannten Dichter, im christlichen Frühmittelalter weiterbestanden, hat Michael Richter die Gründe dafür bei den großen Familien gesucht, die durch die Rivalität zwischen einem alten Gelehrtenstand und einer neuen christlichen Elite den Fortbestand der Fürstenmacht sichern wollten:

"Es wäre unzutreffend zu meinen, das Christentum sei an die Stelle der alten Traditionen getreten. Es scheint als gleichwertig und gleichberechtigt in die etablierten Kreise von Bildung und Politik aufgenommen worden zu sein, ohne freilich Exklusivität zu erhalten. Das bedeutet neben der begrenzten Wirkung der neuen Religion aber gleichzeitig, daß das Christentum überzeugend sein mußte. Nur so konnte es eine auch nur gleichgeordnete Stellung neben den anderen geistigen Traditionen erlangen" (*Irland im Mittelalter*, Stuttgart 1983).

Der daraus folgende Gedanke einer nur teilweisen Christianisierung Irlands ist sehr kühn und wird, obwohl er sehr vieles erklärt und erst wirklich begreiflich macht, soviel ich sehen konnte von anderen Historikern jener Epoche nicht mit dem gleichen Gewicht aufgenommen. Aber ist denn das gleichzeitige Merowingerreich wirklich christianisiert zu nennen? Stehen uns bei der Lektüre eines Gregor von Tours nicht die Haare zu Berge wegen der eiskalten Selbstverständlichkeit, mit der zwischen 450 und 750 in ganz Gallien gemordet, vergiftet, verschleppt, gemartert und verstümmelt wird? Noch unter den Karolingern humpeln mißliebige Fürstensöhne durch ihr Leben, weil ihnen die Kniesehnen durchtrennt wurden, und fristen geblendete Adelssprossen ihr trauriges Leben in Klöstern, um den Herrschenden und ihrer Erbfolge nicht gefährlich zu werden. Irland hat ein Christentum, das zweihundert Jahre jünger ist als das Galliens; die ersten Lehnworte aus dem christlichen Sprachgebrauch Britanniens wurden im vierten Jahrhundert auf der Insel heimisch, was das Vorhandensein von christlichen Gemeinden um 350 beweist. Aber was sind zweihundert Jahre zwischen jener Annahme und dem Tod Patricks oder Endos im Leben eines Volkes, das sich in seiner Armut und Unkenntnis kaum bewegen läßt, in das sich die Mönche gleichsam hineinarbeiten müssen, mühsam, in kleinen Schritten, von Familie zu Familie!

Zwischen dem Tod Patricks um 461/464 und der Pest des siebenten Jahrhunderts vollzog sich eine Entwicklung, über die wir in später verfaßten Heiligenviten nur sehr unsichere Zeugnisse haben. Darum stehen wir um 600 beinahe unvermittelt vor der Tatsache, daß die von höchstens einer halben

Million Menschen bevölkerte Insel sich dem alten Europa öffnet, für den Gebrauch der Kirche und der Schulen das Lateinische importiert und akzeptiert und damit schließlich den Sieg über die Druiden, ihr Erbe und die Ogham-Runen errungen hat.

"Die Lehre des Druidentums", sagt ihr bester Kenner, der Franzose Jean Markale, "hat sich im Schoß des Christentums der ersten Jahrhunderte aufgelöst. Am einleuchtendsten läßt sich diese Tatsache damit erklären, daß die Lehre der Druiden und die christliche Botschaft damals (*sic*) nahe verwandt gewesen sein müssen" – eine Theorie, für die wohl Markale allein die Verantwortung zu tragen hat. Er postuliert sogar eine Verwandtschaft in der Form, eine Behauptung, die sich kaum halten läßt, *und* im Geistigen, "in der Identität der Vision von der Unsterblichkeit der Seele und der Auferstehung ... Die folgenden Auseinandersetzungen zwischen Druiden und christlichen Missionaren waren lediglich Rivalitäten und Machtkämpfe um die besten Plätze innerhalb der Gesellschaft" (*Die Druiden*, deutsche Ausgabe Augsburg 1995).

Für die etablierte Gesellschaft, ihre weltlichen und geistlichen Autoritäten mag das weitgehend gelten. Aber anders als die Druiden, die kaum je über den Umkreis ihres Clans hinaus aktiv wurden, versuchte das junge Christentum, kraft seiner moralischen Autorität auch die Ränder der zivilisierten Welt zu erobern und zu jenen vorzudringen, die durch rücksichtslose Machtanwendung und Grausamkeit den frühen Christen als Abbilder des Antichrist erscheinen mußten. Ambrosius, der große Bischof von Mailand, kämpfte um jeden Gefangenen, den man aus Norditalien fortführte, und Patrick riskierte es, dem Piratenfürsten Coroticus von Strathclyde einen offenen Brief zu schreiben, in dem er den Sklavenhändler aufforderte, von seinem Tun abzulassen. Damit war eine neue Kraft in der Welt, unsichtbar und doch mächtig, von der wohl auch die Druiden noch keine Vorstellung gehabt hatten.

Die Heiligen schwärmen aus

In den Jahrhunderten, die den kühnen Fahrten der Wikinger vorangingen, wurde die Welt mit einem Vorgang konfrontiert, der bis heute keine zureichende Erklärung gefunden hat: Fromme Männer, kleine Gemeinschaften von Mönchen und Novizen, machten sich von einem Tag zum andern in die keineswegs verlockenden Meere rund um die Insel Irland auf, fast stets, ohne ein bestimmtes Ziel vor Augen zu haben, es sei denn, man dürfte ihre Einsamkeitssehnsucht, ihren Hang nach ungestörter Versenkung in den neuen Glauben schon als ein Ziel auffassen. Wieviele es waren, wissen wir nicht, wieviele von ihnen im Atlantik oder in der Nordsee, in der Dänemarkstraße oder in der Biskaya zugrundegingen, werden wir nie erfahren. Etwas, das stärker war als die Vernunft und die Klosterdisziplin, trieb sie aus ihren schlichten Zellen und von den Schulbänken weg hinunter an die Küste, die ja von keinem Punkt der Insel weiter als drei Tagesmärsche entfernt ist; sie stiegen in die langen, offenen Boote, mit denen man in jener straßenarmen Zeit ein Gutteil des Wirtschaftsverkehrs bewältigte, sprachen ein Gebet und stießen ab.

Alle Historiker verzeichnen diese Tatsache, die am Beginn einer neuen Phase der Missionsarbeit steht und gleichsam eine Umkehr bedeutet: Irland nimmt nicht mehr Missionare und Wanderbischöfe auf, es öffnet sich nicht nur den Klerikern von der Nachbarinsel und aus Gallien, sondern es exportiert seinen eigenen Überschuß an Heiligkeit. Es entsendet wie ein übervolles Schiff jene, die das Abenteuer der Einsamkeit und die Aufgabe der Mission in der Fremde suchen, teils zum Kontinent, teils aber in unbekannte Fernen.

Heinrich Zimmer, der große Keltologe, hat in seinem Buch über den berühmtesten dieser Meerespilger der Vermutung Ausdruck gegeben, daß bei diesen auf den ersten Blick selbstmörderischen Aktionen das Meer jene Wüsten ersetzen sollte, die in Ägypten, auf der Sinaï-Halbinsel und im Heiligen Land für die Dauer einer Selbstprüfungszeit oder für immer den Frommen aufnahmen, der sich in der Gemeinschaft nicht hinreichend isolieren konnte oder der mit ihr zerfallen war. "So finden wir denn schon in der ältesten Zeit, im fünften und sechsten Jahrhundert, neben Anachoreten und Klöstern in den irischen (Binnen-)Seen einen Drang in der irischen Kirche, sich zum Zwecke beschaulichen Lebens auf die zahlreichen kleineren Inseln zurückzuziehen, die Irland in größerer oder geringerer Entfernung ... umgeben. Je mehr diese bevölkert wurden, umso mehr wurden einzelne verlockt, weiter zu ziehen. So gelangte man (gemeint sind die irischen Mönche) im sechsten, siebenten und achten Jahrhundert nach den Hebriden, Orkneys, Shetlands, Färöern und gar nach Island" (*Brendans Meerfahrt*, 1889).

Die Beispiele aus Irland unmittelbar vorgelagerten Klosterinseln wie Sankt Michaels Skellig oder Inishmore, die wir schon kennen, nötigen uns freilich zu gewissen Korrekturen an Zimmers summarischer Deutung. Zwar gab es kein Priesterzölibat in der irischen Kirche, aber die Mönche lebten meist, wie die Heiligenviten es nennen, 'enthaltsam', das heißt, sie hatten keinen Umgang mit Frauen und schlossen keine Ehen, weswegen man auch nicht annehmen kann, daß sie aufgefundene Inseln oder ferne Landschaften bevölkern wollten. Hingegen ist das Doppelziel des ungestörten frommen Gemeinschaftsleben und einer eventuellen Missionsarbeit unter angetroffenen Heiden für die meisten dieser Meerfahrten als Motiv anzunehmen. Vermutlich aber hätte man sich kaum mit ihnen beschäftigt, vermutlich wäre man den mehr als dürftigen Spuren solcher Meerespilger nicht so emsig nachgegangen, hätte nicht einer von ihnen Weltruhm erlangt und die Weltkarten bis an die Schwelle der Neuzeit mit einer Insel geziert, die seinen Namen trug, ohne daß man von ihr Nennenswertes wüßte.

Dieser abenteuerlustige, vielleicht aber auch nur mutige und besonders eifrige Mönch hieß Brendan, irisch Brenain, lateinisch Brendanus und ist eine geschichtliche Gestalt. Er kam im Jahr 483 nahe Tralee zur Welt, in der Hauptstadt der dem Atlantik zugewandten Grafschaft Kerry im Südwesten Irlands. Er wurde beinahe hundert Jahre alt, denn das eine seiner bekannten Todesdaten ist 577, das andere 583, und auch der Ort seines Sterbens ist bekannt, das Schulkloster Clonfert nahe dem heutigen Dublin, das als eine seiner Gründungen gilt. Ein anderes seiner Klöster lag am heutigen Brandon Hill oder Brandon Mountain auf der Dingle-Halbinsel, der wegen seiner 940 Meter die zweite Bezeichnung verdient. Man kann dort noch Reste eines alten Bethauses sehen, die dem Heiligen zugeschrieben werden, und man genießt von der Höhe dieses Berges einen so weiten und begeisternden Fernblick, daß sich sehr wohl begreifen läßt, was Sankt Brendan zu seiner Reise ins Ungewisse trieb.

Die *Navigatio Sancti Brendani* war zwischen dem achten und fünfzehnten Jahrhundert eines der meistgelesenen Bücher auf den britischen Inseln, in Frankreich, Italien und Deutschland. Nach der lateinischen Urfassung, die von manchen Gelehrten schon ins siebente Jahrhundert datiert wird, entstanden frei variierende Versionen in den Hoch- und Volkssprachen, in Prosa und in Versen und bescherten dem Buch eine sensationelle Verbreitung, vor allem, wenn man bedenkt, daß dies alles vor dem Buchdruck geschah. Seltsamerweise sind aber frühe Drucke dieses Lieblingsbuches des Mittelalters kaum bekannt geworden – es hatte mit dem Beginn des Entdeckungszeitalters seinen besonderen Reiz verloren und wurde durch andere Reisebeschreibungen wie etwa die des Ritters de Mandeville oder das Buch des Marco Polo in den Schatten gestellt. Zu diesem Zeitpunkt aber kannte ganz Europa bereits den irischen Heiligen und die Probleme seiner Existenz, die Sehnsucht seiner Landsleute nach religiösem Frieden und die Kühnheit dieser frommen Seefahrer in ihren offenen Booten. Wir müssen uns die Frage stellen, was an der Geschichte von Brendan und seinen siebzehn Gefährten, die sieben Jahre auf dem Atlantik unterwegs sind, an historischen und an geographischen Fakten festzuhalten ist, ja ob es solche Fakten überhaupt gibt.

Es läßt sich denken, daß ein Buch dieser Art im Lauf der Jahrhunderte nach jeder Richtung hin durchforscht und durchgeprüft wurde. Die Ergebnisse wurden zusammengefaßt, und zwar von G. Orlandi in dem großartigen *Lexikon des Mittelalters* (München und Zürich, seit 1977 ff.). "Der Text", schreibt der Berichterstatter, "ist sicher irischen Ursprungs, wurde aber nach Meinung einiger Forscher im Umkreis der auf den Kontinent gezogenen Scotti (d. h. Iren) verfaßt."

Der Kernbestand des Werkes ist durch die Meernähe und Seefahrerkenntnisse des Verfassers bestimmt. Es finden sich Einzelheiten über Schiffe, Fischerei, Navigation und Küstentopographie, die das Buch als irisch und erlebnisnah erweisen; es handelt sich also nicht um eine Kompilation eines belesenen Verfassers wie etwa bei den angeblichen Reisen des Ritters de Mandeville. Allerdings hat der unbekannte Kleriker, der seinem Lieblingsheiligen dieses einzigartige Denkmal setzte, bei der Beschreibung der Abenteuer so manches herangezogen, das sich bereits in der Vita des Paulus von dem Kirchenvater Hieronymus findet, in altirischen heidnischen Reiseerzählungen und in alttestamentlichen und neutestamentlichen Apokryphen, aber es besteht keine Beziehung zu den traditionellen Heiligenviten, und auch der Zweck der Reise unterscheidet sich von der Eremitenmentalität so vieler irischer Mönche, wenn der unbekannte Verfasser sagt, Brendan und seine Gefährten hätten 'die verschiedenen Geheimnisse Gottes im großen Ozean' kennenlernen und ergründen wollen (womit natürlich nicht der Pazifik gemeint war, sondern der Atlantik, das Weltmeer der Antike). In der sehr einfachen Erzählung mit geringem Wortschatz finden sich immer wieder Wendungen aus dem Vulgärlatein Galliens, das heißt der merowingischen Herrschaftsbereiche. Allein von der lateinischen Version haben sich 130 (!) Handschriften erhalten.

Zwei der bedeutendsten Kenner der irischen Frühgeschichte, nämlich Heinrich Zimmer und Julius Pokorny, aber auch Frithjof Nansen und andere Historiker der Nordmeer-Seefahrten halten Reisen in der Art, wie sie Brendan zugeschrieben werden, nicht nur für möglich, sondern durch eine Reihe anderer Quellen und Informationen für erwiesen, und schon Dicuil, ein Kosmograph aus Irland, der von 814 bis etwa 825 am Hof Karls des Großen weilte, schrieb in seinem *Liber de mensura orbis terrae* (Buch von den Abmessungen des Erdenrunds):

"Es sind noch viele Inseln in Britanniens nördlichem Ozean, die man von den britischen Inseln aus bei beständig günstigem Wind durch eine zwei Tage und zwei Nächte währende Reise unter vollen Segeln erreichen kann. Ein glaubwürdiger Geistlicher erzählte mir, daß er zwei Sommertage und die dazwischenliegende Nacht in einem kleinen Boot mit zwei Ruderbänken gesegelt und an einer dieser Inseln an Land gegangen sei. Diese Inseln sind zumeist klein; fast alle sind durch schmale Meeresstraßen voneinander getrennt, und ihre Einsiedler, die von unserem Irland aus dorthin gesegelt sind, haben auf ihnen an die hundert Jahre lang gewohnt. Doch wie sie von Anbeginn der Welt an immer verlassen gewesen sind, so sind sie auch gegenwärtig leer von Geistlichen, wegen der normannischen Räuber, aber voll von unzähligen Schafen sowie sehr vielen verschiedenen Arten von Seevögeln. In den Werken der (antiken) Schriftsteller haben wir diese Inseln nirgends erwähnt gefunden" (zitiert nach Hennig, *Terrae Incognitae*, Bd. 2).

Solche Lämmer-Inseln waren zum Beispiel die Färöer (*faar* soll altnordisch Schaf heißen), von denen sich Brendans Gefährten das Osterlamm holten. Nansen nimmt an, daß die irischen Mönche auf diesen Inseln schon Schafe vorfanden, sie also nicht erst hinbrachten, woraus man auf eine vorgeschichtliche, zumindest kurzzeitige Besiedlung dieser Inseln 300 Kilometer von den Shetlandinseln entfernt schließen müßte. Jedenfalls ist die Erwähnung der Inselgruppe in der *Navigatio* älter als die von Norwegen aus im 9. Jahrhundert erfolgte Besiedlung durch germanische Seefahrer, Fischer und Bauern. Sie setzten in der Saga von den Bewohnern der Färöer den Inseln ein Denkmal, in dem Ereignisse aus dem zehnten und elften Jahrhundert berichtet werden.

"Grim Kamban", lesen wir dort, "hieß der Mann, der sich als erster in den Tagen Harald Schönhaars auf den Färöern ansiedelte. Damals entzogen sich viele der königlichen Gewaltherrschaft. Mönche ließen sich auf den Färöern nieder, einige fuhren nach anderen unbewohnten Inseln. Auch die Tiefsinnige fuhr nach Island und kam auf dieser Fahrt zu den Färöern, wo sie Oloef, die Tochter ihres Sohnes Thorsteins des Roten, vermählte. Von diesem Paar stammt das vornehmste Geschlecht der Färöer ab, das man Gatabewohner nennt, und das auf der Ostinsel lebt."

Die Inselgruppe mit ihrer beträchtlichen Ausdehnung – etwa 115 mal 75 Kilometer – war also zu Zeiten jenes autoritär herrschenden und viele Neuerungen einführenden Königs (gestorben 933) den Norwegern schon gut bekannt und wurde auf dem Weg nach Island gleichsam routinemäßig besucht, denn Aud war ja wohl eine alte Dame und keine Abenteurerin. Die Saga erwähnt auch Siedler, die aus Schottland kamen; ein reicher Mann namens Hafgrim lebte auf der Südinsel, und der heute bedeutendste Ort, nämlich Thorshaven, hieß schon damals so und war die Thingstätte für die Inseln an der Südostspitze der größten Insel der ganzen Gruppe. Die Inseln waren damals also noch nicht christianisiert, erst in den letzten Regierungsjahren von Olaf I. (gestorben im Jahr 1000) kam es zu ersten, zum Teil gewaltsamen Taufen. Die Mönche aber kannte man, Mönche aus Irland und Schottland, und zwar als Kriegsbeute: Als es darum ging, zwei Knaben unterzubringen, die durch eine interne Insel-Fehde verwaist waren, schor man ihnen die Köpfe und kleidete sie in weiße Kutten, aber es ist nicht sehr wahrscheinlich, daß die ersten Norweger bei der Landnahme auf den Schafsinseln noch Mönche antrafen, die Saga hätte es wohl erwähnt.

Sicher ist hingegen, daß die etwa gleichzeitig aus Norwegen aufbrechenden Island-Siedler auf dieser großen Insel christliche Eremiten antrafen, Männer aus dem Westen (Irland), die sich vor den Heiden aus Skandinavien auf eine kleine Gruppe von Island vorgelagerten Inseln zurückzogen und dort auch unbehelligt blieben. Die Inseln heißen bis heute Westmänner-Inseln, eine winzige Gruppe genau südlich der großen Hauptinsel. Mit ihnen beginnt das berühmte Buch von der Landnahme auf Island unter Berufung auf den ersten Geschichtsschreiber der britischen Kirche, den Priester Beda:

"Der Priester Beda starb, wie geschrieben ist, 735 Jahre nach der Fleischwerdung unseres Herrn und mehr als hundert Jahre, bevor Island von Nordmännern besiedelt wurde. Bevor aber Island von Norwegen (aus) besiedelt wurde, waren dort Leute, welche die Nordmänner *Papar* (Pfaffen) nennen. Sie waren Christen, und man glaubt, daß sie von Westen übers Meer gekommen waren. Denn es fanden sich nach ihrem Wegzug irische Bücher, Glocken und Krummstäbe und noch mehr Dinge, aus denen man sehen konnte, daß es Westleute waren. Man fand dies im Osten auf Papey (einer kleinen Insel nahe der Küste) und Papyli (in der Landschaft Sida im Südland bei Kirkjuboe). Und in englischen Büchern wird erwähnt, daß in jener Zeit (d. h. der Zeit der irischen Mönche) zwischen den Ländern (also zwischen Island und den britischen Inseln) Verkehr bestand." (Slg. Thule, Bd. 23.)

Die große Anzahl von keltischen Personen- und Flurnamen auf Island, etwa ein Drittel aller Benennungen ausmachend, ist aber nicht auf die wenigen Mönche zurückzuführen, die ja auch keine Nachkommenschaft auf der Insel hinterließen, sondern ergibt sich aus der Tatsache, daß die Schottland im Norden vorgelagerten Inselgruppen von Skandinaviern erobert worden waren, die sich mit der keltischen Bevölkerung der Shetlands und der Orkneys verbunden hatten und ihre

Frauen und Kinder mit sich führten, als sie im zehnten und elften Jahrhundert von diesen kargen Inseln nach Island auswanderten, dem ein großer Ruf von gutem Land und günstiger Landnahme vorausging.

Man kann also durchaus der *Encyclopaedia Britannica* beipflichten, die von der *Navigatio* wörtlich sagt: "Nearly every detail ... is clearly based on authentic seaman's reports."

Nach so ermutigenden Zwischenstationen ergibt sich nun die Frage, die das ganze Problem von Sankt Brendans Meerfahrt bis heute aktuell gehalten hat und ihn aus der großen Zahl der anderen frommen Männer auf der grünen Insel so deutlich heraushebt: Ist er mit seinen Gefährten in dem kleinen, aber glaubhaft und zutreffend geschilderten Schiff auf bis dahin unentdecktes Land gestoßen? Hat er in seinem langen Leben nicht nur – wie wir sicher wissen – Gallien und Wales und Schottland besucht, sondern tatsächlich, ermutigt durch die Fernreisen seiner Glaubensbrüder, Heidenland im Westen, in den Weiten des Atlantischen Ozeans gesucht, wie uns die Kartographen so vieler Jahrhunderte glauben machen wollen?

Die Iren liebten die Geschichten von der Seefahrt, und die *Navigatio* ist zwar die berühmteste, aber keineswegs die erste der Geschichten von den großen Seereisen und den Abenteuern auf dem Meer. In den Sagen-Listen, die schon seit dem Mittelalter versuchen, Ordnung in den Kosmos der irischen Sagenwelt zu bringen, sind *Immram(a)* diese Seefahrergeschichten, *Echtrae* andere Abenteuererzählungen. Eine der reichhaltigsten, buntesten und beliebtesten dieser Geschichten ist *Immram Mael Duin*, seit dem achten Jahrhundert mündlich tradiert, im zehnten Jahrhundert endlich aufgezeichnet; daraus zitiert Heinrich Zimmer in Hinblick auf die Meerfahrt des Brendan die folgende Passage:

"Sie gerieten darauf an das Gestade einer anderen großen Insel. Auf der einen Seite derselben befand sich ein Wald von Eibenbäumen und großen Eichen; auf der anderen Seite war ein Anger, ein kleiner See und eine große Herde Schafe. Sie erblickten eine kleine Kirche und ein Kastell, und als sie auf die Kirche zugingen, trat ihnen ein greiser Kleriker entgegen. Weißes Haar bedeckte ihn ganz. MaelDuin fragte ihn, wie er auf die Insel gekommen sei. "Ich bin", lautete die Antwort, "der fünfzehnte Mann von den Genossen des Brendan ... Wir gingen auf Wanderschaft hinaus auf den Ozean, bis wir zu dieser Insel kamen. Inzwischen sind alle außer mir gestorben." Darauf zeigte er den Ankömmlingen den Büchersack Brendans, den sie mit in ihr Schiff genommen hatten, und MaelDuin küßte ihn.

Martin Behaim aus Nürnberg, einer der größten Kosmographen des Entdeckungszeitalters, hat auf seinem Erdglobus von 1492 Brendans Insel eingezeichnet, nicht im Nordatlantik, sondern südwestlich von Irland, nördlich des Äquators, so als hätten die frommen Männer nicht nur die Einsamkeit gesucht, sondern auch eine Weltgegend, die angenehmer und vom Wetter begünstigter sei als die heimatliche Insel. Und Behaim hat damit keinen Scherz machen wollen: Das ganze Jahrhundert, von Gerüchten über Länder im Westen durchschwirrt, glaubte an diese Insel.

Es gab verschiedene irische Heilige, die den Namen Brendan führten, deswegen nannte man den Meerfahrer auch Brendan *senior* oder Brendan von Clonfert nach jenem Kloster, das er etwa zehn Jahre vor seinem Tod gegründet hatte und in dem er starb. Die alten irischen Seefahrersagen – und sie sind auch in solcher Fülle und in ihrem Umfang für Inselbewohner nur natürlich – haben sich nach dem Sieg des Christentums neue Helden gesucht. So wurde Brendan eben der Kristallisationspunkt für die ultimative Seefahrersage, die Fahrt ins Unbekannte, hinaus ins Nebelmeer, bis zu der Insel der Seligen, wo neben großen Schafherden Kirchen gebaut werden konnten und wo sich als Beweis für die Anwesenheit des Heiligen aus Clonfert der Sack mit seinen frommen Schriften fand. Beinahe ist dies alles nicht mehr Sage zu nennen, denn es war, als die *Navigatio* und die *Immrama von*

MaelDuin niedergeschrieben wurden, alles schon Wirklichkeit: Der Heilige auf seiner Meerfahrt und die heilige Insel, von der das Christentum ausstrahlte. Nur hieß dieser Missionar nicht Brendan, sondern Iona.

Wenn das Wort von der christlichen Seefahrt je volle Wirklichkeit war – nach den weiträumigen Fahrten der Megalith-Missionare und der frühen Meerbeherrschung von Arabern, Malayen und Chinesen – dann geschah dies durch das naive Gottvertrauen der irischen Mönche, die sich nicht vorzustellen vermochten, daß Stürme und Wellen ihrem Auftrag etwas anhaben könnten. Aber noch ehe sie sich damit beschieden, erreichbare Landstriche mit Kirchen und Klöstern zu bebauen und auf den europäischen Kontinent auszuschwärmen, wurde das Meer in unbarmherziger Neutralität der Weg, auf dem das Heidentum, Äxte und Schwerter schwingend, gegen das junge Christentum an den Gestaden der Nord- und Ostsee vordrang. Durch Generationen als die große Grenze gegen das Unbekannte verstanden, als Schutz für einsame Siedlungen empfunden, erwies sich das Meer für die Flotten der Wikinger als eine gefügige Straße von unendlicher Breite, auf der sie sich lautlos nähern und, wenn sie dies wollten, auch wieder schnell mit ihrer Beute entfernen konnten. Das schnellste und leistungsfähigste Verkehrsmittel der Menschheit bis ins neunzehnte Jahrhundert, das Schiff, wurde zum Feind der Zivilisation in ihrer christlichen Ausprägung.

Wasserwege und Inselschicksale

Dem Wirtschaftshistoriker Alfons Dopsch, einem Österreicher, und dem belgischen Mittelalter-Historiker Henri Pirenne "kommt das Verdienst zu, nachgewiesen zu haben, daß, wirtschaftlich gesehen, zwischen der dem Germaneneinbruch vorangehenden Periode und der nachfolgenden Zeit keine Zäsur besteht" (Professor Dr. Marcel Beck in der deutschen Ausgabe von Pirennes *Sozial- und Wirtschaftsgeschichte Europas im Mittelalter*).

Die aus dem Norden und Nordosten in den Mittelmeerraum eingebrochenen Wandervölker – germanische Stämme mit Splittervölkern aus dem Schwarzmeerraum – waren zwar militärisch der Abwehrkraft des niedergehenden Römischen Reiches überlegen, zahlenmäßig aber den ansässigen Bevölkerungen weit unterlegen. Auch dort, wo den Eroberern wie in Italien Land zugewiesen wurde, auch dort, wo sie wie in Spanien die gesamte Macht an sich reißen konnten, blieben die Eingriffe in das gewohnte wirtschaftliche Leben geringfügig. Es ging nach dem etablierten Verfahren weiter, das sich sechshundert Jahre lang bewährt hatte, weil jeder Kaufmann stabile politische und militärische Verhältnisse für seinen Erfolg, seine Reisen und seine Transporte braucht.

Die Großkaufleute des partiell entmachteten Riesenreiches saßen in Byzanz an den Meerengen, in Alexandria nahe der Nilmündung, in Karthago am Nordende der Karawanenstraßen, in Südspanien, in Marseille und an der kantabrischen Küste. Im Ostmittelmeer waren Syrer als Zwischenhändler zum Mittleren Osten und den Seidenstraßen tätig, im westgotischen Spanien bestand die Stadtbevölkerung bis zu 90 Prozent aus Juden, die den Handel im westlichen Mittelmeer und im Atlantik mit Waren und Aufträgen versorgten. In diesem ganzen, vom Nil bis zum Nordatlantik reichenden Wirtschaftsraum waren römische Münzen das Zahlungsmittel und die Toleranz gegenüber den letzten heidnischen Religionsresten, gegenüber Mysterienreligionen und lokalen Kulten, erstaunlich und wohl nur durch das Vorwiegen wirtschaftlicher Interessen erklärlich, aber auch dadurch, daß nur der germanische Stamm der Franken das Christentum in seiner strengen römischen Form angenommen hatte. Die anderen Germanenstämme waren Arianer, daher auch die größten Herrscherpersönlichkeiten jener Zeit wie Geiserich, Theoderich der Große, der Westgote Leovigild oder auch Stilicho, Sohn einer Germanenprinzessin und eines hunnischen Ministers. Und wenn Kaiser Konstantin der Große auf seinem Totenbett tatsächlich noch Christ geworden sein sollte, so ging es dabei um das arianische Christentum.

Die irischen Kleriker mit ihrer schrankenlosen, aber eben darum intoleranten Frömmigkeit waren durch das große Gallien gegenüber dieser Entwicklung abgegrenzt. Sie begnügten sich, was religiöse Auseinandersetzungen betraf, mit den Resten des Druidentums auf der Insel selbst und dem Streit um das Datum des Osterfestes mit den Christen in Schottland und Wales, der erst im Jahr 729 beigelegt wurde (weil die astronomischen Kenntnisse aller Beteiligten unzureichend waren). Der Handel der Iren aber blieb als Seehandel auch mit dem westgotischen und suebischen Spanien in enger Verbindung und wurde erst empfindlich getroffen, als die iberische Halbinsel wie zuvor schon das ganze Nordafrika von den Anhängern des Propheten Mohammed erobert wurde.

Der Spezialforscher Lévy-Provençal hat uns in seiner bis heute unübertroffenen dreibändigen Geschichte des muslimischen Spanien dargelegt, wie alles kam: Leovigilds Sohn Rekkared der Unredliche (586–601) hatte nach schweren Zerwürfnissen mit seinem Vater schon ein Jahr nach seinem Regierungsantritt dem Arianismus abgeschworen und sein ganzes Volk genötigt, zum Katholizismus überzutreten. Die Juden, die sich unter den Arianern nur durch Steuern belastet fühlen mußten, wurden nun durch strenge Gesetze in ihrer Existenz immer weiter eingeengt und gedrängt, zum Christentum überzutreten. Das Verbot, Christinnen als Hausangestellte zu dingen und ihre Feste öffentlich zu feiern, schränkte das Leben der oft sehr wohlhabenden Händlerfamilien so nachhaltig ein, daß eine Abwanderung der spanischen Stadtjuden nach Nordafrika einsetzte und der Handel auf der iberischen Halbinsel eine erste Krise erlitt. Vollends zum Erliegen kam er, als im frühen achten Jahrhundert Berber und Araber nach Spanien übersetzten, wohlvorbereitet von den landes- und ortskundigen Juden, die im Gefolge der Armeen in den eroberten Städten sogleich wieder arbeitsfähige Verwaltungen aufbauten – nur der Handelsverkehr, der blieb fortan auf die islamische Welt beschränkt, und Irland war stärker denn je auf Gallien angewiesen.

In dieser Zeit zeigten sich in zunehmendem Maße Seefahrer aus skandinavischen Häfen in den Hafenorten der grünen Insel. Sie boten jene Waren an, die bis dahin aus Spanien gekommen waren: Öl und Seidenstoffe aus dem Mittelmeerraum, dazu Gewürze, Papyrus, Duftstoffe und Fertigwaren in kunstvoller Arbeit. Ein neuer Handelsweg war gefunden worden, der das arabisch beherrschte Westmittelmeer umging und vor den Piratenflotten aus den Barbareskenhäfen Tunis, Oran und Algier sicher war: der lange Weg auf dem russischen Landozean, von den Strömen Dnjepr und Wolga über die flache Wasserscheide im Raum der Kama zu den Strömen, die sich in die Ostsee ergossen. Zweifellos war Irland schon zu Zeiten des Pytheas, also in weit vorchristlicher Zeit, in den Nordmeerhandel eingebunden gewesen; nun aber, da der Seeweg nach Süden ausfiel, fanden sich die Handelskrieger aus den nordischen Staaten immer häufiger ein, erzählten vom Schwarzen Meer, von der Pracht der Kaiserstadt Byzanz und von den bewehrten Siedlungen längs des Wasserweges, in denen Krieger aus Schweden für die Sicherheit sorgten, Händler und Warenlager behüteten. Die Griechen, Armenier, Syrer und Juden nannten die blonden Krieger *Rus*, weil sie das weite Rußland mit ihren Handelsgeleitzügen durchquerten, die Krieger selbst bezeichneten sich als Waräger oder Nordmänner, und es war ihnen anzusehen, daß sie dort, wo sie einmal waren und sich festgesetzt hatten, nicht so schnell wieder abreisen würden. Sie ließen auch in den Häfen des nördlichen Irland die Blicke schweifen, blieben auch einmal über den Winter, lernten die Insel kennen ...

Der bis heute unterschätzte, ja im Schulunterricht weitgehend ignorierte Welthandel des Mittelalters hatte noch keine Gesetze, wohl aber Gebräuche. Es war ein schriftloser Handel, bei dem Ware gegen Geld getauscht, also beides über weite Strecken transportiert werden mußte. Erst Florentiner, Tempelritter und jüdische Bankhäuser des hohen Mittelalters werden beginnen, mit Geldanweisungen, Verschreibungen und Frühformen des bargeldlosen Zahlens zu arbeiten. Der Kaufmann reiste bis zum zehnten oder auch elften Jahrhundert nicht viel anders als der Wanderhändler der Antike; die großartige Organisation des Handels im Römischen Weltreich, das mit einer Zentralmacht und einer Sprache eine einzige Währung verbunden hatte, war Vergangenheit. Darum brauchte der Seehandel nun Waffen, der Fernhandel Schutztruppen, die Ware bewaffnetes Geleit.

Vom Schutz des einen zum Angriff auf den anderen war es nur ein kleiner Schritt, und der einzige wirklich leistungsfähige Transportweg, den die Menschheit bis zum Schienennetz besaß, trug nicht nur Handelsschiffe heran, sondern ebenso lautlos, nur viel schneller die schmalen Wikingerschiffe, mehr als zwanzig Meter lang, oft nur drei Meter breit, kräftig gerudert und damit schneller als jedes andere damals bekannte Fahrzeug.

Die Insel Irland hatte gegen diese Flotten aus dem Nordosten keine Chance; was das Karolingerreich an Abwehrorganisationen nach und nach aufbaute, das überforderte die vielen kleinen Königreiche Irlands so vollkommen, daß man sich eigentlich wundern muß, aus Irland kein zweites Norwegen oder Dänemark werden zu sehen. Einzig die irische Volkskraft, das inzwischen erstarkte Nationalgefühl, von literarischen und religiösen Traditionen gestützt, verhieß nach Jahrzehnten der Fremdherrschaft das Wiederauftauchen aus eigener Kraft.

Die Dänen und Norweger, auch Nordmänner genannt, kannten die britischen Inseln nicht nur als Handelsfahrer, man hatte sie auch als Krieger ins Land gerufen, und die Brüder Hengest und Horsa sind keine Sagengestalten, sondern begründen folgenreiche geschichtliche Tatsachen. König Vortigern hatte sie um die Mitte des fünften Jahrhunderts gegen die Pikten zuhilfe gerufen, die damals (man nennt die Jahre 450/455) ziemlich weit nach Süden vorgedrungen waren, denn der Landungsplatz für die Nordmänner, von dem Kirchenhistoriker Beda auch Jüten genannt, lag im südöstlichen England. Damit begannen starke Einwanderungen von Skandinaviern nach England und die angelsächsische Kultur auf britischem Boden. Es lag in der Natur solcher Vorgänge, daß die kampftüchtigen Helfer dem König, der sie gerufen hatte, bald zu mächtig wurden. In einer Schlacht zwischen den jütischen Brüdern und König Vortigern, die das *Anglo-Saxon Chronicle* ins Jahr 455 setzt, wurde Horsa getötet, Hengest aber herrschte weiter über Kent, gemeinsam mit seinem Sohn Oisc, der nach dem Tod des Vaters im Jahr 488 noch bis 512 regierte. Die romanisierten Kelten waren nach drei aufeinanderfolgenden Schlachten aus dem südöstlichen England vertrieben; auf der schmalen Landzunge Cornwall leistete König Artus mit den Seinen hartnäckigen Widerstand, bis auch ihn in der Schlacht vom Camlan im Jahr 537 das Schicksal ereilte (*Annales Cambriae*).

Der traditionelle Beginn der Wikingerzeit, der Überfall auf die malerische Klosterinsel Lindisfarne vor der Küste von Northumbria im Jahr 793, spiegelt also die Realität im Nordseeraum nicht wider: Die tüchtigen Seefahrer aus Dänemark und Norwegen waren zu diesem Zeitpunkt schon an allen Küsten der britischen Inseln gegenwärtig, auch wenn sie noch keine Gewalt ausübten, und sie hatten sich in verschiedenen Teilen der britischen Hauptinsel solche Machtbasen geschaffen, die nicht militärisch, sondern nur im Verhandlungsweg und durch Tributzahlungen eingegrenzt werden konnten. Das zu diesem Zeitpunkt in mächtigem Ausbreitungsschwung von Irland auf die Hauptinsel gelangte Christentum war nun durch die skandinavischen Siedlungsgebiete zurückgedrängt und durch räuberische Überfälle an seinen wichtigsten Stützpunkten gefährdet.

In den Jahren 795, 802, 806 und 825 wurde die Insel Iona an der schottischen Südwestküste überfallen, die Keimzelle der irischen Mission im nördlichen Teil der britischen Hauptinsel, eine Klostergründung des heiligen Columba. Von dort aus war Aidan nach Osten gezogen und hatte als erster Bischof von Lindisfarne in Northumbria gewirkt. Obwohl auch Jarrow und andere ehrwürdige Klöster überfallen wurden und das junge Christentum bei dieser Gelegenheit viele Blutzeugen zu beklagen hatte, sind die Ereignisse auf der Hebrideninsel Iona doch von den Iren als besonders schmerzlich empfunden worden und dank Columba ein Teil der irischen Geschichte.

Columba, ursprünglich wohl Columcille genannt, entstammte dem adeligen Clan der O'Neill, dessen mächtigste Gestalten sich mit einem gewissen Recht als Könige ihres Teilreiches empfinden durften. Das Jahr 563 gilt als der Beginn von Columbas Hebridenmission; in diesem frühen Jahr landete er, schon zweiundvierzig Jahre alt, im Port of the Coracle im Süden von Iona (*coracles* sind Boote aus Flechtwerk). Columba reiste häufig zwischen seiner Heimat und dem Pflanzkloster hin und her, soll auch Missionsreisen in die schottischen Highlands gewagt haben und starb nach der Überlieferung am 9. Juni des Jahres 597 vor dem Altar, auf dem er die Messe zelebrierte. Der Ruhm des Heiligen und sein erfolgreiches Wirken brachten es mit sich, daß schottische Könige und ihre Familien, aber auch regionalbegüterter Adel, sich auf dem kleinen Inselfriedhof Reilig Odhrain südlich des Kathedralbezirkes auf Iona beisetzen ließen, etwa sechzig Herrschaften, unter denen Schottlands Einiger Kenneth Mac Alpine, Macbeth von Moray und der von Macbeth

1040 ermordete König Duncan I. die berühmtesten Toten sind.

Der silberne Schrein, in dem man die Gebeine Columbas zusammengelegt hatte, brachte einem seiner Nachfolger, dem Abt Blaithmac, einen peinvollen Tod, weil norwegische Piraten den Silberschrein unbedingt haben wollten und seine Herausgabe durch Foltern erzwangen.

Obwohl die Christenheit in der Völkerwanderung einen ersten großen Rückschlag erlebte und unter anderen Städten gar das ewige Rom in die Hände der Heiden hatte fallen sehen, erfüllten die Nachrichten aus Lindisfarne und aus Iona die große und eifrig kommunizierende Gemeinschaft der Gläubigen mit tiefstem Entsetzen. Karls des Großen Bildungsminister Alkuin (735–804) stammte aus York, der Römerstadt von Northumbria, war also in nächster Nähe von Lindisfarne zur Welt gekommen und empfand, wie viele seiner Landsleute, Holy Island, die nur bei Ebbe trockenen Fußes erreichbare kleine Insel vor der Küste, als den heiligsten Ort der britischen Inseln und als ähnlich weihevoll auch das Irenkloster auf Iona.

Die Tage der ersten heidnischen Invasion nach der Römerzeit schienen wiedergekehrt zu sein, als der Mönch Gildas fassungslos vor Entsetzen geschrieben hatte: "Allenthalben sah man Schwerter blitzen, und rings züngelten die Flammen empor. Schrecklich war es zu sehen, wie in den Straßen alles durcheinander lag: Turmgiebel, die man aus ihrem Gebälk gerissen hatte, Quader der hohen Mauern, heilige Altäre, verstümmelte Menschenleiber, mit gräßlichen Klumpen geronnenen Blutes bedeckt, als wären sie in einer grausigen Weinpresse zermalmt worden. Wer das nackte Leben retten konnte, floh in die Berge."

Daß man nach mittelalterlichen Deutungs-Gewohnheiten die Dänen dämonisierte, die unvorstellbar grausamen Ereignisse als ein Strafgericht ansah, belegt ein Relief, das im vorigen Jahrhundert bei Restaurierungsarbeiten in Lindisfarne gefunden wurde und das als zeitgenössische Darstellung gewertet werden darf, ein Bericht in Stein, unmittelbar nach der Eroberung und Plünderung von mönchischen Künstlern angefertigt. Sie stellen die Frommen, unter Gottes Händen und dem Kreuzeszeichen kniend, auf der einen Seite dar, auf der anderen Seite die lange Kolonne der Angreifer in dicker Fellkleidung beinahe tierisch wirkend, Streitäxte und Schwerter in den erhobenen Händen.

Auch in den Xantener Jahrbüchern, dem leider nicht umfangreichen wortmächtigsten Bestandteil der *Reichsannalen*, findet sich die Überzeugung, daß der heidnische Schrecken nicht etwa rational erklärbar sei wie die zahllosen Fehden innerhalb der christlichen Staaten, sondern ein apokalyptisches Ereignis:

"... zur selben Zeit sah man in Sachsen Feuer mit der Schnelligkeit eines Pfeiles in der Luft daherfliegen, von der Dicke einer Heustange (*grossitudine ligni foenarii*), wie die Eisenmasse im Schmelzofen Funken aussprühend ... Aber die Bedeutung dieser Erscheinungen kennt allein der Herr ... und es war ein starkes Erdbeben in den Reichen, so daß sehr viele Verzweiflung am irdischen Leben ergriff. Und die Heiden verwüsteten abermals grausam Irland und Friesland" (zum Jahr 868).

Nimmt man an, daß die Plünderung der kleinen irischen Klosterinsel Reehru, auch Lambey genannt, im Jahr 794 der erste Wikingerangriff auf die grüne Insel war, so verzeichnen wir mit dem Datum der Xantener Annalen nun also eine Kriegsnot und Dauerbedrohung von dreiviertel Jahrhunderten, und das auf einer Insel, auf der weiß Gott nicht allzuviel zu holen war. Heute ist Lambey Island in der Irischen See, zwischen der Halbinsel Howth im Süden und der Hafenstadt Skerries im Norden gelegen, ein idyllischer Privatbesitz, erworben mit dem kanadischen Vermögen der Lords Revelstoke und von dem Blumenstädtchen Rush aus mit Genehmigung Seiner Lordschaft zu besichtigen. Mehr als hundert Meter hoch ragen Porphyrfelsen aus dem Meer, Urgestein, das den Seen seit Jahrmillionen trotzt, die Mönche aber nicht gegen den Raubzug aus dem Norden schützen konnte. Die Insel war auch später, in den britisch-irischen Kämpfen, ein wichtiger Stützpunkt und trägt Befestigungen aus dem sechzehnten Jahrhundert, von denen sich die Millionen von Seevögeln, die hier nisten und leben, jedoch keineswegs stören lassen.

Die offensichtliche Armut der Landstriche und Siedlungen, die auf der Insel Irland von den Nordmännern heimgesucht wurden, erklärt einigermaßen die Tatsache, daß vor allem die Klosterinseln und meernahen Klöster wiederholt angegriffen wurden, wenn auch keineswegs so oft, wie etwa die Flußufer der Seine oder der Loire, die in den Reichsannalen des neunten Jahrhunderts beinahe auf jeder Seite mit Schlachtberichten von der Dänennot vorkommen. Es war die Irlandgeschichte von Jürgen Elvert, in der entgegen der allgemeinen Haltung der Chronisten und der alten Geschichtsschreibung nach Gründen dafür gefragt wird, daß die Nordmänner schließlich mit Hunderten von Schiffen, mit Familien und in Völkerwanderungsstärke eine Insel heimsuchten, die ihnen kaum mehr bieten konnte als die heimatlichen Fluren, ja die gegenüber den Fjorden Norwegens eigentlich nur einen Vorzug aufwies – den der Weite des ebenen Landes.

Elvert unterscheidet zwischen den Piraten, deren Ziel der Raub war, und den skandinavischen Auswanderern, die auf Irland erst vierhundert Jahre später in Masse auftreten als die erwähnten Dänenbrüder Hengest und Horsa, die aber ganz offensichtlich andere Ziele verfolgen als die schnell zuschlagenden und wieder abziehenden Räuber. Ihr Ziel ist die Landnahme, die ja auf der größeren Nachbarinsel schon zu ausgedehnten dänischen Siedlungsgebieten geführt hatte, die nach dänischem Recht (*Danelaw*) verwaltet wurden und aus England eine skandinavische Insel gemacht hätten, wären nicht die vorher eingetroffenen Angelsachsen inzwischen zu Bewahrern ihrer neuen Heimat geworden, unter großen Königen wie Alfred I. und seinen Söhnen Edward the Elder und Aethelstan.

Während die Dänen in England aber auf romanisierte und durchkultivierte, schon vergleichsweise dicht besiedelte Landschaften stießen, war Irland trotz der vereinzelten Klöster und ihrer segensreichen Tätigkeit im ganzen noch ein Bereich archaischer Lebensformen mit Kleinkönigen, Herdenreichtum, minimaler gewerblicher Produktion, ohne Städte, ohne Bürgertum, mit einem Halbdutzend von Bildungsanstalten mehr für den Klerikernachwuchs als im Dienste einer allgemeinen Bildung der Bevölkerung.

Die These des Universitätsprofessors aus Kiel besagt nun, daß Wikinger nicht gleich Wikinger waren, daß die einzelnen Gruppen dieser Nordmänner durchaus keine gemeinsam operierende Invasionsmacht bildeten, sondern nicht selten im Zwist untereinander blutige Kämpfe austrugen, und daß diese Angreifer, sofern sie nicht als simple Piraten und Plünderer kamen, die von ihnen heimgesuchten Länder mit neuen Wirtschafts- und Verkehrsformen bekanntmachten – was da und dort, je nach dem Stand der örtlichen Strukturen, auf eine Förderung hinauslaufen konnte. "Für uns", schreibt Elvert, "ist daher die Kreativität der Nordmänner (und -frauen) von größerem Interesse als die Verwüstungen, die sie anrichteten. Die rasche Entwicklung der Siedlung am Liffey vom ersten provisorischen *longphort* zur ausgebauten und wohlbefestigten Hafensiedlung belegt eindrucksvoll die Veränderungen, die sie für die bis dahin größtenteils agrarisch ausgerichtete keltisch-irische Gesellschaft bedeuteten. Cum grano salis könnte man sogar soweit gehen und konstatieren, daß erst der Modernisierungsschub in Folge der wikingischen Invasion die irische Gesellschaft ins Mittelalter geführt hat" (a.a.O. p. 69).

Angesichts der verblüffenden Tatsache, daß die sich ausbreitende christliche Religion mit ihren vereinzelten, aber zahlreichen Zentren diesen Übergang aus einem archaischen Bauern- und Kriegerdasein in eine organisierte Gesellschaft nicht zuwege gebracht hatte, ist dieser zivilisatorische Erfolg heidnischer Invasoren ein für das Gesamtbild des europäischen Mittelalters bemerkenswertes Faktum. Elvert fußt auf den Ergebnissen der Ausgrabungen vor allem im Raum der Liffeymündung, also Dublins, die schon im vorigen Jahrhundert erste Resultate erbracht hatten und zwischen 1974 und 1980 nach modernen archäologischen Grundsätzen fortgeführt wurden. Danach hatten die Dänen, als sie im neunten Jahrhundert an der Liffeymündung siedelten, zunächst getrachtet, ihre Schiffe zu schützen und eben jene *Longphorts*, Holzwände oder -zäune, aufgerichtet, später dann Erdwälle aufgeschüttet, Knüppelpfade angelegt und erste Stützpunkte auch an anderen Gegenden der irischen Küste ausgebaut, so zum Beispiel in der Bay von Dundalk, nördlich von Dublin an der Irischen See. Die Siedlungen selbst hatten jedoch schon bestanden, sie sind – wie ihre Namen ausweisen – keine Wikingergründungen. Dubh Linn, auf englisch: Black Pool, ist ein Name, der auf die Farbe des Liffey-Wassers hinweist, auch ist eine Schlacht der Dubliner gegen die Leute von Leinster für das Jahr 291 bezeugt. Stadtcharakter aber hatte das alte Dubh Linn gewiß noch nicht, es existierte dank einer Furt über den Liffey nahe der Mündung, was seit jeher Gruppen von Fischern und Händlern zur Niederlassung verlockte.

Dennoch wurde die Insel Irland weder von den wohl zuerst gekommenen Norwegern noch von den Dänen erobert! Es gelang den Invasoren nie, wie andere Erobererschichten die unterworfenen Landstriche gleichsam von oben her mit fremden Verwaltungsmustern zu überziehen oder auch nur so zu organisieren, wie dies skandinavische Eroberergruppen gleichzeitig in Rußland, in der Normandie, in Sizilien und Süditalien, also in weiten Räumen der Alten Welt, so eindrucksvoll durchführten. Sie waren in Irland immer gegenwärtig, sie nutzten die Insel militärisch und verkehrspolitisch, aber alles, was sie in Irland gesehen hatten, schien ihnen die Auseinandersetzung, den endgültigen großen Kampf mit einer wehrhaften Binnenbevölkerung nicht wert zu sein.

Auf den Orkneys und den Shetlands weitgehend sicher vor Angriffen aus dem karolingischen Machtbereich, führten die Nordmänner wie von Mutterschiffen aus ihre Unternehmungen gegen Irland so lange durch, bis auch dort befestigte Stützpunkte etabliert waren, nicht, weil Irland an sich eine lohnende Beute gewesen wäre, sondern weil der alte, vornormannische und wohl auch vorrömische Handelsverkehr zwischen Irland und der Bretagne, aber auch zwischen Irland und Aquitanien ertragreiche Angriffslinien eröffnete.

Es war vor allem Johann C. H. R. Steenstrup, der in seiner großen zweibändigen Untersuchung über Nordmänner und Wikinger auf diesen Umstand hinwies, und die Untersuchungen von Walther Vogel (*Die Normannen und das Fränkische Reich*, Reprint Aalen 1973) haben erhärtet, was Steenstrup vor inzwischen mehr als hundert Jahren ausführte: Irland war nicht Kolonialland für die kriegerischen Skandinavier, sondern Ausgangspunkt für Operationen vor allem gegen die Städte und Klöster an der Seine und an der Loire, und es war eine wichtige, kaum angreifbare Rückzugsposition:

"Von Irland oder direkt aus dem (Ärmel-)Kanal müssen auch die Heidenschiffe gekommen sein, die im Jahre 799 auf den Aquitanien vorgelagerten Inseln viel Unheil anrichteten. Hier wurden aber doch hundertundfünf der Räuber am Strande niedergemacht, und der Rest litt vermutlich in den Stürmen, die in diesem Jahre im Kanal wüteten und viele Menschen und Schiffe vernichteten" (Vogel nach einem Brief Alkuins an Bischof Arno von Salzburg).

"Von 821–833 bewahren die fränkischen Geschichtsschreiber ... völliges Stillschweigen über die Wikinger ... aber es war die Ruhe vor dem Sturm. Namentlich Irland wird in diesen Jahren unaufhörlich umschwärmt von den Wikingern, so daß dort, wie Steenstrup sagt, alles vorbereitet schien zur völligen Bezwingung des Landes" (Vogel), zu der es dann aber doch nicht kam. Der Grund dafür waren nicht die militärischen Auseinandersetzungen mit den irischen Lokalherrschern – diese führten erst dreihundert Jahre später zur völligen Vertreibung der Nordmänner – sondern die naheliegende Tatsache, daß Irland nur punktweise gebraucht wurde: Die Insel Man in der Irischen See, die Bucht von Dundalk, die Basis an der Liffeymündung, dazu Cork, Limerick, Waterford, Armagh und einige kleinere Hafenzonen. Irland enthob die Wikinger der Notwendigkeit, nach den letzten herbstlichen Raubzügen über die stürmische Nordsee nach Skandinavien zurückzukehren: "Manches deutet vielmehr darauf hin, daß diese Wikinger von Irland kamen und sich dorthin zurückzogen. Irland war in diesen Jahren das Hauptziel der Wikinger, die auch während des Winters dort blieben. Von hier war der Seeweg zur Loiremündung (seit alters) bekannt. Endlich scheinen sich auch die Plünderer von Bouin (Inselhafen vor der Vendée-Küste) im Jahr 820 nach Irland gewandt zu haben, da in demselben Jahre Wexford an der Südspitze von Irland geplündert wird" (Vogel p. 65).

Die *Reichsannalen* erwähnen den Überfall auf den kleinen Fischereihafen und Salzumschlagsort als Bundium (bei Einhard) oder als Buin, ein Beweis dafür, daß die Wikinger sich ausgezeichnet auskannten, daß sie die alten Handelswege zwischen Irland und Frankreich studiert oder ortskundige Lotsen als Helfer hatten. Nach und nach wurden die Plünderungen zumindest auf Irland seltener, einmal, weil die armseligen Siedlungen nichts mehr hergaben, zum andern aber, weil – wie Walther Vogel richtig erkennt – die Niederlassung an geeigneten Orten den Nordmännern mehr Vorteil bot als ein kurzfristiger Beutezug. Eine besondere Affinität zur irischen Landschaft braucht daraus nicht abgeleitet zu werden; die Nordmänner ließen sich von Grönland (das sie noch am ehesten an die Fjorde ihrer Heimat erinnerte) bis nach Sizilien überall nieder. Allenfalls konnten die Dänen ihr flaches grünes Land mit den langen Küsten in Irland wiederfinden, aber die Gesamtlage spricht eindeutig gegen so poetische Überlegungen: Die Schwäche des Frankenreiches nach dem Tod des großen Karl, die Zwiste unter den nachfolgenden Karolingern und die immer stärker werdenden oppositionellen Gruppen im großen Karolingerreich lähmten die militärischen Energien, die andernfalls zur Abwehr gegen die Normannen hätten mobilisiert werden können. Wie Metastasen einen geschwächten Körper befallen, so bildeten die Normannen, ob sie nun aus Norwegen, Dänemark, England oder Irland kamen, an allen ihnen günstig erscheinenden Stellen der Küsten und Flußläufe feste Stützpunkte, ob es sich nun um Friesland oder die Rheinmündung, die Seinemündung oder den Unterlauf der Loire bis hinauf nach Angers handelte.

In Irland – und das spricht nun eindeutig für die These von Jürgen Elvert – treten die Wikinger dabei nicht gerade als jene Kulturheroen auf, die ein Volk in ein neues Zeitalter hinüberführen. Aber die von ihnen durch längere Zeit genutzten Stützpunkte sind doch die ersten städtischen Siedlungen auf irischem Boden und heben sich deutlich, und teilweise bis heute erkennbar, von der dörflichen Zufallsgestalt der Vorgängersiedlungen ab.

Das eben genannte Wexham an der Südostspitze von Irland empfängt uns wenige Autominuten, nachdem wir die Autofähre aus Roscoff verlassen haben, mit einem altnormannischen Stadtbild, wie es in dieser Reinheit anderswo in Europa kaum noch anzutreffen ist. Die Straßen im Altstadtbereich sind eng und gewunden, wie die Normannen überall dort bauten, wo sie sich gegen den Wind schützen mußten. Daß die Stadt einst fünf Tore hatte, beweist eine gewisse Bedeutung als Handelsplatz und Marinestützpunkt, kam doch Wexford-Harbour mit der unübersichtlichen Slaney-Mündung dem Sicherheitsbedürfnis der Eroberer entgegen, die sich ja vor allem gegen Überfälle anderer Wikingergruppen vom Meer her schützen mußten. Der heutige Sankt-Georgs-Kanal bereinigt die Schwierigkeiten, die unkundige Seefahrer hier erwarteten, denn der Slaney-Fluß hatte eine Sandbank aufgeschüttet, einen sogenannten Schwall geschaffen, der tiefergehenden Schiffen die Einfahrt in den inneren Hafen unmöglich machte.

Gegen das Binnenland hatten die Dänen sich durch eine Reihe von Befestigungsanlagen abgesichert, die vereinzelt im Land lagen, weil man auf die größere Schnelligkeit der kampfgewohnten Dänenkrieger vertrauen konnte; es gab also keine geschlossene Abwehrfront gegen die irische Einwohnerschaft und ihre Fürsten. Reste von Dänenwerken sind noch zu erkennen bei Enniscorthy, bei New Ross und vor allem bei Dunbrody. New Ross hat die gleichen engen Gassen wie Wexford (es gibt hier sogar noch Treppenwege) und hat in seiner Hochufer-Lage des Barrowflusses eine so deutlich strategische Position, daß man folgern möchte, der Barrow bildete hier die Westgrenze des Dänengebietes. Seine Mündung in die Bucht, die Waterford Harbour heißt, als sei sie ein einziger großer Hafen gewesen, stützt diese Vermutung durch die Dänenbefestigung bei Dunbrody, dort, wo eine uralte Handelsstraße zwischen Hügeln eine Pforte nutzt und auf Wexford zustrebt. Wer sie mit seinen Kauffahrer-Zügen nutzte, vermied die gefährlichen Strömungen vor Hook Head und Carnsore Point.

Die Reste der Zisterzienserabtei, die wir als Dunbrody Abbey besichtigen können, stammen zwar erst aus dem zwölften Jahrhundert, ganz einfach, weil die Wikinger in ihrer großen irischen Zeit ja noch Heiden waren. Aber sie lassen mit imposanten Überbleibseln aus großer Klosterzeit, mit Chor, Langschiff, Kapitelsaal und einem späteren Vierungsturm doch erkennen, daß diese Passage zwischen der Südost- und der Südküste eine große Bedeutung hatte, daß die Wikinger hier zu bleiben gedachten und die im zwölften Jahrhundert nachkommenden britischen Christen hier auf etablierten Machtstrukturen fußen konnten: Es war Hervey de Montmorency aus einer franco-normannischen Adelsfamilie von großer Zukunft, der als Marschall König Heinrichs II. von England und Aquitanien im Jahr 1178 ein christliches Kloster begründete. Ein Ritter namens William

Marshal folgte 1200 mit Tintern, das mit Mönchen aus Monmouthshire bevölkert wurde, und in Wexford selbst wurde Saint Sepulchre gegründet. Vor der Re-Christianisierung durch die Engländer hatte es allerdings in New Ross schon eine bedeutende Abtei gegeben, gegründet im sechsten Jahrhundert von Saint Alban (bei dem es sich also nicht um den ersten britischen Märtyrer handeln kann, der unter Diocletian ermordet wurde, sondern um einen Iren, der ihm nacheiferte).

Auch die erste Burg, die Engländer auf irischem Boden bauten, liegt in der Grafschaft Wexford auf Wikingergrund, die ja einen Blick für gute Verteidigungslagen hatten: Carrick Castle nahe bei Wexford.

Im Nordosten der Insel gingen die Wikinger gelegentlich von ihrer Vorliebe für Inlets und tiefe Trichtermündungen ab, vielleicht, weil sie hier ein relativ großes zusammenhängendes Siedlungsgebiet schaffen konnten, einen geschlossenen Machtbereich, der Angreifer abschrecken mußte. Das erklärt den Ausbau von Annagassan, heute ein winziges Fischerdorf, obwohl es an der weit offenen Bucht von Dundalk lag: Die Kaps, die heute Cooley Point und Dunany Point heißen, boten zwar die Möglichkeit zur Errichtung von Beobachtungsposten, und im nahen Dundalk hatte sich städtisches Leben mit Handwerkersiedlungen und importierten Sklaven entwickelt; auch den Carlingford-Lough, eine tiefe und geschützte Bucht, nahmen die Wikinger in Besitz. Die in dieser Gegend auffälligste Befestigung, King John's Castle mit seinen mächtigen grauen Ruinen, ist jedoch kein Wikingerfort, trotz seiner günstigen strategischen Lage, sondern wurde erst im zwölften Jahrhundert von einem der Barone Heinrichs II. aus dem Hause Plantagenet errichtet. (Die Halbinsel Cooley spielt eine gewisse Rolle in der uralten Sage vom Viehdiebstahl, in der es unter anderem um den stärksten Zuchtbullen von Ulster ging und in der natürlich der Held Cuchullin über böse Königinnen und Feen siegte.)

Auch in Drogheda trafen die Wikinger auf älteste keltische Besiedlung. An der Furt über den Fluß Boyne hat schon in vorgeschichtlichen Zeiten ein Dorf bestanden, dessen Bewohner vom Umschlag und von Vorspanndiensten lebten, aber die ausgedehnte Gräberstätte Fourknocks landeinwärts von Drogheda beweist, daß hier seit dem Jahr 1800 vor Christus die Gunst der Verkehrslage zwischen Hinterland, Fluß und Meeresküste Siedler angezogen hatte. Nach den Wikingern, die hier im frühen zehnten Jahrhundert mit Befestigungs- und Straßenbauten begannen, entdeckten auch die Anglonormannen die Bedeutung des Platzes und machten ihn zu einem ihrer Stützpunkte, ja sie bauten über den Boyne sogar eine Brücke, so daß die Furt an Bedeutung verlor.

Dank dieser Brücke wurde Drogheda zu einer Doppelstadt mit selbständigen Teilen südlich und nördlich des Flusses, die sich erst 1412 zu einem einzigen Stadtwesen vereinigten. So wie Dublin, Kilkenny und Waterford hatte Drogheda fortan das Stapelrecht, das heißt, durchreisende oder fremde Kaufleute waren verpflichtet, hier ihre Waren zumindest vorübergehend anzubieten. Drogheda hatte auch seine eigene Münzstätte – segensreiche Spätfolge der Tatsache, daß die Eroberer aus dem Norden auch als Städtegründer einen sicheren Blick hatten. Außer den Resten von zwei Stadttoren im Norden und im Westen hat sich aus jenen Zeiten jedoch kaum Sehenswertes erhalten, obwohl die blühende Stadt einst zehn Tore gehabt hatte, beinahe soviel wie das legendäre Vineta. Was sich die Anglonormannen dachten, als sie im zwölften Jahrhundert hier landeten und am Südufer des Boyne ein steinzeitliches Ganggrab zu einer Befestigung ausbauten, wüßte man gerne: Noch im siebzehnten Jahrhundert wurden alle Bauten, über deren Alter man sich nicht klar war, in England den Römern zugeschrieben, sogar Stonehenge. Nach Irland aber waren die Römer nie gekommen ...

Kernraum der Wikingermacht in Irland war, trotz kleiner Stützpunkte am westirischen Lough Ree, das Gebiet um Dublin, vom Liffey in zwei Städte gespalten wie einst Drogheda durch den Boyne. Der Dänenhäuptling Thorkel I. traf, als er hier seit 832 (oder 840?) herrschte, auf eine kleine christliche Gemeinde, die ihre Geschichte natürlich auf den Heiligen Patrick zurückführt. Die zwischen Armagh im Norden und Dublin wehrhaft etablierten Nordmänner wurden hier, im Herzen Irlands, als besondere Herausforderung empfunden und waren seit dem Ende des zehnten Jahrhunderts bevorzugtes Ziel der Befreiungskämpfe unter dem umsichtigen und tapferen König Brian Boru, dem Kenneth Mac Alpine der Iren. Er brachte – was im alten Irland sehr schwierig war – Koalitionen gegen die Eindringlinge auf die Beine. Da er aus einem kleinen Fürstentum im Westen stammte, hatte er in Ostirland keine Rivalen.

Brian war erst zehn Jahre alt, als sein Vater, der Kleinkönig Cennedig, 951 starb. Brians Halbbruder Mathgamain setzte den väterlichen Kampf gegen die Wikinger fort und wurde König von Munster. Als er 976 eines ungeklärten, aber gewaltsamen Todes starb, folgte Brian ihm nach und schlug die Wikinger mit ihren eigenen Waffen in einer Seeschlacht auf dem Shannon. Er brachte zunächst Munster vollständig unter seine Kontrolle, ordnete das kleine Staatswesen und rüstete auf, so daß sich ihm nach und nach andere Kleinfürsten im Süden Irlands anschlossen und schließlich unterwarfen – es war die Methode König Alfreds des Großen in England, aber es ist zweifelhaft, ob Brian Boru von dem erfolgreichen Beispiel Kunde hatte, das damals immerhin schon hundert Jahre zurücklag. Offensichtlich aber hatte er in der Behandlung seiner Verbündeten nicht die geschickte Hand des großen Alfred; die Wikinger von Dublin verfügten über viele Möglichkeiten, sich wankelmütige Bundesgenossen des irischen Hochkönigs geneigt zu machen, unter denen die schönen Beutestücke aus den Raubzügen die eine Möglichkeit waren, die aus dem Mittelmeer und dem nördlichen Afrika eingebrachten Sklavinnen eine andere.

Im Frühjahr 1014 – Brian Boru war inzwischen 73 Jahre alt geworden – fühlten sich Wikinger und unbotmäßige irische

Vasallen stark genug, nach den vereinzelten Aufständen vom Vorjahr die große und entscheidende Schlacht zu wagen. Die Wikinger hatten Kämpfer aus ihren sicheren Sitzen auf den Orkneys und von der Isle of Man herangeholt und traten der christlichen Armee Brians am Karfreitag gegenüber, aber *Good Friday*, wie die Briten sagen, wurde ein schwarzer Freitag für beide kämpfenden Parteien. Brian Boru gewann zwar die blutige Schlacht, aber sein Sohn und Thronfolger fiel und neben ihm noch manch anderer, der ihm in den Jahren zuvor eine große Hilfe gewesen war. Die Truppen der Nordmänner zogen sich geschlagen in die Wälder zurück, die den Schlachtort Clontarf bei Dublin damals noch umgaben, und als Brian Boru ermattet in seinem Zelt ruhte und annehmen durfte, daß alles vorbei sei, brach ein Unterführer der Wikinger mit einigen wenigen Kämpfern aus dem Wald noch einmal hervor, stürmte in das Königszelt und tötete die Zeltwachen und den siegreichen König durch Axthiebe.

Wie so oft nach dem Tod bedeutender Herrscher trat nun eine Art Interregnum ein. Einerseits war die Vormacht der Wikinger gebrochen worden, sie hatten schließlich die Schlacht unter schweren Verlusten verloren, eine Schlacht, für die sie alles aufgeboten und herangezogen hatten, was sie in diesem elften Jahrhundert in der Irischen See noch an Kämpfern aufbringen konnten; andererseits aber war der unumstrittene Nachfolger Brians, sein ältester Sohn, mit dem Schwert in der Hand gefallen, Brian selbst tot, die überlebenden zwei Königssöhne wegen der unklaren Thronfolge zu natürlichen Rivalen geworden. Es folgte, was folgen mußte: Brudermord, Verrat, Auflösung des Reiches, gleichsam ein Aneinander-Zugrundegehen zweier hartnäckiger Gegner, des alten Irentums und der unbändigen Kampfkraft der Wikinger. Immerhin durfte man annehmen, daß mit der Beisetzung des großen Brian Boru in der alten, angeblich vom Heiligen Patrick begründeten Kirche von Armagh das Christentum gesiegt, daß es eine Phase schwerster Bedrohung überwunden hatte. Die Insel Irland, ein Hort der Heiligkeit, von dem die erfolgreichsten Missionare nach Norden und Osten ausgereist waren und unerschrocken auf dem Festland gewirkt hatten, war im Begriff, wieder eine Insel standhafter Christen zu werden. Die Nachfahren Brian Borus, die sich bald O'Brien schreiben werden, bildeten noch durch Generationen einen der einflußreichsten Clans von Irland.

Der Wald von Clontarf und das Schlachtgelände des Entscheidungsjahres 1014 sind heute in der großen Stadt Dublin aufgegangen, der Sieg des Brian Boru aber wurde Gegenstadt einer seltsam aus Wahrheit und Dichtung gemischten Verherrlichung des großen Königs. Sie heißt "Krieg der Iren mit den Fremden" (Cogadh Gaedhel re Gallaibh) und stützt sich auf die verlorengegangenen Annalen von Munster.

Von der Epte zum Shannon

Befährt man die Seine von Paris aus flußabwärts, so gelangt man nach der großen Seine-Schleife von La Roche Guyon an die Einmündung des Flüßchens Epte. Langsam fließend, zuweilen von Büschen und Rankenwerk beinahe vollständig überspannt, strebt die kleine und heute so unscheinbare Wasserader auf die große Seine zu und ist doch ein Schicksalsfluß des alten Europa. Seit einigen Jahren, seit zwischen Teichen mit Seerosen und unter hohen Bäumen das idyllische Anwesen des Malers Monet wieder zu besichtigen ist, kommen in jedem Sommer viele Tausende Menschen hierher und stellen ihre Autos auf den terrassenförmigen Parkplätzen über der Seine ab; aber kaum einer wirft einen Blick auf die hier heranplätschernde sanfte Epte, denn der Vertrag von Saint-Clair-sur-Epte aus dem Jahr 911 ist so gut wie völlig vergessen – der Vertrag, der die Normandie schuf, der die Entstehung eines französischen Normannenreiches ermöglichte und damit jene Gegengewalt gegen die skandinavischen Eroberer wachsen ließ, die im Jahr 1066 die große Insel England aus dem angelsächsischen Machtbereich herauslöste.

Bei Saint-Clair-sur-Epte, heute ein winziger Ort mit einer Kirche aus karolingischen Zeiten, überschreitet die Straße Paris–Pontoise–Rouen den kleinen Fluß; sie ist die geradeste Straße von ganz Frankreich. Sie wurde auch vor dem ersten Automobil schon sehr schnell befahren mit den hochrädrigen Wagen, die den fangfrischen Fisch von der Küste auf die Märkte von Paris brachten und dabei durch die schlafenden Orte des Vexin donnerten, was unter anderen auch Madame Bovary aus ihren Träumen weckte. Tausend Jahre vor ihr hatte König Karl III., später zu Unrecht der Einfältige benannt, einen Dauer-Alptraum, den verursachten ihm die Normannen. Sie hatten 841 die alte Bischofsstadt Rouen an der Seine geplündert, zwei Jahre darauf auf der Insel Noirmoutier vor der französischen Atlantikküste feste Stützpunkte errichtet, hatten seit 845 wiederholt Paris überfallen, aber auch Orléans an der Loire und Le Mans. Man vergegenwärtige sich die Kühnheit dieser Überfälle: Zwischen feindlichen Ufern befuhren die Angreifer mit Hunderten von Schiffen die Ströme des Frankenreiches, drangen in die großen Städte ein, kämpften und brannten nieder oder ließen sich den Verzicht auf den Brandterror gegen die Holzbauten mit hohen Summen Silbers bezahlen, was man Brandschatzen nennt.

Da das Wort vom Teufel, den man mit Beelzebub austreiben könne, beim Evangelisten Matthäus steht, mag Karl III. es gekannt haben. Im eigenen Königreich von den Großen bedrängt und weitgehend entmachtet, vermochte er keine jener schnellen Eingreiftruppen aufzustellen, denen es andernorts gelegentlich gelungen war, den Normannen den Rückweg zur offenen See zu verlegen und ihnen die Beute und vor allem die Gefangenen wieder abzunehmen, die Frauen und Mädchen, die sie als geschätzte Handelsware mit fortführten und später an die arabischen Fürsten in Südspanien verkauften. Karl hatte nur eine einzige Möglichkeit: Er mußte die Angreifer mit Truppen bekämpfen, die ihnen gewachsen waren, die von ihrer Art waren, die einen Landstrich so tüchtig schützen konnten, daß der Angriff nicht mehr lohnte. Denn die Angreifer kamen ja längst nicht mehr aus dem einen oder anderen englischen Hafen oder gar aus Dänemark, sie hatten ihre festen Stützpunkte im südlichen und östlichen Irland und erreichten in kurzer Fahrt die Flußmündungen des Frankenreiches, vornehmlich die Seine und damit den Weg in die reiche Stadt Paris, oder aber die Loire, die zwischen begüterten Städten und wohlhabenden Klöstern dahinfloß. Und es waren ja nicht mehr die kurzen Raids, der plötzliche Schrecken, nach dem man zum täglichen Leben zurückkehren konnte: Im Jahr 885 hatten die Normannen Paris ein Jahr lang belagert und das Leben der Stadt gelähmt, ehe sie angesichts eines so tapferen Verteidigers wie des Grafen Odo von Paris endlich einwilligten, gegen ein hohes Lösegeld von der Stadt abzulassen und aufs Meer zurückzukehren.

Solche Angriffe waren Kriege, und solche Kriege führten nicht mehr Räuber und Barbaren, sondern Fürsten, die ihr Volk geordnet, ihre Herrschaft gefestigt, ihre militärischen Techniken perfektioniert hatten. Da es kein Mittel gegen sie gab, waren die Küsten des Frankenreiches verödet; die Mönche hatten die Klöster verlassen und mit den Schätzen vor allem die Gebeine der Heiligen tief ins Land, bis hin zu den Alpen, transportiert. Diese Wanderung der Heiligen, die viele Orte ihrer Tradition und ihres transzendentalen Schutzes beraubte, verunsicherte das kleine Volk in höherem Maß, als wir es uns heute vorzustellen vermögen, und da die meernahen Landstriche für die Krone ohnedies keinen Wert besaßen oder doch auf lange Zeit hinaus nicht haben würden, kam Karl III. mit seinen bischöflichen Beratern überein, die so gefährdete Landschaft westlich der Epte und bis hin zum Meer den normannischen Angreifern zum Lehen zu geben. Dies bedeutete: Das Land blieb Teil des Reiches, der dort herrschende Normanne mußte die – wenn auch ferne, sanftmütige und kraftlose – Oberherrschaft Karls anerkennen.

Daran wäre der Vertrag von Saint-Clair-sur-Epte beinahe im letzten Augenblick gescheitert: Der siegreiche Normanne, er hieß Rollo, hatte noch nie vor irgend jemandem das Knie gebeugt, auch keiner seiner Vorfahren, aber er war wie seine abgekämpfte Schar friedenswillig. Das angebotene Land war das fruchtbarste des ganzen Frankenreiches, mit langen Küsten, guten Böden, ein paar Hügeln, sehr unähnlich der nordischen Heimat, aber ungemein einladend. Der Bischof von Rouen fand den Ausweg: Eine Verlobung Rollos mit der Königstochter Gisla sollte dem Normannen beweisen, daß man ihn als mit den Karolingern ebenbürtig ansah, denn Gisla war nicht einmal mit einer Konkubine gezeugt worden, sondern eine der sechs ehelichen Töchter Karls mit Frederuna.

Sobald Rollo zum Christentum übergetreten sein würde, sollte die Hochzeit gefeiert werden (die Person dieser Braut ist dennoch umstritten, denn Gisla war bei der Verlobung im Jahr 911 erst vier Jahre alt, so daß man annimmt, Mönch Dudo von Saint Quentin, unsere Hauptquelle über die Vorgänge, habe Gisla mit einer ihrer drei älteren Schwestern verwechselt).

Sicher ist: Rollo hielt Karl III. die Treue, der Räuber-Admiral wandelte sich unter den argwöhnischen Augen der Kleriker seines jungen Herzogtums zu einem umsichtigen Fürsten, nannte sich fortan Robert und wurde nach seinem Tod im Jahr 932 mit allen Ehren in der Kathedrale von Rouen beigesetzt, wo man sein Grab und das anderer Normannenfürsten heute noch sehen kann. Gemäß ihrem Treueid durften die Normannen, nun in einem reichen und geordneten Land zu Hause und mit allen Ressourcen versehen, ihre wiedererwachende Kampfes- und Raublust nicht gegen Paris richten, so nahe die Hauptstadt auch war. Sie bekriegten eine Weile die nahen Bretonen auf der Nachbar-Halbinsel, und als sie diese einigermaßen unterworfen hatten (soweit zumindest, daß man ihnen gemeinsame Ziele schmackhaft machen konnte) erinnerte sich Wilhelm der Bastard, Herzog der Normandie, einer alten Erb-Absprache, England betreffend. Er begann das bis auf den heutigen Tag einzige erfolgreiche Landungsunternehmen gegen England (Karl II. Stuart und Wilhelm von Oranien kamen bei Nacht und durch die Hintertüre).

Obwohl leider zu vermuten ist, daß sich nicht mehr allzuviele eines Schulunterrichts mit genaueren Mitteilungen über das Jahr 1066 erfreuen, widerstehe ich der Versuchung, die Operation ausführlich zu schildern, die – wiewohl noch niemand in Irland dies ahnte – in gewissem Sinn der schwärzeste Tag irischer Geschichte war. Denn bei Hastings wurde nicht nur Harold mit seinen Sachsen besiegt, dort fielen auch die Würfel über neunhundert Jahre irischer Geschichte mit Blut und Tränen. Was das keltische und angelsächsische

England nie versucht hatte, das begann schon wenige Jahre nach dem Triumph Wilhelms des Eroberers über die keltischen und sächsischen Besitzer der Ländereien auf der großen britischen Insel: der Versuch, über die stürmische Irische See zu setzen und diese fremde Insel mit ihren seltsamen Namen, Bräuchen und Lebensformen näher, ja ganz nahe an das soeben eroberte England zu binden und schließlich mit ihm zu vereinigen.

Als Rollo der Normanne das Christentum angenommen und Gleiches seinen Gefolgsleuten empfohlen hatte, bestimmte er auch, daß ein Ort seines Herzogtums der Pflege der alten germanischen Traditionen gewidmet bleiben solle, und zwar Bayeux. Es war also nicht so, daß mit dem Übertritt zu der neuen Religion die alte über Bord geworfen worden wäre; sie erhielt nur eine neue Funktion, sie verschmolz mit der Pflege des Hergebrachten, der teuren Ahnenkulte, der Familiengeschichte, der Erinnerung an die ferne Heimat und die ruhmreichen Feldzüge zu Wasser und zu Land.

In jenem Bayeux können wir heute die große Stickarbeit betrachten, die uns wie ein Comic-Strip aus alten Zeiten den ganzen ruhmreichen Eroberungszug Wilhelms veranschaulicht, vom Schiffbau bis zur Einschiffung, zum Übersetzen über den Kanal bis zur Schlacht bei dem Ort, der heute ganz einfach Battle heißt (die Schlacht), wenn in Geschichtsbüchern Hastings zu lesen steht. Diese Endlosstickerei, gemeinhin als Teppich bezeichnet, gibt uns eine Vorstellung von dem, was nun auf die Iren zukam. Der Drachenschiffe mit den roten Segeln hatten sie sich endlich erwehrt; gegen die axtschwingenden Piraten aus dem hohen Norden waren sie nach zweieinhalb Jahrhunderten schließlich siegreich geblieben oder hatten sie doch zur Ruhe gezwungen. Da brach, ein Menschenalter nach dem Tod des großen Brian Boru, eine neue Gefahr aus, die sich nicht würde besiegen oder vertreiben lassen, eine Dauerbedrohung aus der nächsten Nähe. Ähnlich wie die Schotten tausend Jahre lang ihre Südgrenze, die *Borders*, würden verteidigen müssen, mußten die Iren fortan die Engländer abwehren, wie sich die Nachkommen der Anglonormannen bald nannten.

Bei allem Verständnis für die tiefe Abneigung, die das irische Volk gegen den übermächtigen Nachbarn im Lauf der Jahrhunderte immer deutlicher empfand, immer überzeugter in seinem Herzen nährte, muß doch gesagt werden, daß jegliche Fremdherrschaft über die grüne Insel nicht von ungefähr kam und niemals ohne Mitwirkung von Iren der verschiedensten Gruppen und Wesensart. Erinnern wir uns an jenen frustrierten irischen Kleinkönig, der die Römer zur Eroberung der Insel gleichsam einlud, man werde keine Schwierigkeiten haben, das Land liege offen vor jedem da, der es haben wolle.

So und ähnlich hatte sich Irland den Wikingern dargeboten und hatte schließlich deutliche Vorteile aus dieser zunächst blutigen Begegnung gezogen: Als endlich die Waffen schwiegen, besaß das Agrarland, das mit einiger Gewalt aus seinem frommen Schlummer geweckt worden war, mit Wexford und Waterford wohlhabende Seestädte und in Dublin einen der umsatzstärksten Handelshäfen des Mittelalters überhaupt. An dieser Rolle der Stadt und ihres nächsten Umlandes änderte auch Brian Borus Sieg von Clontarf nichts: Die Kaufleute ließen sich nicht beirren, der Überseehandel hatte längst exterritorialen Charakter gewonnen, und in einem Land, in dem es praktisch keinen Geldfluß gab, mußten die Könige Gott danken, wenn sich wenigstens durch den Fernhandel eine gewisse wirtschaftliche Regsamkeit einstellte.

In den Jahren 1016 bis 1035 herrschte Knut der Große, eine der erstaunlichsten Herrschergestalten unseres kleinen Kontinents, über ein skandinavisches Großreich von der Rheinmündung bis zum Nordkap und von Island bis an die Ostsee. Für die britischen Inseln gilt er als König von England und Overlord von Schottland und Irland, und das noch vor der Vereinigung der vier schottischen (Klein-)Königreiche und nur zwei Jahre nach dem Tod des großen Brian Boru.

Ein Großreich scheint vom Himmel gefallen, und es ist nicht aus windigen Verträgen zusammengekleistert, sondern hat einen echten Herrscher an der Spitze, der dort fortzusetzen scheint, wo Karl der Große aufhören mußte: Er erfüllt das erste Kriterium wahrer Herrschaft, indem er die Gesetze sammeln und in eine sinnvolle Harmonie bringen läßt, wozu Irland freilich so gut wie nichts beizutragen hatte. Es ist auch sehr zweifelhaft, ob die Suprematie Knuts über die grüne Insel von den dort einige Territorien haltenden Wikingern anerkannt wurde oder gar von einheimischen Fürsten. Indessen gehen zwischen Nachbarländern ja ungleich mehr und tiefere Beziehungen hin und her, als sich historisch und dokumentarisch erfassen lassen. Zwar gab es einen für die Wikinger weitgehend uninteressanten, nur punktweise besetzten irischen Osten, aber die wirtschaftliche Orientierung der Insel mußte naturgemäß die Himmelsrichtungen Osten und Südosten bevorzugen – nach Brendans Insel draußen im Weltmeer reckten nur noch einige wenige Weltflüchtlinge die Hälse, kaufen und verkaufen konnte man dort nicht.

Im nahen Irland konnte darum nicht unbemerkt bleiben, daß dieser neue Herr über Tausende von Schwert- und Axtkämpfern nicht mehr Klöster niederbrannte, sondern begründete, daß er Schulen baute und dafür sorgte, daß die Sprache der Unterworfenen, also der Angelsachsen, in seinen Königshöfen und Kanzleien verstanden und gesprochen wurde, neben dem Dänischen und dem Latein der Kleriker und Chronisten. Nach vielen Kriegsjahren und Plünderungen hatten die Handwerker alle Hände voll zu tun. Sie erhielten dafür gutes Geld, in geordneten Münzstätten geprägt, wodurch ein an sich beschämender Zustand beendet wurde: Vor Knut war das Geld der Dänen überwiegend aus den Brandschatzungen gekommen, das heißt, es war erpreßtes Geld, das die Mordbrände ablösen sollte, seit im Jahr 991 zum erstenmal 10.000 Pfund Silber bei solch einer Gelegenheit bezahlt worden waren. Der Wikingerhäuptling Sven

Tweskäg (d. h. Doppelbart) erpreßte im Jahr 1002 die Summe von 24.000 Pfund, 1007 dann noch einmal 36.000 Pfund, um einen Landstrich zu verschonen, sein Unterführer Thorhild brachte es auf 48.000 Pfund (1012) und zu einem späteren Zeitpunkt abermals 21.000 Pfund.

König Ethelred der Unberatene (968–1016) soll in seiner langen, aber wenig glanzvollen Herrschaft insgesamt 167.000 Pfund Silber an Schutzgeldern (wie wir heute sagen würden) bezahlt haben, eine Summe, die unsere Quelle, Schrötters großes *Wörterbuch der Münzkunde*, mit 75 Millionen Goldkronen aus dem Ersten Weltkrieg umrechnet, eine unter heutigen Kaufkraftverhältnissen astronomische Summe. (Als Ethelred vom Schmerz über solche Verluste übermannt wurde, ließ er alle Dänen in seinem Herrschaftsbereich umbringen. Das geschah am 13. November 1002 und ist bekannt als das *Massacre of the Saint Brice's Day*.)

Eleganter, aber nicht weniger effektiv, ging Knut der Große vor. Als er England befriedet hatte, wie man dies auf dieser Ebene schon nennen darf, machte er bekannt, daß angesichts der kostspieligen militärischen Operationen die Kassen leer seien, so daß er seinen Truppen keinen Sold ausbezahlen könne. Wollten die Unterworfenen vermeiden, daß sich die siegreichen Truppen selbst in Häusern, Läden und Gehöften bedienten, so mußten sie *Danegeld* aufbringen, die Summe, die Knut brauchte, um seine siegreichen Haudegen zufrieden in ihre Heimatländer entlassen zu können. Wen wundert es, daß auf diese Weise 82.500 Pfund Silber zusammenkamen? Ein Gutteil dieser Summe gelangte mit den Heimkehrern nach Schweden, ist doch die Teilnahme schwedischer Krieger an den Kämpfen auf der britischen Hauptinsel auch aus Runensteinen bekannt. "Besonders in schwedischer Erde, auf Gotland und in Wisby, sind zahlreiche Andenken an diese Abdankungsgelder für das Heer in angelsächsischer Münze, hauptsächlich mit dem Gepräge Ethelreds und Knuts, aufgefunden worden, insgesamt über 22.000 Stück, von welchen jedoch ein großer Teil durch den Handelsverkehr ins Land gekommen und verbreitet worden ist" (Schrötter p. 120). Knut betrug sich also nicht viel anders als seine gabel- und doppelbärtigen Vorgänger aus seiner nordischen Heimat, nur daß auf diese Weise eben weniger Blut floß.

Trotz aller zweifellos eindrucksvollen Bemühungen des großen Knut ist sein Reich hinsichtlich der Homogenität und der inneren Ordnung weder mit dem Römerreich zu vergleichen noch auch mit dem länger bestehenden Kaiserreich Karls des Großen. Zweifellos war die organisatorische Durchdringung der einzelnen Landesteile sehr unterschiedlich und damit – das darf man nicht nur vermuten, sondern als sicher annehmen – im Falle Irlands weitaus geringer und dürftiger als auf der britischen Hauptinsel. Während sich nämlich alle skandinavischen Machthaber um eine weitgehende Beherrschung der großen Insel bemühten und dafür vor allem im Bergland von Wales verlustreiche und zeitraubende Kämpfe in Kauf nahmen, herrschte hinsichtlich Irlands noch immer, wie zu Römerzeiten, der Eindruck vor, auf der grünen Insel sei nicht viel zu holen oder das, was dort zu holen war, hätten die Nordmänner in ihren Handelszentren bereits erobert. Besonders abschreckend muß dabei gewirkt haben, daß Barridh Ottirsson, einer der tapfersten und erfolgreichsten Flottenführer der Dänen im zehnten Jahrhundert, seine Hauptaktivitäten von Irland nach Wales verlagerte, ein Signal gleichsam für alle, die sich nach diesem kundigen Kämpfer richteten. Und als er im Jahr 914 gegen die Waliser fiel, bewirkte dies bei den kriegerische Tugenden schätzenden Dänen nicht etwa eine Abkehr von Wales, sondern wurde als Beweis dafür gewertet, daß diese westliche Halbinsel trotz ihrer wehrhaften keltischen Bevölkerung, ihres weglosen Berglands und ihrem katastrophalen Klima ein begehrenswertes Ziel für Eroberungen sei.

Für Irland bedeutete die wenn auch lose Anbindung an das Großreich Knuts die bis dahin stärkste Annäherung an den Kontinent, nahm doch Knut – um nur ein Beispiel zu nennen – im März 1027 an der Kaiserkrönung Konrads II. in Rom teil, wobei er sich als 'König aller Engländer' bezeichnete, was damals die Iren miteinschloß. England, das war durch Knut nun ein geordnetes Land mit vier Earldoms (Großgrafschaften), nämlich das Wessex Alfreds des Großen, Mercia des legendären Königs Offa (757–796), der mit Karl dem Großen einen Handelsvertrag unter allen Anzeichen der Ebenbürtigkeit schloß, dazu East Anglia und das an Schottland angrenzende Northumbria. Parallel zu diesen großen Ordnungsvorgängen vollzog sich eine für Knuts ganzen Machtbereich kennzeichnende Förderung der Kirchen und ihrer Organisationsformen. Darin lag Knuts Bedeutung auch für Irland, das sonst eher mittelbar, durch die Befriedung der Nachbarinsel und die Einführung einer sicheren Münze, von der Zugehörigkeit zu Knuts Großreich profitierte.

In Irland nämlich hatten sich die Söhne Brian Borus in Rivalitäten aufgerieben und die Machtposition des Vaters nicht halten können, so daß ein neuer Clan, die Könige von Connaught, sich die eher nominelle Würde der Großkönige oder Hochkönige von Irland durch einige Generationen sichern konnte. Wie im ganzen europäischen Mittelalter war auch für die Erfolge dieser Familie die enge Zusammenarbeit mit der Kirche und die Rolle klerikaler Berater förderlich, und durch die persönliche Bekanntschaft Knuts des Großen mit Papst Johannes XIX. bahnte sich eine nähere Verbindung zwischen der an ihre Sonderexistenz gewöhnten irischen Kirche und dem Heiligen Stuhl an.

Die Umorientierung der Wikingerstädte, der Übergang zum friedlichen Handel und zu urbanen Strukturen rund um die Festungen, wirkte unter Turlough O'Connor (Regierungszeit 1106–56) wie jede längere Friedenszeit auch auf die kulturelle Entfaltung im Binnenland und im westlichen Irland, Bemühungen, die in der großen Zeit der Heiden und ihrer Hegemonie an allen europäischen Küsten zum Stillstand gekommen waren. Neben die kirchlichen Zentren im Osten und Süden, die seit den Jüngern des Heiligen Patrick schon ein gewisses Renommee genossen, tritt nun das unaussprechliche Clonmacnoise am Ostufer des Flußes Shannon in der Provinz Leinster, inmitten von sehr viel Grün, dennoch heute einer jener irischen Wallfahrtsorte, an denen man nur mit dem Unheil konfrontiert wird, das Wikinger, Anglonormannen und Engländer mit sich brachten.

Der irische Name des Klosters ist noch ein wenig komplizierter als der gebräuchliche englische und erklärt uns, daß die Schlußsilbe *noise* mit dem Wort Lärm nichts zu tun hat, wie sollte sie auch in dieser weiten grasbewachsenen Einöde, die von allzu sachlichen Nachschlagewerken als Wüstung bezeichnet wird. *Cluain moccu Nois* bedeutet vielmehr 'Wiese des Stammes Nos' (Doherty). Die zweifellos sehr feuchte Wiese hatte einen dem Stamm Nos möglicherweise schon bekannten Vorzug: Sie bildet mit aller denkbaren Genauigkeit die Mitte der Insel Irland, die heute, da der Shannon-River und der Grand Canal zu einem System der Wasserstraßen verschmolzen sind, die grüne Insel in eine nördliche und eine südliche Hälfte teilt.

Der Pflanzenwuchs ist hier niedrig, das Land übersichtlich, die Fülle der Eindrücke an den Ufern lieblich-monoton und keineswegs unheimlich, es sei denn, man ruft sich in Erinnerung, daß dieses uralte Shannon-Kloster so ziemlich von jedem überfallen wurde, der Irland jemals mit einer Waffe in der Hand betreten hat: seit dem Jahr 834 immer wieder die Wikinger, und als diese zu einer friedlichen Nachbarschaft übergingen und das Kloster aufblühte, kamen die Anglonormannen, die im Jahr 1179 – Christen unter Christen – so furchtbar wüteten, daß von den hundert Häusern der Klostersiedlung nachher nur noch Brandruinen übrig waren. 1552, als Irland von englischen Truppen besetzt war, ließen sich die in Athlone am Lough Ree stationierten Garnisonstruppen einen Raubzug nach Clonmacnoise einfallen, und was danach noch übrig war, äscherte der für viele so große Cromwell ein.

Die Iren, die alljährlich am 9. September, aber auch an anderen Tagen hierher pilgern, gedenken dabei wohl des Heiligen Ciarán mac int Sair, zweifellos aber auch der geschilderten Gewalttaten, mit denen sich hier, im Herzen der Insel, das Bewußtsein von unverdrossener irischer Selbstbehauptung verbindet, an einem der Orte, die früher als viele andere der Insel in die Geschichte eingegangen sind.

Ptolemaios, der griechische Geograph des zweiten christlichen Jahrhunderts, muß zwischen 127 und 142 Kunde vom Fluß Shannon erhalten haben und nimmt ihn als Senus in seine erstaunliche Erdkunde auf. Ja, wir entdecken dort, wo der Senus sich in seine tiefe Trichtermündung ergießt, mit einigem Herzklopfen sogar einen Städtenamen – Regia – als ob die Römer doch entgegen aller Wahrscheinlichkeit zumindest einen wichtigen Hafenort in Irland gegründet hätten; aber die unbestechliche Realenzyklopädie von Pauly-Wissowa beraubt uns sehr schnell dieser Illusion: "*Regia* (Ptolemaios II,2,10) Name zweier Orte im Innern von Hibernis, unstreitig bloße Bezeichnung von Fürstensitzen, deren eigentliche Namen die Römer nicht kannten."

Immerhin kreuzten sich bei unserem Kloster zwei uralte Fernpfade, wissenschaftlich Altstraßen genannt, nur eben keine Straßen, sondern allenfalls Pisten durch damals noch recht sumpfiges Land, und da diese Kreuzung nahe dem Wasserweg Shannon lag, muß man sagen, daß der heilige Ciarán den Platz für seine Gründung sehr gut gewählt hat. Das ist umso erstaunlicher, als er kein Fürstensohn war und offensichtlich auch kaum Schulen besucht hatte. Er stammte aus ärmlichen Verhältnissen, kam 510 oder 520 in Mittelirland als Sohn eines Schmiedes zur Welt und trat, als er die Berufung in sich fühlte, in die Schülerschar des Enda von Inishmore und später des Finnian von Clonard ein. Mit acht Gefährten und unterstützt vom flüchtigen Prinzen Diarmait mac Cerbaill, der selbst noch Heide war, gründete er im Januar 545 oder wenige Wochen später das Kloster Clonmacnoise. Den ersten Pfosten des Holzbaues soll der Prinz gemeinsam mit dem Heiligen eingeschlagen haben, doch starb Ciarán am Ende des selben Jahres: Diarmait, der in der altirischen Sage eine große Rolle spielt, geriet in Gegnerschaft zu bedeutenden Äbten und Bischöfen, was vielleicht erklärt, daß er im Jahr 560 das (vermutlich) letzte der großen heidnischen Kultfeste von Tara abhielt. Er überlebte seinen Freund Ciarán um zwanzig Jahre und wird im Kloster des Heiligen bis heute als dessen Gönner verehrt. Es scheint, daß er als Hochkönig des Clans der Ui Neill ungeachtet seiner eigenen Distanz zum Christentum noch viel für die Gründung am Shannon getan hat. Sicher ist, daß kein Geringerer als Columba, der große Missionar, Clonmacnoise gegen Ende des Jahrhunderts besuchte, und daß das Kloster im siebenten Jahrhundert bereits als das reichste des Landes nach Armagh galt.

Das Geheimnis dieses Erfolges war eine besondere Klosterstrategie, so originell wie wirksam: Als Äbte wurden stets sehr alte Männer aus politisch völlig einflußlosen Geschlechtern gewählt, die ihren Besitz auch nicht nahe beim Kloster haben durften. Da die Äbte schnell wieder wegstarben, lag die eigentliche Macht in der Hand des Priors, und diese Macht war – es gab ja noch keinen Zölibat – erblich. Ganz im Sinn so weltlicher Regelungen führte das Kloster auch Krieg gegen konkurrierende Klöster, ja sogar gegen den König von Munster und erhielt seine erste steinerne Kirche im Jahr 909 durch die Gunst eines Ui-Neill-Hochkönigs mit dem wohlklingenden Namen Flann Sinna. Der vielgeprüfte König, der 888 den Norwegern von Dublin unterlag und dreimal Aufstände der eigenen Söhne niederschlagen mußte, hatte trotz all dieser Schwierigkeiten Verständnis für Literatur und Geschichte und stiftete dem Kloster einen schützenden wertvollen Schrein für das *Book of Durrow*, das älteste der großen illustrierten Evangeliare mit Buchschmuck orientalischen, angelsächsischen und piktischen Charakters (heute im Trinity College in Dublin).

Clonmacnoise nahm im neunten und zehnten Jahrhundert eine interessante Entwicklung, die man als zwiespältig bezeichnen kann und die für ganz Irland Bedeutung erlangte.

Einerseits hob eine gewisse Verweltlichung an, dadurch, daß Konflikte mit der Waffe ausgetragen wurden, daß das Kloster sich in die Regionalpolitik einmischte und daß es zum Kern einer beinahe städtisch zu nennenden Siedlung wurde. Andererseits kam es zu intensiver und erfolgreicher literarischer Tätigkeit, die Clonmacnoise in ganz Irland berühmt machte. War das *Book of Durrow* mit großer Wahrscheinlichkeit auch nicht in Clonmacnoise entstanden, so schien der Besitz dieses kostbaren Evangeliars im Kloster doch den Ehrgeiz geweckt zu haben, solche Kostbarkeiten zu schaffen und zu bewahren, wobei man sich keineswegs auf religiöse Texte beschränkte, sondern glücklicherweise – ähnlich wie die Klöster auf dem Kontinent – die Verpflichtung empfand, Zeitereignisse aufzuzeichnen.

Der Mönch Tigernach Ua Braein verfaßte Annalen, die er allerdings nicht bis zu seinem Tod im Jahr 1088 fortführte, dabei aber die Chroniken der Insel Iona einarbeitete. Im wesentlichen deckten seine Aufzeichnungen die Zeit ab 950 bis gegen Ende des elften Jahrhunderts ab. In gewissem Sinn eine Fortführung war das *Chronicon Scotorum* (womit ja in frühen Zeiten nicht die Schotten, sondern die Iren gemeint waren). Es behandelt die legendären Anfänge irischer Geschichte und reicht bis 1150, mit einer angesichts der vielen Wechselfälle in Clonmacnoise nicht verwunderlichen Lücke für die Jahre 718–804. Das in einer im siebzehnten Jahrhundert angefertigten Abschrift erhaltene Chronicon war eine wertvolle Beihilfe bei der Rekonstruktion der verlorengegangenen großen Sammlung *Chronicles of Ireland*. Die Einzelheiten und biographischen Daten verweisen fast alle auf das Leben im Kloster Clonmacnoise.

Die wichtigste Leistung der Mönche von Clonmacnoise ist aber unstreitig das *Book of the Dun Cow*, das nach der Überlieferung aus der Haut jener Kuh hergestellt wurde, die der wertvollste Besitz des Heiligen Ciarán war: Es ist unter allen erhaltenen altirischen Texten der früheste, überliefert uns einige der berühmtesten Groß-Sagen aus dem reichen keltischen Sagenschatz der Insel und besteht aus 67 Blättern eines so rauhen Pergaments, daß man tatsächlich an eine Kuhhaut denken konnte. Von den drei Schreibern dieses unschätzbaren Textes ist uns nur einer namentlich bekannt; er hieß Mael Muire mac Ceilechair, starb im Jahr 1106 und hat eine bis heute andauernde Diskussion darüber ausgelöst, ob er selbst die alten Sagen gesammelt oder ob er nur ältere Vorlagen überarbeitet hat.

Seltsamerweise aber haben wir außer diesen und anderen Schriftstücken wenig Kunde vom Bildungsleben im Kloster, das doch bedeutend gewesen sein muß, da ganz offensichtlich auch Bestände aus anderen Klöstern hier gesichtet und ausgewertet wurden. Das setzt nicht nur Schreibwerkstätten voraus, sondern auch ein ganzes Team kundiger Kompilatoren, die wiederum ihre Kundschafter ausgeschickt haben müssen. Einigen Kleinkönigen der umliegenden Territorien, aber auch mindestens einem König von Munster war diese verdienstliche Tätigkeit fördernde Hilfe wert, so daß Clonmacnoise seinen Landbesitz erweitern und arrondieren und die letzten Holzhäuser durch Steinbauten ersetzen konnte. Ein erster Rundturm wurde gleichsam als Fluchtburg wohl schon vor 967 errichtet, und Wege auf Dämmen erleichterten den Pilgern den Zug nach Clonmacnoise auch bei regnerischem Wetter. Sie wurden nach den Überfällen immer wieder instand gesetzt, was für die Jahre 1135, 1170 und 1179 belegt ist.

Für den Wohlstand des Klosters sorgte aber auch die Verkehrslage, die Clonmacnoise zu einem Marktort werden ließ; Bauern und Händler, sogar Wein-Importeure aus Gallien trafen sich hier mehrmals im Jahr, so daß es nicht sonderlich überrascht, von einer eigenen Münze zu hören, die allerdings keinen Prägestock verwendete, sondern nur Brakteaten herstellte, also Hohlpfennige aus dünnem Silberblech, einseitig durch einen Oberstempel gezeichnet (nicht selten mit Hilfe eines Hammers, wobei das Blech auf einer Lederunterlage ruhte).

Da die ältesten deutschen Brakteaten aus dem Jahr 1130 stammen, ist zu vermuten, daß die Technik der Brakteaten- oder Hohlpfennigherstellung aus dem skandinavischen Raum ins mittlere Irland kam. In Schweden, vor allem in Südschweden, aber auch auf den dänischen Inseln waren nämlich zahlreiche dünne und billige Nachahmungen der Dürstedter Denare im Umlauf, einer der häufigsten Münzen in karolingischer Zeit. Es waren barbarische, das heißt kunstlose Nachahmungen, auf denen man die Bilddarstellungen nur mühsam erkennen konnte. Zumindest auf diesem Gebiet waren also die Mönche von Clonmacnoise hinter dem kontinentalen Standard noch zurückgeblieben.

Diesen weltlichen Bestrebungen, der Teilnahme am Wirtschafts- und Geschäftsleben, wirkte eine aus dem südlichen Irland auf der ganzen Insel vordringende Reformbewegung entgegen, die unter dem Namen Celi Dé (Diener Gottes) bis nach Schottland ausstrahlte, aber nicht von langer Dauer war. Sie entstand um 725 und mündete um 1100 in eine allgemeinere kirchliche Armenfürsorge, wie sie um diese Zeit auch auf dem Kontinent ihre ersten Zentren entwickelte. Die Reform strebte intensiveres geistiges Leben an, ehrliche Gebete in tiefster Versenkung, Rückkehr zum Eremitendasein zumindest für einzelne Mönche, die sich in der zum Wohlstand gelangten Gemeinschaft nicht mehr wohlfühlten, dazu Lektüre und tägliche harte Arbeit. In Clonmacnoise findet sich das seltene Beispiel für das Nebeneinander einer Reformzelle mit dem auf Gewinn und Macht ausgerichteten Klosterbetrieb, dank einer bestimmten einflußreichen Familie, der die Äbte sich wohl nicht widersetzen konnten. Diese Sippe der Conn-na-Bocht unterhielt seit 1031 ein Armenspital auf dem Grund des Klosters, zu dem Stallungen und ein gewisser Landbesitz gehörten. Es muß eigenes Vermögen besessen haben, weil es im Jahr 1199 eine Branddrohung durch eine Geldzahlung ablöste. Verwandt mit dieser Einrichtung war ein Seniorenstift für alte und gebrechliche Kleriker, das seit dem 8. Jahrhundert bestanden haben dürfte.

Angesichts so ausgebreiteter Aktivitäten verwundert es nicht, daß Clonmacnoise zum Bischofssitz erhoben wurde. Zwar gab es unter den unsicheren Verhältnissen auf der Insel keine unverrückbaren Diözesangrenzen, und insbesondere das zeitweise sehr aktive Kloster von Clonard am Boyne machte den Mönchen von Clonmacnoise manche Gebiete streitig, als es im Jahr 1111 ebenfalls zum Bistum erhoben wurde. Schlimm für Clonmacnoise wurde es, als die normannischen Ritter über die Irische See kamen und sich, da die Güter auf der Hauptinsel vergeben waren, auf Irland jenen Besitz zu sichern versuchten, den ihnen schon Wilhelm der Eroberer versprochen hatte. Ein Simon de Roch(e)fort wurde 1192 Bischof von Clonard mit dem Ergebnis, daß die Diözese Clonmacnoise schließlich nur noch aus ein wenig Grasland am Ostufer des Shannon bestand. Leider scheinen die neuen Herren aus dem anglonormannischen Adel mit der Übernahme des Besitzes keinerlei Schutzverpflichtung verbunden zu haben. Clonmacnoise wurde im 12. und 13. Jahrhundert von Streifscharen weiter überfallen und ausgeplündert, daran änderte die mächtige Normannenburg, die hier schon vor 1216 erbaut worden war, offensichtlich nicht das geringste.

Das einst so berühmte Kloster galt im hohen Mittelalter als das ärmste Bistum von ganz Irland; Bischof und Kleriker mußten sich aufmachen, um in reicheren Landstrichen Spenden zu erbetteln. Erst 1459 wurde wenigstens für vier ortsansässige Priester eine gewisse Unterhaltsleistung gesichert, aber selbst diese armen Kleriker und das, was sie hüteten, reizte wie erwähnt 1552 die englische Garnison von Athlone zu einem Überfall, von dem sich Clonmacnoise nicht mehr erholte: Die Stiftung für die vier letzten Mönche wurde 1568 eingestellt, den Rest besorgte 1649/50 Oliver Cromwell bei der mit entsetzlichen Grausamkeiten verbundenen Niederwerfung des irischen Aufstands zugunsten der Stuarts. Clonmacnoise wurde nach Jahrhunderten des Ruhms unbewohnt und zu einer Wüstung.

Erst dreihundertundfünfzig Jahre später erinnerte sich die Republik Irland an diese düstere Idylle in der Landesmitte und eröffnete 1993 am Südwesteingang der Ruinenstätte ein Tourist-Office, das die Ratlosen, die den Ruhm des alten Klosters nur aus Büchern kennen, über die erste Enttäuschung hinwegtröstet und auf den besonderen, zweifellos ein wenig verwirrenden Eindruck vorbereitet, der den heutigen Besucher erwartet. Zwischen sehr viel Grün und milden Westlüften vom Meer und vom Shannon herauf erheben sich einzelne, auf den ersten Blick verblüffend kleine Kirchen und spielerisch verteilte Grabkreuze. Drei Hochkreuze und einige durch den weichen Sandstein besonders gefährdete Grabplatten wurden in das kleine Museum verbracht, andere Kreuze stehen malerisch im Freien, sind jedoch Nachbildungen, weil man die alten Originale nicht der Witterung aussetzen will. Sie tragen keine so großen Figuren wie die bretonischen Calvaires, stellen in ihren Reliefs aber doch Handlungen und Szenen aus der Heiligen Schrift dar, am eindrucksvollsten das über vier Meter hohe, von einem Abt namens Colman um 909 für König Flann Sinna gestiftete *Cross of the Scriptures*. In den Jahrhunderten, in denen sich niemand um die Denkmäler von Clonmacnoise kümmerte, konnten Wind und Wetter gegen dieses Kunstwerk ungehindert wüten. Immerhin erkennt man an der Ostseite (Richtung der Kathedrale) das Motiv des Jüngsten Gerichts und an der Westseite die Kreuzigungs-Szene.

Ein Geistlicher und ein Krieger, die gemeinsam einen Stab oder Pfahl in den Boden rammen, sind wohl die Gründer-Väter des Klosters, der Heilige Ciarán und der (spätere) König Diarmait.

Nördlich und südlich des Inschriftenkreuzes erheben sich in etwa symmetrischer Entfernung das Nord- beziehungsweise das Südkreuz. Beide sind um etwa hundert Jahre älter als das Inschriftenkreuz; am Nordkreuz fällt – seltsam für ein Kloster – eine Darstellung des Keltengottes Cernunnos auf. Vielleicht wollte man den überwundenen Gegner in Stein bannen. Hinter den Kreuzen ragt eine Kirchenruine auf, die allgemein als Kathedrale bezeichnet wird, da Clonmacnoise schließlich Zentrum eines Bistums war. Sie scheint Elemente der ersten steinernen Kirche zu bergen, die König Flann im frühen zehnten Jahrhundert hier errichten ließ. Der Abt jener Zeit hatte, wie damals nicht ganz selten, auch Kenntnisse in der Kirchenbaukunst.

An das Hauptschiff aus dem zwölften Jahrhundert wurde im fünfzehnten Jahrhundert, also in der Spätzeit des Klosters, noch ein Anbau gefügt. Auch das Nordportal stammt aus jener Zeit und zeigt drei Heiligenfiguren, unter denen man den italienischen Tierschützer Sankt Franziskus zu erkennen glaubt. Ähnlich wie in Iona sollen auch Könige hier bestattet worden sein, als erster der erfolgreiche Eroberer Turlough O'Connor, als letzter Roderick O'Connor im Jahr 1198.

Die Grabstätten und Grabtafeln sind heute der besondere Ruhm von Clonmacnoise. Nirgends in Irland sind soviele steinerne Zeugen versunkenen Lebens und vergangener Schicksale erhalten geblieben wie hier, und man hat auch schon recht erhebliche Entzifferungsarbeit geleistet. Sie stammen aus dem achten bis zwölften Jahrhundert und haben sich besser erhalten als die Kreuze, weil sie in der Regel nicht aufrecht standen, sondern wie Gruftdeckel auf dem Grab lagen. Die Bedeutung der Ornamente ist weitgehend unklar geblieben; die altirischen Inschriften fordern zu Gebeten für die Verstorbenen auf. Einige der Steine sind in der Ogham-Schrift beschrieben worden.

Die kleinste der noch vorhandenen Kirchen ist jene, die dem Heiligen Ciarán geweiht war. Mit dem schmalen Innenraum und dem schlichten Mauerwerk erinnert sie an die ältesten Westgotenkirchen im westlichen Spanien. Klein wie sie war, überstand die Kirche die Jahrhunderte besser als die Kathedrale und behielt länger als die anderen ihr Dach.

Als die schönste der erhaltenen Kirchen gilt Nun's Church auf einem Fundament aus dem frühen elften Jahrhundert, im zwölften Jahrhundert errichtet und zum Unterschied von ihren schlichten Schwestern mit reichem romanischem Zierat versehen, so daß sich die besondere irische Romanik nach diesem Gotteshaus gut beurteilen läßt. Es wurde auch früher als andere Gebäude von Clonmacnoise restauriert, nämlich 1865 und mit erstaunlicher Dezenz, wie sie in jener Zeit noch selten war, weil es an Verständnis für die Romanik mangelte.

Das auffälligste Bauwerk von Clonmacnoise ist weltlich: Der zwanzig Meter hohe, sehr schlanke und gut erhaltene O'Rourke-Tower, ein Fluchtturm in der Form eines Campanile, fugenlos und groß genug, um die Geistlichen so lange aufzunehmen, bis die Angreifer ihren Plünderungszug beendet hatten (es soll dreißig solche Überfälle gegeben haben). Offensichtlich mußte es bei diesen Fluchten sehr schnell gehen, sonst hätten die Mönche wohl noch das Normannenkastell erreichen können, das westlich der großen Klosteranlage noch heute mit Wällen und Mauerresten gut zu erkennen ist.

Das Nachbarkloster von Clonmacnoise war Clonfert, südlich in einer Luftlinienentfernung von nur acht Kilometern gelegen, aber man muß, um hinzukommen, einige Umwege beschreiten. Das Städtchen mit dem verheißungsvollen Namen Shannonbridge hat tatsächlich eine Flußbrücke, aber nördlich der Einmündung des Suck-River, so daß man über Banagher und von dort nach Westen fahren muß, um das Kloster des Heiligen Brendan zu erreichen, somit etwa ebenso alt wie das des Heiligen Ciarán. Aber es ist nicht der seefahrende Heilige, der die Besucher hierher lockt, sondern die Kathedrale von 1164 mit romanischem Portal, nach Annette Kossow das berühmteste von Irland.

Seit 1101 war Clonfert Sitz eines Bischofs, und als 1152 Petrus O'Mordha Bischof wurde, schlug die Stunde für diesen bedeutenden Kirchenbau. Das Tor jedoch soll erst um 1200 entstanden sein. Es vereint die skandinavischen Einflüsse (Tiermotive) mit der keltischen Tradition der Zierelemente; die späteren Zubauten im Innern der Kathedrale bewahren, obwohl sie zum Teil erst im 15. Jahrhundert ausgeführt wurden, die charakteristische leichte Innenneigung der Pfeiler- und Bogenführung. Die Flächen sind nahezu vollständig mit Köpfen oder Ornamenten erfüllt, eine Dichte der Skulpturen, wie sie auf dem Kontinent erst in der Gotik festzustellen sein wird – dabei ist der ganze Kirchenbau vergleichsweise klein und mißt in der größten Länge nur 28 Yards (etwa 25 Meter). Bemerkenswert sind auch die Kirchenfenster, vor allem jene an der Ostfront des Bauwerks.

Auf dem Boden dieses Bistums hielt sich erstaunlich lange die altirische Tradition der Doppelklöster. Erst 1223 wanderten die Nonnen nach Kilcreevanty aus. Ähnlich wie Clonmacnoise verarmte auch Clonfert im fünfzehnten Jahrhundert. Der letzte bekannte Abt starb 1571.

Geistesgeschichtlich hat Clonfert bei weitem nicht die Bedeutung erlangt, die Clonmacnoise durch seine Schreibwerkstatt erreichte. Immerhin gab es im siebenten Jahrhundert zwei bedeutende Kleriker, die vielleicht auch Äbte waren und in dieser frühen Zeit bei Auseinandersetzungen eine Rolle spielten. Der eine griff mit einem wichtigen lateinischen Brief in die endlosen Streitereien um die Festsetzung des Osterdatums ein: Das war im Jahr 632, und der Brief war an Ségène, damals Abt von Iona, gerichtet. Der Briefschreiber hieß Cummianus und war Fer Leigind, das heißt Erster Lehrer an einer Klosterschule, zeitweise in Durrow, vor allem aber in Clonfert. Der zweite Gelehrte aus Clonfert ist uns besser bekannt. Er entstammte einem angesehenen Familienverband, dem westlichen Zweig der Königsfamilie von Munster und hieß Cuimine Fota, zeichnete seine lateinischen Arbeiten aber auch als Cummineus Longus.

An seiner geschichtlichen Existenz ist nicht zu zweifeln; es gibt ein lateinisches Bußbuch von ihm, einen lateinischen Hymnus auf die Apostel und noch andere, ihm allerdings nur zugeschriebene fromme Arbeiten über Christus und die Apostelschar. Dennoch aber spielt dieser prominente Kirchenmann auch eine bedeutende Rolle in der altirischen Sagenwelt, vor allem im Sagenkreis um Guaire Aidne, König der Ui Fiachrach Eidne und späterer König von Connacht, Nachkomme des mythischen Ahnherrn Conn der Hundert Schlachten, der schon vor Christus in Tara geherrscht haben soll. Cuimine Fota hatte also hochadelige, wenn auch heidnische und kampftüchtige Vorfahren, was ihn vielleicht veranlaßte, Anleitungen für Bußübungen herauszugeben.

Clonfert wie Clonmacnoise machen immerhin deutlich, daß nur wenige Wegstunden von den großen Schlachtorten der Dänenkriege das alte irische Christentum und das mönchische Leben sich fortsetzten, wiederholt durch Überfälle gestört, immer wieder von Plünderungen und Bränden heimgesucht, aber mit unverdrossenem Eifer um Weiterarbeit bemüht. Diese und andere Klöster des mittleren und westlichen Irland hatten nicht mehr die Kraft, Kleriker nach Schottland oder gar auf den Kontinent auszusenden, um zu missionieren; aber sie waren da, sie verbissen sich in den Streit um das Osterdatum und sie verteidigten den irischen Sonderweg des Christentums in dem Bewußtsein, daß die Religion auf dem Boden der Insel so alt und ehrwürdig sei wie nirgendwo sonst.

Dieser religiöse Bezirk im Herzen der Insel Irland wird es sein, der dem Land alles ersetzen muß, was andere Länder ihm voraus haben. Denn auf dem Kontinent, so klein er ist, haben sich die Nationalstaaten durchgesetzt. Das geteilte Spanien konsolidiert seine Königreiche, sie stärken sich im dauernden Kampf gegen die glanzvolle Herrschaft der Araber und Juden im Südteil der Pyrenäenhalbinsel. Den mächtigen Mittelrisalit Europas bildet das Heilige Römische Reich deutscher Nation mit seinen Stauferkaisern, dem ersten Friedrich als großem Kämpfer, dem zweiten Friedrich als *stupor mundi*, als bestauntem Herrscher einer neuen Zeit. Und in Frankreich hat ein englischer König eine reiche Erbin geheiratet, die zudem eine schöne Frau und eine kluge Herrscherin ist. Das Paar bilden Heinrich II. Plantagenet und Eleonore von Aquitanien, Enkelin des Dichterfürsten Wilhelm IX. Es war gewiß kein neues Heidentum, was nun gegen die frommen Armen im äußersten europäischen Westen heranzog; es war nicht einmal Waffengeklirr, nicht das Sausen der Streitäxte, unter dem die Mönche am Shannon sich jahrhundertelang geduckt hatten. Und es war doch weit bedrohlicher: Es war die große Verführung des hohen Mittelalters, Minnesang, Troubadoure, höfische Kultur, prachtvolle Dome, Anbruch eines Lebensgenusses neuer Art, wie ihn die verhangenen Himmel Irlands nie gesehen hatten.

Irland im angevinischen Reich

Zwei Jahre nach der Schlacht von Hastings gebar die flandrische Gräfin Matilde ihrem erfolgreichen Gatten, dem Eroberer, einen Sohn: Gegenüber dem Thronfolger Wilhelm hatte er den Vorzug, bereits auf englischem Boden zur Welt gekommen zu sein, und als sein älterer Bruder am 2. August 1100 ermordet wurde, war Heinrich König von England, womit man sich hätte zufrieden geben können. Aber Königssöhne sind anders: Da gab es noch den ältesten dieser drei Söhne, nämlich Robert II., der die Normandie erhalten, aber in einem langen Kreuzzug aufs Spiel gesetzt hatte, einen kleingewachsenen Mann, der darum Courteheuse genannt wurde. Er war ein schwacher Regent, der den normannischen Adel nicht zu bändigen wußte, der sich aber als Kreuzfahrer in den entscheidenden Schlachten von Doryleion, Jerusalem und Askalon so sehr auszeichnete, daß zumindest dieser letzte Sieg vor allem seiner Tapferkeit zugeschrieben wird.

Seltsamerweise verließen ihn auf dem weniger heiligen Boden der Normandie dann wieder die Kräfte. Die der chaotischen Verhältnisse überdrüssigen Grafen riefen Heinrich I. ins Land, dieser besiegte den älteren Bruder im September 1106 bei Tinchebray. Es war die Zeit, da Brüder einander umbringen und einsperren ließen, und auch Robert Courteheuse sah die Freiheit nicht wieder, man schleppte ihn von einem englischen Schloß zum andern, bis er 1134 starb.

Ein Bruder ermordet, ein Pfeilschuß von unbekannter Hand im New Forest, ein anderer Bruder in jahrzehntelanger Haft, das sind Verdüsterungen im Bild eines Herrschers, der zum Unterschied von dem unmäßig dicken und ausschweifenden Wilhelm und dem zu kurz geratenen Robert als Henry Beauclerc, also als ein schöner Mann bezeichnet wurde. Er hatte eine ausgezeichnete Ausbildung erhalten, sprach und schrieb das Lateinische, und während sein Bruder Wilhelm sich mit Parasiten und Lüstlingen umgeben hatte, waren Heinrichs Berater tadellose und hochbegabte Männer. Aber das Unglück schlug auch bei Heinrich zu: Er mußte vom Ufer aus ohnmächtig zusehen, wie draußen im Ärmelkanal das weiße Schiff, mit dem sein Sohn William Aetheling zu ihm reisen wollte, von einer offenbar völlig betrunkenen Mannschaft auf eine Klippe gesetzt wurde, den berüchtigten Felsen von Quillebeuf. Unter den hundertundachtzig Rittern und Damen, die damals ertranken, war neben William Aetheling noch ein illegitimer Sohn Heinrichs, ein Neffe Kaiser Heinrichs V. und andere Mitglieder seiner Familie; ein einziger Mann konnte sich schwimmend ans Ufer bei Honfleur retten.

Jean Favier, führender Kenner des französischen Mittelalters, sieht in diesem Ereignis den Grund für die vollständige Änderung der englischen Politik. Heinrich hatte nur noch die mit Kaiser Heinrich V. verheiratete Tochter Matilde. Als sie fünf Jahre nach dem Schiffsunglück, nach dem Untergang von *La Blanche Nef*, Witwe wurde, bereitete Heinrich ihre zweite Ehe sehr sorgfältig vor. Die ehemalige Kaiserin wurde mit Gottfried V. Plantagenet, Grafen von Anjou verheiratet, wohl eine große Chance für das französische Haus Angers-Anjou, andererseits aber auch die Verbindung mit einer an Kultur und geistigen Traditionen reichen Familie, die in Mittelfrankreich vorbildliche Verwaltungsarbeit geleistet und Rechtsordnungen gesetzt hatte. Der Sohn von Gottfried und Matilde, Heinrich II. Plantagenet, herrschte, als er 1152 Eleonore von Aquitanien heiratete, über das größte europäische Reich seit den Karolingern. Es war ein Reich zu beiden Seiten des Kanals, ein Reich, das noch nicht zwei Sprachen sprach, weil das normannische Französisch sich mit dem Angelsächsischen noch kaum vermischt hatte. Frankreich, England und bald auch Irland hatten eine ungeheure Chance, die Chance eines westlichen Großreiches zwischen Rhein, Rhône und Atlantik als ebenbürtiger Schwerpunkt in einem Europa, dessen Mitte vom Heiligen Römischen Reich deutscher Nation beherrscht wurde, von Kaisern, die zwischen Ostsee und Mittelmeer regierten und ihr

Reich langsam und nicht ohne Rückschläge nach Osten zu erweiterten.

Das Haus mit dem Ginsterzweig (*planta genest*) im Wappen war somit für Irland keine Jahrhundert- sondern eine Jahrtausend-Chance, auch wenn dies die Iren, die seither in kleineren Zeiträumen denken, gewiß nicht gerne hören. Ich möchte Heinrichs II. Bemühungen um Irland unter diesem europäischen Aspekt sehen, und so wenig sie auch bekannt sind, es gab sie: Es begann schon ein Jahr nach Heinrichs Regierungsantritt mit einer ersten Intervention zu dem Zweck, Heinrichs Bruder Wilhelm von Anjou mit einem eigenen Herrschaftsgebiet zu versorgen. 1170 folgte ohne persönliche Beteiligung Heinrichs die breitangelegte Aktion vorwiegend walisischer Barone mit einer erfolgreichen Landung, die den vertriebenen König von Leinster unterstützte. Diesem Sieg für Dermot mac Murrough folgte eine ausgebreitete anglonormannische Ansiedlung auf irischem Boden. 1171 reiste Heinrich II. Plantagenet in der Blüte seiner Jahre dann selbst nach Irland, wo ihm, beeindruckt von seiner waffenstarrenden Begleitung, nicht nur die inzwischen ortsansässigen Normannen huldigten, sondern auch die irischen Kleinkönige. 1172, nach der Aussöhnung des Königs mit Papst Alexander III. – Streitpunkt war die Ermordung von Thomas Becket zu Canterbury gewesen – anerkannte der Papst Heinrich II. ausdrücklich als Herrn der Insel Irland und aller ihrer Bewohner.

Erst, wenn man diese oben nur aufgezählten Abschnitte der ersten ernsthaften englischen Landnahme auf der Insel im einzelnen betrachtet, versteht man die Vorbehalte der irischen Geschichtsschreibung, ging es doch auch in diesem Fall nach Mustern zu, die der europäischen Geschichte seit der Antike bekannt und suspekt sind. Und am Beginn steht gar eine jener päpstlichen Bullen, von denen in den letzten Jahrhunderten und mithilfe einer genaueren wissenschaftlichen Analyse so viele als gefälscht oder verfälscht oder falsch interpretiert erwiesen wurden; die Bulle *Laudabiliter* des Papstes Hadrian IV. (1154–1159).

Hadrian ist der einzige englische Papst der Geschichte, kam im gleichen Jahr zur Macht wie Heinrich II. und soll ihn schon in seinem ersten Herrschaftsjahr aufgefordert haben, die Insel Irland zu erobern und damit für den Papst leichter erreichbar, besser erfaßbar zu machen, kurz der Kirche zuzubringen. Der Text der Bulle, wie ihn Giraldus Cambrensis in seiner im Mittelalter unübertroffenen *Expugnatio Hibernica* (Eroberung Irlands) mitteilt, bekräftigt allerdings diese Auffassung nicht, sondern läßt eher vermuten, daß es Heinrich II. war, der den englischen Papst mit gewissen, der Kirche zusagenden Gründen um das Einverständnis zu einem Feldzug nach Irland bat. (Giraldus selbst war kein Ire, sondern teils walisischer, teils normannischer Abstammung, ein in Paris gebildeter Adeliger, aber im Bemühen um hohe Kirchenämter erfolglos. Er starb 1223.)

Hadrian IV., ein kluger und weitblickender Papst, nutzte die Gelegenheit und verlangte für seine Zustimmung zur Invasion die Unterwerfung von ganz Irland und aller Hebrideninseln unter die Oberhoheit des Heiligen Stuhles im Sinne der Konstantinischen Schenkung. Auch auf dem Konzil von Winchester im Winter von 1154 auf 1155 hatten die versammelten Bischöfe eine Invasion Irlands vorgeschlagen, möglicherweise noch ehe Heinrichs Pläne bekannt waren.

Diese erste Gefahr des Jahres 1155 zog über Irland herauf, weil die ihre eigenständige Frömmigkeit und ihre ruhmreiche missionarische Tradition schätzende irische Kirche sich eine Unterwerfung unter Rom allenfalls in rein symbolischen Formen vorstellen konnte. Eine striktere Bindung an einen fremden Oberhirten konnte sie den größtenteils armen und seit Generationen selbstlos wirkenden Klerikern und Klosterinsassen hingegen nicht vermitteln. Dieser Gegensatz akzentuierte sich später, als unter Hadrians Nachfolger, dem großen Papst Alexander III., die Wendung vom Papst als

Stellvertreter Gottes auf Erden häufiger gebraucht und schließlich verbindlich eingeführt wurde.

Zu diesen geistlichen Gründen, die 1155 doch nicht zureichten, einen angevinischen Prinzen auf irischem Boden heimisch zu machen, kam als wesentlich gewichtiger und verlockend das reiche Dublin mit zweihundert Schiffen, die ja nach damaligem Gebrauch auch bewaffnet waren und somit nicht nur eine Handels-, sondern eine Kriegsflotte von großem Wert bildeten. Dublin war einer der wichtigsten Handelsplätze des Mittelalters geworden, was zu der Überlegung Anlaß gibt, ob nicht die wirtschaftliche Kraft des Hinterlandes, also des mittleren Irland, gemeinhin unterschätzt wird. Jürgen Elvert erwähnt einen Fernkaufmann namens Fitzharding von großem Einfluß und beträchtlichen Geldmitteln, also einen Finanzmann von Format und Vermögen schon ein Vierteljahrtausend vor den Fuggern oder Jacques Coeur: Da die altirische Agrarwirtschaft weitgehend autark war, könnte die Existenz solcher gewiß nicht vereinzelter Großkaufleute auf Kaufkraft in Irland hinweisen und auf gewisse Exportgüter, die von der grünen Insel gegen Fertigwaren oder Wein ins Ausland geliefert wurden.

Die Dinge kamen ins Rollen, als Diarmait, König von Leinster (gestorben 1072), verstärkt durch aus England geflohene Sachsenritter, von seinem Kleinkönigreich Leinster aus zum Kampf um das Hochkönigtum von Irland antrat, was praktisch allerdings nur die Herrschaft über den größten Teil, nicht über die gesamte Insel bedeutete. Immerhin stieß er gegen Munster und bis Limerick vor und behauptete sich im südlichen Irland, was zu der schmeichelhaften Annalen-Notiz führte, er sei "König von Wales und den Inseln und Dublin und der südlichen Hälfte" (der Insel) gewesen. Sein Nachfahre Diarmait mac Murchada (gestorben 1171) nannte sich nach der neuen anglonormannischen Mode Dermot und nahm den hundert Jahre zuvor begonnen Kampf um die Hochkönigswürde gegen die Könige von Connaught wieder auf.

Er unterlag, verlor auch seine Stammlandschaft Leinster und die Kontrolle über das reiche Dublin und mußte nach Bristol fliehen, in den Hafen, der den intensivsten Verkehr mit Dublin hatte. Und von hier aus tat er nun, was so viele Vertriebene vor ihm taten; Dermot bemühte sich, eine Invasionsarmee aufzustellen, um seine Herrschaft wieder zu gewinnen. Fitzharding half, aber die Waliser waren nicht leicht zu motivieren: Armut, schlechtes Wetter und weglose Einöden hatten sie im Lande genug, warum noch welche hinzuerobern? Selbst die Billigung durch den auf dem Kontinent engagierten König Heinrich II. vermochte daran wenig zu ändern.

Der Mann dieser Stunde und damit einer der nicht ganz wenigen, die auszogen, Irland zu erobern, hieß Richard Fitz-Gilbert de Clare (gestorben 1176) aus einer der mächtigsten Familien von Wales und an Reichtum nur vom Hause Lancaster übertroffen. Die Clare gingen auf Godfredus zurück, einen außerehelichen Sohn des Normannenherzogs Richard *sans Peur* (Ohnefurcht), der 996 starb. Der Enkel von Godfredus war an der Seite Wilhelms des Eroberers in Pevensey gelandet und hatte als tüchtiger Kämpfer Land in Suffolk erhalten, wozu sich zahlreiche weitere Lehen in Wales gesellten, als die Familie Clare König Heinrich I. wichtige Dienste erweisen konnte.

Richard FitzGilbert war der Mann, den Dermot brauchte; man bemannte Schiffe, man fand auf einmal auch Männer, denn die Clare kannte jeder, und nach dreijährigen Kämpfen war Dermot im Jahr 1170 wieder Herr von Leinster und Dublin. Richard FitzGilbert erhielt die Hand von Dermots Tochter Aoife, was sich ihr Gemahl in Eva mundgerecht machte, und als Dermot starb, gab es keine Diskussion über die Erbfolge – der reiche und kampfkräftige Schwiegersohn beherrschte nun wichtige Teile im Herzen und im Osten der Insel Irland.

Damit war für Heinrich II. ein Anlaß gegeben, seine Irlandpläne wieder aufzunehmen. Er kannte natürlich die Clare und ihre Verdienste. Für Richard, mit einer Königstochter verheiratet, rechtmäßiger Königserbe und machtstrotzender Eroberer eines Königreichs, mochte die Versuchung groß sein, seinem alten und ruhmreichen Geschlecht endlich eine Existenz in königlicher Unabhängigkeit als Höhepunkt der Familiengeschichte einzubringen. Vielleicht, aber nicht unwahrscheinlich bei einem Geschlecht, dem das Gerücht die Ermordung des dicken Wilhelm II. zuschreibt, wofür es vielleicht noch Lohn einfordern wollte.

Daß Heinrich II. schon im Juni 1171 ernsthaft an einen Irlandfeldzug dachte, obwohl König Dermot doch erst im Mai gestorben war und sich Clares Pläne noch gar nicht absehen ließen, hatte aber noch einen zweiten, drängenderen Grund: Es waren nämlich in Frankreich zwei Herren eingetroffen, denen der König keinesfalls zu begegnen wünschte, was einen verwundern kann, ist ein König im allgemeinen doch Herr über seine Audienzen und fähig, unerwünschte Besucher vom Hofe fernzuhalten. Die zwei Herren aber waren hohe Geistliche, Legaten des Papstes, und da muß nun zum besseren Verständnis eine alte Geschichte noch einmal erzählt werden, die Geschichte von einem König und einem unbotmäßigen Erzbischof.

Am 21. Dezember 1120 aus einer normannischen Familie in London geboren, wird Thomas Becket schon früh ein Freund des Königs und schon mit 34 Jahren Kanzler des angevinischen Reiches. Mit großer Umsicht und scharfer Intelligenz widmet er sich der Wiederherstellung der Ordnung nach den Thronfolgekämpfen, und 1162 macht ihn Heinrich II. zum Erzbischof von Canterbury, hebt ihn, der noch gar kein Priester ist, auf den einflußreichsten Kirchenrang – und verliert damit einen Freund. Denn nun wendet sich alles, was Thomas an Fähigkeiten und Erfahrungen besitzt, alles, was er als Kanzler durchschauen durfte, in jedem auftauchenden Konflikt zwischen Kirche und König gegen Heinrich II. Tief enttäuscht, schickt Heinrich den Erzbischof ins Exil, und Thomas begibt sich zu einem, der nur auf ihn gewartet hat, zu König Ludwig VII. von Frankreich, der eine höchst private Rechnung mit Heinrich Plantagenet zu begleichen hatte: Der bigotte, linkische, krankhaft asketische Herrscher des Landes rund um Paris war von 1137 bis 1152 mit der strahlend schönen und sinnlichen Eleonore von Aquitanien verheiratet gewesen, war von ihr vor dem ganzen Kreuzzugsheer mit Raymond von Poitiers, Fürst von Antiochien, betrogen worden und nach der Heimkehr aus dem Heiligen Land auch noch mit dem jungen Heinrich Plantagenet, so daß eine Versammlung von Prälaten am 21. März 1152 die Scheidung aussprach. Acht Wochen darauf heiratete die Verstoßene den noch um seinen Thron kämpfenden Heinrich. Jean Giraudoux hat es uns gesagt: "Wenn betrogene Ehemänner nicht nach Rache schreien dürften, was bliebe ihnen dann?", und da das auch für Könige gilt, so fromm sie auch sein mögen, trug Beckets Aufenthalt in der Umgebung Ludwigs (1164–1170) nicht dazu bei, den Geflüchteten versöhnlich gegenüber König Heinrich II. zu stimmen. Die öffentliche Beilegung der alten Konflikte im Juli 1170 in Fréteval am Loir schlägt fehl, Heinrich verweigert Becket den Friedenskuß, gestattet aber die Rückkehr in Amt und Würden nach Canterbury. Am 2. Dezember trifft Thomas dort ein, am 29. Dezember wird er von vier englischen Edelleuten in der ehrwürdigen Kathedrale ermordet. Der König selbst soll, enerviert von neuem Streit mit dem wortgewaltigen und unerschrockenen Erzbischof, gemurmelt haben: Wer befreit mich von diesem Mann?

Natürlich kannten die vier Ritter die Verhältnisse, den konkreten Streit um Ämter und Autoritäten, die Bindungen Beckets an den Feind Frankreich. Was aber die ganze Christenheit aufschreckte, waren Zeit und Ort des Verbrechens, die Weihnachtstage, der Altar, die geweihte Stätte. Ludwig VII. machte sich zum Fürsprecher harter Sühnen, und der Papst entsandte seine Legaten, vor denen Heinrich II. sich verantworten sollte, eine Begegnung, die zum Kirchenbann für das ganze angevinische Reich führen konnte und zu einer unhaltbaren Situation für den König.

Wie Ludwig XI. von Frankreich mit unliebsamen Klerikern verfuhr, wissen wir: er setzte sie in Käfige und führte sie, täglich unter seinen Augen, auf jeder Reise mit, und was Heinrich VIII. mit ungnädigen Legaten gemacht hätte, braucht nicht weiter ausgemalt zu werden. Heinrich II. Plantagenet entschloß sich in durchaus unköniglicher Hast zu einem Feldzug nach Irland, Hibernia am Rande des christlichen Europa, eben weit genug für diesen Anlaß. Clare hatte inzwischen aus Dublin die beruhigendsten Signale geschickt, angekündigt, daß er bereit sei, den Lehnseid zu schwören und sich mit allen seinen irischen Eroberungen und Erbländern unter die Gnade des Königs zu begeben. Von diesem Gesichtspunkt aus war die Irlandfahrt wohl überflüssig, zumindest als Kriegszug. Aber Heinrich fühlte sich in Gefahr; er brauchte ein Heer um sich herum gegen die unsichtbaren Streitscharen des Papstes und die Dolche des frommen siebenten Ludwig, und so hielt er schon im Juli 1171 – acht Wochen nach dem Tod Königs Dermot von Leinster – in Argentan an der Orne eine Versammlung seiner Barone ab, gab ihnen sein Vorhaben bekannt und erließ schließlich eine überraschende Anordnung: Niemand, am allerwenigsten aber Geistliche oder Pilger, dürften den Kanal überqueren, und die Kaufleute, die dazu von Berufs wegen gezwungen seien, müßten dies nachweisen und dürften nur nach England kommen, wenn sie auf der Insel schon gut beleumundet seien. Das fehlte ihm noch, auf Irland zwischen zwei heilige Feuer zu geraten, die verstockte, auf ihre alten Privilegien und Verdienst pochende Klostergeistlichkeit der Insel und, in seinem Rücken herangesegelt, die zwei Herren mit dem päpstlichen Bannfluch im Gepäck!

Es ging mit größter Eile weiter: Am 1. August segelte Heinrich aus Frankreich ab, am 3. August landete er in Portsmouth. An der Küste, vor allem in den ehrwürdigen *Cinqe Ports* am Kanal, wurde bekanntgemacht, daß wer immer päpstliche Briefe oder andere Schreiben ins Land brächte, sofort als Staatsfeind zu verhaften sei.

Wogegen Heinrich II. sich nicht schützen konnte, das war das Nachwirken der von ihm zumindest gebilligten Untat, sie wurde zur Legende, noch ehe die beiden Legaten auch nur den ersten Kanalhafen erreicht hatten. Zehn Biographien erschienen in den zehn Jahren, die dem Mord in der Kathedrale folgten. Thomas wurde der gottergebene Märtyrer, der den Opfertod als Tor zur überzeitlichen Existenz als Heiliger der Kirche willig hinnahm. Es war keine Rede mehr davon, daß er am 25.12. vor dem versammelten Kirchenvolk seine Gegner exkommuniziert hatte in kühner, selbstherrlicher Provokation; auch daß er sich ritterlich gewehrt hatte, statt wie ein frommer Mann wehrlos zu sterben, vergaß die Legende, und aus dem Mord in der Sakristei wurde ein Mord auf den Stufen des Altars. Und während Heinrich II. hinsichtlich der Bekanntheit heute selbst gegenüber seiner Gemahlin Eleonore und seiner Geliebten Fair Rosamond zurücktritt, blieb Thomas Becket Held von Balladen, Gedichten, Dramen und Erzählungen von Chaucer bis Tennyson, Henry Irving, Conrad Ferdinand Meyer, T. S. Eliot und Jean Anouilh.

Die Schwierigkeiten, die England mit der römischen Kirche hatte, begannen also erheblich vor dem achten Heinrich, wenn die Ursachen auch ebenso blutig waren wie unter den Tudors. Auch die irische Kirche hatte ihre durchaus hausgemachten Probleme mit Rom gehabt. Sie sind schwer erfaßbar, weil die heutige kirchliche Geschichtsschreibung alles tut, um sie zu kaschieren, zu gewaltig ist der Ruf unbändiger Frömmigkeit und Missionsverdienste, der die Iren vor einem unbotmäßig gewordenen Europa auszeichnet, und man muß zwischen den Zeilen lesen, wenn man den alten Dissens aufdecken will: "Bei der Hochachtung, welche die Iren für die Enthaltsamkeit hegten, waren die Priester, die in der Ehe lebten, jedenfalls die Ausnahme." Andere Abweichungen "erklären sich aus der Scheu, die Gebräuche ihrer Vorfahren abzuändern ... Verschiedenheiten konnten deshalb geduldet werden ... Die irische Kirche mit der protestantischen zu identifizieren, ist demnach ein arger Mißgriff" (Zimmermann S. J. in Herders Kirchenlexikon)

Heinrich II. handelte also in Erfüllung eines päpstlichen Auftrags, ausgesprochen 1155 in der Bulle *Laudabiliter*, wenn er in Irland landete und entzog sich damit zugleich der Gerichtsbarkeit Papst Alexanders III., der allerdings nicht Sohn eines armen Schreibers gewesen war, wie Hadrian IV., von dem die Bulle stammte, sondern gefeierter Rechtsgelehrter an der berühmten Universität von Bologna. Den Bannstrahl im Rücken, betrieb Heinrich II. seine Landungsvorbereitungen in Irland mit geradezu modernem Tempo. Sein Heer sammelte er in Wales, was die Waliser – die vielleicht glaubten, daß es um sie selbst gehen würde – zu Verhandlungen bewog. Das in seinem regnerischen Hügelland so gut wie unangreifbare Keltenvolk bot Unterwerfung an, versprach Geiseln zu stellen, dazu dreihundert Pferde und viertausend Rinder als Verpflegung für die Invasionsarmee, sofern sie es sich nicht einfallen ließe, vorher schnell Wales zu erobern und zu plündern.

Auch jenseits der Irischen See machte der Aufmarsch der Anglonormannen am Wald von Dean Eindruck. Clare kam eilends nach Wales, es mag inzwischen September geworden sein, und bot noch einmal die friedliche Übergabe von Dublin und allen Hafenplätzen an der Ostküste der grünen Insel an. Dazu beschwor er seine Lehenstreue für die eigene Person und für seine Erben. Der Waliser Rhys und Clare begleiteten den König somit als Verbündete oder richtiger als Vasallen auf dem Marsch zum Einschiffungshafen Milford Haven, aber der protestantische Wind, der bekanntlich lieber von West nach Ost als umgekehrt weht, hielt die Armee an der walisischen Küste fest, und als Samstag, den 16. Oktober 1171 der Wind endlich umsprang, waren von den viertausend walisischen Rindern nicht mehr allzuviele am Leben. Tags darauf landeten die vierhundert Schiffe Heinrichs in Croch, zwölf Kilometer von Waterford, und setzten neben fünfhundert Rittern nicht weniger als viertausend Bewaffnete an Land, dazu – nach dem Muster Wilhelms des Eroberers hundert Jahre zuvor – die Einzelteile einer vorgefertigten Festung, die sich schnell zusammenbauen ließen. Es hatte zuviele Morde in königlichen Familien gegeben, in England wie in Irland, und nun kamen auch noch die Bravi des Papstes hinzu. Da durfte sich ein König schon mit einer praktikablen Festung umgeben.

Zunächst freilich ersparte ihm der Anblick seiner imposanten Streitmacht jegliche Auseinandersetzung. Selbst ein Wikinger-Abkömmling wie Ragnald von Waterford dachte nicht an Gegenwehr, als Heinrich von Croch heranzog, und auch Clare wählte die schmucke alte Handelsstadt als Ort für seine feierliche Unterwerfung.

Es ging so noch zwei Wochen weiter. Wer Heinrich keine viertausend wohlgerüsteten Männer entgegenstellen konnte, zog es vor, nach Waterford zu kommen und seine friedlichen Absichten, das heißt seine Unterwerfung kundzutun. "Innerhalb dieser kurzen Zeit sicherte sich Heinrich dank seines Ruhmes, seiner imponierenden Armee und der Kämpfe, die die Iren untereinander führten, das ganze südliche Irland, und zwar nur durch sein persönliches Erscheinen" (John T. Appleby in seiner Biographie des Königs).

Nun bewegt sich aber solch ein Heerwurm zumindest zu Lande nicht immer mit der gewünschten Schnelligkeit. Über den Ärmelkanal hatte Heinrich zwei Tage gebraucht, über die Irische See einen. In Dublin traf er erst am 11. November ein, und wenn es eine Jahreszeit gibt, die sich zu Feldzügen ganz und gar nicht eignet, so ist es der November in Irland. König Roderick von Connaught riskierte also nicht allzuviel, als er zum Unterschied von den anderen nach Dublin geeilten Kleinkönigen und Grafen erklärte, rechtmäßiger Herrscher über Irland sei er, und zwar über ganz Irland, und er denke nicht daran, sich einem Herrn aus dem französischen Le Mans, einem Kirchenfrevler und Mörder, mit seinem Volk zu unterwerfen. Das war erstmals irischer Widerstand auf breiter Front gegen englische Invasoren.

Heinrich II. wußte inzwischen genug von Irland, um auf eine so provokante Botschaft nicht unbeherrscht zu reagieren. Er hätte seinem Gegner keinen größeren Gefallen tun können, als seine Ritter in die herbstlichen Sümpfe des nördlichen Irland zu schicken, in denen noch Jahrhunderte später ganze englische Armeen zugrundegehen werden. Also bezog er Winterquartier im Raum Dublin und ließ Roderick in Ruhe, "wegen der über die Ufer getretenen Gewässer, der steilen Berge (?) und der Wildheit der Landstriche, die zwischen den beiden Königen lagen", wie die *Gesta Regis Henrici Secundi* (Taten König Heinrichs II.), eine im neunzehnten Jahrhundert neu editierte mittelalterliche Quelle, sich ausdrücken.

Die folgenden Jahre und Jahrzehnte bewiesen aber, daß dieser Hochkönig Roderich keineswegs nur dank Irlands Regen, Wind und Sümpfen an seiner Herrschaft festhalten konnte. Er muß ein bemerkenswerter Mann gewesen sein, was schon daraus hervorgeht, daß er ein halbes Jahrhundert lang, von 1156 bis 1198, mit kurzen Unterbrechungen herrschte und auch in den Altersjahren im Augustinerkloster Cong – das er bei Bedarf verließ – der eigentliche Gegner der Anglonormannen blieb. Als letzter Hochkönig von Irland tritt er in eine Reihe mit Herkus Monte, dem letzten Pruzzenfürsten, der etwa zur gleichen Zeit sein Land an die ländergierigen Deutschordensritter verlor, oder mit Boabdil, der dreihundertundfünfzig Jahre später Abschied von Granada wird nehmen müssen.

Roderich oder Roderick ist die für uns bequemste Form seines Namens. Die altirische Version wäre Ruairi ua Conchobair, anglisiert zu Rory O'Connor, sogar die Form Ruadri taucht auf (*Encylopaedia Britannica*). Er war der Sohn eines Königs, der noch seltsamer hieß, nämlich Toirrdelbach (oder Tordelbach, Turlough u. a. Schreibungen). Die Jahre 1156–1166 waren von dauernden Kämpfen Rodericks um die

Nachfolge in der Hochkönigswürde erfüllt, und 1185 verließ er ein letztesmal sein Kloster und setzte sich an die Spitze seiner Truppen.

Die Iren also kannten Roderick, aber offensichtlich lag ihnen sehr viel daran, Heinrich II., diesen König, der aus sichtlich höher entwickelten Ländern herangeschwommen war und den Glanz des mediävalen Frankreich um sich verbreitete, im Land zu halten und nicht zu entmutigen. Da Heinrich seine Faltburg an der Küste zurückgelassen hatte, bauten die Iren ihm ein Stück landeinwärts von Dublin eine neue Befestigung aus ihrem traditionellen, schnell aufzuführenden und schnell abwehrbereiten Flechtwerk, und als das Weihnachtsfest herannahte, kamen sie aus allen Teilen der Insel, um Heinrich ein schönes und friedliches Fest zu bereiten. Es scheint, daß man gewisse Ernährungsschwierigkeiten hatte, kein Wunder angesichts einer fremden Armee von 5.000 Mann mit ihrem Troß, die allesamt nicht bescheiden auftraten. Heinrich vollbrachte das Wunder der Speisung der 5.000, indem er ein irisches Tabu brach: Er ließ Kraniche jagen und braten und bewies durch sein Beispiel, daß der Genuß dieser großen Vögel völlig ungefährlich sei, mochten die Druiden aus dem Flug dieser Vögel einst auch allerlei geweissagt haben. Auf ihre Wahrsagerrolle aufmerksam gemacht, bemerkte der König, daß die Kraniche Krieg nur verkünden könnten, wenn sie fliegen; auf der Bratenschüssel hingegen seien sie völlig ungefährlich, wogegen sich wenig einwenden ließ.

Nach Weihnachten kam es zu einer Versammlung der irischen Bischöfe im ehrwürdigen Kloster Cashel, das den Vorteil hatte, im Schnittpunkt vieler Straßen zu liegen, die im Hochwinter besser passierbar waren als im aufgeweichten Zustand. Zweifellos war also der Ort mit Bedacht gewählt worden: Hier hatte der Heilige Patrick König Aengus getauft, hier war Brian Boru gekrönt worden und hatte Cashel zum Mittelpunkt seines Reiches erklärt. Man zeigte Heinrich also überdeutlich, was man von ihm erwartete und wie sehr er willkommen sei, denn auch die Hochkönige hatten dem zerrissenen Land keinen inneren Frieden geben können, ganz einfach, weil keiner der Rivalen um die Vormacht wirklich mächtig war.

Die Zusammenarbeit der Bischöfe mit Heinrich II. hatte aber noch einen anderen, sehr konkreten Grund. War Thomas Becket auch tot, sein Geist waltete immer noch in Canterbury, ja in gewissem Sinn stärker und offensiver denn je zuvor. Rom war weit, aber Canterbury war nahe, und wenn man von dem Monarchen natürlich auch nicht erwartete, daß er weiterhin Kirchenfürsten werde umbringen lassen, so durfte man in der Königsmacht doch das einzige taugliche Gegengewicht gegen den Hegemonieanspruch des Erzbischofs von Canterbury sehen.

So strebten die Herren also von allen Seiten auf den weithin sichtbaren Rock of Cashel zu, den die Ebene um sechzig Meter überragenden Felsen, und erbaten den Segen für ihr Vorhaben in Cormack's Chapel, der erst wenige Jahre zuvor fertiggestellten romanischen Kirche. Alles war hier gegenwärtig, was das tausendjährige Irland ausmachte, antike Motive in den Reliefdarstellungen und ein prächtiger skandinavischer Sarg. Es war, als habe man dem Herren aus Le Mans, dem Gemahl der kunstsinnigen Eleonore, alles vorführen wollen, was die grüne Insel ihm einbringen werde.

In Hinblick auf die Mißstimmung zwischen dem König und dem Papst wurde es wichtig, daß die Bischöfe sich zu einigen Kompromissen verstanden, die das tägliche Leben und den Kult der irischen Kirche an den allgemeinen Kirchenbrauch annäherten; das konnte Heinrich in Rom helfen. Auch daß die Bischöfe sich eindeutig mit allen ihren Würden und ihrem Besitz zu Heinrich bekannten, mußte in Rom registriert werden, sobald es dort bekannt werden würde; damit aber sah es übel aus: Ein stürmischer Winter schnitt Irland und mit ihm Heinrich II. vom übrigen angevinischen Reich ab. Den Februar in Dublin, den März in Wexford wartete man vergeblich auf günstiges Wetter. Inzwischen kamen

Schiffe aus England und Frankreich und brachten die Nachricht von der Heiligsprechung des Thomas Becket und daß an seinem Grab die eindrucksvollsten Wunder geschehen seien.

Schon im Februar 1172, also sehr viel schneller, als sonst üblich, hatte der Papst den ermordeten Erzbischof von Canterbury zum Heiligen gemacht (bei Johanna von Orléans dauerte es beinahe fünfhundert Jahre), und die beiden Legaten, die auf Heinrichs Verantwortung und Auskünfte warteten, betrugen sich als Fürsprecher eines Heiligen nun stolz, anmaßend und fordernd.

Heinrich sandte an sie, die Kardinäle Albert und Theodwine, die ihn immer ungeduldiger in der Normandie erwarteten, eine Botschaft und entschied sich gegen die Fortführung des Krieges gegen Connaught. Eine Insel an einem so stürmischen Meer sei nicht zu erobern, der Nachschub sei aufs äußerste gefährdet. Während er auf günstigen Wind wartete, teilte er die anglonormannischen Zonen in Irland zwischen seinem Vizekönig Hugh de Lacy und dem verdienten, aber allzu selbständigen Grafen Clare und gab als festen Brückenkopf die wichtige und reiche Stadt Dublin den Bürgern von Bristol, die tüchtige Steuerzahler waren und ihrem königlichen Herrn eifriger gehorchten als so mancher Ritter. J. T. Gilbert hat 1870 die *Historic and Municipal Documents of Ireland* herausgegeben, in denen sich die Zeilen finden, mit denen Heinrich II. die einzige Stadt, die diese Bezeichnung wirklich verdiente, den einzigen Welthafen Irlands, aus dem Inselganzen herausbrach und jenen Kaufleuten gab, die erst Jahrhunderte später, nach der Entdeckung Amerikas, beweisen werden, daß sie dieser Gabe würdig waren:

Heinrich, König der Engländer, Herzog der Normannen und Aquitanier, dazu Graf von Anjou etc. grüßt die Herren Erzbischöfe und Bischöfe, die Äbte, Grafen, Barone und Richter in allen seinen Ländern, auch die Beamten und anderen Getreuen, seien sie nun Franzosen, Engländer oder Iren.

Er gibt ihnen zu wissen, daß er seinen Leuten zu Bristol seine Stadt Dublin gegeben hat und ihnen gewährt, daß sie auf Grund dieses Erlasses sich in Dublin niederlassen können.

Es folgen dann auffällig streng formulierte Befehle und Ausführungsbestimmungen, die unter anderem vorsehen, daß die Freiheiten und Bräuche der Kaufleute und des Handelsverkehrs, wie sie Bristol genossen und entwickelt hatte, nun auch auf Dublin übertragen werden sollten. Das bedeutete praktisch eine Ablösung der skandinavischen Handelsgewohnheiten, die Obrigkeiten nicht kannten, durch die höher entwickelten Formen des Geschäfts- und Seeverkehrs nach dem Muster britischer und französischer Marktorte und Handelsstädte. Dublin mochte den Übergang in das große angevinische Reich mit Vorbehalten aufgenommen haben, ein unerläßlicher Fortschritt war es trotz gewisser Härten dennoch. Wenn der Schluß des Dekrets von den "Freiheiten und freien Bräuchen" spricht, welche "die Leute von Bristol in Bristol und überall in meinem Lande haben", so sind damit Privilegien angesprochen, wie sie das in der Spätphase eines heidnischen Welthandels verharrende Dublin ganz offensichtlich nicht genossen hatte: Mit Sicherheit endete nun der Sklavenhandel nach Andalusien, soweit er noch bestanden hatte, und die Hehlerwirtschaft für die Piratenflotten in der Ost- und Nordsee, auch wenn diese Einzelheiten nicht ausdrücklich erwähnt wurden, da sich das Dekret neben den Kirchenfürsten an das ganze Volk wandte. Heinrich erweist sich in diesem geschichtlichen Augenblick als ein Monarch von außerordentlicher Weitsicht. Waren es die Manen von Cashel, die herrliche Sandsteinkirche von Fürstbischof Cormac II. Mac Carthy, König von Desmond und Bischof von Cashel, oder die mannhafte Haltung des Hochkönigs Roderich, Heinrich erkannte jedenfalls, daß er in diesem Land, so klein es schien, das ganze große Reich verlieren könne. Seine Söhne waren erst 15 und 18 Jahre alt, aber es gab Männer wie Frauen, die ihnen bereits Unzufriedenheit einbliesen und den Widerstand gegen den Vater, und es gab die Prälaten, die nun schon zehn Monate auf ihren königlichen Sünder warteten. Also ließ Heinrich am Morgen des 17. April 1172 die Segel setzen. Die Überfahrt von Wexford nach Porth Stinian, nahe von Saint David's, dem westlichsten Punkt von Wales, währte nur wenige Stunden. Schon abends langte der König an, und es war ein magischer Ort, an dem er seine große Insel betrat. Denn hier, im heutigen Pembrokeshire, liegen Dolmen, Menhire und Steinkreise so nahe beisammen, daß die vorchristliche Bedeutung der kleinen Häfen am Westrand von Wales ganz offensichtlich ist. Hier war der Rastplatz jener Mittelmeerschiffahrt, die aus dem Süden nach Irland zielte und am Ostufer der Irischen See Landeplätze am Endpunkt von Binnenhandelsstraßen fand. Und die offensichtlich günstige Überfahrtstrecke zwischen Irland und Wales blieb in häufiger Nutzung, als die irischen Missionare England und den Kontinent mit ihrem frommen Eifer heimsuchten und die Pilger sich nach Santiago de Compostela aufmachten oder von dort zurückkehrten.

Ob Heinrich II. dies wußte? Immerhin hörte er, eben in Porth Stinian eingetroffen, in der feinen, kleinen Kathedrale von Saint David's mit seinem alten Markt und den vier Gassen die Messe, während die Mönche in größter Bestürzung nach etwas suchten, was man dem so überraschend dem Meer entstiegenen großen König als Abendessen anbieten könnte. Es zeigte sich, daß ein Prälat, der seine Ankunft angekündigt hatte, noch nicht eingetroffen war, ein reichliches Abendmahl aber seiner harrte. In diesen Minuten schwierigster Entscheidungen riskierte es das Domkapitel, den heranreisenden Bruder zu enttäuschen und setzte das vorbereitete Essen Seiner Majestät vor. Vermutlich ahnte Giraldus Cambrensis, der uns diese Anekdote überliefert, gar nicht, wie bezeichnend sie für die Verhältnisse in jenem zwölften Jahrhundert ist: Jedes Stück Brot wußte ganz offensichtlich, wohin und zu wem es gehörte ... Dem in diesem Jahr größer gewordenen Reich Heinrichs II., der ebensowenig Engländer war wie Wilhelm der Eroberer, tat dies keinen Abbruch. Irland und Schottland werden dereinst mehr hungern als England jemals.

Und doch war es ein Reich, kaum kleiner als das der Karolinger in ihrer besten Zeit und in gewissem Sinn geschlossener, homogen vor allem durch die Sprache, denn bis weit hinein ins vierzehnte Jahrhundert wurde im Herrschaftsbereich Heinrichs II. und seiner Nachfolger französisch gesprochen, naturgemäß neben dem Latein der Kleriker und der Volkssprache der kleinen Leute, die praktisch schriftlos, rechtlos und als Leibeigene lebten. Die auffällige Stärkung der "Leute von Bristol" ist auf diesem Hintergrund als eine zukunftsweisende Tat zu verstehen. Mit den Rittern verstand ein Plantagenet naturgemäß umzugehen, sie waren Menschen von seiner Couleur, und die Unterschicht der Städte, soweit sie sich überhaupt schon gebildet hatte, schuf ihm weniger Probleme als die Bauern auf den Gütern seiner Adelsherren. Das große Mysterium war die Wirtschaft, war der Handel, waren die verschlungenen Wege, auf denen Männer, die nur ausnahmsweise Zutritt bei Hofe hatten, ihre großen Vermögen machten: in ein paar italienischen Städten, in einigen Hafenorten an den Küsten des Mittelmeers, in den Kleinstädten des nördlichen Frankreichs und der Niederlande, wo sich alljährlich zu Messen und Märkten große Mengen von Menschen zusammenfanden und wo viel Geld floß.

Wir wissen, daß diese Mechanismen so manchem gekrönten Haupt noch im 18. Jahrhundert nicht erklärt werden konnten und daß selbst hochintelligente und gebildete Monarchen wie zum Beispiel Friedrich II. sich zur Geldbeschaffung in beängstigende (Lotterie-)Abenteuer stürzten. Heinrich II. rief nicht Florentiner ins Land, das blieb seinen Nachfolgern vorbehalten. Er hielt es mit den Leuten von Bristol und jenen von Dublin; sie sollten gemeinsam die neue Mittelschicht bilden, die sein Reich brauchte als Vorläufer der *merchant adventurers*, wobei die abenteuerliche Komponente wohl aus dem skandinavisch orientierten und organisierten

Dublin kam und Bristol das anliefernde und abnehmende Hinterland anzubieten hatte, ungleich leistungsfähiger als das arme Irland.

George Macaulay Trevelyan sagt in seiner bis heute unübertroffenen Geschichte Englands, kein König habe für England mehr getan als Heinrich II., der Graf aus Mittelfrankreich. Läßt sich dieses Wort auch auf Irland übertragen? Hatte die gewaltsame Öffnung der Insel durch den Brückenkopf Dublin auf dem ganzen zurückgebliebenen Mosaik kleiner und kleinster Königreiche irgendwelche Wirkungen? Oder ließen es die Herren und die Bischöfe, die sich so eifrig um den mächtigen König gedrängt hatten, nach seiner Abreise zu, daß das Land in seine alten Untugenden zurückfalle, in den gottergebenen Dämmerzustand, aus dem nur gelegentliches Waffengeklirr die kleinen und die großen Iren aufschreckte?

Graf Clare hatte einen Teil seiner Eroberungen behalten dürfen und blieb, wie sein ganzes Geschlecht, königstreu auch auf irischem Boden; über die Grenzen seiner Grafschaft hinaus aber trug er seine Herrschaft nicht, denn nach dem Abzug der angevinischen Armee mußte man für die im Grund friedliche Haltung des Königs von Connaught dankbar sein und auch ein Kämpfer wie Richard de Clare konnte – vor allem, da er in die Jahre gekommen war – selbst nichts anderes wünschen, als sich seines Besitzes zu erfreuen.

Und Hugh de Lacy, Vizekönig von Irland von Heinrichs Gnaden mit dem Regierungssitz in Meath? Er entstammte einer normannischen Familie, die ihren ersten Grundbesitz vom Bischof von Bayeux erhalten hatte. Er erhielt eine Tochter Roderichs von Connaught zur Frau, hatte also ebenfalls Grund, Frieden zu halten und die Iren nicht gewaltsam mit den Segnungen einer nur im technischen und manchen Äußerlichkeiten überlegenen Kultur zu beglücken.

Vielleicht aber war Rose, Prinzessin von Connaught, mit der Rolle einer Gouverneurs-Gattin nicht zufrieden und machte in Meath für ihren Vater Politik, der sich ein friedliches Irland unter einem Mann wie Hugh de Lacy durchaus vorstellen konnte. Sicher ist, daß de Lacy ein auffallend gutes Verhältnis zu den Iren hatte. Er rief die Bauern ins Land zurück, die durch die anglonormannischen Barone ihren Pachtgrund verloren hatten, und siedelte sie in seinem Herrschaftsbereich an. Er bewies in zahllosen Verhandlungen und Entscheidungen, daß er den Weg der Gerechtigkeit, der Vernunft und des guten Einvernehmens den Waffen und der Gewalt vorziehe. Und er war schließlich so beliebt, daß Heinrich II. wieder einmal, wie angesichts der rohen Kraft von Richard de Clare, um sein Irland fürchtete und die heikle Insel Prinz John anvertraute, dem Siebzehnjährigen, bei uns besser bekannt als Johann ohne Land. Der schuf in nur neun Monaten so vollendete Anarchie in Irland, daß er schließlich nach England fliehen mußte und de Lacy wieder an die Macht kam.

Solchermaßen gewarnt, ging der entthronte Vizekönig nun daran, für seine Sicherheit zu sorgen, und viele Historiker sehen ihn fortan im Zustand der offenen Rebellion gegen seinen königlichen Herrn. Bedenkt man, wieviele Burgen des Adels Heinrich II. in seinem ganzen Reich schleifen ließ, um jegliche Fronde der möglichen Stützpunkte zu berauben, so ist der Festungsbau de Lacys in Durrow bereits ein rebellischer Akt. Darüber hinaus war es eine – wohl aus der gebotenen Eile geborene – Unklugheit, für die Festung Mauern und Steine eines den Iren heiligen Klosters zu verwenden, das an dieser Stelle schon im sechsten Jahrhundert von keinem Geringeren als Columba, dem heiligen Prinzen der christlichen Frühzeit, gegründet worden war.

1186, als Hugh de Lacy sich durch einen Inspektionsgang vom Fortschreiten der Arbeit an seiner Festung überzeugen wollte, sprang ein Mann auf ihn zu und tötete ihn, und in diesem Fall hatte Heinrich II. einen diesbezüglichen Wunsch gar nicht aussprechen müssen; es hatte genügt, das Andenken Columbas zu schänden, und schon blitzten die Dolche. Daß der König seine Hand nicht im Spiel hatte, geht auch daraus hervor, daß dem Ermordeten sein Sohn Walter in allen Würden nachfolgen konnte und bis 1241 über Meath herrschte, während ein anderer Sohn de Lacys, und zwar Hugh der Jüngere, der erste Earl of Ulster wurde.

Kennzeichnend für die ganze Entwicklung von der großen Invasion Heinrichs II. an bis zum Tod Rodericks am Ende des Jahrhunderts ist eine alle Gegensätze entschärfende Friedfertigkeit. Da man den Mord an Hugh de Lacy, dem Vizekönig und Lord of Meath, wohl als die Tat eines religiös motivierten Einzelgängers aussondern darf, ist das Klima der angevinischen Bemühungen um Irland als ein verheißungsvoller Auftakt für die britisch-irischen Beziehungen zu charakterisieren. Irland, die vielbegehrte Braut, verharrt zwar ein wenig in einem Schmollwinkel, schließlich weiß man, wer man ist und will dem stürmischen Werber vom Kontinent zeigen, daß man seine Laufbahn kennt und in der Nachfolge eines Patrick oder Columba mißbilligt. Aber, daß es auf der Insel nicht so weitergehen kann wie im monotonen ersten Jahrtausend seit den Römern, das ist einer erfahrenen Fürstensippe wie den soi-disant-Königen von Connaught ebenfalls klar, auch wenn es kaum einer offen eingestehen wird. Roderich, der große Kämpfer, beweist den Mut zum Frieden, vielleicht auch, weil er hinter den Klostermauern von Cong die richtige Beratung fand. Das Kloster war, als Roderich sich hierher zurückzog, schon ein halbes Jahrtausend alt; den Kreuzgang, die berühmten Portale, dies alles gab es zu Lebzeiten des letzten Hochkönigs noch nicht, aber Cong in der Grafschaf Mayo lag im ruhigen Westen der Insel, an deren östlichen Rändern sich schon seit den Wikingerzeiten soviel verändert hatte. (1951 wird John Ford hier, rund um Cong Abbey, seinen Film *The Quiet Man* drehen, damit aber keineswegs den alten König meinen, der solch ein Gedenken gewiß verdient hätte, sondern einen nach vielen Kämpfen die Heimat suchenden alten Boxer, *a comedy as Irish as can be*, wie Halliwell's Film Guide sich ausdrückt.)

Aber nicht alle Iren wurden solcher Weisheit, die vielleicht Resignation war, teilhaftig, und ihre Opposition setzte dort an, wo der neue Geist am penetrantesten in Erscheinung trat, wo der Fortschritt, von den Fremden getragen, sich am brutalsten äußerte und selbstherrlich aus der Mitte der Insel heraus Kolonialherren-Aktivitäten entfaltete – in Dublin. Heinrich II. hatte rund um die Stadt einen Distrikt abgegrenzt, der praktisch und rechtlich eine Enklave war und von den Iren naturgemäß als ein Pfahl im Fleisch (der Insel) empfunden wurde. Dennoch kam die Bezeichnung *The Pale* erst im vierzehnten Jahrhundert auf und wurde übrigens auch auf andere vergleichbare Zonen angewendet, wie etwa auf das lange Zeit britische Calais auf französischem Boden.

In seiner größten Ausdehnung, unter Heinrich VIII., umfaßte der 'Pfahl' also das exterritoriale Land um Dublin, das Land innerhalb einer Linie von Dundalk über Kells nach Naas und weiter nach Dalkey. Die große erste Elisabeth hob diese Grenze dann auf, sie sah ganz Irland als britisches Hoheitsgebiet an.

Im heutigen Dublin ist noch deutlich zu erkennen, daß die Stadt, aber auch der Freistaat Irland, sich vom mittelalterlichen Dublin distanzieren und sich in Museen und Sammlungen um die Schätze des frommen und freien irischen Landes bemühen. Unversehens ans Tageslicht kommende Zeugnisse aus skandinavischen oder gar angevinischen Zeiten werden so konsequent ignoriert, daß die bei Ausschachtungsarbeiten für moderne Großgebäude an der Wood Quay entdeckten eindrucksvollen Reste der Wikingerburg aus dem frühen zehnten Jahrhundert eilends wieder zugeschüttet wurden, damit nicht irgendwelche archäologisch interessierte Gruppen hier Notgrabungen verlangen könnten.

Gnädiger gingen die Dubliner mit dem Erbe des Grafen Richard de Clare um. Dieser bemerkenswerte Mann, von dem leider nur die kriegerischen Taten und der damit zusammenhängende Ehrenname *Strongbow* bekannt sind, fand oberhalb des Liffey-Ufers eine Kirche vor, die Häuptling Syggtrig, ein zum Christentum übergetretener Wikinger, 1038 gestiftet hatte. Gemeinsam mit Bischof Laurence O'Toole, dem man architektonische Kenntnisse nachsagte, machte sich der Kriegsmann an einen Kirchen-Neubau. Dieser wurde 1173 in etwa so vollendet, wie wir Christ Church Cathedral heute am gleichnamigen Platz vorfinden. Die Kathedrale galt als Keimzelle der englischen Liturgie, die nach und nach die keltische ersetzte, die Chorherren an der Kathedrale lebten aber seit 1163 nach den Vorschriften der Abtei von Arouaise in der französischen Diözese Arras. Diese und andere Initiativen erweisen Bischof Laurentius O'Toole aus dem Fürstengeschlecht der Tuathaill als einen der wichtigsten Vorkämpfer der neuen Ordnung, vielleicht, weil er als Geisel König Dermots von Leinster besonders unter den alten irischen Wirren gelitten hatte. Laurentius trat wiederholt als Unterhändler zwischen König Roderich und Heinrich II. auf, der ihn sehr schätzte. Als Laurentius das Grab Thomas Beckets in Canterbury besuchte, fiel ein religiöser Eiferer über ihn her und schlug ihm den Schädel ein. Daß Laurentius diesen Angriff überlebte, obwohl sein Totenschädel noch deutlich die Verletzung zeigte, gilt als eines der von ihm bewirkten Wunder. Er starb 1180 oder 1181 auf der Rückreise aus der Normandie in Eu und wurde von Honorius III. im Jahr 1226 heilig gesprochen.

In der Kathedrale, in der Richard de Clare begraben liegt, gibt es auch eine kleine Laurence-O'Toole-Kapelle, allerdings nicht als Teil der alten normannischen Kathedrale, von der sich nur die Krypta erhalten hat.

Aber auch in der weltlichen Architektur trat ein Wandel ein, weil das gefestigte Herrschertum des angevinischen Reiches Adelsburgen nicht mehr in dem Maß tolerierte wie Wilhelm der Eroberer. Der seit geraumer Zeit auf vierzig Tage im Jahr begrenzte Heeresdienst der Barone und ihrer Bewaffneten ließ den Grundbesitzern Zeit genug für Verwaltung, Pflege und Ausbau ihrer Besitzungen, und als die Wirren in

Aquitanien abklangen, konnte Heinrich II. seinen Adel geradezu auffordern, durch die Ertragssteigerung ihrer Güter an einer inneren Gesundung des Reiches mitzuwirken, ein Beispiel, das auch auf die Klosterwirtschaften im nicht-angevinischen Irland den Eindruck nicht verfehlte. Turniere und andere ritterliche Spiele, dazu die Jagd und gelegentlich ein Scharmützel mit Wegelagerern, das mußte hinreichen, die Herren kampftüchtig zu halten, "aber eine Belagerung und eine richtige Schlacht hatten sie vielleicht nie mitgemacht ... So wird der Ritter allmählich zum Landedelmann, der vorherrschenden Gestalt Altenglands" (Trevelyan).

Damit waren die wehrhaften, aber kalten und innen kahlen Burgen weitgehend überflüssig geworden, und wer nicht als Krieger oder Kreuzfahrer unterwegs ist, der schätzt ein bequemes Zuhause höher als der fahrende Ritter. Aus der Burg wird das Herrenhaus mit einer gastlichen Halle, und die englischen Barone, die sich solche Häuser auf irischem Boden errichten ließen, stellten mit Erstaunen fest, daß diese Bauweise den irischen Handwerkern keineswegs fremd war: Auch der ärmste der Kleinkönige hatte darauf geachtet, eine Halle zu besitzen und hier seine Getreuen bewirten zu können, nur daß sie nicht so hoch und anspruchsvoll gewesen war wie das, was die neuen Herren nun als Zentrum ihres Wohnhauses empfanden. So ganz sicher aber scheinen die Barone sich auf der irischen Erde doch nicht gefühlt zu haben, trotz päpstlicher und königlicher Erlaubnis: Es währte nicht lange, so ersetzte das wehrhafte *Tower-House* das nur wenig Schutz bietende Herrenhaus, ein etwas bizarres, stets aber malerisches Mittelding aus Burg und Wohnschloß, das sich rund um Dublin auch reiche Handelsherren leisteten.

Die ungenutzte Gnadenfrist

In der Zeit zwischen Heinrich II., der 1189 starb, und Elisabeth I., die ihre Regierung im Jahr 1558 antrat, konsolidierten sich in ganz Europa die Nationalstaaten. Spanien befreite sein gesamtes Territorium von den Arabern und setzte zur Weltmachtrolle an, Frankreichs Könige weiteten nach den Erfolgen der Jungfrau von Orléans ihr Staatsgebiet erheblich aus, das Heilige Römische Reich hatte mit den Staufern und den frühen Habsburgern seine kräftigsten Herrscher, und selbst Schweden und Polen gewannen erheblich an Gewicht. Irland aber, durch Richard de Clare und Heinrich II. gewarnt, Irland mit dem Pfahl Dublin im Fleisch verharrte in so unklaren Verhältnissen, daß selbst Fachhistoriker sich über die Situation in den Jahrhunderten vor dem Verlust der Selbständigkeit gegensätzliche Meinungen gebildet haben: "Unter den neuen Rahmenbedingungen nach 1171 war eine vergleichsweise archaische Institution wie die Hochkönigswürde ... nicht mehr durchsetzbar. Im Gegenteil: Nachdem sich die Anglo-Normannen in Ost- und Zentralirland festgesetzt hatten, begannen sie, ihren Einfluß- und Herrschaftsbereich kontinuierlich zu erweitern" (Jürgen Elvert).

"Jedem Versuch, den Pale (d. h. das Gebiet um Dublin) als Stützpunkt zur weiteren Eroberung zu benutzen, setzten die Kelten und ebenso die Anglo-Iren heftigen Widerstand entgegen, und er blieb bis zur Unterwerfung Irlands durch die Tudors lediglich ein Brückenkopf" (A. L. Morton, *Volksgeschichte Englands*).

Heinrich II. "hatte keinen durchschlagenden Erfolg, da die Engländer über die Besitznahme des Küstenstreifens (The Pale) kaum hinauskamen" (Kurt Knoll, *London im Mittelalter*, Wien 1932).

Und Thomas Buckle, Lieblingshistoriker der Queen Victoria, weiß auch, warum die Iren in ihrer engstirnigen Abwehr gegenüber den britischen Segnungen verharrten: "Das Elend der Iren ist ohne Zweifel durch die Unwissenheit ihrer Herrscher, durch eine schmähliche Mißregierung ... die einen der dunkelsten Flecken auf der Ehre Englands bildete, immer erschwert worden. Die mächtigste Ursache war jedoch, daß der niedrige Stand ihres Lohnes sie nicht nur von den Bequemlichkeiten, sondern sogar von der gemeinsten Schicklichkeit eines civilisierten Daseins ausschloß" (*Geschichte der Civilisation in England*).

Achthundert Jahre nach den Ereignissen haben Schuldzuweisungen wenig Sinn, vor allem, da zweifellos so mancher Mißstand in Mißverständnissen begründet war. Für die anglonormannischen Ritter waren die Iren Eingeborene, Leibeigene, wohl nicht vogelfrei an Leib und Leben, weil es ja Barone und Bischöfe gab, die über die allgemeinen Grundsätze christlichen Lebens wachten, aber im Grunde nicht besser gehalten als alle unmündigen Völker, die sich der Landnahme von Ritterheeren entgegenstellten, ob dies im Osten oder im Westen Europas geschah. Nur Verbrüderung hätte die anglonormannischen Eroberer und die Ansässigen dazu bringen können, mit den frühmittelalterlichen Strukturen auch die Grenzen zu vergessen. Die Voraussetzungen waren gar nicht so aussichtslos, denn Richard de Clare, seiner Künste als Bogenschütze wegen auch *Strongbow* genannt, hatte im wesentlichen walisische Truppen ins Land geführt und Waliser aus ihrer kargen Heimat nachgeholt. Es waren also Kelten, die das Irland westlich des Pale besetzt hatten, Kelten aus Wales, wo man nach aufreibenden Kämpfen gegen die Ritter aus der Normandie und gegen die Barone Wilhelms I. und Heinrichs II. einem bequemeren und gefahrlosen Leben in Irland keineswegs abgeneigt war. Die Kluft zwischen walisischen und irischen Kelten brach durch das Recht auf, durch die feudalen Ordnungen des zweiten Heinrich und durch die unverständlichen Beschränkungen, die den Briten, der eine Irin heiratete, zum Unfreien machten, zum Eingeborenen, also rechtlos. "Die Eroberung Irlands durch die Anglo-Normannen ist vielleicht die einzige, die nicht nach und nach zu einer Verbesserung der Lebensverhältnisse bei den Besiegten geführt hatte" (Augustin Thierry, *Histoire de la Conquête de l'Angleterre par les Normands*), immerhin ein prophetisches Wort, wenn man bedenkt, daß es 1825 niedergeschrieben wurde, und sicherlich ist die Frage nach den Ursachen dafür heute wichtiger als die Verfolgung und Aufzählung der zahllosen Miniaturkriege zwischen den mehr durch Tradition als konkrete Macht weiterhin regierenden irischen Kleinkönigen. Es kam zu wechselnden Bündnissen zwischen all diesen Parteien zwischen 1210, als King John für zwei Monate nach Irland zurückkehrte, und 1394, als Richard II. sich daran erinnerte, daß es diese Insel im Westen gab und sie aufsuchte – beinahe zweihundert Jahre, in denen Irland sich selbst überlassen blieb, und was das bedeutete, wußte man schließlich seit der schicksalshaften Mißachtung des Landes durch die Römer.

King John, bei uns meist verächtlich Johann ohne Land genannt, verdankt seinen schlechten Ruf zum Teil der Gegnerschaft zu dem überschätzten und romantisierten Richard Löwenherz, aber auch seiner grausamen Kriegsführung und der rücksichtslosen Behandlung unterlegener Gegner: Er begegnete ehrenwerten Parteigängern mit Undankbarkeit, favorisierte sittenlose Abenteurer, gab seinen Söldnern freie Hand bei Plünderungen und schockierte seine gewiß nicht zu besonderem Zartgefühl neigende Zeit dadurch, wie er mit den Besiegten umsprang. Nun, in Irland fiel derlei nicht sonderlich auf, und da er nur zwei Monate im Land weilte (abgesehen von den zehn Monaten in seiner Jugend) hatte er wohl auch wenig Gelegenheit, seine inzwischen legendäre Lasterhaftigkeit an den Irinnen auszutoben. Er zog, inzwischen ein erfahrener Feldherr, quer durch die Insel, machte den Baronen seine Übermacht klar und warnte sie vor dem Versuch, in Irland eine Art Gegenregierung gegen London aufzubauen. Er ließ alle Adeligen schwören, daß sie englisches Recht und englische Traditionen achten und gegen die Iren bewahren würden und reorganisierte die Verwaltung von Dublin und anderen Seestädten im Sinn englischer kommunaler Gepflogenheiten und Handelsrichtlinien.

In unserer noch immer militärisch akzentuierten Geschichtsauffassung spielen die Einführung neuer Rechts- und Sozialordnungen und das Weiterbestehen alter Ordnungen nur eine geringe Rolle. Man sieht sie nicht, es klirren keine Waffen, es brennen keine Burgen. Wenn aber eine Bevölkerung wie die der grünen Insel seit Jahrtausenden eigentlich gar keine anderen Ordnungen hat als die Traditionen, keine anderen Grenzen als die von Sippen-Machtbereichen kennt, keine Gesetzbücher lesen und keine Verfassungen beschließen kann, dann ist das Althergebrachte das einzige, woran sich der Mensch halten kann, neben ein wenig Bibelkunde und sehr viel hilfloser Frömmigkeit. Dieses Bewußtsein, diese Uralt-Verbindung zu den angestammten Clans ließ sich entbehren, wenn kluge, menschliche und tolerante neue Herren wie Hugh de Lacy zu alten irischen Geschlechtern in Verbindung traten; aber alles Allzufremde, das herrische Gehabe der normannischen Barone, ihre Umgangsformen des hochkultivierten französischen Mittelalters schufen unüberbrückbare Gegensätze.

Die wenigen Barone, die sich aus familiären Gründen dem Irischen annäherten, mit dem Gesinde an einem großen Tisch aßen und ihre Namen irischen Schreibweisen anglichen, wurden von ihren Standesgenossen verachtet und gerieten bald in Gegensatz zu ihnen, wobei die Waliser, mit den Iren durch gemeinsames Keltentum verbunden, wiederum eine besondere Gruppe bildeten.

Wie in jeder Phase obrigkeitlicher Schwäche bildete sich die Bedeutung einzelner Familien und Familienverbände heraus, nicht nur zum Vorteil dieser Familien selbst, sondern auch zum Heil des ganzen Landes, das auf diese Weise etwas mehr Frieden erhielt, als die vielen Kleinkönige ihm hatten geben können. Neben den de Lacy, die wir schon kennen, sind die de Burgh zu nennen, die sich irisch Burke nannten. Sie gehen auf William de Burgh zurück, der mit Heinrich II.

nach Irland kam und 1206 starb. Neben Landbesitz in den Grafschaften Tipperary und Limerick hatte ihm König Johann Ohneland das noch keineswegs unterworfene Königreich Connaught zugesprochen, aber Richard Mòr de Burgh machte aus diesem theoretischen Anspruch einen Kriegsgrund und eroberte Connaught. Als dieser große Kämpfer 1243 starb, hatte sein Sohn Walter bereits Ulster dazuerhalten, und zwar von König Heinrich III. von England, der Irland nie betreten hatte. Dafür kamen 1315/16 die Schotten unter Eduard Bruce, dem Bruder des großen Schottenkönigs Robert the Bruce, der 1314 bei Bannockburn die Engländer vernichtend geschlagen hatte. In dieser Euphorie setzte der heldenhafte, ja charismatische Königsbruder 6.000 Schotten im Norden Irlands an Land, drang von der Grafschaft Antrim aus ins Innere Irlands vor und ließ sich im Jahr darauf in Dundalk, also am Rand des Pale, provokant zum König von Irland krönen. Die Heirat zwischen einer de Burgh und dem in Schottland gebliebenen König Robert hätte Eduard eigentlich breite Unterstützung in Irland bringen müssen, aber der tapfere Schotte siegte sich an der Spitze seiner 6.000 Landsleute zu Tode. Die Iren nahmen die Chance nicht wahr, die Barone zu vertreiben und ein keltisch-gälisches Irland zu begründen: Eduard fiel 1318 bei Faughart.

Es war – beinahe hält man es schon für überflüssig, die Tatsache zu betonen – ein außerordentlich grausamer Krieg, nicht so sehr, weil die Truppen von Johann Ohneland so harte Kriegsbräuche in Irland eingeführt hätten, sondern weil die reichen Handelsherren von Dublin, Wexford und anderen Städten nicht selbst zur Waffe griffen, sondern sich Söldner verschrieben. Diese kamen von den Hebriden, von den Orkneys und den Shetlands, die noch hundert Jahre lang unter skandinavischer Oberhoheit bleiben werden, und so wurde denn mit Äxten und langen Lanzen gekämpft und tote Krieger sahen aus, als seien Dämonen über sie hergefallen. Es kehrte auch nur ein Teil der gedungenen Kämpfer auf die bitterarmen Heimatinseln zurück; Kämpfe und Schlachten gab es zwischen Normannen und Iren so gut wie unablässig; Athenry im Jahr 1316 ist nur einer von vielen Schlachtorten, die heute noch aufzuzählen müßig ist.

Nur als Beispiel sei erwähnt, daß die Sieger von Athenry, die Sippe de Burgh, in zwei Linien weiterblühte, die beide schließlich auf den Gebrauch des Französischen verzichteten und gälisch zu sprechen begannen. Sie lebten im weitgehend unabhängigen Dublin ohne nennenswerte Kontakte mit der englischen Krone bis in die Zeiten Heinrichs VIII. Gleichzeitig aber stieg Hubert de Burgh aus dem in Kent gebliebenen Zweig der in Irland zur Macht gelangten Sippe zu einem der höchsten Staatsämter auf: Er wurde 1215 Justitiar, eine Art Superminister mit größtem Einfluß auf Finanzen und Verwaltung des ganzen Reiches. Eine seiner drei Frauen war Isabella, Witwe von Johann Ohneland, die dritte Frau eine Tochter König Wilhelms von Schottland. De Burgh befehligte die englische Flotte bei ihrem Seesieg von Sandwich über die Franzosen und war besonders reich in Wales begütert. Die de Burgh herrschten also an beiden Ufern der Irischen See.

Justitiar von Irland und damit mächtigster Gegner des schottischen Eroberers Eduard Bruce war Sir Edmond Butler aus einer ähnlich einflußreichen anglonormannischen Familie wie die Burgh-Burkes. Der Name stammt aus der Mundschenk-Tätigkeit von Theobald Walter, einem Bruder Huberts, des Erzbischofs von Canterbury. Aus dem französischen Bouteiller, anglofranzösisch Boteillier wurde der Chief Butler, und da König Johann offenbar mit seinen Diensten zufrieden war, gab er ihm nicht nur Land in den Grafschaften Wicklow, Limerick und Tipperary (wo es für englische Könige am einfachsten war, Land zu verschenken), sondern auch mit dem Recht, auf allen nach Irland eingeführten Wein zehn Prozent Steuern zu seinen Gunsten zu erheben – bei einem so trinkfreudigen Volk die Garantie für dauernden Reichtum.

Sir Edmond erwies sich solcher Gunst als würdig. Obwohl eher ein kaufmännischer Geist als ein großer Feldherr, organisierte er doch recht geschickt die Abwehr gegen die schottischen Angriffe und ließ den stürmischen Edward, da er ihn nicht schlagen konnte, wiederholt ins Leere laufen. Von dem Titel eines Earls of Carrick, der ihm dafür verliehen wurde, hatte er nicht sehr viel, aber sein Sohn James Butler wurde 1328 der erste Earl of Ormond, was uns schließlich Ormond Castle brachte, das einzige Renaissanceschloß der ganzen grünen Insel.

So, wie das Schloß seit 1309 bewohnt wurde, sieht es heute bei weitem nicht mehr aus. Es liegt wie ein reizvoller Fremdkörper zwischen Clonmel und Waterford nahe dem Städtchen Carrick on Suir und einer sehr alten Brücke über dieses Flüßchen. Im 15. Jahrhundert erhielt der erste Bau zinnenbewehrte Türme. Den großen Ausbau aber schuf erst der zehnte Graf von Ormond, Black Tom Butler, ein leidenschaftlicher Parteigänger Königin Elisabeths I., weshalb ihre Initialen und ihr Bild auch die große Halle zieren. Black Tom war Protestant und Lordschatzmeister von Irland; er hatte für einen irischen Würdenträger erstaunlich enge Kontakte und Einflußmöglichkeiten auch nach dem Tod Elisabeths I. Er starb erst 1614, nach Jahrzehnten, in denen Schloß Ormond seine große Zeit gehabt hatte. Die bald Ormonde geschriebene Familie stieg bis zur Herzogswürde auf.

Es ist angesichts dieser Verflechtungen, an denen sogar staatstragende Familien mitwirkten, heute kaum noch zu begreifen, daß 1366, dreihundert Jahre nach Hastings, ein Statut wie das von Kilkenny erlassen werden konnte, in dem Lionel, Herzog von Clarence und dritter Sohn König Edwards III. von England, jegliche Vermischung zwischen anglonormannischen und irischen Familien verbieten konnte, als befände man sich nicht in Europa, sondern auf einer exotischen Insel mit farbigen Eingeborenen. Das unter dem Vorsitz des Königssohnes zusammengetretene irische Parlament beschloß zunächst verständliche Maßnahmen gegen äußere

Feinde und inneren Unfrieden, beschäftigte sich aber besonders eingehend und eifrig mit Gesetzen, die man heute ungescheut rassistisch nennen würde. Der Grund für die befohlene strikte Trennung der Volksgruppen und für das Verbot von Mischehen war die (von wem eigentlich?) beobachtete Dominanz des irisch-gälischen Elements in den Nachkommenschaften gemischter Familien. Die Grundsätze waren rein rassistisch, denn es wurde nicht etwa nur die Heirat verboten, sondern auch das außereheliche Zusammenleben, die uneheliche Nachkommenschaft, ja die Adoption. Und der Hintergrund war für alle diese Maßnahmen ein totalitärer britischer Herrschaftsanspruch, durfte doch das Irische überhaupt nicht mehr gesprochen werden, wenn es sich um eine anglonormannische Familie und um mit ihr in Hausgemeinschaft lebende irische Dienstboten handelte; Vorschriften hinsichtlich der Kleidung, des Reitens, der Namensgebung ergänzten dieses Regelwerk, das als Druckmittel die Exkommunikation einsetzt, wie die im Parlament vertretenen Erzbischöfe und Bischöfe bekräftigten.

Man hat im westgotischen Spanien, im spanischen Vertreibungsjahr 1492 und bei vielen anderen Gelegenheiten erlebt, daß solche Maßnahmen kein langes Leben haben. Sie wurden von beiden Seiten durchbrochen, hatten doch auch die Iren inzwischen sehr viel von den ungeliebten Fremden angenommen, die nun einmal die feineren Sitten, die höhere Kultur und manch andere attraktive Besonderheit an den Tag legten.

Das war und ist nur natürlich – an keiner Lebensweise ist alles gut oder alles schlecht, die Begegnung mit einem anderen Kulturkreis hat noch in jedem Fall stimulierend auf den Fortschritt gewirkt. Das Besondere an der irischen Entwicklung war nur – schon Augustin Thierry hat es mit Staunen und Bedauern festgestellt –, daß diese Begegnung den Iren keine Besserung der Lebensverhältnisse einbrachte. Daran trugen gewiß die in Kilkenny ausgesprochenen Verbote eine gewisse Mitschuld, zum Beispiel, wenn die in Irland üblichen Kleiderstoffe, die am leichtesten zu erhaltenden Materialien für Kleidung, Überkleid und Kopfbedeckungen, als typisch irisch für die Anglonormannen und die in ihrer Umgebung Lebenden verboten wurden, was gelegentlich unlösbare Situationen schuf. Auch daß die Kinder aus vornehmen irischen Familien unter nicht immer nur sanftem Druck zur Erziehung und Ausbildung nach England verbracht wurden, schuf böses Blut.

Trotz all dieser Gebote und Verbote übte jedoch der irische Volkscharakter eine gewisse Attraktion auf die Eroberer aus, wozu sich naturgemäß die Landschaft gesellte und die mit ihr harmonierende Lebensweise eines einfachen und bescheidenen Volkes. Wer immer unter den anglonormannischen Familien mit England und seiner Regierung oder auch den meist aus England gekommenen Kirchenfürsten Streit gehabt hatte, wurde zum Wahl-Iren, und zwar mit der ganzen Sippe, und schließlich waren es nicht so wenige, die sich für das Land entschieden und gegen die Königsmacht im Westen. Diese Familien wurden zu dem, was in Kilkenny – natürlich noch in französischer Sprache – als *Irreys anemis nostre seigneur le Rey* bezeichnet wurden.

Andere Familien waren dem Sturmlauf von Eduard Bruce zum Opfer gefallen und wagten nicht mehr, ins nordöstliche Irland zurückzukehren aus Furcht vor neuerlichen Einfällen der Schotten. Darunter waren große Namen aus den Zeiten Heinrichs II., die Andelys, Talbot, Touchet, Chamberlain und Mandeville. Unter jenen, die in Ulster blieben und hier die irische Lebensweise mit der gälischen Sprache annahmen, waren auch die Nachfahren jenes John de Courcy, der für Heinrich II. die Provinz erobert hatte. Er war unter allen, die für Heinrich auf der Insel gekämpft hatten, der Erfolgreichste, woran auch der lange Privatkrieg zwischen Courcy und Lacy nichts ändert. Der große John starb 1219, seine Nachfahren blieben in Ulster und 'degenerierten', wie die anglonormannischen Berichterstatter dies nennen. Daß die großen Familien von Eduard Bruce vertrieben worden waren, daß der anglonormannische Kern eines stolzen katholischen Adels das Land Ulster aufgab und es dem kleinen Volk überließ, führte später dazu, daß sich hier der Protestantismus so hartnäckig und bis auf den heutigen Tag hielt. Und Eduard Bruce wurde und blieb ein Nationalheld. An Orten, wo er niemals gewesen war, gedachte man seiner, und Schlösser, die zu erbauen er gar keine Zeit gehabt hatte, wurden als Bruce-Schlösser bezeichnet. Es war die kometenhafte Passage eines heldenhaften Prinzen; die romantischen Iren schlossen ihm ihre Herzen auf, aber die Spätfolgen wurden schicksalhaft durch die innere Loslösung des nordöstlichen Irland vom Ganzen der Insel.

Eine gewisse Unsicherheit herrscht über die Opposition gegen Kilkenny. Der kämpferische Geist der Iren mußte sich doch irgendwie gegen diese Fülle der Vorschriften wehren, vor allem, da bald durchsickerte, daß sie nicht erst in Kilkenny entworfen, besprochen und beschlossen, sondern schon in England schriftlich ausgearbeitet worden waren. Der Widerstand gegen sie war typisch irisch; er artikulierte sich in Auftritten und Liedern der Barden, in Wales *bardd* genannt und zu Cäsars Zeiten noch eine Sektion der Druiden: Im hohen und späten Mittelalter waren sie Dichter und Musiker von Profession und im sangesfreudigen Irland schon um ihrer beträchtlichen Tradition willen hochgeachtet. Sie hatten sich von Anfang an als Gegner der Ankömmlinge aus dem Osten deklariert, die ihrer angestammten Sprache ein neues Idiom entgegensetzten, oder eigentlich gleich zwei Sprachen von gleicher Feindseligkeit, das Französische des Hofes und des Adels und die Volkssprache der Kaufleute aus Bristol und Dublin, die eine Mischung aus altenglischen Worten mit Vulgärfranzösisch war. Die Barden ließen als irisch nur Familien gelten, in denen gälisch gesprochen wurde, alle anderen nannten sie Sachsen, während die Anglonormannen differenzierten: Wer gar nichts von ihnen angenommen hatte oder wissen wollte, wurde als *wild Irish* bezeichnet, während die dem Irischen verfallenen Engländer verächtlich *Irois* genannt wurden.

Kurz bevor das Gesetzeswerk von Kilkenny die Menschen auf der Insel in feindselige Gruppen zu trennen versuchte, hatte ein großes Unheil Irland heimgesucht, das für einige Jahre alle Feindschaften begrub und zum gemeinsamen Kampf gegen einen bis dahin kaum bekannten, neuen und schlimmeren Feind nötigte – der Schwarze Tod, der auf der Insel vor allem in den Jahren 1348 und 1349 wütete. Man sprach seit Jahrhunderten von der Seuche, leise, um das Unglück nicht zu rufen, weil schließlich auch einige gekrönte Häupter ihr erlegen waren, Herren, die sich die besten Ärzte leisten konnten: Kaiser Lothar, Friedrich V., Herzog von Schwaben, 1270 gar Ludwig der Heilige mit seinem Sohn oder Graf Günther von Schwarzburg, der deutsche Gegenkönig, den in Eltville die Seuche ereilte. Aber Irland war doch weit weg vom Heiligen Land, wo die Pest umging, es hatte keine großen Städte, auf deren Friedhöfen der Pesthauch nie ganz verwehte wie in Paris? Die Pest aber griff doch nach so entlegenen Ländern wie Irland oder Norwegen und wütete in ihnen besonders schlimm, weil hier jeder Tote eine Lücke riß, weil die paar tausend Menschen dieser dünn besiedelten Landstriche mehr voneinander wußten als das wimmelnde Volk in London oder Neapel.

Neapel war es, vielleicht auch Bordeaux oder Lissabon, woher das Pestschiff kam, das die Seuche nach Irland brachte. Das Meer war die große Straße, von Quarantäne wußte man noch so gut wie gar nichts, auf einmal starben auf den Quais, in den Kneipen, in den Bordellen die ersten Pestkranken.

Auch die Ärzte waren völlig unvorbereitet, keineswegs nur in Irland, wo außer der Theologie noch kaum Wissenschaften gediehen, sondern selbst in der berühmtesten Universität jener Tage, in Paris. Aus den Ratschlägen, die im ersten Pestjahr von der medizinischen Fakultät an der Seine dem ratlosen Nachbarn jenseits des Kanals zugeleitet wurden, ist zu entnehmen, daß die Seuche auch von den Gelehrten weitgehend als eine Himmelsstrafe angesehen wurde, eine Auffassung, die im frommen Irland offene Ohren fand. Andere Anweisungen aus Paris mögen den Iren weniger behagt haben: "Fisch soll man nicht essen. Zuviel Bewegung kann schaden ... Man koche nichts mit Regenwasser ... Gemütserregungen, Zorn und Trunkenheit sind gefährlich ... Umgang mit Weibern ist tödlich (!); man soll ihnen weder beiwohnen noch auch nur in einem Bette mit ihnen schlafen."

Angesichts der großen Ansteckungsgefahr war jedes enge Beisammensein mit anderen Menschen naturgemäß gefährlich, vor allem mit Menschen, die selbst viel Umgang hatten, weswegen ein italienischer Rat aus jener Zeit sagt: "Der kleinen Weibchen (Huren) soll man sich in Pestzeiten völlig entschlagen, da ihnen zu viele nachlaufen, und ebenso des Umgangs mit Trinkern." Beides fiel dem Schiffervolk zwischen Wexford im Süden und Londonderry im Norden keineswegs leicht, und zweifellos gab es auch nur sehr wenige Iren, die dem Rat folgen konnten, die Betrachtung von Gold und Silber und anderen kostbaren Gegenständen sei herzstärkend und wehre der Seuche (Marsilio Ficino). Die Iren hielten es, soweit sie konnten, mit dem Beispiel der Florentiner, sie suchten einsame Gegenden auf, die auf der Insel ungleich zahlreicher waren als am Arno, sangen ihre alten Lieder, erzählten einander Geschichten und verließen sich auf die Gnade Gottes.

Diese stellte sich erst wieder ein, als gut ein Drittel der Iren der Seuche zum Opfer gefallen war, wobei man nachträglich ermittelt hat, daß etwa 80 Prozent der Erkrankungen die Beulenpest betrafen, 20 Prozent die Lungenpest, die allerdings so gut wie stets tödlich verlief. Die Überlebenden entwickelten Antikörper, also eine gewisse Resistenz, was zur Folge hatte, daß die zweite Pestwelle um 1360 vor allem junge Leute betraf, die in den Pestjahren 1347/49 noch nicht gelebt hatten; man sprach daher nun von einer Kinderpest, und das

Ergebnis war ähnlich grausam wie in der Generation zuvor, vor allem in Gegenden, die ohnedies nicht an Überbevölkerung gelitten, sondern einen Mangel an Arbeitskräften zu beklagen gehabt hatten.

Die wirtschaftlichen Folgen konnten darum nicht ausbleiben. Selbst in Irland stiegen die Löhne an, weil es auf allen Gebieten an Arbeitern und weiblichem Personal fehlte. Augustin Thierry und Burke haben darauf hingewiesen, daß die kulturelle Allgemeinentwicklung in Irland dem äußerst niedrigen Lohnniveau zuzuschreiben gewesen sei; dies änderte sich nun, es kam ein wenig mehr Geld unter das Volk. Die Kehrseite zeigte sich bald: Die Mobilität der Arbeitskräfte wurde eingeschränkt; jeder Herr, der das Glück hatte, überlebende Helfer beschäftigen zu können, verpflichtete sie, auf seinem Besitz zu bleiben, und Nichtstuer, ein bei den Iren bis dahin gutmütig geduldeter Menschenschlag, wurden zu allem herangezogen, was sie irgend leisten konnten. Ein Volk der Sänger, Künstler, Poeten und Träumer sah sich mit einem Mal an die Kandare genommen, und das keineswegs nur im straff regierten Osten der Insel, sondern auch im Westen, denn die Klöster hatten unter der Pest besonders gelitten und meinten, mit den überlebenden Mönchen ihren Betrieb nicht mehr aufrechterhalten zu können.

Eine ernsthafte Störung des Wirtschaftsbetriebes war dennoch auf die Dauer nur dadurch abzuwenden, daß die Gutsherren aufwendige Arbeitsbereiche wie die Rinder- und Pferdezucht einschränkten und zu jenem Viehzeug zurückkehrten, das schon zu Patricks Zeiten die irischen Weiden bevölkert hatte – zum bescheidenen Schaf, das man weitgehend sich selbst oder beim Grasen und in der Hürde Kindern überlassen konnte, ohne daß dabei nennenswerte Verluste eintraten.

Schafzucht braucht wenig Personal, aber viel Raum. Dieser Raum war selbst im menschenarmen Irland inzwischen nicht mehr in jenem Übermaß vorhanden wie zur Zeit der ersten Klöster. Zwar entstanden die Siedlungen nur zaudernd, und Neugründungen gab es so gut wie gar nicht, aber Siedlungen binden Menschen, und wo sie fehlen, leben die Menschen nach ländlicher Gewohnheit mit Eigen- oder Pachtgrund und Anteilen an gemeinschaftlichen Grundstücken und Weiden. Das wurde nun nicht gerade plötzlich, aber doch in erstaunlich kurzer Zeit anders. Die Gutsherren hielten nicht nur ihre Arbeitskräfte zusammen, sie zeigten auch, wo ihr Besitz lag, sie grenzten sich gegen die Nachbarn ab, um ihre Wirtschaft besser überblicken und intensiver betreiben zu können, und das Land, das bis dahin allen gemeinsam gehört hatte, das wurde nur zu oft eine Beute der Stärksten, die es untereinander aufteilten.

Diese stille Revolution der mittelalterlichen Agrarwirtschaft hatte die Pest nicht als einzige Ursache, aber nach der Pest und den großen Menschenverlusten war die Lage bedrohlich geworden und verlangte Maßnahmen und Entscheidungen. Der ganze Vorgang heißt, weil er in England und Irland besonders einschneidend wirkte, *enclosure*, also Abgrenzung, Einzäunung, und die Folgen waren gewaltig. Dörfer, denen der Gemeindeanger genommen war, verödeten, die Menschen, die ja leicht Arbeit fanden, wurden Arbeitnehmer und zogen fort, die Häuser, die zurückblieben, wurden zu Ruinen, sobald die letzte Alte gestorben war, die in ihrem Gemüsegärtchen und mit einer Kuh überlebt hatte.

Das, was wir heute Management nennen, wurde besser, und erfolgreiche Grundherren und Schafzüchter wurden auch im sonst noch immer armen Irland reich, vor allem, weil der Bedarf an Wolle in der erreichbaren Abnehmerschaft anstieg. Der Export nach Italien, wo große Kämmereien, Spinnereien und Webereien die Arbeit aufgenommen hatten, brachte Geld für eine Oberschicht, die damit höhere Löhne bezahlte oder neues Land erwarb.

Um die Wolle von den verschiedenen Gehöften zusammenzuholen und zu verpacken, um sie zu wiegen, zu bewerten und weiterzuversenden, brauchte das Land kleine ländliche Zentren, wo es bis dahin höchstens eine Kapelle gegeben hatte, und Fahrwege, wo man sich tausend Jahre lang mit einem windschiefen Wegweiser und ein paar Trampelpfaden begnügt hatte. Glaubt man nun aber, angesichts dieser neuen Entwicklung, dieser plötzlichen Nachfrage nach irischen Produkten, sei das Land von einer Art Goldgräberstimmung erfaßt worden, so kennt man die Iren schlecht. Überall dort, wo der anglo-irische Zusammenschluß noch nicht vollzogen war, in allen Bezirken, wo vor allem im Westen, Südwesten und äußersten Nordwesten die archaische Struktur irischen Landlebens noch intakt war, ignorierte man mißtrauisch und abweisend die neuen Möglichkeiten und blieb bei den angestammten Wirtschaftsformen.

In dem breiten Streifen, in dem die anglonormannischen Einflüsse gesiegt hatten, änderte sich hingegen vieles. Die drei oder vier alten Hafenorte konnten weder in der Zahl ihrer Flotten noch hinsichtlich der Liegeflächen die Ausfuhren bewältigen und die fremden Kauffahrteischiffe aufnehmen. Alte, kleine Hafenorte in günstiger natürlicher Lage nahmen ihre Chance wahr und verbesserten ihre bis dahin nur auf die Fischerei zugeschnittenen Möglichkeiten, und da die irische Ostküste ja nicht so reich gegliedert ist wie der dem Atlantik zugewandte Westen, erhielten nun auch Neugründungen im irisch gebliebenen Inselstreifen ihre Chance wie Galway, eine junge Stadt der mächtigen Sippe de Burgh, die bis dahin wie eine Enklave inmitten gälisch sprechender, feindselig abwartender Iren nur ganz langsam gewachsen war, mit einem Kern von nur vierzehn normannischen Familien.

Nun, angesichts der exportierenden Landschaften im Rücken, kam die Stunde für Galway, das, gegen Norden geschützt, im Innern einer tiefen, aber gut zu befahrenden Bucht des Atlantik lag, durch die Aran-Inseln gegen den offenen Ozean abgeschirmt, frei von der Konkurrenz der Wikingerstädte an der Ostküste, die allen Händlern die Einfahrt in die gefährliche Irische See auferlegten. Für Spanier, Portugiesen und das südliche Frankreich wurde diese leicht erreichbare Hafenstadt zum beliebtesten Anlaufpunkt, kaum daß die normannischen Gefährten der de Burgh für die nötigen Zufahrtswege ins Hinterland gesorgt hatten.

Auch für das bis dahin nur durch Schlachtenlärm berühmte Carrickfergus brachen neue Zeiten an. John de Courcy, mächtiger Gegner der de Lacy, hatte schon 1180, also gegen Ende der Regierungszeit Heinrichs II., mit dem Bau jenes Schlosses begonnen, das wir auf seiner Basalt-Halbinsel nördlich von Belfast heute noch bewundern können. Johann Ohneland brauchte nicht weniger als ein Jahr, um das wehrhafte Felsennest zu erobern, das beinahe vollständig von Wasser umgeben ist; Eduard Bruce, der stürmische Schotte, schaffte es 1316 erheblich schneller. Und nun, in den neuen Zeiten einer für Irland ungewohnten Prosperität, ging es nicht mehr so sehr um das Schloß als um den Hafen Carrickfergus, der für den Handel mit Schottland so günstig lag.

Junge Gemeinwesen bedurften der Ermutigung und der Pflege, und wie man das macht, das wußten die britischen Herrscher inzwischen. Die aufblühenden Handels- und Hafenorte erhielten gewisse Privilegien, die den Zuzug von Walisern und Engländern bewirken sollten, denn in Wales hatte die Pest weit weniger Opfer gefordert als in Irland. Es gab sogar für einige der plötzlich zu einer neuen Bedeutung gelangten Orte wie Drogheda das Münzregal, das heißt, sie durften Münzen prägen (auch wenn es oft nur Brakteaten waren) und damit die zum Ausbau von Hafenanlagen und Brücken nötigen Mittel erhöhen.

Für das Land war dies alles neu in einem doppelten Sinn. Es gab Städte, das war ein völlig anderes Leben als in den ländlichen Gemeinschaften, es gab fremde Kaufleute, Kunde von fernen Ländern und bald auch die ersten festen Niederlassungen der großen Händlernationen, denn wenn Genua und Florenz ihre Handelshäuser in Trapezunt oder Alexandria hatten, warum dann nicht in Irland? Die findigsten Pioniere des alten Welthandels, die Araber, fehlten, sie hatten in Spanien ihre wichtigste und glanzvollste Position verloren. Aber die Juden, die schon unter Kaiser Otto dem Großen bis an die Ostsee vordrangen, hatten schon Richard de Clare, genannt *Strongbow*, im Jahr 1170 nach Irland begleitet, sich in Dublin niedergelassen und von hier aus vor allem Geldgeschäfte betrieben.

Das Fußvolk dieser Wirtschaftsblüte waren die in England verarmten Bauern, die sich in Irland ein neues Leben versprachen, und die irischen Pächter, die sich als Saisonarbeiter besser standen, im Sommer auf den Feldern halfen und im Winter ihre kleinen Geschäfte in den neuen Gemeinwesen betrieben, wenn die Schiffahrt ruhte und in den Docks, in den Küfereien, in den Lagerhäusern Handlanger gebraucht wurden.

In Wikingerzeiten hatte der Handel schon eindrucksvoll geblüht, aber es war kein irischer Handel gewesen, sondern ein einziges großes Piratengeschäft, bei dem die Einfuhren für die skandinavischen Machthaber zwar durchaus schon aus exotischen Ländern kamen, Wein, Gewürze, feine Stoffe – bezahlt aber wurde mit Beutegut und nicht zum wenigsten mit Sklaven und Sklavinnen. Nun endlich hatte Irland selbst etwas anzubieten. Die verbliebenen Getreideanbauflächen reichten für den eigenen Bedarf und eine gewisse Ausfuhr, dazu kam eingesalzener oder luftgetrockneter Fisch und eben die Wolle. Ins Land holen mußte man das Eisen, es kam aus dem Kantabrischen Gebirge südlich der stürmischen Biscaya und zum geringeren Teil auch aus Elba, und es war in zunehmendem Maß Erz, nicht Roheisen, das importiert wurde, weil es inzwischen in Irland selbst Eisenhütten gab und keine Fertigware mehr eingeführt werden mußte. Weitgehend fehlte auch das Salz, da sich das feuchte Klima der Meersalzgewinnung widersetzte; diese Importware kam aus Brouage in Frankreich und aus deutschen Hafenorten.

Einen kuriosen Hinweis auf die zeitweise engen Beziehungen zwischen den britischen Inseln und den deutschen Ostseehäfen gibt es aus der Zeit Heinrichs III., 1216–72 König von Großbritannien und Irland, und zwar in Gestalt einer

Urkunde, eines Privilegiums für die *mercatores civitatum alemaniae*, das sehr ausführliche Bestimmungen über Handels- und Strandrecht beinhaltet und offensichtlich in einen emsigen Handel eine gewisse Gesetzmäßigkeit bringen sollte. Ahasverus von Brandt, der bedeutende Hanse-Historiker, hat diese Urkunde im 71. Jahrgang der *Hansischen Geschichtsblätter* als eine Fälschung des lübeckischen Syndikus Johann Carl Heinrich Dreyer (gestorben 1802) erwiesen, ohne über die Gründe Dreyers Erörterungen anzustellen.

Die angeblich aus dem Jahr 1238 stammende Urkunde will die früheste Phase lübeckischer Geltung aufhellen und bekräftigen: Das slawische Liubice war 1238 erst seit dreizehn Jahren Reichsstadt und hatte noch sehr geringe Chancen, sich in den blühenden Verkehr zwischen Schweden, Irland, England und Frankreich einzuschalten. Irland bezog, wie wir gehört haben, sein Eisenerz teils aus dem Süden, teils in Form von Osmund (Eisenhandelseinheiten) aus Schweden und Kolberg-Salz aus Danzig, bis das Baiensalz aus Brouage sich als günstiger erwies. Dreyer, der viele Urkunden stahl und auch mindestens vierzehn Dokumente fälschte, wollte also den Anschein erwecken, Lübeck habe in diesem Handelsstrom eine Rolle gespielt.

Schwerer abzuschätzen als die wirtschaftlichen Folgen von *enclosure* und Fernhandel sind die kulturellen Wandlungen, die mit diesen Entwicklungen einhergingen, und da bei aller Abgeschlossenheit das altirische Kulturleben seinen großen und eigenständigen Reiz hatte, ist der Fortschritt auf diesem Gebiet nicht mit der gleichen Sicherheit festzustellen.

Der nicht von den anglonormannischen Eroberern und Kaufleuten besiedelte Streifen westirischen Landes hatte sich wohl gewisse Aufbrüche in Form von Handelsstraßen und eine gewisse Flußschiffahrt auf dem Shannon gefallen lassen müssen, doch hatte die Landesnatur die Fremdlinge nicht zum breiten Einströmen und gewaltsamen Besitzerwerb verlockt, bei dem es zudem zweifellos zu endlosen

Kleinkriegen mit den wehrhaften Territorialherrschern gekommen wäre. Obwohl sich bekanntermaßen Handel und Kaufleute seit Herodots Zeiten und früher über alle Grenzen hinwegzusetzen verstanden, blieb darum die stille Entente zwischen den Kleinkönigen und den meist von ihnen unterhaltenen Klöstern weitgehend unangetastet.

Hier hatte sich im 11. und im 12. Jahrhundert die sakrale Kunst zu einer unbeachteten, erst heute wirklich bekannten Blüte entwickelt, die unter deutlichem Einfluß der norwegischen Metallarbeiter und Gebrauchskünstler nach Brian Borus Sieg von Clonfert zu eigenen, irischen Abwandlungen dieser Einflüsse gefunden hatte. Gut datierbare Zeugnisse dazu sind zum Beispiel Buchreliquiare aus dem ersten Viertel des elften Jahrhunderts. Silbereinlegearbeiten sind ebenso eindrucksvoll gelungen wie Bischofsstäbe mit verziertem Halsknauf, etwa der Krummstab der Äbte von Clonmacnoise oder der Halsknauf eines solchen Stabes aus Kells in der Grafschaft Meath. Zwischen skandinavischen Motiven finden sich altirische Tierornamente, perfekte germanisch-keltische Mischlösungen in christlichem Glauben und tiefster Devotion. Kunstvolle Silber- und Bronzeintarsien wechseln mit buntem Grubenschmelz (der im armen Irland an die Stelle der Halbedelsteine tritt, wie sie auf dem Kontinent bei solchen Gelegenheiten verwendet wurden). Die am reichlichsten verzierten Krummstäbe wie der von Kloster Lismore mögen dem Prälaten, der sie benützte, einige Kraft abgenötigt haben. Doch schwerer waren die Prozessionskreuze aus zusammengenieteten Bronzeplatten wie das von Cong, das einen Splitter vom Kreuze Christi (!) enthielt. Etwa um dieselbe Zeit – um die Mitte des 12. Jahrhunderts – entstand in Lemanaghan in der Grafschaft Offaly, deren Grenze der Shannon-Fluß bildet, ein Reliquiar in Haus-Form, das man auch einen Bronzeschrein nennen kann, groß, schwer und reich mit Tierornamenten verziert und mit einer seltsamen Beigabe: Der Schrein war bereits fertiggestellt und sollte die Reliquien des Heiligen Manchan aufnehmen, als sich zu den traditionellen Ornamenten noch kleine Menschenfiguren gesellten, in Bronze gegossen, als wollte der Künstler die Invasion durch die Anglonormannen auch auf dem Heiligenschrein dokumentieren. (Eine andere Deutung der Figuren, die jedoch die späte Hinzufügung nicht erklärt, liegt in der Vita des Heiligen selbst: Manchanus Leprosus soll mit 150 ebenfalls Aussätzigen, die ihm nachfolgten, von den die Ansteckung befürchtenden Iren erschlagen worden sein. Er kommt nur in irischen Martyrologien vor.)

Der Vorgang erinnert an die bis heute nicht gedeuteten kleinen Tierszenen, wie sie ein Künstler in das zweihundert Jahre vor dem Schrein des Manchan entstandene Buch von Kells in die Ornamente eingeschmuggelt hat, in das 'Große Evangeliar des Colum Cille' (Columba). Es wurde im 11. Jahrhundert, also auf dem Höhepunkt der irischen Sakralkunst, aus dem Kloster Kells gestohlen und hatte, als es wiederaufgefunden wurde, seinen kostbaren Buchdeckel mit den kunstvollen Metallarbeiten verloren. Vielleicht hat ein Liebhaber dieser Kunst es sich als Vorlage ausgeliehen und nicht mehr zurückzugeben gewagt.

Der Schrein des Manchan gilt als das späteste Zeugnis irischer Bronze-Schmiedekunst. Die Bischofsstäbe aus dem 13. Jahrhundert wirken ungleich weniger archaisch, sie sind elegante Emailarbeiten aus Limoges, kamen also vom Kontinent. Die irischen Künstler blieben hinter verfallenden Klostermauern ohne Beschäftigung.

Der Bischofsstab aus Limoges ist natürlich nur ein äußeres Zeichen für eine Entwicklung, die sich ganz im stillen vollzogen hatte und erstaunlicherweise auch weitgehend ohne Beeinflussung durch die militärischen Aktionen und die ihnen folgende Veränderung der politischen Verhältnisse. Die Kirche hatte eben einen langen Arm, und Päpste, die Bischöfe nach Grönland, Island, ja in die Vinland-Dörfer der Wikinger entsandten, brauchten nicht auf Richard de Clare und seine Waliser Bogenschützen zu warten, um der irischen Kirche ihre Macht zu zeigen.

Die Klöster waren als die wichtigsten Wirtschaftszentren des westlichen Irland nach und nach zu Familienbetrieben geworden, mit einer gewissen Hausmachtstellung der Äbte und unter häufiger Mißachtung des für Irland ohnedies sehr jungen Gebotes der Ehelosigkeit. Sie erwiesen den weltlichen Großgrundbesitzern immer wieder Gefälligkeiten, die sich mit den strengen römischen Auffassungen nicht vertrugen, etwa wenn es um eine Ehescheidung ging. Rom war eben zu weit entfernt, um unmittelbar einzugreifen

Als Malachias, Erzbischof von Armagh, vor 1140 nach Rom reiste, ließ er auf der Rückreise einige seiner Begleiter bei Bernhard von Clairvaux zurück, dem wortgewaltigen Prediger der Kreuzzüge und damals vielleicht einflußreichsten Kleriker überhaupt. Bernhard ließ sich von den jungen Iren über die Verhältnisse auf der grünen Insel berichten und schrieb schließlich an Malachias von Armagh, daß er gerne ein Kloster nach den neuen Grundsätzen in Irland begründen würde, der Bischof möge schon nach einer geeigneten, stillen und abgelegenen Gegend Ausschau halten.

Nun waren solche Örtlichkeiten in Irland leichter zu finden als in den burgundischen Wirkungsstätten Bernhards, und es gab auch noch Königsland, das dafür gestiftet wurde an der Südgrenze der Diözese Clogher. Da Bernhard vorsorglich seinen eigenen Baumeister mit nach Irland geschickt hatte, entstand ein für die Insel völlig neuartiges, nicht mehr mittelalterlich-düsteres und wehrhaftes Kloster, sondern das gesellige, in großen Sälen die Gemeinschaft pflegende und von uns schon kurz erwähnte Kloster Mellifont, dem bald andere ähnliche nachfolgten. "Vor allem durch die Gründung von Mellifont wurde die irisch-monastische Ära beendet", sagen Maire und Liam de Paor in ihrem Buch über das frühchristliche Irland, "nur in der Steinbildhauerei lebte etwas von der irischen Kunsttradition über das 12. Jahrhundert hinaus."

Damit war aber der Kern des altirischen Selbstbeharrungsvermögens ausgehöhlt, hatte ein Land ohne Städte, ohne nennenswerte Straßen, ohne Zentralgewalt die geheime Macht verloren, die den Iren gegen die Anglonormannen nicht nur im Geist Rückhalt geboten hatte, und zwar erstaunlich lang. Die alte irische Frömmigkeit war eine seltsame, aber durch schwerste Zeiten wirksame Waffenbruderschaft mit den weltlichen Vorzügen der Iren eingegangen, den schönen Frauen, der heiteren Geselligkeit, der Attraktivität des irisch-familiären Lebensstils, der das überalterte normannische Rittertum zu neuen, gelockerten Daseinsformen führte und verführte.

Mit der mächtigen Organisation der alten Klöster verschwindet aber auch die Ehrfurcht vor den Traditionen, die sie pflegten. Die Dichtkunst, soweit sie den Barden entgleitet, wird volkstümlich, ja trivial und besingt in Balladen zwar noch immer den einen oder anderen Sieg über die Fremden, aber auch der Heilige Patrick tritt in den Balladen auf und erhält dabei sehr menschliche, mitunter allzumenschliche Züge, so als habe er sein Volk im Stich gelassen, als die Fremden mit ihrer glanzvollen Kirche über die Irische See kamen.

Es gibt auch kuriose Volkserzählungen von einem ganz winzigen Volk, geboren vielleicht aus dem Wunsch, heimlich und ungestört von den Anglonormannen und ihren klirrenden Waffen zu überleben, ein Volk von Wichteln im Untergrund, und es ist durchaus möglich, daß der große irische Dichter Jonathan Swift mit seinen Liliputanern auf diese spätmittelalterliche Überlieferung zurückgreifen wollte.

Tod und dahin

Es werden noch sechshundert Jahre vergehen, bis William Butler Yeats, der große irische Dichter, den Abgesang auf seine Heimat schreibt:
Was it for this the wild geese spread
The great wing upon every tide;
For this, that all that blood was shed
For this Edward Fitzgerald died,
And Robert Emmet and Wolfe Tone,
All that delirium of the brave?
Romantic Ireland's dead and gone,
It's with O'Leary in the grave.
Die düstere Bilanz, die der größte Dichter der Insel im September 1913 zieht, vor dem Ersten Weltkrieg, in dem Irland noch einmal Chancen sieht, hat ihre Wurzeln im hohen Mittelalter, genauer gesagt in jenem Hundertjährigen Krieg, der Englands Kräfte in aussichtslosen Fernzielen band.

Blicken wir auf eine Karte der Plantagenet-Zeit, also des 12. Jahrhunderts, so nimmt sich die Ile de France, über die Frankreichs Könige damals als einziges Territorium geboten, wie ein zum Untergang bestimmtes Beiboot aus neben dem gewaltigen Schlachtschiff des angevinischen Reiches. Aber selbst die tüchtigsten Feldherren dieses Reiches, geniale Kämpfer und Festungsbauer wie Richard Löwenherz oder militärische Hochbegabungen wie der Schwarze Prinz, werden nicht imstande sein, dieses mit rätselhaften Energien aus Paris herausbrechende französische Königtum zu besiegen. Und als es endlich todwund am Boden liegt, keinen gekrönten Monarchen mehr hat, sondern nur einen Dauphin ohne rechte Legitimation, wird ein Mädchen aus dem Grenzland Lothringen Stimmen hören, nach Chinon wandern, dem Dauphin Zuversicht eingeben und die Engländer aus Orléans, aus der Mitte des Landes, verjagen. Als diese Johanna von Orléans ihrer übernatürlichen Kräfte wegen schließlich auf englisches Geheiß und von willfährigen Prälaten in der alten Normannenstadt Rouen als Hexe verbrannt wird, kann nichts und niemand mehr den britischen Besitz auf französischem Boden retten – denn Kämpfe gegen Heilige in den Wolken sind aussichtslos, und Merlin, der dies allenfalls noch vermocht hätte, ist mit seinem König Artus ja längst zu Grabe getragen worden.

Es ist strittig, ob der sogenannte Hundertjährige Krieg 1337 oder 1339 begann und ob er 1453 endete, als den Engländern von ihren französischen Besitzungen nur noch Calais blieb – denn dieses Calais wurde erst im Januar 1558 von den Franzosen erobert. Es waren in jedem Fall zwischen 116 und 225 Jahre Krieg zwischen den Großmächten diesseits und jenseits des Kanals, und als die erste heiße Phase der Feindseligkeiten beendet erschien, kam es in England selbst zu den bei uns heute völlig vergessenen Rosenkriegen um die Nachfolge des Hauses Plantagenet.

Man könnte es bei Shakespeare nachschlagen, aber dort steht es zu ausführlich, wie König Heinrich VI., willenlos und paranoid, den genialen Richard von York zum Thronraub ermutigte, so daß dieser seine Getreuen unter dem Zeichen der weißen Rose sammelte gegen den Herzog von Somerset, der mit der roten Rose für Heinrich und die eigene Macht siegen wollte, aber schon 1455 bei Saint Albans fiel. Wer immer sich etwas davon versprach, mengte sich mit Rittern und Knechten ein, und als nach dreißig Jahren die Rosenkriege beendet waren und Heinrich VII. als neuer König feststand, hatten die tapferen anglonormannischen Ritter einander beinahe vollständig umgebracht. Es war so ausgiebig offen und heimlich gemordet worden wie sonst nur in Schottland; Verschonte wurden hingerichtet oder flohen außer Landes, und was an Reichen und Mächtigen übrigblieb, das sprach nun englisch, hatte Stadthäuser, Handelsfirmen, kleinadeligen Landbesitz und begrüßte vor allem Heinrichs *Navigation Act* von 1485.

Der Mann, der die Rosenkriege entfesselte, war der wichtigste Statthalter, den Irland jemals gehabt hatte, und brachte die Insel einer Einigung, einem sinnvollen und zukunftsträchtigen Zusammenschluß näher als jeder andere vor ihm. Richard Plantagenet, Herzog von York, hatte zwischen 1411 und 1460 das kurze Leben der Helden, war ein Nachkomme König Eduards III. und mit der Tochter eines Earl of Westmoreland verheiratet. Als seine militärischen Erfolge den Ministern und Beratern des willensschwachen Heinrich VI. Anlaß zur Sorge gaben, begingen sie den folgenreichen Fehler, den Sieger aus so vielen Schlachten nicht weitersiegen zu lassen, sondern nach Irland zu versetzen, wo sie ihn kaltzustellen glaubten.

Von den sechs Jahren, die er nominell Königsleutnant – also Militärgouverneur – von Irland war, verbrachte er, alles zusammengezählt, nur zwei Jahre tatsächlich auf der Insel, aber nur ein paar Monate waren nötig, zu den ausgedehnten Besitzungen, die ihm dort schon gehörten, auch alles andere Land zu unterwerfen und Truppen für größere Ziele zu rekrutieren. 1450 und 1459/60 wurde Irland zur Hauptbasis für seine Angriffe auf die sinkende Königsmacht in England.

Es war die große Versuchung seines Lebens und für einen Königsenkel wohl auch eine durchaus natürliche Entscheidung, aber wenn man über ein unglückliches Volk schreibt, wie es die Iren so lange waren und ein wenig auch noch sind, wenn man angesichts von fortwährenden Fehlentwicklungen überlegt, wie es anders hätte sein können, dann ranken sich Gedanken und Phantasien eben um die Männer, in deren Hand es gelegen hätte, in Irland der Erste zu sein und damit sich selbst und der Insel den entscheidenden Dienst zu erweisen.

Durch die Heirat mit Cecily Neville, der Tochter von Ralph Earl of Westmoreland, war Herzog Richard nach der Kirche der größte Grundbesitzer von Irland geworden. Was in London beschlossen worden war, um ihn aus dem Zentrum der Macht zu entfernen, konnte durchaus zu seinen Gunsten ausgehen, waren doch die blutigen Zwiste rund um die Person eines unfähigen, aber legitimen Monarchen für jeden Kundigen deutlich erkennbar und unmittelbar bevorstehend. Aber Tatmenschen, die zudem noch Siegerblut in sich fühlen wie Richard von seinem Onkel, dem Schwarzen Prinzen, sind nun einmal blind für die sanften Reize und schüchternen Vorzüge, die Irland zu bieten hatte, und vermögen sich kaum je zu der Selbstbescheidung durchzuringen, eine begrenzte, lohnende Aufgabe einem vagen Höhenflug vorzuziehen.

Richard hatte zudem – und das war wohl das Gefährlichste – schnelle Anfangserfolge; seine Iren und die mit seiner Kampfführung vertrauten, ihn verehrenden Truppen aus Frankreich blieben von der Landung in Wales an die beherrschende Kraft in der Umgebung des Königs, und als diesem ein Thronfolger geboren wurde, was die Legitimität von Richards Nachfolge aufhob, glich sein vollständiger Sieg bei Saint Albans die Chancen wieder aus. Wie einst die an ihr Ende nicht glaubenden Hochkönige von Irland zeigte sich Richard auch in diesem Augenblick großzügig, friedfertig, versöhnlich. Hätte er geahnt, was man hundert Jahre später in den Genealogien seiner Familie werde lesen müssen, hätte er die Unzahl der Morde und Hinrichtungen voraussehen können, er hätte damals, als Triumphator des Jahres 1455, seine Gegner entschlossen entmachtet und seinem Land ein blutiges Vierteljahrhundert erspart. Aber er suchte den Konsens, kehrte sogar nach Irland zurück, wo das Parlament und die Großen ihm aufrichtig huldigten, und nahm den Kampf um die Krone erst wieder auf, als der Earl of Warwick, ein Verwandter seiner Frau, von Calais aus gegen London vorging, während Richard wie stets aus Irland kam. Heinrich VI. beugte sich, versprach Richard die Thronfolge unter Übergehung des kleinen Prinzen von Wales: Das wurde am 8. November 1460 proklamiert, Richard ritt den Frieden trauend mit kleiner Bedeckung nach Norden ab und geriet in einen wohlvorbereiteten Hinterhalt der Königspartei, angesichts des wenige Tage zuvor abgeschlossenen Übereinkommens ein Landfriedensbruch, ja Wegelagerei. Richard, Herzog von York, konnte seiner Umgebung eben noch zurufen, den Kampf anzunehmen, da er nie vor einem Feind zurückgewichen sei, dann war die Lancaster-Übermacht über ihm. Edmund, sein zweitgeborener Sohn, fiel an der Seite des Vaters. Dem toten Herzog schlugen die Lancasterleute den Kopf ab, steckten ihn auf eine Pike und stellten ihn dann mit einer Papierkrone zur Schau.

Das muß man sich vor Augen halten, wenn man die Ereignisse der nun anbrechenden zweiten Phase der Rosenkriege richtig beurteilen will. Die Verrohung nach dem Hundertjährigen Krieg war nicht mehr zu überbieten, aber sie beschränkte sich weitgehend auf das Kriegsvolk und den kommandierenden Adel, bei den kleinen Leuten war ein Rest christlicher Grundsätze in Geltung geblieben, und bei den neureichen Größen des Fernhandels und der Geldwirtschaft quittierte man die emphatische Selbstvernichtung des anglonormannischen Adels mit Achselzucken. Es hatte sich gerächt, daß weder die reiche literarische Tradition Irlands noch auch die Frankreichs hinreichend Geltung und Einfluß auf der Hauptinsel gewonnen hatte, und daß der schon unter Heinrich II. eingeschüchterte Klerus zu schwach war, sich ins Mittel zu legen.

Richards ältester Sohn Eduard gilt als der tüchtigste Feldherr dieser blutigen Jahre, aber da der reiche und mit den besten Verbindungen ausgestattete Graf von Warwick von ihm abgefallen war, kam es zu einem grotesken Hin und Her. Je nachdem, welche Partei gerade die Oberhand hatte, wurde der unglückselige Anlaß der großen Auseinandersetzung, der kranke König Heinrich VI., bald befreit und auf den Thron gesetzt, bald in den Tower geworfen, und ähnlich erging es Eduards eigenem Bruder Clarence, der sich auf die Seite Warwicks geschlagen hatte. Schließlich wurden beide auf Eduards Befehl ermordet – ein Verbrechen, das die bekannte furchtbare Vergeltung erfuhr: Richard, der jüngste Sohn des geköpften Herzogs von York, ließ seine beiden Neffen in den Tower bringen, sowohl den inzwischen zum König gekrönten Eduard V. als auch dessen jüngeren Bruder. Seither waren die Knaben verschwunden, Richard erklärte sich als Richard III. zum König, aber das Volk verzieh dem bis dahin tüchtigen und treuen Parteigänger des vierten Eduard den Kindermord nicht. Trotz aller zweifellos vorhandenen Gaben konnte er sich wirkliche Sympathien nicht erringen. Heinrich, Earl of Richmond, nach Dutzenden von Morden und Hinrichtungen beinahe unversehens zum Thronanwärter geworden, stellte mit nur 5000 Mann das mehr als doppelt so große Heer Richards am 22. August 1485 bei Bosworth zum Kampf und siegte, trotz großer persönlicher Tapferkeit des letzten Plantagenet, dank der abwartenden Haltung von Richards Verbündeten. Heinrich, Graf von Richmond, aus dem Hause Tudor, wurde als Heinrich VII. König.

Damit war die letzte Schlacht der Rosenkriege geschlagen und der erste Sieg der Tudors errungen, und wir sehen, daß auch Richmond, wie schon der Herzog von York vor ihm, im äußersten Westen der Insel gelandet war, an der Nordküste von Wales entlangziehen konnte, ohne in seinem Aufmarsch gestört zu werden und urplötzlich mitten in England auftauchte, bei Bosworth. Irland war für die beiden mächtigsten Kraftströme, die auf den Thron zuführten, das Mutterland gewesen und Anmarschplatz. Die Kelten hatten in aller Stille und mit höchster Wirksamkeit ihre Antwort auf die Invasion Heinrichs II. vorbereitet und waren schließlich gestärkt aus dem endlosen Bürgerkrieg hervorgegangen, weil er sich ja so gut wie gar nicht auf Irland ausgedehnt hatte.

Da der Waffenlärm der Rosenkriege laut genug war, vollzog sich in Irland selbst eine unaufhaltsame und in gewissem Sinn natürlich zu nennende Entwicklung im stillen: Sich selbst überlassen, machten die Iren, Anglo-Iren und Anglonormannen die letztlich doch künstlichen Grenzen zwischen ihren Herrschaftsbereichen durchlässig. Sie waren ja nie unverrückbar gewesen; jeder tatkräftige Jungmann aus fürstlichem Geschlecht, jede Heiratsverbindung hatten sie verschoben und verändert, und als die allgewaltige Wirtschaft dem armen Land zeigte, daß es mehr gebe als Schafzucht und Strandhafer, da fielen die inner-irischen Abgrenzungen nicht nur geographisch, sondern bald auch genealogisch und schließlich sogar in den Köpfen (wobei dies, wie wir noch heute sehen, der bei weitem schwierigste Vorgang und an Rückschlägen reich war).

Richard Plantagenet, Herzog von York und Schwiegersohn der mächtigen Nevill, hatte sich auf der Insel, die zu einem Gutteil sein Besitz war, so nachhaltige Sympathien erworben, daß nur ein einziger der alten Clans während der Rosenkriege gegen das Haus York auftrat, die mächtigen und reichen Grafen von Desmond. Als Eduard IV., ältester Sohn des Herzogs Richard, Thomas, den siebenten Earl of Desmond, hinrichten ließ, zog sich dieses einflußreiche Haus für Generationen aus der Verbindung mit der Zentralmacht zurück und konspirierte später sogar mit ausländischen Mächten. Die wichtigste Familie auf der grünen Insel wurden danach die Fitzgeralds als Earls von Kildare, einer westlich an das Gebiet von Dublin anschließenden traditionsreichen Grafschaft im Herzen von Irland.

Cell Dara bedeutete im Irischen 'das Eichenkloster'. Die mächtige Eiche, die das erste Kirchlein überwölbte, hatte schon eine heidnische Kultstätte beschützt, wie uns Giraldus Cambrensis, ein Mitglied der Grafenfamilie, berichtet. Das hier von der heiligen Brigida gegründete Doppelkloster hatte durch den Fluß Liffey stetige Verbindung mit Dublin und damit zur Keimzelle der politischen und wirtschaftlichen Entwicklung der Insel. Es war wohl der weiterwirkende Ruhm der aus fürstlichem Geschlecht stammenden Heiligen, der Kildare zu einem begehrten Objekt früher Machtkämpfe machte; die Kleinkönige wünschten sich mit der traditionsreichen Stätte zu schmücken und zu legitimieren. In einer dieser Königs-Genealogien (Leinster) hat sich eines der schönsten mittelalterlichen Gedichte der Iren erhalten, das von all dem berichtet.

Die nun, unter Eduard IV., als Vizekönige von Irland zum Zuge kommenden Fitzgerald, Earls of Kildare, sind keine bodenständige irische Familie, soweit war man denn doch noch nicht, sondern gehen auf einen Waffengefährten Wilhelms des Eroberers zurück, der schon 1086 als Verwalter oder Generalpächter (*Tenant-in-chief*) von fünf Grafschaften der Hauptinsel erwähnt wird. Er verband sich durch seinen jüngsten Sohn Gerald mit der im südlichen Wales aufgestiegenen Familie der Griffith, und Nesta Griffith gebar ihm ruhmreiche Söhne '*by whom the southern coast of Wales was saved for the English and the bulwarks of Ireland stormed*'. (Leider verrät uns John Horace Round, einst Historical Adviser to the Crown, nicht, aus welcher alten Chronik er diese Zeilen zitiert.)

Sie hatten somit das südliche Wales für die Engländer gerettet, also nach Aufständen zurückerobert, und die Bollwerke Irlands erstürmt, was – wie wir wissen – nicht so wörtlich zu nehmen ist: Die Iren hatten gegen die Invasoren keine Düppeler Schanzen errichtet, sondern die Auseinandersetzungen lieber ins schwer begehbare und für Fremde oft verhängnisvolle Landesinnere verlegt. Immerhin, die Fitzgerald schienen am Ziel ihres Weges nach einem langen ruhmreichen Aufstieg, denn schon 1147 war ein Sohn von Gerald und Nesta Bischof der berühmten Kathedrale von Saint David's geworden, und ihre Tochter Angharat (was für Namen!) hatte in Giraldus Cambrensis dem größten Historiker des irischen Mittelalters das Leben gegeben.

Seither begannen die Namens-Spiele, die im Spätmittelalter häufig sind und den Übergang zum Familiennamen einleiten. Die Herren heißen Fitzthomas, Fitzmaurice und Fitzgerald, was seit dem 14. Mai 1316 nur noch untergeordnete Bedeutung hat, denn an diesem Tag wurde für die bedeutende anglo-irische Adelsfamilie das Earldom Kildare geschaffen, eine Grafschaft, zu der noch ein beinahe exterritorialer Bezirk, die *Liberty of Kildare* kam, in dem die Grafen – allerdings an das königliche Recht gebunden – vollständig ihre eigenen Herren waren.

Nach Wechselfällen – Mangel an männlichen Erben, Inthronisierung von begabten Bastarden, Querelen mit der Krone – war es Gerald, der achte Earl, der die alte Bedeutung der Sippe wieder herstellte. Er war durch ein Vierteljahrhundert Statthalter Irlands, wobei sein Einfluß dank einer Reihe persönlicher Verbindungen und anderer Druckmittel weit über den anglo-irischen Bereich hinaus sich beinahe auf die ganze Insel erstreckte. Er lebte vermutlich von 1456 bis 1503 und wurde kurz Mòr (der Große) genannt. Wegen seiner Sympathien für das Haus York hatte er zwei Jahre im Tower verbracht, was seinem Ruhm auf der Insel nicht schadete, aber 1513 bereiteten ihm ein paar hartnäckige Kämpfer für die irische Unabhängigkeit doch den Schlachtentod.

Obwohl man eigentlich nicht mehr tun konnte, als für den König zu fallen, gerieten die Grafen von Kildare nach dem Tod von Mòr in London in Verruf. Ihre traditionellen Gegner, die Grafen von Ormonde, intrigierten erfolgreich gegen den neunten Earl of Kildare, so daß dieser schließlich in den Tower geworfen wurde und dort auch starb. Das war – im Jahr 1534 – das Signal zur offenen Revolte des stolzen Grafengeschlechts. Lord Thomas Fitzgerald führte den Aufstand gegen London und wurde mit nicht weniger als fünf seiner Onkel im Februar 1537 als Verräter gehängt.

An diesem Tiefpunkt der Familiengeschichte beginnt der eigentliche Roman. Sein Held ist Gerald, der junge und ahnungslos-unschuldige Halbbruder des gehängten Lords: Er rettete sich in abenteuerlichen Fluchten, riskierte nach dem Tod Heinrichs VIII. einen Aufenthalt bei Hofe und wurde tatsächlich 1552 von Edward VI. in all seine Besitztümer wieder eingesetzt. Als er für Maria die Katholische gegen den Aufrührer Sir Thomas Wyatt erfolgreich kämpfte, erhielt er zu seinem alten Titel eines Grafen von Kildare noch den eines Lords Offaly (1554) und hatte inzwischen soviel von den harten Bräuchen der Zeit gelernt, daß er sich nicht mehr scheute, die Religion zu wechseln (was inzwischen eine Rolle zu spielen begann). Elisabeth I. traute jedoch keinem, der für die blutige Maria gekämpft hatte, ließ den einst so hoffnungsvollen Jungmann in den Tower werfen und schickte seinen Sohn Henry, genannt *of the Battleaxies* in die irischen Sümpfe gegen die Tyrone-Rebellen, die ihn 1597 töteten.

Da wir schon beim Vorgreifen sind, sei noch berichtet, daß die Familie der Grafen von Kildare und Lords Offaly zu Ende des vergangenen Jahrhunderts noch immer 70.000 Acres Landbesitz in der alten Grafschaft hatten, das sind über 30.000 Hektar ...

Irland ist noch lange kein Staat, aber es ist auch mehr als eine Kolonie, was sich schon darin ausdrückt, daß die Herren, die es für die britische Krone verwalten, bald Gouverneur genannt werden, bald Justitiar, bald einfach Deputy. Die Geschichte der Insel ist, was das Volk betrifft, monoton und von wechselseitigen Abneigungen gekennzeichnet, die sich jedoch nicht mehr in großen Kriegen ausdrücken, sondern in Rivalitäten und Intrigen. So wie den Grafen von Kildare die Ormonde gegenüberstehen, wie sie anglo-irische Grafen und anglo-normannischen Ursprungs, so hat der Desmond-Zweig der großen Fitzgerald-Linie seine Dauergegner in den Butlers. Die Iren brauchen also gar keine Parteien zu bilden, sie unterstützen, sofern sie überhaupt politisch interessiert sind, bald die eine, bald die andere der großen, die Insel an England klammernden Familien und applaudieren heimlich, wenn wieder einmal Köpfe rollen. Und das ist mit bemerkenswerter Häufigkeit, ja in beinahe zwanghafter Wiederkehr der Fall.

In solchen Krisen konnte es geschehen, daß die reichen Grafen Desmond sich mit einem der nicht ganz selten auftretenden Verschwörer gegen die Krone zusammentaten, also nicht, wie die Fitzgerald, einen Aufstand niederzuwerfen halfen, sondern in einer Krisensituation der Krone die Partei der Revolte ergriffen. Das war der Fall, als Perkin Warbeck (1474–1499) König Heinrich VII. den Thron streitig machte.

Der junge Flame (von Schiller immerhin eines Dramenfragments gewürdigt), kam 1491 mit einem Seidenhändler nach Cork, also ins südliche Irland. Fein gewandet, mit den Manieren eines jungen Mannes von Welt, erinnerte er einige Bürger der Hafenstadt an die unter Richard III. verschwundenen jungen Prinzen, und das Gerücht verbreitete sich, er sei der dem Tode entronnene Herzog von York. Die Grafen von Desmond unterstützten ihn sofort, König Karl VIII. von Frankreich hatte ebensoviel Interesse, den vermeintlichen Prinzen aufzuwerten, und lud ihn an seinen Hof ein. In den Niederlanden hieß ihn die reiche Margarete von Burgund, Schwester Eduards IV., herzlich willkommen, haßte doch auch sie Heinrich VII. wie die Pest, und nun wurde der Fall Perkin Warbeck zum politischen Ereignis: Heinrich VII. von England protestierte bei Margarete, bei (damals noch König) Maximilian und verbot jeglichen Handel mit den Niederlanden. Das war im September 1493, und zwei Monate später empfing Maximilian den inzwischen schon beinahe selbst an sein prinzliches Geblüt glaubenden Perkin Warbeck in Wien mit allen Ehren, die einem Herzog von York und britischen Thronbewerber gebührten.

Im Sommer darauf kam es zur Tat. Jakob IV. von Schottland, die irischen Grafen von Desmond und von Kildare und englische Gegner Heinrichs versicherten Perkin Warbeck ihrer Unterstützung, als er mit 1500 habsburgischen Soldaten am 3. Juli 1495 zunächst erfolglos in England und schließlich im irischen Hafen Waterford an Land ging. Ein Verräter namens Sir Robert Clifford hatte jedoch den König alarmiert, und Waterford konnte trotz der Hilfe der Desmonds nicht erobert werden.

In solchen Fällen bot sich vorher und nachher stets Schottland an, es war weit und die Engländer bewegten sich dort nur mit äußerstem Unbehagen. Warbeck hatte hier eine kurze Zeit des Glücks, durfte eine Tochter des Earls of Huntly heiraten und mit einer kleinen Armee in Northumberland sogar auf englischen Boden vorstoßen, weil Heinrich VII. in Cornwall eine Rebellion zu bekämpfen hatte. Diesen mutigen Männern fern im Süden wollte Warbeck sich anschließen, bestieg ein Schiff und landete im äußersten Südwesten von England, auf Land's End, um sich an die Spitze der Aufrührer zu setzen – aber Heinrich VII., ein tüchtiger Soldat, hatte der Rebellion inzwischen den Garaus gemacht und ließ Warbeck quer durch England verfolgen. Endlich, Ende September 1497, ergab sich Perkin Warbeck gegen die Zusicherung der Vergebung und berichtete für die königlichen Akten, wer er sei und wie alles kam. Man hielt ihn denn auch zunächst in milder Haft, erst nach einem Fluchtversuch im Juni 1498 faßte man ihn härter an und nötigte ihn zweimal, öffentlich zu bekennen, daß er nicht ein königlicher Prinz und schon gar nicht der als Kind verschwundene Herzog von York sei. Danach bedurfte man seiner nicht mehr: Am 23. November 1499 wurde er neben seinem Parteigänger, dem Earl of Warwick, gehängt.

Die Grafen von Desmond verziehen der Krone nicht, sie sahen in dem Schicksal, das Perkin Warbeck bereitet wurde, den Beweis dafür, daß man auch einem königlichen Wort nicht trauen dürfe, und James, Earl of Desmond, konspirierte im frühen 16. Jahrhundert nicht nur mit dem französischen König, sondern auch mit dem Kaiser gegen das englische Königshaus.

Nach allem, was die großen Familien der neuen anglo-irischen Besitzerschicht für Irland und gegen den König in London gewagt hatten, ist es eigentlich verwunderlich, daß es um 1500 diesen aufmüpfigen Adel immer noch gab. In England hatte Eduard IV. mit seinen adeligen Gegnern kurzen Prozeß gemacht, da waren die Köpfe gerollt, die Güter eingezogen worden, bis der König reicher war als alle Herrscher vor ihm in England. Auch für die englische Langmut gegenüber Irland schlägt nun die Stunde, nun, da der Krieg in Frankreich endlich zuende ist und die Rosenkriege ein neues England geschaffen haben. Die ersten Tudor-Herrscher werden wirtschaftlich dort anknüpfen, wo Eduard IV.

aufhören mußte, bei der Stärkung der Wirtschaft, beim Ausbau des Überseehandels, beim Import fremder Gelder, und kämen sie auch von den Florentinern oder gar den Juden. Irland stimmt seinen Schwanengesang an mit den siebzehn mittelenglischen Gedichten der Sammlung von Kildare, also nicht mehr in irischer Sprache, aber gleichwohl große Dichtung im Lebensgefühl des Heiligen Franziskus von Assisi, verfaßt weitgehend in Kildare, dem alten Kloster, aufgezeichnet vielleicht in Waterford, im ersten Drittel des 14. Jahrhunderts. Die Sammlung hat schon alles, was wir bis heute an der irischen Dichtung schätzen: Sozialkritik, Selbstironie und tiefes religiöses Gefühl, selbst in dem bekanntesten Stück *The Land of Cockaygne* (Das Schlaraffenland der Mönche), ein Titel, an den William Butler Yeats 1894 anknüpfen wird mit seinem bekanntesten Theaterstück: *The Land of Heart's Desire*. Im Schlaraffenland der Mönche fehlt alles, was die irdische Seligkeit vermindern könnte, selbst die Gebäude, auf die Iren ja sonst nicht sonderlich gut zu sprechen waren, finden Gnade, sie sind nämlich eßbar. Aber natürlich ist es sehr schwierig, in dieses Schlaraffenland zu gelangen, man muß sich nicht, wie bei unseren kontinentalen Sagen gleichen Themas, durch einen Kuchenberg essen, sondern sieben Jahre lang durch Schweinekot waten ...

Neben diesem Wunschtraum eines so gut wie unzugänglichen Irland mit viel Eßbarem entstand, nicht sehr viel konkreter, eine zweite Phantasmagorie, etwa zu gleicher Zeit, die ebenso das Überleben des alten Irland und seiner Besonderheiten sichern, seine Selbständigkeit wiederherstellen sollte – der Plan einer Universität in Dublin, also mitten im Pale, aber auf irischem Boden und für Studenten aus Irland. Da die wichtigsten auf die frühesten Gründungsversuche bezüglichen Dokumente am 7. Juni 1872 verbrannten (soweit sie das Feuer von 1792 überstanden hatten), ist auch alles, was man über die mittelalterliche Universität von Dublin berichten möchte, ein wenig sagenhaft.

Sicher ist, daß John Lech, Erzbischof von Dublin seit dem Jahr 1310, sich an Papst Clemens V. (1305–1314) wandte und um den Privilegienbrief für ein Generalstudium bat, also eine hohe Schule mit mehreren Fakultäten. In dem erhaltenen Schreiben führte Lech aus, daß es zwar im Augenblick seines Ersuchens noch herzlich wenig Doktores in Irland gebe, daß andererseits aber der ganze europäische Nordwesten – Norwegen, Schottland und die Insel Man – keine Universität besäße, so daß die Handelsstadt Dublin mit ihrem regen Verkehr eine große Mission erfüllen könnte, zumal, da die Universitäten des europäischen Festlandes nicht ohne *gravi periculo atere non possit accessus*, also nur in gefahrvoller Seefahrt erreicht werden könnten. Von Oxford und Cambridge ist, getreu den irischen Unabhängigkeitsbestrebungen, in diesem Schreiben nicht die Rede.

Clemens V. ließ am 13.7.1312 tatsächlich die gewünschte Bulle ausfertigen (andere Quellen nennen die Jahre 1310 oder 1311). Sicher ist, daß Erzbischof Lech 1313 starb und daß nach seinem Tod vier Jahre lang kein Erzbischof in Dublin residierte, Grund genug, die Universitätsgründung ruhen zu lassen. Am 13. Oktober 1318 (nach anderen 1317) wurde Alexander de Bicknor als neuer Erzbischof inthronisiert; er nahm den Gedanken seines Vorgängers wieder auf und versuchte, die Universität an das Kapitel von St. Patricks zu bauen, an den damaligen Stadtrand, was der Universität gute Entfaltungsmöglichkeiten geboten hätte. Alexander de Bicknor war jedoch ein großer Herr, unbeugsam, eigensinnig, ein Mann von internationalen Verbindungen. Er war 1326 in den Skandal der öffentlichen und königlichen Finanzen verstrickt (*Exchequer-Scandal*), er schützte Ketzer, die von einem anderen Bischof verfolgt wurden, er stritt mit dem Erzbischof von Armagh um die Würde des Primas von Irland und wurde 1337 gar aus Irland abberufen, als Berater der Krone und der Kirche in irischen Angelegenheiten. Als er 1349 starb – möglicherweise an der Pest – hatte er noch immer keine Bestätigung aus Rom, daß sich auch die Nachfolger des fünften Clemens zu einer Universität in Dublin bekennen würden. Seine diesbezüglichen Briefe an Papst Johannes XXII. (1316–34) haben sich nicht erhalten.

Immerhin war eine Universitätsverfassung ausgearbeitet worden, die vorsah, daß der Kanzler nur in engster Abhängigkeit vom Erzbischof die Universität mit Hilfe von zwei Prokuratoren leiten dürfe. Der Kanzler und drei Professoren – alle Ordensgeistliche – werden schon für das Jahr 1320 namentlich erwähnt: William Rodyard erscheint zugleich als Dekan der Kathedrale und als Kanzler der Universität. Neben der Theologie sollten das römische und das britische Recht gelehrt werden.

Danach herrscht Schweigen über die ehrgeizige Gründung; nur ein englisches Dokument von 1358 sichert den Studenten, die in Irland zu studieren wünschen, königlichen Schutz für Person und Eigentum während der ganzen Reise zu. 1465 unternimmt Drogheda ähnliche Versuche, doch ist auch hier die Frage nicht zu beantworten, ob es zum Ausbau einer wirklichen Hochschule kam, die neben den theologischen auch weltliche Fächer vorsah. Erst 1591 erhielt Dublin mit *Trinity College* eine Universität, die diese Bezeichnung unstreitig verdiente. Nur war sie eine englische Gründung; das besiegelte die schwersten Kämpfe um die irische Unabhängigkeit, die es seit dem jungen Bruce gegeben hatte.

Die ganze Wirklichkeit

In seinem letzten Stück *The Death of Cuchulain* stellt der große irische Dichter William Butler Yeats sich und uns die Frage: "Ist, was Menschen hassen und bewundern/ihre ganze Wirklichkeit?" Die Helden mußten essen und trinken, die Verschwörer ihre Truppe ernähren, die Thronprätendenten Auslandsverbindungen anknüpfen. Sie brauchten die Wirtschaft, den Verkehr, fremde Sprachen, die Kenntnis fremder Völker, das Vorbild anderer Staaten, den Einfluß des politischen und wirtschaftlichen Geschehens in ganz Europa.

Wie schicksalhaft die geographische Lage für England und für Irland war, wird deutlich, wenn wir uns klarmachen, in welch hohem Maß beide Inseln auf die Initiativen fremder Händler angewiesen waren, auf das, was man heute Know how nennt, und auf die Organisationen, ohne die zwischenstaatlicher Handel nicht funktionieren kann, die aber in England und in Dublin (vom übrigen Irland ganz zu schweigen) erst ansatzweise existierten. *The Cambridge Economic History* stellt in ihrem Mittelalter-Band fest, daß der Mittelmeer- und der Ostseehandel eines gemeinsam hatten – sie waren von jeweils einer einzigen Nation beherrscht. Das Mittelmeer von gelegentlich miteinander rivalisierenden Seestädten wie Genua, Florenz mit dem Hafen Pisa und Venedig, die Ostsee von dem straffen, nach außen hin geschlossen auftretenden Städtebund der Hanse.

Die Überlegenheit dieser Handelsstädte bestand neben ihren einschlägigen Erfahrungen und der soliden, überblickbaren wirtschaftlichen Basis ihrer städtischen Gemeinwesen vor allem darin, daß sie ausreichende Handelsflotten zur Verfügung hatten, während die Versuche, in England große Handelsschiffe zu bauen, meist damit endeten, daß die finanzschwache Krone sie wieder veräußern mußte. Schiffsraum sammelte sich nur bei Großkaufleuten wie dem unermeßlich reichen Richard Whittington, zu Beginn des 15. Jahrhunderts dreimal Lordmayor von London, verheiratet mit einer Tochter von Sir Ivo Fitzwaryn, die ihm Grundbesitz in Dorsetshire und Irland zubrachte. Obwohl heute seine Eltern und seine Großeltern bekannt sind, hält sich die Sage, daß er als Straßenjunge aus bitterster Armut zu seinem Reichtum aufgestiegen sei. Sein Vermögen, durch Testament zu mildtätiger Verwendung bestimmt, gestattete seinem Nachfolger, in London ein menschenwürdiges Gefängnis zu erbauen. Mehr hatten die Iren von William Canynges, der in Bristol den billigen irischen Arbeitskräften Beschäftigung in seinen Werften bot und eine für jene Zeit beachtliche Flotte besaß, darunter ein Schiff, das 900 Tonnen laden konnte (die Größenangaben nach Wasserverdrängung kamen erst später auf). Canynges machte nicht wenig Geld damit, daß er die frommen Iren über See nach Santiago de Compostela transportierte; das war zwar nicht eigentlich ein Pilgern im strengen Sinn, aber alte und gebrechliche Personen durften doch davon Gebrauch machten. Die anderen hatten immer noch die Möglichkeit, sich in Barfleur oder Honfleur an Land setzen zu lassen und quer durch Frankreich nach Nordspanien zu pilgern. Da die kleinsten dieser Schiffe aber nur 100 Tonnen luden, zog so mancher den Landweg nach Santiago vor und tat gut daran.

Irland hatte neben höchst mittelmäßiger Wolle nur Agrarprodukte und an der Luft getrockneten oder auch eingesalzenen Fisch als Ausfuhrgut zu bieten, und so mancher Ire ersetzte den Mangel an Gütern durch Temperament und Kühnheit: 1428 plünderte der Pirat Voët mit einer Mannschaft aus Cork und ein paar Wikingernachkommen aus Wexford die reiche norwegische Handelsstadt Bergen, was auf die Briten zurückfiel und ihrem Handel mit der Hanse großen Schaden brachte. Andererseits gelang es 1473 dem Danziger Freibeuter Peter Paul Beneke, im Ärmelkanal ein für Pisa bestimmtes Schiff mit britischer Wolle zu kapern, auf dem Memlings berühmtes Gemälde vom Jüngsten Gericht nach Florenz reisen sollte – der Resident der Medici in Brügge hatte es für seine Heimatstadt erworben. Beneke, einer der berühmtesten deutschen Korsaren, schenkte das Bild der Marienkirche, deren Ruhm es durch Jahrhunderte ausmachte; heute befindet es sich im Danziger Städtischen Museum. Jacopo Tani, der das Bild in Auftrag gegeben hatte, bemühte sich vergeblich um eine Rückgabe, die Stellung der Hanse war zu stark, auch gab es eine alte sentimentale Beziehung zwischen dem britischen Adel und dem Deutschen Orden, hatten doch Ritter aus anglonormannischen Geschlechtern an der Seite der Ordensritter in Litauen gegen die Heiden gekämpft. Ein Jahr nach diesem spektakulären Raub, im Februar 1474, mußte Eduard IV., gewiß der geschickteste Diplomat und beste Wirtschaftsfachmann unter allen mittelalterlichen Herrschern über England und Irland, der Deutschen Hanse den Besitz der *Gildhalla Teutonica* bestätigen, bei uns bekannt unter dem Namen Stalhof.

Die Italiener sahen diese mehr oder minder freiwillige, zweifellos aber enge Zusammenarbeit in Nordwesteuropa nur höchst ungern. Francesco Balducci Pegolotti, ein leitender Angestellter des berühmten florentinischen Handelshauses Bardi, weist in seinem Handels-Leitfaden von 1315 (!) schon darauf hin, daß man Wolle sehr viel günstiger in England und Irland selbst einkaufen könne, flandrische Zwischenhändler verdürben nur die Preise. Nur war leider die Wolle aus Irland wie auch die in Südengland verschiffte von minderer Qualität und bereitet den Spinnereien von Florenz große Mühe. Das änderte sich, als in Irland und England selbst gesponnen und gewebt wurde: Offener Krieg brach aus, Flandern verbot die Einfuhr britischer Tuche, der König von England sperrte dafür den Wollexport für die flandrische Tuchindustrie, also durchaus moderne Formen der wirtschaftlichen Auseinandersetzung.

Die Frage, warum die britischen Inseln so lange den billigen Rohstoff geliefert und Flamen wie Italienern die Gewinne überlassen hatten, beantwortet sich durch die vielen Stadien, die von der ungewaschenen Schafwolle bis zum geschnittenen Tuch zu durchlaufen waren: Spinner – meist

Frauen und Kinder – arbeiteten vor allem im ländlichen Irland in ihren dörflichen Heimstätten und waren der einen existierenden Verbindung zu einem Tuchhändler völlig ausgeliefert (ein Zustand, der sich bis ins 19. Jahrhundert nicht geändert hat). Nach den Spinnern kamen die Weber, Färber und Tuchscherer, also eine Organisation, die zumindest in Irland den einzelnen weit überforderte. Jahrhundertelang war die Arbeit der Spinner und oft auch die der Weber nicht in Geld, sondern nur in Sachwerten entlohnt worden; erst 1465 bestimmte ein königliches Gesetz, daß auch Heimarbeit in 'echtem und gesetzlichem Geld' (A. L. Morton) zu bezahlen sei. Dennoch bildeten die Tuchherren bald die erste einheimische Gruppe von Kapitalisten neben den Italienern und Juden, und vor allem in Bristol, wo das spottbillige Irland vor der Tür lag, bildeten sich die großen Vermögen der Textilindustrie. Man darf von Industrie sprechen, weil im 16. Jahrhundert schon Weber und andere Handwerker des Fertigungsprozesses in Großwerkstätten zusammengefaßt wurden. Schon 1555 begrenzte ein Gesetz die Zahl der Webstühle, die ein Handelsherr sein eigen nennen und selbst betreiben durfte, und daß es stets königliche Gesetze waren, die hier den Mißbrauch menschlicher Arbeitskraft steuerten, beweist die institutionelle Schutzlosigkeit des einzelnen Arbeitnehmers vor allem auf der grünen Insel, deren politische Struktur zu instabil war, um ein regionales Schutzsystem ähnlich der schottischen Lairds entstehen zu lassen. Wie verlassen sich der kleine Mann fühlen mußte, geht aus Balladen und Prosa-Erzählungen des Seidenwebers Thomas Deloney (ca. 1543–1600) hervor, der mit seinen Büchern über Weber, Tuchmacher und Schuster Anspruch darauf erheben kann, den sozialen englischen Roman geschaffen zu haben. *Deloney died poorly and was decently buried.*

So deutlich sich auch vor allem durch die Woll- und Tuchexporte abzeichnet, daß die britischen Inseln aus ihrer Randlage erlöst und in den europäischen Handel eingebunden sind, so bleibt die Situation doch stets anfälliger als zum Beispiel in Süddeutschland, wo die leistungsfähigen Handelsstraßen ungefährdet auf den Mittelmeerraum zuführen und ein schnell reich werdendes Patriziat die Handelszentren gleich im Halbdutzend gedeihen läßt.

Die Iren hatten das Glück, daß der begabteste der englischen Könige im hohen Mittelalter, nämlich Eduard IV., einen breiten irischen Hintergrund hatte, nicht nur durch seinen unbeugsamen und noblen Vater, den Herzog Richard von York, der viele Jahre lang die grüne Insel beherrschte, sondern auch durch seine Mutter Cäcilia Nevil aus dem Haus Westmoreland, das für seinen Einsatz gegen die Schotten durch reiche Ländereien in Irland belohnt worden war (die Familie kommt in Shakespeares *Henry Vth* vor und spielte auch bei der Flucht der Maria Stuart aus Schottland eine Rolle). Eduard IV. hatte aber auch sehr intime Beziehungen zur neu entstandenen bürgerlichen Welt der Geschäftemacher und Fernhändler: Der Dramatiker Thomas Heywood hat uns in seiner zweiteiligen Historie über Eduard IV. nicht nur die Liebe des Königs zu Jane Shore geschildert, der schönen Gemahlin eines Goldschmiedes und Geldverleihers, sondern auch Eduards Gewohnheit, sich verkleidet in Handwerkerquartieren herumzutreiben, um Menschen und Arbeitsbedingungen kennenzulernen. Retardierend wirkte sich aus, daß die britischen Inseln ohne das aktivste Händlervolk der Welt auszukommen versuchten, ohne die Juden: Zwar gab es die Lombarden, also italienische Geldleute, Bankiers und Geldverleiher, aber sie waren im Volk sehr unbeliebt und hielten sich auch selbst nur ungern in Dublin auf, wo sie mehr auffielen als in London. Man hatte auch die hansische Methode des persönlichen Geldtransports versucht, bei dem zum Beispiel ein Hamburger Großkaufmann namens Vicko van Geldersen (1367–92) sich all seiner Verwandten und verläßlichen Hausangestellten bedienen mußte, wenn er Gold und Silber nach Brügge zu bezahlen hatte, um Tuche zu erlangen. Bekannt wurden auch die grotesken Schwierigkeiten, welche die Päpste in Avignon hatten, wenn sie Geld aus ferneren Ländern wie etwa Polen einzufordern genötigt waren.

Das Ferment des Werte-Transfers war seit römischen Zeiten das in alle Welt verstreute Judentum, und es ist sehr bezeichnend, daß die ersten Juden – wir haben es schon kurz erwähnt – in Dublin auftauchten, noch ehe die Schlacht von Hastings geschlagen war. Die große Welle jüdischer Einwanderung kam natürlich im Gefolge der Normannen, und es waren Juden aus Rouen, die sich an die Handelskrieger aus dem Norden längst gewöhnt hatten und als Verwerter von Beute, sprich Hehler, eine einzigartige Rolle zwischen dem Kaspischen Meer und Island spielten. Im strenggläubigen Irland wirkte sich, ähnlich wie in italienischen Städten, auch das kirchliche Verbot aus, Geld gegen Zinsen zu verleihen, sofern der Schuldner christlichen Glaubens war.

London hatte bald seine *Jew Street* und seit spätestens 1115 sein Ghetto *(Old Jewry)*, wo Juden bis zu 40 Prozent Zinsen nahmen und schnell reich wurden. Als Aaron von Lincoln 1186 starb, hinterließ er ein so riesiges Vermögen, daß zur Abwicklung der Hinterlassenschaft eine besondere Behörde gebildet wurde, das *Scaccarium Aaronis*. Das jüdische Vermögen im anglo-irischen Landesteil und in England ohne Schottland wurde um jene Zeit auf 240.000 Pfund geschätzt, das gesamte Vermögen der christlichen Bevölkerung auf 700.000 Pfund. Die Könige kontrollierten diese Vermögenswerte und Geldgeschäfte sehr genau, einmal, um von den Juden Steuern zu erheben, zum andern aber, um die Verschuldung des Adels stets zu überblicken. Es gab einen Gerichtshof, der nach jüdischem Recht richtete, und ein völlig erfolgloses Bekehrungshaus, das 1303 ganze 51 Insassen (übergetretene Juden) hatte und heute noch existiert.

Der Judenhaß entwickelte sich trotz der geringen Zahl von nur 16.000 Londoner Juden sehr schnell, zunächst bei ihren Schuldnern, dann aber auch im Proletariat, und gewann religiöse – nicht rassistische Züge –, als 1238 der junge Simon IV. von Montfort, Earl of Leicester, die Juden aus seiner Grafschaft auswies. (Er war der vierte Sohn jenes Simon von Montfort, der für seine Massenschlächtereien an den Albigensern zum Comte de Béziers erhoben wurde.)

Kleinere Städte folgten, der gelbe Fleck wurde eingeführt, dazu eigene leinene Judenkleidung, um, wie der Erzbischof von Canterbury sich 1222 ausdrückte, die Vermischung von Juden und Christen beider Geschlechter zu unterbinden. Der Erzbischof, er hieß Stephen Langton, hatte zu dieser Sorge allerdings einigen Anlaß: Ein Geistlicher, den er sehr schätzte, hatte sich in eine junge Jüdin verliebt und war zu ihrem Glauben übergetreten ...

Damit begannen jene Irrtümer, die um 700 den Untergang des gotischen Spanien vorbereiteten und 1492 die spanische Wirtschaft vernichteten: Heinrich III. nahm 1253 den Juden ein Drittel ihres Vermögens ab, verbot ihnen aber die flehentlich erbetene Ausreise. 1275 erklärte ein Gesetz Schuldzinsen für nicht einklagbar, wenn der Gläubiger Jude war, und 1290 erfolgte die Ausweisung aller Juden aus England und dem englisch verwalteten Teil der Insel Irland. Erst 1655 erreichte der jüdische Arzt Manasseh ben Israel von Portugal aus die Erlaubnis der Wiedereinwanderung *by private dispensation* durch keinen Geringeren als Oliver Cromwell selbst.

Da die Engländer auch mit den Italienern, die begeistert in die Bresche gesprungen waren, nicht viel gnädiger umgingen, war die Folge eine schwere Krise der Zahlungsmittel gegen Ende des fünfzehnten Jahrhunderts. Überweisungen, Kreditbriefe, Kredite, dies alles stockte nun vollständig, nachdem es sich schon lange nur noch hingeschleppt hatte, die Münzen waren abgenützt, Münzmetalle die große Mangelware; die Welt wartete auf das Silber aus San Luis Potosi und das Gold der Azteken.

Die geringen Geldmengen zeigen sich uns auf den vielen überlieferten Warenlisten des damaligen Schiffsverkehrs und in den Kaufmannsbüchern. Man kochte auf kleinen Flammen, und die wenigen Kaufleute und Reeder, die dennoch reich wurden, verdankten dies einer außerordentlichen Ausbreitung ihrer Aktivität, verwunderlich spät erforscht und in gewissem Sinn faszinierend, weil die Warenwege und Warenreisen die Isolierung selbst Irlands nun endgültig aufbrechen.

Hektor Amann hat in einer ausführlichen Studie über den Tuchhandel des nordwestlichen Europa (*Hansische Geschichtsblätter* 1954) nicht nur hundertundfünfzig Hauptorte der Tuchindustrie ausfindig gemacht und festgehalten, sondern vor allem auch ihre Beziehungen, die bis weit in den Osten, ja selbst nach Persien reichten. Irland ist in dieser großen Familie zumindest auf den ersten Blick der arme Vetter, wenn uns Amann nach einer Goslarer Quelle von 1281 berichtet, aus unserer Insel sei vor allem Krämerware gekommen, dünne Tuche, wohl für den Haushaltsbedarf eher geeignet als für anspruchsvolle Kleidung. Aber der Schein trügt: Man wußte eben noch wenig von Irland. In einem bayrischen Lohengrin-Gedicht von 1283 ist nur von 'Scharlach aus Engellant' die Rede, und Hartmann von Aue, der dichtende Edelmann aus Schwaben, erwähnt schon vor 1205 in seinem *Erec* 'Brutlach von Engelland', also eine Brautausstattung aus dem fernen Nordwesten, obwohl doch die flandrischen Tuchstädte ungleich näher gelegen wären. Des Rätsels Lösung ist sehr einfach – sie liegt im Preis. Die irische, aber auch die südenglische Wolle hatte lange Zeit nicht die Qualität der in Stamford und London verarbeiteten Rohmaterialien, aber mindestens zwei Umschlagplätze hatten damals damit ein spezielles Geschäft aufgezogen: Bristol, damals die größte englische Stadt nach London, und Dartmouth an der Cornwallküste. Bristol hatte vor der Entdeckung der Neuen Welt jenseits des Atlantiks seinen Hauptverkehr mit Irland, für die irische Wolle aber in England selbst wenig Absatzmöglichkeiten; und Dartmouth im menschenarmen Cornwall war überhaupt ohne Hinterland und lebte vom Irland-Transit.

Etwa ein Drittel des englischen Seehandels ging auf hansischen Schiffen vor sich. Sie brachten von Teer und Honig bis zu Getreide und Fertigwaren regelmäßig Waren und Lebensmittel aus dem Ostseeraum nach England und brauchten nicht nur Rückfracht, sondern auch Kompensation für die Zahlungen, vor allem in Zeiten der Bargeldknappheit. Da boten sich Tuche jeder Qualität und Verwendbarkeit vom vornehmen Scharlach bis zum 'dünnen Tuch' der Krämerware an und wurden so gerne angenommen, daß die bis dahin beherrschenden nordfranzösischen und flandrischen Messen schon um 1300 an Bedeutung verlieren. Vor allem aber lagen Irland, Bristol und Dartmouth – neben den nordostenglischen Tuchorten wie Hull, Beverley und York – sehr günstig für den vor allem auf Hanseschiffen vor sich gehenden Handel mit Bergen, Oslo und Tönsberg.

In der zweiten Hälfte des 14. Jahrhunderts, als in Preußen und seinem Hinterland weitgehend Frieden herrschte, eroberten sich die Tuche von den britischen Inseln wichtige neue Zielorte in Ostmitteleuropa: "Für das damals ganz deutsche Krakau verfügen wir ... über eine größere Zahl von Belegen", stellt Amann fest, "England begegnet ebenfalls regelmäßig." Damit ist die Basis gewonnen für die Handelspolitik Eduards IV. und seiner Nachfolger und für die Wertsteigerung der großen Agrarflächen in Irland. "Einen mächtigen Schritt vorwärts macht England, diesmal unter Führung Londons. Eigene Schiffahrt und Handel tragen zum umfassenden Absatz der rasch wachsenden Menge der erzeugten Tuche bei ..." Und für die Folgezeit stellt Amann noch einmal fest: "Mächtig nimmt schließlich der Handel mit englischem Tuch zu, auch im Durchgangshandel der Kölner nach Oberdeutschland und selbst nach Italien (Venedig)." In der schlesischen Kaufmannsfamilie der Popplau werden 1512–16 Warenverzeichnisse geführt, in denen neben dreitausend Tuch(ballen) aus Brabant bereits deren zweitausend aus England stehen – in Breslau! Amsterdam und Maastricht sind dagegen bereits weit abgeschlagen. Es steht fest, schreibt Amann, "daß Deutschland für das mächtige Industriegebiet beiderseits des Kanals stets ein weites, vielfältiges und aufnahmefähiges Absatzgebiet war ... das gilt für die flandrische Industrie des 14. und 15. Jahrhunderts ... aber auch für die englische Weberei derselben Zeit, die einen hohen Prozentsatz ihrer Erzeugnisse nach Deutschland geschickt hat." Amann weist danach noch auf die bemerkenswerte Tatsache hin, daß diese Tuchausfuhren schon im 12. Jahrhundert begannen, also kaum später als der entsprechende Handel mit dem Mittelmeerraum und erheblich vor der Begründung des großen Hansebundes, die in verschiedenen Stadien zwischen 1241 und 1285 vollzogen wurde. Beide Partner bezogen nach und nach weite Hinterlandzonen in diese Aktivitäten mit ein, die Engländer das englisch besetzte Irland, die deutschen Importeure Österreich bis zur mittleren Donau in Niederösterreich. In Thüringen und Schlesien entstand schließlich selbst eine gewisse Tuchindustrie, sie aber stellte nur mittlere Qualitäten oder billige Massenware her. "Über ihnen standen immer in den mannigfaltigsten Abstufungen die Tuche aus dem Nordwesten als das einzige 'Schöngewand' oder *pannus pulchrum* ... Man versuchte, sich flämische oder englische Wolle als Rohstoff für angestrebte bessere Qualitäten zu verschaffen" (Amann l. c.).

Das zeitweise Ausfuhrverbot für unverarbeitete englische Wolle läßt erkennen, daß die Könige sich der Sonderstellung ihres Hauptausfuhrgutes durchaus bewußt waren und den Herstellungsprozeß so weit wie möglich im eigenen Land halten wollten, einmal, um dem Volk Arbeit zu geben, zum andern aber auch, um der Ware ihre Besonderheit und ihren Herkunfts-Vorteil zu erhalten, damit der Großteil des Erlöses im Land bleibe und nicht etwa geschickten deutschen oder italienischen Nachahmern zugute komme. (Es wurde dennoch eifrig nachgeahmt und verfälscht, der Handel entwickelte dafür nicht nur Gespür, sondern auch eigene Bezeichnungen.)

Überliest man diese Seiten, so sagt man sich, daß all dies doch eigentlich nicht die Dinge seien, mit denen ein König sich beschäftigt, und tatsächlich ist die berühmteste Biographie des achten Heinrich sehr schlicht gegliedert in Heinrichs Knabenzeit/Heinrich und Katharina/Anna Boleyn/Johanna Seymour/Anna von Cleve/Katrin Howard und Katharina Parr, als habe es in dem Leben dieses großen Monarchen neben den bekannten Ehetragödien und Affairen nichts anderes gegeben.

Aber die ganze Wirklichkeit, sie war eben anders. Sie zwang auch die höchsten Herren, sich mit so irdischen Dingen wie dem Handwerk, der Seefahrt und dem Geld zu beschäftigen, und die tüchtigsten Könige Europas waren seltsamerweise alle Pfennigfuchser, von Eduard IV. bis zu Friedrich Wilhelm I., von Frankreichs elftem Ludwig bis zu dem Finanzgenie Franz Stephan von Lothringen.

Ehe ein junger Herrscher so weit ist, dies einzusehen, braucht er Berater, und der Kardinal, den Heinrich VIII. als Lordkanzler an seiner Seite hatte, ließ an Geschäftstüchtigkeit nichts zu wünschen übrig. Er hieß Thomas Wolsey, war achtzehn oder auch nur sechzehn Jahre älter als sein Monarch und trat sein hohes Amt neben einem König an, der vierundzwanzig Jahre alt und dennoch schon bemerkenswert eigensinnig war. Wolsey war zweifellos der begabteste Staatsmann seiner Zeit, er agierte souverän zwischen so bedeutenden Herrschern wie Karl V. und Franz I., kochte Englands Süppchen an dem schicksalhaften Gegensatz dieser beiden und nahm von beiden Geld. Da er außerdem in England selbst die reichsten Pfründen an sich zog, zu den Einkünften des Erzbistums York und seinen hohen Revenuen aus dem Staatsamt, blieb sein Vermögen bald nicht mehr nennenswert hinter dem der Krone zurück, und derlei hat nie gut getan. Man sagt, er habe England in den Krieg gegen Frankreich manövriert, um als Verbündeter des Kaisers Papst zu werden, und er sei von der Höhe seiner Machtfülle gestürzt, als es ihm nicht gelang, Heinrichs Ehe mit

Katharina von Aragon zu trennen und ihn für die schöne und junge Anna Boleyn freizumachen. Das war im Oktober 1529, im sechsten Papstjahr Klemens' VII. Dieser war ein unehelicher Medici und mit all den Geistesgaben ausgestattet, die der Himmel legitimen Fürstenkindern oft verweigert, dazu gebildet, erfahren und fleißig, was in so hohen Ämtern auch nicht die Regel ist. Wolsey traf also auf einen ebenbürtigen Gegner, auf einen Papst von des Kaisers Gnaden, einen Papst, der als Medici in durchaus modernen Kategorien zu denken verstand und angesichts der Erfolge des Protestantismus in Deutschland und Skandinavien nicht auch noch England vergrämen wollte. Er zauderte vier Jahre, vom Juli 1529 bis zum Juli 1533, ehe er die Scheidung Heinrichs VIII. für ungültig erklärte und seine Neuvermählung als eine schwere, die Exkommunikation nach sich ziehende Sünde. Als er, verschreckt durch das Londoner Donnergepolter und ohne Gesprächspartner von der Geschmeidigkeit Wolseys, die Exkommunikation aussetzte, war es zu spät. Heinrich VIII. ließ sich, von Thomas Cranmer beraten und von einem willfährigen Parlament bestätigt, als Oberhaupt einer neuen, der anglikanischen Kirche anerkennen und nahm den unvermeidlichen Bannfluch aus Rom zum Anlaß, berühmte Theologen wie Petrus Martyr ins Land zu rufen.

Gemeinsam mit Cranmer, dem reformatorisch gesinnten Erzbischof von Canterbury, schufen Heinrichs Berater das bis heute schwer zu durchschauende Geflecht anglikanischer Besonderheiten, das sich erst nach und nach von Rom ebenso deutlich absetzte wie von den Lutheranern und den helvetischen Protestanten. Für das seit jeher dem Papst ergebene Irland, für die Insel, die ihren unbestrittenen Ruhm als Heimat der Heiligen und Missionare leidenschaftlich weiterpflegte, war damit ein unerwarteter und neuer Gegensatz zu England geschaffen. Und ganz anders als die Unterschiede früherer Zeiten, die anglonormannischen Traditionen und die angloirischen Familienbünde, ließ sich dieser tiefe Gegensatz bis heute nicht überwinden. Irland brauchte England,

England konnte bis dahin mit einem friedlichen Irland der anglo-irischen Grafen ganz gut leben. Das aber war nun vorbei.

Es ist gewiß kein Zufall, daß zu dieser Entwicklung gewisse Konstanten der irischen Geschichte und des irischen Volkes beigetragen haben, vielleicht sogar stärker, als die offizielle Geschichtsschreibung dies registriert. Damit meinen wir die besondere Anziehungskraft, die von irischen Frauen und Mädchen ausgeht, ein Zauber, der schon in den keltischen Sagen gegenwärtig ist, seine Rolle spielt und etwa von Martin Löpelmann wiederholt gepriesen wurde, denn jene Anna Boleyn, die ihren König aus seiner Religion, aus seiner Ehe und aus der bis dahin freundschaftlichen Beziehung zum Papst hinauszwang, war wie ihre ältere Schwester, Heinrichs erste Mätresse Mary Boleyn, durch einen kräftigen Schuß irischen Blutes und keltischen Erbes aus den blassen Beauties des Londoner Hofes deutlich herausgehoben.

Sir Thomas Boleyn, später mit dem irischen Grafentitel Ormonde ausgezeichnet, taucht in den Hansekorrespondenzen der Woll-Teer-Fisch- und Salzschiffahrt noch oft als Bullen auf, was sich für Deutsche und Flamen leichter aussprechen ließ. Er hatte sich als Fernhändler ein großes Vermögen erworben und mit Elisabeth, einer Tochter von Thomas Howard, in eine der berühmtesten britischen Familien eingeheiratet, die große Besitzungen auf irischem Boden hatte. Er war zwar nicht gerade ein Jacques Coeur, aber als Großkaufmann doch auch in Frankreich wohlgelitten und hatte seinen schönen Töchtern Hofdamen-Chargen am Hof der Valois vermittelt, wo sie in den Loireschlössern Charme und Atmosphäre der Renaissance aufnahmen.

Als Anne Boleyn nach England zurückkehrte, war sie fünfzehn Jahre alt (die Versuche, sie älter zu machen, hat die Wissenschaft inzwischen wieder verworfen). Wir brauchen hier nicht darüber zu richten, ob sie tatsächlich schön war oder nur in Heinrichs Augen. Francis Hackett jedenfalls reißt sie zur Poesie hin: "Ihre großen schwarzen Augen durchfurchten unbefahrene Gewässer und ließen ein Meeresleuchten im Herzen des Königs zurück."

Wolsey, der große Kardinal, war todunglücklich über diese neue Leidenschaft; er brauchte Anne zur Schlichtung eines Konflikts in Irland, wo ein hitziger Sproß der großen Familie Butler Ärger machte. An Anne Boleyn aus dem Clan der Ormonde hätte er sich wie ein junger Stier beruhigen können, und Frieden in Irland bedeutete immer auch eine gute Zeit für England. Aber Heinrich hatte auch sehr triftige und sehr traurige Gründe, denn seine legitime Gemahlin, eine Spanierin, hatte ihm keinen männlichen Erben geboren, lediglich ein mickriges Töchterlein, später unrühmlich bekannt als Maria die Katholische oder auch die Blutige (*unpleasantly remembered als Bloody Mary*, wie die *Encyclopaedia Britannica* sich ausdrückt). Die Liste der Totgeburten und frühen Tode liest sich schaurig und erklärt, warum Katharina von Aragon, ohnedies älter als Heinrich, in dem Augenblick, da die strahlende Wollhändlerstochter aus den Loireschlössern zurückkehrte, bereits eine völlig verbrauchte und erstarrte Frau war.

Auch Anne Boleyn scheint einiges für Heinrich empfunden zu haben, der seine Briefe an sie als *votre loyale et plus assuré serviteur* in jenem Französisch unterzeichnete, das sie so sehr liebte und das in ihrer britischen Heimat inzwischen an Geltung verloren hatte. Aber auch Anne gebar ihrem Souverain nur eine Tochter – die spätere große Königin Elisabeth I. – und als sie im Januar 1536 schließlich noch einen Sohn zur Welt brachte, lebte dieser nur Minuten, was möglicherweise ihr Schicksal besiegelte. Das fröhliche Mädchen mit dem irischen Blut und dem Flair von Blois hatte, schon ehe sie die Geliebte Heinrichs wurde, mindestens zwei Liebhaber gehabt. Der Dichter Thomas Wyatt hatte durch Jahre ihr Vertrauen besessen und vielleicht auch mehr, und nach ihrer geheimen Heirat mit dem König im Januar 1533 begann die Zeit, in der sie sich Feinde machte durch eine gewisse Arroganz und durch ihre Verachtung des Zeremoniells. Dennoch waren von den Liebhabern, die man ihr im Prozeß vom Mai 1536 vorwarf, die meisten erfunden, vor allem der Inzest mit ihrem Bruder Lord Rochford. Sie durfte im Freien sterben, nicht in den düsteren Mauern des Towers, sondern auf dem Rasenvorplatz, *meeting death with courage and even with jest* – sie begegnete dem Tod mit Mut, ja mit einer gewissen Heiterkeit, wie Richard Bruce Wernham, Professor für Neuere Geschichte an der Universität Oxford, sich ausdrückt. Ihre vermeintlichen oder tatsächlichen Liebhaber waren schon zwei Tage zuvor hingerichtet worden, und da Heinrich sich gleich danach mit Jane Seymour verlobte, die auch wiederum Liebhaber hatte und mit diesen hingerichtet wurde, begann in jenem Mai 1536 ein blutiger Reigen, der im Grunde zeigte, daß nun harte Zeiten angebrochen seien und die Jahrhunderte des *laisser-aller* auch zwischen England und Irland sich dem Ende zuneigten.

Heinrich VIII. hatte deutlicher als alle seine Vorgänger die Einheit der britischen Inseln und der vier Reiche auf ihnen im Auge, ja er empfand sie als Verpflichtung. Wales hatten seine Vorgänger für ihn in vielen schwierigen Ansätzen erobert; das arme Regenland der Hügel und grundlosen Täler war nun inoffensiv und zweifellos das schwächste der vier Länder, über die Heinrich herrschte. Noch im Mittelalter hatte London versucht, die Waliser dadurch zu versöhnen, daß der Thronfolger stets den Titel eines Prinzen von Wales führte, und seit Owen Glendower, der um 1400 noch einmal revoltierte, hatten sich die lokalen Dynastien nicht mehr zu Wort gemeldet. Schwieriger war Schottland, vor allem, seit Heinrich sich von Rom abgewendet hatte, das blieb eine offene Wunde noch für Heinrichs Tochter Elisabeth. Irland hingegen erschien als ein vergleichsweise geringfügiges Problem, da Heinrich, selbst eine Kraftnatur von Temperament und Unbändigkeit, eine gewisse Sympathie für Garret Fitzgerald, genannt Mòr, der Große, empfand, jenen Grafen von Kildare, von dem schon die Rede war: Er hatte als Statthalter oder aus dem Hintergrund regierend Irland ein Vierteljahrhundert des Friedens beschert, ehe er 1534 starb.

Was zwischen dem alten Fitzgerald und dem jungen König in London immer verhandelt wurde, es litt unter den schweren Spannungen im privatesten Leben des Königs, seiner tiefen Enttäuschung darüber, daß auch das schöne junge Geschöpf an seiner Seite 'nur' ein Mädchen geboren hatte und die Zeit mit Anne Boleyn sich ihrem Ende zuneigte. Heinrich gelangte hinsichtlich Irlands zu keinen Entschlüssen, er überließ die Verhandlungen weitgehend seinem neuen Vertrauten, dem aus dem Nichts aufgestiegenen Thomas Cromwell, und verbot dem alten großen Mann Irlands, auf seine Insel zurückzukehren. Was tun Söhne in solcher Lage? Sie zetteln Aufstände an, womit man dem achten Heinrich allerdings nicht imponieren konnte. Er entsandte einen an sich besonnenen Mann, der Irland einigermaßen kannte. Dieser William Skeffington schoß mit den neuesten Geschützen die Burgen der Grafen von Kildare sturmreif, und während Mòr noch eines einigermaßen natürlichen Todes sterben durfte (an den Folgen der Verletzung durch eine irische Kugel), fielen die Köpfe anderer Kildare gleich im Halbdutzend. Daß die Herren, mit denen damals das Schicksal Irlands verbunden war, auch nicht viel länger lebten als die irischen Grafen, daß ein Cromwell, ein Thomas Morus den Hals ebenfalls unter das Schwert des Henkers beugen mußten, half den Iren nicht mehr. Die paar Barone der Insel, die das blutige Wüten überlebten, erhielten englische Adelsränge, und dort, wo im armen Irland immer ein gewisser Reichtum geherrscht hatte – beim Kirchenbesitz –, griff der königliche Reformer nun ungescheut zu.

In Irland und in Schottland hatten sich mittelalterliche Verhältnisse länger gehalten als irgendwo sonst in Mittel- und Westeuropa, und zum Ende des 15. Jahrhunderts war ja, nach heute allgemeiner Auffassung, mit der Entdeckung des bis dahin nicht einmal vermuteten Doppelkontinents Amerika ein neuer Abschnitt der Weltgeschichte angebrochen. Für Irland begann er, als unter den Kanonen des Gouverneurs William Skeffington die Mauern von Maynooth zusammenbrachen, die Fitzgerald Mòr ahnungsvoll noch hatte verstärken lassen, ehe er dem Befehl Heinrichs VIII. folgte und nach England reiste.

Skeffington, sonst ein vernünftiger Mann und in irischen Angelegenheiten nicht unerfahren, hatte nach der Einnahme des Grafenschlosses keine Gefangenen gemacht, sondern die Verteidiger als Rebellen behandelt und beinahe alle töten lassen als Signal für das ganze Land, was es bei künftigen Unruhen zu gewärtigen habe. Die blutgetränkte Stätte 13 Kilometer nordöstlich von Clane, heute am Royal Canal gelegen, ist von Dublin aus auf der N 4 so leicht zu erreichen, daß sich hier ein Externinstitut der Universität von Dublin starken Zuspruchs erfreut. Es wurde vor ziemlich genau zweihundert Jahren errichtet und gestattet den Iren, ihren Priesternachwuchs im Land selbst auszubilden. Nahe dem Einfahrtstor zum Sankt Patricks-College ist zu sehen, was sich von der Trutzburg der Grafen von Kildare bis heute erhalten hat: Der Wohnturm von Maynooth-Castle, Teile der Befestigungsmauern und das Torhaus. Die Republik Irland hat diese Reste aus düsterer Zeit unter Denkmalschutz gestellt, ja zum Nationalen Monument erklärt.

Skeffington überlebte seine Untat nicht lange, ein Lord Grey folgte ihm 1536 nach, aber der Mann, der für die großen Veränderungen sorgte, war Sir Anthony Saint-Leger, als er sein Amt antrat, erst etwa vierzig Jahre alt. Er stammte aus Kent, hatte sich auf dem europäischen Festland umgesehen, was dem König offenbar imponierte, und wurde 1537 Chef einer Kommission für die irischen Angelegenheiten.

Obwohl auch Sir Anthony nicht ohne Bluturteile auskam, darf man in ihm doch einen Mann jenes neuen Stils erblicken, der mit dem Kardinal Wolsey in die britische Politik Einzug gehalten hatte: Man setzte erstmals auf Verhandlungsgeschick, und das war Saint-Leger in hohem Maße zu eigen. Er ging den einzig möglichen Weg, nämlich die großen Clans einen um den anderen auf die Krone einzuschwören und damit mögliche Koalitionen gegen Heinrich zu verhindern; und da das warnende Beispiel vom Untergang der mächtigen Grafen Kildare vor aller Augen stand, leisteten nur einige der ältesten Familien diesem Vorgehen Widerstand.

Er begann seine Bemühungen mit den Kavanagh, die ihre Familie von den alten Königen von Leinster herleiten, ein starker Stamm, der bis in die Gegenwart weiterblüht und auch im Bereich der Geisteswissenschaften Meriten sammelte. Sie gingen angesichts seiner Drohungen auf das von Sir Anthony entwickelte, auf dem Kontinent längst erprobte Modell ein: All ihr Land gehöre dem König, werde ihnen aber als königliches Lehen wieder zugeteilt, vererbbar und ohne Verpflichtung zur Heeresfolge. Sir Anthony arbeitete entsagungsvoll wie ein Teppichhändler: Da der eine gekauft hatte, verstand sich auch der Nachbar dazu, die neue und ungewisse Formel zu akzeptieren, die den Hauptnachteil hatte, aus England zu kommen. Andererseits war man schon sehr weit gegangen, man hatte enge Verbindungen mit den Händlern von Dublin und Bristol, man erwartete sich einiges von den neuen Zeiten, die aus Bristol einen Welthafen gemacht und einen Cabot für England in die Neue Welt geschickt hatten.

Und so kamen sie nach und nach alle, die O'Mores, O'Tooles und O'Connors in Leix und in der Grafschaft Offaly, die O'Briens folgten und endlich als mächtigster der verbliebenen Clans die Grafen Desmond. Damit war die Mehrheit in dem ohnedies nicht sehr mutigen Parlament von Dublin gesichert, mitten in der Stadt, die nichts anderes wollte als Frieden für gute Geschäfte.

Die Herren, mit denen Sir Anthony zu verhandeln hatte, blickten auf Jahrhunderte einer meist ruhmreichen, auf jeden Fall aber bewegten Familiengeschichte zurück. Für sie waren die Engländer Emporkömmlinge, bestenfalls Eroberer, auf jeden Fall aber nicht gleichwertig. Die O'Toole zum Beispiel hatten schon im frühen zwölften Jahrhundert einen Erzbischof von Dublin gestellt, die O'Brien waren ein königliches Geschlecht aus Munster, das den 1014 gestorbenen Brian Boruma zu seinen Vorfahren zählte. Sie besaßen, als Saint-Leger sie aufsuchte, weite Ländereien zu beiden Seiten des Shannon mit Teilen der heutigen Grafschaften Limerick und Tipperary, aber als der Lord Deputy sie verließ, war der Chef des Hauses Murchadh O'Brien ein englischer Earl of Thomond. Ähnlich wie die O'Brien verhielten sich die nicht minder reichen Grafen von Desmond im Süden, ein verschont gebliebener Familienzweig des ausgebreiteten Geraldine-Clans (darum aber schwelte bei den Desmonds die Glut der Auflehnung weiter und kam erst zum Ausbruch, als Saint-Leger Irland längst verlassen hatte).

Ähnlich trügerisch war der Frieden mit den O'Neill, die ihr Geschlecht auf keinen Geringeren als den Hochkönig Niall von den neun Geiseln zurückführten, einen der ganz wenigen irischen Eroberer, der seine Raubzüge im 5. Jahrhundert bis nach Gallien und natürlich auch nach Wales und England ausgedehnt hatte. Dank seiner vierzehn Söhne war die Nachkommenschaft durch die Jahrhunderte gesichert, und Saint-Leger stand, als seine Truppen die Grafschaft Tyrone endlich erobert hatten, dem Haupt eines tausendjährigen Königsgeschlechts gegenüber. Conn O'Neill aber machte gute Miene zu seiner Niederlage, stellte einen Sohn als Geisel und begab sich nach England, wo er in Greenwich Heinrich VIII. traf und von ihm zum Earl of Tyrone erhoben wurde (was in den Augen des Iren natürlich keine Erhebung war und ihm von seinen Clansmen auch sehr verübelt wurde). Immerhin wurde er auch zum Privatberater des Königs in irischen Dingen ernannt und erhielt zu seinen ausgedehnten Ländereien zusätzliches Land, dessen Wert darin bestand, daß es innerhalb des Pale lag. Konfliktstoff schlummerte jedoch in der Tatsache, daß Conns legitimer Erbe Shane diese Regelungen ablehnte, während sich ein natürlicher Sohn namens Matthew umso lieber von Heinrich VIII. in den Adelsstand erheben und zu einem Baron Dungannon machen ließ.

Es sind richtige Familiensagas, die sich auf irischem Boden noch zutragen, während längst die Händler von Bristol ihre Schiffe für die Amerikafahrt ausrüsten und in Dublin wie in London mit Schiffsladungen, Versicherungen, Anteilen an Freibeuterschiffen und anderem modernen Schnickschnack spekuliert wird. Die O'Neills und die Macdonnells betragen sich wie weiland Brian Boru oder Macbeth. Die natürliche Tochter gibt sich dem mächtigsten aller möglichen Widersacher, die Nachkommen von König Niall führen Krieg gegen die Nachfahren der Kleinkönige von Antrim, und Elisabeth I., die Herrin des Jahrhunderts, wird wenig Mühe haben, die beiden Streithähne aus alten Geschlechtern aufeinander zu hetzen zum Schaden Irlands und zum Nutzen des perfiden Albion.

Sir Anthony Saint-Leger erlebte das nicht mehr mit, zumindest nicht an Ort und Stelle. Er wurde zwar an die siebzig Jahre alt, was in jenen Tagen als Seltenheit bezeichnet werden mußte, wurde aber schon 1544 nach England zurückgerufen. Daß daraufhin sofort Unruhen in Irland ausbrachen, bestätigte seine Bedeutung für die Insel. Er wurde also wieder als Gouverneur eingesetzt, regierte bis 1556 und starb am 16. März 1559 in Erwartung eines Prozesses wegen ungenauer Abrechnungen ...

Diesen Prozeß hatte dem integren Mann schon Maria I. (1553–58) angehängt, die Saint-Leger vor allem vorwarf, daß er im Pale und rundherum eine ganze Reihe von Klostergütern eingezogen hatte. Im übrigen aber hatte er, wie auch die meisten seiner Nachfolger, mit den gälisch-englischen Gegensätzen genug zu tun und machte so gut wie keine Versuche, die neue anglikanische Religion den katholischen Iren aufzuzwingen, andernfalls hätte die blutige Mary ihn wohl beizeiten köpfen lassen.

Die Saint-Leger blieben übrigens der Insel eng verbunden, und Sir Anthony hatte noch einen bedeutenden Urenkel, der allerdings eher militärische Gaben als diplomatische Fähigkeiten besaß: Sir William St. Leger spielte eine große Rolle im sogenannten Grafenkrieg (O'Donell gegen O'Neill) des Jahres 1607 und ging danach für einige Jahre ins Ausland. Als seine Freunde ihm signalisierten, daß Jakob I. (1603–25) bereit sei, ihn straflos auf seinen früheren Gütern wiedereinzusetzen, kehrte er auf die Insel zurück. Im großen Aufstand von 1641 erwies er sich als harter Kämpfer für die Krone und ließ in seinem Herrschaftsbereich überführte und angebliche Rebellen in großer Zahl hängen. Er starb als Herr über ausgedehnte Besitzungen im Juli 1642 in Cork.

Die Politik der Vizekönige, auch *lordship* genannt, brachte Männern wie Poynings, Sussex, Sidney und anderen, die sie begleiteten, auf beinahe unauffällige Weise Landbesitz in Irland ein, teils zu Lasten der Klöster, die tatsächlich viel zu viel Land auf altertümliche Weise bewirtschafteten, teils aber auch jener Familien, die immer wieder, trotz partieller Befriedungen, gegen England rebellierten. Nur weil diese Miniaturaufstände kaum je koordiniert waren, konnten sie vergleichsweise schnell niedergeschlagen werden, und das Ergebnis war noch vor der elisabethanischen Siedlungspolitik ein Irland, das nur noch westlich einer Linie von Carrickfergus im Norden nach Limerick im Südwesten nach irischem Brauch und Recht lebte. Rund um Galway-Bay im Westen gab es eine britische Enklave nicht erst seit dem Beginn der Übersee-Schiffahrt aus Galway nach Westen: Das 1235 gegründete, heute unbedeutende Städtchen Athenry war zu einem Zentrum des anglo-irischen Einflusses in der ganzen Westregion geworden und trotz aller Angriffe aus der gälischen Umgebung geblieben. Athenry wurde auch, so klein es war, stets zu den Parlamentssitzungen nach Dublin geladen und genoß als *borough* eine gewisse Selbständigkeit. Es gab hier ein großes Dominikanerkloster und eine starke Burg, doch wurde die entscheidende Schlacht für die Erhaltung der Enklave außerhalb von Athenry im Jahr 1316 geschlagen: William Liath de Burgh besiegte mit einem anglonormannischen Heer die Truppen des Feidlimid O Conchobair aus der Familie, die sich später O'Connor nennen wird. Etwa zwanzig Kilometer östlich von Galway an der R 348 gelegen, bietet Athenry heute noch ein zum Teil altertümliches Stadtbild und einen mächtigen rechteckigen Turm von drei Etagen als Rest der Burg. Eine Besonderheit ist der hohe spitze Giebel auf dem Burgturm, der die Festung wohl zu einer Landmarke machen sollte. Außerdem hat sich das befestigte Nordtor erhalten. Nach einem Plünderungszug Ende des sechzehnten Jahrhunderts versank die kleine Festungs- und Klosterstadt in Bedeutungslosigkeit.

Stießen im Westen und Südwesten der Insel die Absichten der Engländer oft auf natürliche Hindernisse, so zeigte sich mit überraschender Deutlichkeit auch die geistige Barriere gegen die neue, auf den König eingeschworene anglikanische Konfession. So lange die Iren auch an ihrem Keltentum und dessen Traditionen festgehalten hatten, das emphatische irische Christentum hatte sich in beinahe tausend Jahren auch in den Herzen der Iren durchgesetzt, und die Klöster waren im Lauf der Zeit auch zu einem Hort der Tradition gegen die anglonormannischen Neuerungen geworden. Die anglo-irischen Familien hatten wenig Grund, diese Entwicklung zu beeinflussen, die ihnen auf die Dauer einen gewissen Rückhalt gegen die Krone in London sicherte und Gelegenheit gab, Fürstensöhne als Äbte und Bischöfe in starke Positionen zu bringen und für so manche Tochter ehrenwerte Aktivitäten in Nonnenklöstern zu finden.

Die enge Verbindung zwischen der Kirchenorganisation und den großen Familien verhinderte im allgemeinen schlimmere Zwischenfälle und wirkte sich nur dann nachteilig aus, wenn aus religiösen Gründen die Macht eines Familienclans eingeschränkt werden mußte. Das war – um ein einziges Beispiel zu nennen – der Fall, als eine Dame aus vornehmer Familie von Kilkenny 1324 eine religiöse Bewegung ins Leben rief, die sich mit dem Sittenverfall in den Klöstern und der Bestechlichkeit der Bischöfe auseinandersetzen und die Lage bessern wollte.

Nach allem, was sich in den nächsten 200 Jahren auf diesem Gebiet noch abspielte, kann man Alice Kitler, so hieß die mutige Lady, zumindest sachliche Gründe nicht absprechen; wie weit persönlicher und familiärer Geltungstrieb mit im Spiel war, ist heute schwer zu entscheiden. Immerhin hatte sie Verbindungen genug, um Bischof Ledred von Kilkenny, der gegen sie auftrat, ins Gefängnis werfen zu lassen. Als man ihn freilassen mußte, versuchte Alice mit viel Geld, ihren Ketzerei-Prozeß zu verhindern; selbst der Erzbischof von Dublin und der Gouverneur sollen zu ihren Gunsten interveniert haben, als ein Verbrechen ruchbar wurde, für das es in jenen Zeiten (und noch lange danach) keinen Pardon gab: Alice Kitler unterhielt ein inniges Verhältnis nicht nur freundschaftlicher Zuneigung mit einer schönen jungen Frau, von der uns nur der Vorname Petronella überliefert ist. Ob es den beiden gelang, angesichts ihrer bedeutenden Mittel nach Frankreich zu entrinnen oder ob sie – eine zweite Version – gemeinsam den Holzstoß besteigen mußten und als Ketzerinnen verbrannt wurden, ist nicht ganz klar, vielleicht auch, weil sie sich als Ort der Handlung eine der besonders problematischen Städte von Irland ausgesucht hatten. Kilkenny nämlich, an einer Nore-Furt um 1172 von de Clare, genannt *Strongbow*, begründet, blieb bis 1843 in die Stadtteile Irishtown und Englishtown getrennt, was eigentlich schon alles sagt. Die Stadt, die im Mittelalter nur ein paar hundert Einwohner zählte, war gleichwohl von großer geistlicher und strategischer Bedeutung, konnte wiederholt das Parlament in ihren Mauern beherbergen und wurde durch das schon erwähnte Statut von Kilkenny und seinen Abgrenzungen zwischen altirischem und anglonormannischem Brauch und Recht viel genannt. Im protestantischen Stadtteil ging unter anderen später Berühmten auch Jonathan Swift zur Schule, etwa gleichzeitig mit dem völlig anders gearteten Komödienschreiber William Congreve, der als Liebhaber einer

Herzogin von Marlborough zum Unterschied von Swift keinen Grund hatte, mit seiner Situation unzufrieden zu sein.

Der heutige Besucher sieht noch die sogenannte Schwarze Abtei der Dominikaner, die auf mehr als 750 Jahre kaum jemals unterbrochenen Wirkens zurückblicken kann, während die ebenfalls im 13. Jahrhundert an den Nore-Ufern entstandene Gegengründung der Franziskaner heute eine Ruinenstätte ist. Da sich selbst Oliver Cromwell, als er die Stadt 1650 eroberte, hier ungewöhnlich milde zeigte, hat sich das mittelalterliche Stadtbild weitgehend erhalten, wenn auch natürlich modernes Drumherum den alten Kern einschnürt, da Kilkenny innerhalb der letzten vier Jahrzehnte seine Einwohnerzahl beinahe verdoppelt hat.

Das älteste Haus des Städtchens ist – wie es sich gehört – das Hexenhaus der Alice Kitler oder Kyteler in der Saint Kirean-Street, *Kyteler's Inn* genannt, also wohl einst ein Gasthof. Die katholische Kirche nennt Dame Alice keine Hexe, sondern eine Ketzerin und schreibt ihr die Gründung einer Sekte zu, unter welcher Bezeichnung sich wohl auch Teufelsbündelei verborgen haben mag. In einem aber hatte Alice zweifellos recht: Der sittliche Verfall der irischen und der englischen Kirche am Vorabend der anglikanischen Reform war lamentabel, bedingt durch die unendliche Ferne zu den europäischen Reform- und Reinigungsbestrebungen und durch die weitgehende Wirkungslosigkeit päpstlicher Weisungen im allzufernen Irland.

In einem Bericht, den 1535 der königliche Kommissar Richard Layton für den (späteren) Lordsiegelbewahrer Thomas Cromwell ausfertigt, ist zu lesen: "Wir haben Bath besichtigt. Ich fand den Prior als einen sehr tugendhaften Mann, aber seine Mönche waren verdorbener als irgendwelche anderen in Unzucht mit beiden Geschlechtern; einige haben zehn Frauen, andere haben acht. Das Haus (Klostergebäude) ist gut in Stand ... In Farley hat der Prior nur (!) acht Huren, die Mönche weniger, der Ort ist geradezu ein Bordell, und sowohl dort wie in Lewes gibt es widernatürliche Verbrechen ... Bury Saint Edmund's: John Melford, der Abt, findet großes Vergnügen an der Gesellschaft von Frauen und an großen Banketten, er hat auch Spaß am Karten- und am Würfelspiel, weilt häufig auf seinen Bauernhöfen und predigt nicht."

Wenn es auch sicher ist, daß von den zahlreichen Visitationsberichten Doktor Laytons ein Gutteil frisiert war, weil Heinrich VIII. Argumente brauchte, um zunächst die kleineren, dann auch einige größere Klöster aufzulösen, so steht andererseits doch fest, daß im engen Irland zwar die nachbarschaftliche Kontrolle um einiges wirksamer war als etwa im vornehmen Bath nahe von London; aber gerade die von adeligen Herren geführten Klöster waren praktisch unangreifbar und hatten sich vor allem im anglo-irischen Teil und unter den britischen Einflüssen sehr nachteilig entwickelt. Dabei war auf irischem Boden der Aberglaube mindestens ebenso unheilvoll wirksam wie die geschlechtlichen Vergehen. Man schwätzte dem Volk allerlei wundertätige Pseudo-Reliquien auf und verdiente daran nicht schlecht, weil es ja keine funktionierende Heilkunst gab und für die Landbevölkerung auch keine Schulen. Dieses niedrige Bildungsniveau hatte allerdings auch eine positive Folge: Es gab keine nennenswerten Ketzerbewegungen und folglich im spätmittelalterlichen Irland auch vergleichsweise wenige Hinrichtungen von Ketzern. Zwei Jahre nach Alice Kitler (falls sie nicht fliehen konnte) und ihrer sündigen Magd Petronella soll ein Häretiker namens Robert Dutte auf dem Holzstoß gestorben sein, weil er die Menschwerdung Christi geleugnet habe.

Da die Universitäten in Dublin und in Drogheda im ganzen 15. Jahrhundert zu keinem geordneten Lehrbetrieb gelangten, wanderten viele Studenten nach England ab, wo sich inzwischen eine neue Volkssprache, eine praktische Mischung aus Französisch, Altsächsisch und Latein, so weitgehend durchgesetzt hatte, daß zum Beispiel der berühmte Thomas Morus in diesem neuen Englisch schrieb und

Vorlesungen hielt. Damit ging naturgemäß eine gewisse Entwurzelung der irischen Geistlichkeit einher, die Heinrich VIII. den Vorwand lieferte, britische Prälaten nach Irland zu entsenden und dort für die anglikanische Reform wirken zu lassen. Nach der Abspaltung der englischen Kirche ging es in Irland beinahe so zu wie in der Französischen Revolution: Die Krone verlangte von den Geistlichen den Treueid auf die neue Lehre, die freilich so neu nicht war, so sehr sich auch kluge Köpfe wie Thomas Cranmer und andere bemühten, etwas Neues und so recht Englisches zu zimmern. Ungleich gefährlicher war für die Kirche die Begehrlichkeit des irischen Adels, der zu einem Gutteil in den Genuß der Ländereien aufgelassener Klöster gekommen wäre, in Irland nach einem Parlamentsbeschluß von 1535 nicht weniger als 370. Im Jahr darauf erhielt der König die Vollmacht, acht weitere Abteien aufzuheben, und 1538 wurde die Gesamt-Konfiskation proklamiert.

Da Irland noch alles andere als ein modernes Land war, da eine stürmische See es von der Hauptinsel trennte und der irische Volkscharakter sich radikalen Maßnahmen mit großer Zähigkeit widersetzte, blieb von all dem freilich sehr viel auf dem Papier. Im Norden widerstanden die großen Familien weitgehend der Versuchung, sich auf diese Weise an Klostergut zu bereichern, hatten uralte Klöster wie etwa Armagh doch spezielle, mit den lokalen Königsherrschaften zusammenhängende Überlieferungen, die anzutasten niemand wagte. Selbst im Pale wurden die Anordnungen aus London nur zum Teil durchgeführt, vor allem wohl, weil die Herren, die London schickte, um die Durchführung in die Wege zu leiten, sich sehr schnell verhaßt gemacht hatten.

Weder Doktor Brown, der neue Erzbischof von Dublin, noch Bischof Staples von Meath durften es wagen, von der Kanzel herab für die neue Lehre zu werben, sie wurden sogleich niedergeschrien. Der Papst entsandte eine Art klerikalen Geheimagenten, natürlich einen Jesuiten, nach Irland, der einige Erfolge erzielte. Er hieß Père Brouet und bemühte sich, Bildungsanstalten der Kirche dadurch zu retten, daß er sie dem Adel als Schulen für die Kinder und Jugendlichen der großen Familien empfahl. Das führte zwar nicht zu ausdrücklichen Genehmigungen, aber immerhin zur Duldung und zur Zusammenarbeit des gewandten Mannes mit jenen Orden, die der neuen Lage weitgehend hilflos gegenüberstanden.

Die mutigsten Orden sollen die Trinitarier und die Zisterzienser gewesen sein, aus ihren Reihen kamen auch einige Märtyrer für den römischen Katholizismus, aber es waren in Irland nur wenige: Härter traf der Zorn des Königs seine eigenen Beamten, wenn sie geheime Sympathien für die alte Religion an den Tag legten wie der Statthalter Lord Grey: Obwohl dieser einen katholischen Aufstand in Nordirland niedergeschlagen hatte, rief ihn Heinrich nach London zurück, ließ ihm den Prozeß machen und wie vielen anderen im Tower den Kopf vor die Füße legen.

So mancher in der hohen Geistlichkeit war klüger und hielt sich bedeckt, wie man heute sagen würde, so etwa Dowdall, Erzbischof von Armagh, der sich für den geheimen Primas von Irland hielt, während Bischof Staples von Meath nach seiner ersten Predigt für Heinrich und die Reform von der aufgebrachten Menge beinahe gelyncht worden wäre. Heinrich sorgte für Gesprächsstoff genug, schritt von einer Frau zur anderen, regierte mit bis dahin ungekannter Kraft gegen den sichtlichen Fluch an, der um ihn herum Verrat und Untreue häufte, und starb endlich, ohne daß man recht wußte, wieso ein böses Bein solch einen Menschen hatte fällen können, im Januar 1547 nach einer Regierungszeit von 37 Jahren und neun Monaten. Den geistlichen Schöpfer der neuen Religion, den Doktor Cranmer, hatte man ans Sterbelager des Königs geholt, und Heinrich erwachte, ohne sprechen zu können, noch soweit aus seinem Hinüberdämmern, daß er Cranmers Hand fassen und drücken konnte, ein letztes Bekenntnis zur anglikanischen Kirche und zu dem neuen Weg des Inselstaates.

Irland und die Königinnen

Als Heinrich VIII. starb, zählte Spanien, Englands gefährlichster Gegner und Rivale, etwa acht Millionen Einwohner, war aber durch den jahrhundertelangen Kampf gegen die Mauren geschwächt und jenseits des Atlantiks verlustreich und auf lange Zeit engagiert. England selbst hatte etwa drei Millionen Einwohner, nach Bürgerkriegsschlachten mit entsetzlichen Verlusten, die für das kleine Volk viel zu schwer waren, und nach einer anhaltenden Pestepidemie. Schottland, noch weniger bekannt als Irland, nur an seiner Südgrenze den Briten vertraut, hatte damals kaum mehr als eine halbe Million Einwohner, unter denen selbst der Adel nur zum Teil lesen konnte. Und Irland? Die grüne Insel war einigermaßen bevölkert, da der Dauer-Unfriede der kleinen Scharmützel nur noch wenige Opfer kostete und irische Soldaten außerhalb der Insel nicht eingesetzt worden waren. Es mögen etwa eine Million Iren gewesen sein, die sich nun fragten, welches Schicksal ein neun Jahre alter schwächlicher Knabe ihnen bereiten würde angesichts der Tatsache, daß zwanzig alte bis uralte Räte um Eduard VI. (1537–53) herumstehen und auf ihn einreden würden.

Für Irland folgte aus den nicht einmal sechs Jahren dieser Räteregierung wenig Gutes. Nach Lord Grey präsentierte sich Sir Eduard Bellingham in Irland als Statthalter, entmachtete auch den versöhnlichen Saint-Leger und begann wenige Monate nach dem Tod Heinrichs VIII. mit einer neuen Form der Irlandpolitik, die dem König zu kostspielig gewesen war: Vom Pale aus, also aus dem Brückenkopf Englands nach Westen vordringend, wurden Siedlerscharen ausgeschickt und im Landerwerb unterstützt und geschützt. In der irischen Geschichtsschreibung wird die Aktion *Plantation* genannt und ist nach heutigem Wortgebrauch am zutreffendsten als Unterwanderung zu übersetzen.

Bellingham war selbst Mitglied des Staatsrates und hatte für ausreichende Mittel und Truppen sorgen können, und wie alle tüchtigen Militärs handelte er mit großer Schnelligkeit. Er ging mit Umsicht und Mißtrauen vor, als befände er sich in Feindesland, und in gewissem Sinn war es nun auch wieder so, denn die anglikanischen Missionare hatten im Herzen und Westen Irlands keinerlei Erfolg gehabt, und der bedrohte Katholizismus hatte die freien Iren nur noch enger zusammengeschlossen. Vor allem aber war Irland in seinem Widerstand gegen England nun ein Teil jener katholischen Welt, die sich von der Ostsee bis zum Mittelmeer gegen das Ketzertum – wie man in Rom sagte – zur Wehr setzen, den Antichrist besiegen und die wahre Kirche retten sollte. Und da man zu jenen Zeiten nirgends so gut und schnell reisen konnte wie auf dem Wasser, war Irland für eine Seemacht wie das erzkatholische Spanien ein beinahe unumgängliches Ziel der Machtpolitik.

Bellingham schob starke Befestigungen in die Mitte Irlands vor, nicht nur zum Schutz des Pale, sondern um diese dem Pale vorgelagerten anglo-irischen Grafschaften gegen Übergriffe aus dem freien Irland zu schützen. Da Irland noch immer so gut wie keine tauglichen Straßen hatte, mußte ein Schleier von englischen Siedlungen die Verbindung zu diesen vorgeschobenen Stützpunkten sichern, nach einem uralten Rezept, hatten doch schon die Kaiser von China Wehrbauern eingesetzt, und im Süden von Österreich-Ungarn wird zweihundert Jahre später ebenfalls eine Militärgrenze für Frieden sorgen. In einzelnen dieser neuen Garnisonsorte wie Nenagh hatten schon normannische Burgen aus früheren Jahrhunderten bestanden. In allen Fällen wurden Siedler aus England oder mit englischen Eltern gefördert; in dem Verkehrsknotenpunkt Athlone am Shannon blieb die große Burg bis in die Jahre nach dem Ersten Weltkrieg ein britischer Stützpunkt.

So schnell und entschlossen Bellingham auch vorging, seine Maßnahmen hatten doch für unerwartet starke Unruhe unter den großen Familien gesorgt, und die traditionelle englische Schaukelpolitik gegenüber Irland führte zu einer

Rückkehr von Saint-Leger. Als wenige Jahre später unter Maria der Katholischen sich die englischen Galgen mit Protestanten schmückten und das Volk die Nacken in Todesängsten beugte, da flohen die Protestanten vor der blutigen Maria nicht etwa auf den Kontinent, sondern ins katholische Irland, wo ihnen nichts geschah, ja wo nicht einmal die unter Heinrich VIII. und den Räten Eduards VI. konfiszierten Kirchengüter zurückerstattet wurden – es war eben eine seltsame Insel.

In gewissem Sinn gemahnt, was sich zwischen Heinrich VIII. und Karl II. auf den beiden Inseln abspielt, an zukünftige Verhältnisse und Entwicklungen, und der Amerikaner Conyers Read, der sein Thema, die Tudors, aus gesunder Distanz betrachtet, schreibt leise erschauernd: "Es gehört zu den Widersinnigkeiten der neueren Geschichte, daß in England ... ein so großer Teil des geistigen Antriebs der Renaissancebewegung auf das religiöse Denken abgelenkt wurde. Denn die Renaissance war ganz eindeutig weltlichen Geistes und bildete bis zu einem gewissen Grad eine Gegenbewegung gegen das Übergewicht des Religiösen im Mittelalter. Aber es war nun einmal so, und wohl oder übel (!) versank die Mehrzahl der besten Geister Englands ... in theologischen Streitfragen, und viele der kühnsten unter ihnen wurden auf dem Altar der einen oder anderen Kirche geopfert" (*The Tudors. Personalities and Practical Politics in Sixteenth Century England.* New York by Henry Holt o. J.).

Diese Geopferten, das waren unter Heinrich VIII. neben Thomas Morus John Hale, Vikar von Isleworth, John Fisher, Bischof von Rochester und viele andere (an dem Gift, mit dem man Fisher hatte töten wollen, starben zwölf Unschuldige, dann wurde Fisher enthauptet). Unter Maria folgten der Vordenker der Reformation Cranmer, Nicholas Ridley, Bischof von London, und Hugh Latimer, der das prophetische Wort in das Prasseln der Flammen der Scheiterhaufen sprach: "Wir werden an dem heutigen Tage durch Gottes

Gnade eine Fackel in England anzünden, wie sie vermutlich nie wieder ausgelöscht werden wird."

Dennoch verübelte das Volk zu beiden Seiten der Irischen See Maria, der katholischen Königin, die Morde an den großen Männern weniger als die völlig sinnlose Hinopferung der siebzehnjährigen Jane Gray, die ebenso mißbraucht worden war wie der kindliche König, der sechste Eduard: In seiner letzten Krankheit hatte der willfährige Knabe seinem Hauptberater, dem Herzog von Northumberland zuliebe, seine beiden älteren Schwestern Maria und Elisabeth von der Thronfolge ausgeschlossen und Jane Gray, eine Nichte Heinrichs VIII., als Thronerbin eingesetzt. Sie war vom 6. Juli 1553 bis zum 12. Februar 1554 Königin von England, dann schlug der Henker der Siebzehnjährigen den Kopf ab – sie hatte gegen die zwanzig Jahre ältere und härtere Rivalin Mary und deren schnell ausgehobene Truppen keine Chance gehabt.

Den Musen ergeben wie Maria Stuart, sanft, schön und aus edlem Geblüt, hat Jane Gray die Dichter der nachfolgenden Jahrhunderte naturgemäß mit ihrem tragischen Schicksal beschäftigt, nur war unter diesen eben kein Schiller. Ein Drama des Christoph Martin Wieland konnte sich auf den Bühnen nicht durchsetzen, Tennyson und Germaine de Staël ging es nicht besser. Einzig die Ballade, die Theodor Fontane ihr widmete, wird heute noch gelesen. Selbst die Portraits, die von ihr existieren und ihre engelsgleiche Schönheit zeigen, sind anonym, die Künstler fürchteten wohl die Rache der siegreichen Königin, die uns von allen Bildnissen hart und böse anblickt.

Man versteht, mit welchen Erwartungen vier Völker das Fünfjahres-Intermezzo Maria zu Ende gehen sahen, da sie auf den Inseln niemals als Einheimische akzeptiert worden war und durch ihre Heirat mit Philipp von Spanien sich vollends von ihren Untertanen getrennt hatte. Ihr Gemahl hatte sie verlassen, ohne ihr ein Kind gezeugt zu haben. "Tatsächlich war nichts, was Maria getan hatte, von irgendeinem

Bestand ... und die Frau, welche ihre Nachfolgerin wurde, verkörperte in ihrer Person alles, was sie bekämpft hatte" (Conyers Read). Diese Frau, von der man soviel erhofft hatte, war Elisabeth I., und sie wurde zur schlimmsten Geißel für Irland.

Wer auf der grünen Insel Bescheid wußte, hatte zwar die Rückkehr zum englischen Protestantismus erwartet, aber auch die Erwartung gehegt, daß es so schlimm nicht werden würde. Erstens, weil sich auf Irland ja auch bis dahin radikale Maßnahmen nie durchgesetzt hatten, zweitens aber, weil die Wispergerüchte aus der Hafenstadt Dublin die junge Königin als eine halbe Irin darzustellen verstanden. Von der Mutter her war dies ohnedies klar, Anna Boleyn mit den schwarzen Augen hatte erklärtermaßen irische Vorfahren und war zudem eine Liebes-Zauberin, was sie ja wohl nur von ihren keltischen Ahnen haben konnte. Aber da gab es noch die Vaterfrage. Napoleon mit dem Verbot der *recherche de la paternité* (Artikel 340 des Code Napoléon) gab es noch nicht; am Tag vor Anne Boleyns Tod waren vier (!) Männer hingerichtet worden, die des geschlechtlichen Umgangs mit ihr beschuldigt wurden. Einer hatte sich dazu sogar bekannt, hatte alles eingestanden, ein anderer war jener Heinz Norris, Kämmerer Heinrichs VIII., den Anne nach dem Tod des Königs heiraten wollte. Und als Elisabeth I. in die Öffentlichkeit trat, als man ihren dunklen Teint sah, unerklärlich für die Tochter eines blonden und blassen Königs, als man sich entsann, mit welcher Mißachtung Heinrich dieses Kind stets gestraft hatte, da stand es für die großen Märchenerzähler des europäischen Westens, für die Iren, fest, daß Elisabeth keinesfalls die Tochter des Ketzerkönigs sein könne.

Nun, auch ihr Nachfolger wird mit besseren Gründen als illegitim und Kuckucksei bezeichnet werden, das sind die Geheimnisse der Dynastien. Sicher ist, daß Elisabeth zwar zunächst andere Sorgen hatte als Irland, daß sie dann aber doch begann, sich mit der Insel zu beschäftigen – durchaus friedlich zunächst: Die englische Sprache, die sich inzwischen durchgesetzt hatte, und die überlegene Zivilisation nach dem Vorbild der Metropole London sollten Attraktion genug sein, um die Iren für ein England einzunehmen, das sich unter der walisischen Dynastie der Tudors auf seine keltischen Wurzeln besann und sich nach den Schwierigkeiten mit den Kaisern Maximilian und Karl V. um eine Loslösung selbst aus dem Handelsnetz der deutschen Hanse bemühte. "Die englische Reichsidee ... entzündet sich nicht am germanischen Gedanken, sondern an der keltischen Legende ... Das große Besinnen auf die eigene Vergangenheit ... hat in England zu einem gesteigerten Interesse an der keltischen Überlieferung geführt ... Seit etwa 1600 spricht man von The British Nation und nicht mehr von *The English Nation*" (Paul Meissner, der Breslauer Anglist, in seinem Buch *England im Zeitalter von Humanismus, Renaissance und Reformation*, Heidelberg 1952).

Es ist ungemein kennzeichnend für Irland und die Iren, daß die glitzernde Welle der elisabethanischen Kultur, des großen Erwachens, nicht als ein verspätetes Geschenk der neuen Zeiten angenommen, sondern als Provokation empfunden wurde. Das begann mit der Sprache: In England hatte sich auf geheime und beinahe wundersame Weise neben einem noch zu Heinrichs VIII. Zeiten französisch sprechenden und schreibenden Hof, neben einem das Lateinische pflegenden Klerus und Universitätsbetrieb eine Volkssprache entwickelt, die, einfach und einschmeichelnd, schnell Verbreitung fand und durch eine wie aus dem Boden geschossene Gilde von Poeten und Dramatikern dem Volk nahegebracht wurde. Für die Iren, die mit ihrem Gälisch herzlich wenig anfingen, war es die Sprache des Feindes, man hätte sich eher noch mit dem Französischen abgefunden, da es in dieser Sprache ein wohllautendes Echo auf so manche keltische Sage gab.

Natürlich war das Englische in seiner handlichen Primitivität übermächtig – wir erleben Ähnliches ja auch heute – und drang unaufhaltsam gegen die zungenbrecherischen irischen Wortungeheuer vor, denen keine zureichende Literatur und schon gar nicht die geschriebene Sprachgestalt zuhilfe kam. Es war ein aussichtsloser, aber erbitterter Kampf gegen das Englisch der Behörden und der Wanderbühnen.

Natürlich gab es im sechzehnten Jahrhundert auch in Irland ein gewisses literarisches Leben, gälische Verse und erzählende Werke, deren Gegenstände Persönlichkeiten und Schlachten der irischen Vergangenheit waren, Gespräche unter Überlebenden der großen Ereignisse mit Schilderungen von den Hauptstätten altirischen Lebens. Aber die stärkere Attraktion ging zweifellos von Übersetzungen aus, also vom Import lateinischer und englischer Texte ins Gälische, wobei abenteuerliche Stoffe im Vordergrund standen, die echten Reisen des Marco Polo zum Beispiel und die erfundenen des Mandeville. Aber all das fand nur geringe Verbreitung, denn die wenigen Druckereien arbeiteten in den ostirischen Städten, also in der anglo-irischen Zone, die Setzer und Drucker waren des Gälischen kaum noch mächtig, und auch in den Städten gab es kein Publikum für etwaige gälische Druckwerke. Die letzten Barden, hinsichtlich ihrer Einstellung und ihrer Stoffe rückgewandt und dem Neuen feindlich gesinnt, hatten also so gut wie keine Wirkungsmöglichkeiten mehr, und als die militärischen Aktionen Englands die letzten irischen Machtzentren zerschlugen, starb auch die höfisch-museale Bemühung, das alte Irland in Versen und Prosa am Leben zu erhalten.

Diese militärischen Aktivitäten hatten – von der freiwilligen Unterwerfung zu Zeiten des zweiten Heinrich einmal abgesehen – stets nur partielle und vorübergehende Erfolge gehabt, und am Hof in London galt jede Irlandmission inzwischen als die sicherste Möglichkeit, sich allerhöchste Ungnade zuzuziehen, weil glanzvolle Erfolge eben nicht erzielt werden konnten. Man mußte so eitel, selbstsicher, schön und bei der Königin beliebt sein wie Robert Devereux, Second Earl of Essex (1566–1601), um sich ein Irland-Kommando aufschwatzen zu lassen. Unter jenen, die Essex einen Erfolg zutrauten, war auch Shakespeares mächtiger Gönner Henry

Wriothesley, Earl of Southampton, und kein Geringerer als Shakespeare spendete Essex Vorschußlorbeeren in einem Prolog, der ihn als *The General of our gracious Empress* feierte.

Nun, wir wissen es aus vielen Geschichten, Dramen und Filmen von Corneille, Ben Jonson, Ferdinand Bruckner und anderen: Essex war trotz seiner Tapferkeit vor Cadiz kein großer General, die Herrscherin war ihm nicht wirklich gewogen, und *Bringing Rebellion broached on his Sword* hieß, die Rechnung ohne Hugh, Earl of Tyrone, zu machen, der am Hof der großen Königin erzogen wurde, der kein bärtiger Barbar war, sondern ein geschickter Verfechter der Unabhängigkeit seiner großen Grafschaft. Er manövrierte den unentschlossen herummarschierenden Essex bald in eine so ausweglose Situation zwischen Sümpfen, Einöden und waffenstarrenden irischen Truppen, daß der von seiner sparsamen Königin im Stich gelassene Günstling unter höchst ungünstigen Bedingungen Frieden schließen mußte.

Die Königin hatte 15.000 Mann verloren und England einen Krieg an seiner verwundbarsten Stelle, denn Irland war eine Insel, stand jeder Flotte offen, war katholische Gegenmacht im Rücken des protestantischen England. Und wenn auch, wie man ausgerechnet hat, Queen Mary alljährlich etwa zwanzigmal soviele Protestanten hatte verbrennen lassen wie Elisabeth Katholiken, so konnte von einem wirklichen Religionsfrieden doch nicht die Rede sein angesichts eines Europa, in dem Inquisition und Gegenreformation unentwegt aktiv waren.

Elisabeths Wahl eines neuen Oberkommandierenden in Irland fiel auf einen jener rücksichtslosen Haudegen, wie wir sie später noch in Schottland und bei den Kriegen der Rotröcke in Amerika am Werk sehen werden. Charles Blount, später zu einem Lord Mountjoy gemacht, machte sich die unausrottbare irische Uneinigkeit zunutze, scharte die Gegner des Grafen Tyrone um sich und nutzte die Flotte, die Tyrone nicht hatte, um Lebensmittelnachschub und frische

Mannschaften schnell an verschiedene Küstenplätze zu bringen. Da er auf diese Weise von der Landversorgung weitgehend unabhängig war, konnte er seinen Soldaten rücksichtslose Plünderungen und Verheerungen gestatten und umgab das Territorium seines Gegners mit breiten Streifen verbrannter Erde.

Der tapfere Graf, dem die Truppen und deren Familien verhungerten, brauchte Hilfe, aber ebenso nötig hätte er gute Landkarten gebraucht, denn als sich die Spanier endlich entschlossen, Schiffe und Soldaten zu schicken, landeten diese keineswegs im Nordosten, wo Tyrone verzweifelt kämpfte, sondern in Irlands am wenigsten erschlossener Südwestprovinz in Kinsale, südlich von Cork, einem charmanten Nest zwischen malerischen Hügeln. Das war im Herbst 1601, zu einer Zeit, wo Tyrone und sein Verbündeter O'Donnell wegen der Regenstürme und grundlosen Wege von den Engländern nicht mehr viel zu fürchten gehabt hätten. Statt dessen mußten sie nun den Spaniern entgegenmarschieren, deren Truppenstärke vom Gerücht und von den Hoffnungen übertrieben wurde. Es wurde ein unmenschlicher Zug halbverhungerter Soldaten durch wegloses Land in eine Gegend, in der die beiden Grafen noch nie Krieg geführt hatten und auch keinen Anhang besaßen. "Entsprechend geschwächt und erschöpft, konnte Mountjoy seine Gegner noch vor dem Zusammenschluß stellen", schreibt Jürgen Elvert in seiner *Geschichte Irlands* und meint damit zweifellos, daß nicht Mountjoy erschöpft war, sondern Tyrone. Am 24. Dezember 1601 schlug Tyrone seine letzte Schlacht, in die das spanische Expeditionskorps um den Preis von Gewaltmärschen zwar hätte eingreifen können, aber offensichtlich keine Veranlassung mehr sah, für eine verlorene Sache zu sterben. Don Juan de Aguilar kapitulierte wenige Tage nach Tyrones Niederlage gegen die (später tatsächlich eingehaltene) Zusage der Rückkehr nach Spanien. O'Donnell floh nach Spanien, Tyrone führte in einem beispiellosen Energiestreich die

Reste seiner Truppen nach Ulster zurück und schloß 1603 Frieden, im Todesjahr der Königin.

Jakob I., König aus dem Hause Stuart, schien den Krieg der Tudors nicht fortführen zu wollen, ja er machte Tyrones Kampfgefährten, die O'Donnell von Antrim, zu Grafen Tyrconnell. 1607 aber erhielten sie vertrauliche Mitteilungen einer bevorstehenden Aktion gegen sie, und es kam zu einer der berühmtesten Episoden der irischen Geschichte, *the flight of the Earls*, der Flucht der Grafen. Am 14. September um Mitternacht gingen Tyrconnell und Tyrone mit ihren Familien und einigen Getreuen, insgesamt 99 Personen, im Dorf Rathmullan am Lough Swilly an Bord eines Schiffes mit dem Ziel Spanien. Die Flucht ist bis heute der Ruhmestitel des Dorfes, das ein paar Kilometer von Londonderry, aber auf dem Gebiet der Republik Irland liegt. Im *Heritage Centre* ist eine Dauerausstellung zu sehen, die das Jahrhundert von 1509 bis 1607 umfaßt, die Unterwanderung des irischen Landes durch die Engländer zeigt und den Kampf der Grafen und ihrer Anhänger für die alte gälische Ordnung. Im übrigen waren Tyrconnell und Tyrone größere Kämpfer als Seefahrer; statt nach Spanien gerieten sie in die Seinemündung, verbrachten den Winter in den Niederlanden, reisten dann weiter nach Rom, wo Papst Paul V. sie als Glaubensstreiter empfing und Tyrconnell starb. Tyrone starb 1616 in Rom, aber sein Geschlecht lebte, da er viermal verheiratet gewesen war, in zahlreichen ehelichen und unehelichen Nachkommen weiter, die zu einem Gutteil auch bei späteren Aufständen gegen England führende Positionen einnahmen.

Für Irland war, bei aller Romantik im Rückblick, der ganze Vorgang eine Katastrophe und bedeutete das Ende aller Hoffnungen, weil auch kluge, gebildete, hochgesinnte Männer ganz offensichtlich aus der unseligen Konstellation zwischen der großen und der kleineren Insel keinen Ausweg gefunden hatten. Als ein sehr bekanntes Beispiel für jenes überraschende Unverständnis wird immer Sir Walter Raleigh angeführt, ein Mann von hohen Gaben, dessen ausgezeichnete

Dichtungen angesichts seines abenteuerlichen Lebens zu wenig beachtet wurden. Raleigh, als Günstling der Königin Vorgänger von Essex, war 1580 beteiligt gewesen, als Lord Arthur Grey ein kleines Expeditionskorps päpstlicher Söldner bei Ballyferriter in der Grafschaft Kerry eingeschlossen und zur Kapitulation gezwungen hatte. Damals waren, entgegen aller Zusicherungen, alle Gefangenen, auch ihre Frauen, von den anglo-irischen Truppen niedergemacht worden, unter den Augen, wenn nicht gar auf Befehl, des Hauptmanns Walter Raleigh und des Dichters Edmund Spenser (1552–99), damals Privatsekretär von Lord Grey de Wilton, Lord-Deputy of Ireland. Spenser war einer der gebildetsten Männer Englands, übersetzte Petrarca und Joachim du Bellay, korrespondierte mit der Elite seiner Zeit, wurde wiederholt von der Königin empfangen und lebte beinahe zwei Jahrzehnte auf der Insel Irland, zuletzt in einem fürstlichen Landsitz, Schloß Kilcolman in der Grafschaft Cork. Als 1598 die Truppen der Grafen in die Nähe kamen und das Schloß plünderten, mußte Spenser in die Stadt Cork flüchten und starb bald darauf im sicheren England.

Raleigh war ebenfalls ein Wahl-Ire, wozu 42.000 Acres Land erheblich beitrugen, die ihm Elisabeth I. aus dem Besitz der Grafen von Desmond verliehen hatte. Dazu kamen ein Weinhandelsmonopol, das ihn im trinkfreudigen Irland bald zum reichen Mann machte, und seine Einnahmen als Gouverneur der Hafen- und Handelsstadt Youghal, dort, wo der schmale Blackwater-Fluß östlich von Cork in die Irische See mündet. Man kann hier im Sommer *Myrtle Grove* besichtigen, den Landsitz des Abenteurers und Dichters, eines der naturgemäß seltenen Beispiele elisabethanischer Architektur auf der unbotmäßigen Insel. Hier soll Raleigh seine ersten Kartoffeln gepflanzt und seine erste Tabakspfeife auf europäischem Boden geraucht haben, und wenn man über den Tabak auch streiten kann – mit den Kartoffeln hat Raleigh auf der Insel mehr Menschen am Leben erhalten als er bei Smerwick umbringen ließ.

Raleigh wie Spenser beweisen die schicksalhafte Isolation nicht so sehr der Insel als ihrer hartnäckig am Irischen festhaltenden Bewohner in dem Jahrhundert des großen Aufbruchs. Irlands Uhren gingen ganz anders: 1588 war das Jahr des großen britischen Triumphes über die Armada Spaniens, die stärkste und prächtigste Kriegsflotte der Welt. Im Jahrzehnt darauf schlug Graf Hugh Tyrone das Expeditionskorps der jungen Weltmacht vernichtend am River Gallan, einem Zufluß des Blackwater-River, fern von seinen traditionellen Stützpunkten im Norden, nur daß dies alles Episode blieb.

Nach der Niederlage der Grafen blieb es nicht bei vereinzelten Landverleihungen an verdiente englische Militärs, die in der Regel 12.000–15.000 Acres (5.000–6000 Hektar) nicht überstiegen hatten: Die verärgerte Königin ließ auf der Insel 600.000 Acres enteignen und an Engländer vergeben, was nicht immer ehrenhalber geschah, sondern auch einen gewissen Rückfluß in die Kriegskassen brachte. Im ganzen aber kann man sagen, daß die kostspieligen Expeditionen der Tudors auf der Insel Irland ursächlich waren für die Finanzmisere auch noch der Stuartkönige und damit letztlich auch für den Sturz Karls I. und die Krise des englischen Königtums.

Das freilich blieb der Haupt-Zusammenhang der Inselschicksale. Die große Weltstunde hatte in Irland nämlich nur ein leises Echo: Die große Königin befreit sich aus dem Diktat der Hanse und der Holländer, sie erwählt auf den Rat des Großhändlers Sir Thomas Gresham (1519–79) Hamburg als den neuen Umschlaghafen für die Wolle von den Inseln und macht sich für ihre ganze Handelspolitik die Methoden des erfahrenen Geschäftsmanns zu eigen, auch wenn sie nicht immer ganz sauber sind. Das geschlagene Spanien blickt nicht mehr nach Irland, Frankreich tritt ein in sein großes Jahrhundert, und für die alten Großmächte des Tuch- und Gewürzhandels, der Seefahrt und der Seemachtpolitik gilt, was Fritz Rörig in einem seiner letzten Vorträge im Januar

1951 über *Das Meer und das europäische Mittelalter* gesagt hat:

"Als die wirtschaftlichen Einwirkungen der Entdeckungen voll einsetzten, waren bereits Hanse wie Venedig von ihrer alten Höhe herabgestürzt: italienische Seestädte wie Hansestädte spielen jetzt eine zwar immer noch achtbare, aber mit der früheren nicht mehr vergleichbare Rolle, beide in Meeren, die jetzt Randmeere das Atlantischen Ozeans geworden sind: Zubringerdienst zu den westatlantischen Häfen wird jetzt ihre maritime Aufgabe. Venedig und Lübeck sind die Gefangenen ihrer eigenen Meere geworden; der Aufstieg Hamburgs aber ist das Ergebnis des Sicheinordnens in die neuen Möglichkeiten im Schatten der atlantischen Westmächte."

Für Irland aber wird die Neue Welt zu jener Zukunftshoffnung, die man sich von England nicht bieten lassen wollte. Schon im 16. Jahrhundert gingen die ersten Iren, allerdings nicht von irischen Häfen, sondern über Bristol, in die jungen Kolonien Neuenglands, im 17. Jahrhundert wird es eine Viertelmillion sein, die auf die Land-Konfiskationen mit Auswanderung antwortet. Was sollten sie auch anderes tun?

Eiserne Zeiten

Jakob I. (1603–25) gilt als einer der intelligentesten Könige von England und war zweifellos darüber hinaus belesen, gebildet, interessiert, ein wenig verrückt und im Religiösen so erstaunlich moderat, als man es ihm gestattete. Maria Stuart hatte ihn glücklicherweise nicht von dem schwachen Hohlkopf Darnley empfangen, sondern – wie damals jeder wußte, es nur wohlweislich wieder vergaß – von dem italienischen Dichter und Sänger Rizzio, dem Jakob I. denn auch in Gestalt, Gesicht und Wesen überaus deutlich glich.

Er interessierte sich für soviele Dinge und Wissenschaften zwischen Architektur und Zauberei, daß alle religiösen Strömungen des Zweiinselreiches mit ihm hätten zufrieden sein können, aber da seine Mutter eine eifrige und tapfere, wenn auch ein wenig leichtlebige Katholikin gewesen war, schwebte über diesem Sohn von Anfang an der Verdacht, er werde nun die Katholiken begünstigen. Derlei kann sich an jeder einzelnen Ernennung entzünden, und sei sie noch so sachlich begründet, und ist vor allem auf einer Insel wie Irland nicht zu widerlegen, wo niemand die englischen Verhältnisse wirklich kennt. Da nun der spanische Botschafter in London tatsächlich häufigen Umgang mit Jakob hatte – er war eben ein gebildeter Herr, der anregende Konversation und beste Umgangsformen zu bieten hatte – reifte in protestantischen Kreisen der Argwohn, Spanien werde nach der Abfuhr von 1588 einen Versuch machen, die katholische Insel im Rücken Englands zu erobern und damit London unter Druck zu setzen. Jakob mußte also antikatholische Dekrete auf Irland erlassen, was niemanden sonderlich störte, weil derlei ja doch nicht in die Tat umgesetzt wurde, und er mußte die irischen Festungen vor allem an der Küste instand setzen lassen. Das war ungleich bedenklicher, weil ungemein kostspielig, und die Ausgaben der Krone waren inzwischen zu einem Hauptthema der großen Auseinandersetzung zwischen Souverän und Parlament, zwischen Regierung und Volk geworden.

Fünfzig Friedensjahre hatten die Bürger reich gemacht, ein Halbjahrhundert kühner Seefahrt hatte durch die Freibeuter viel Geld ins Land gebracht, Geld, das sich verteilte, weil an jedem Korsarenschiff ein ganzes Konsortium von Ausrüstern beteiligt war, das sich bei glücklicher Heimkehr die Schätze teilte, die ein Cavendish, ein Drake, ein Hawkins und viele andere auf den Weltmeeren an sich gebracht hatten. Im Gegensatz dazu stand die Lage der kleinen Leute, von denen Thorold Rogers in seinem Buch *The Economic Interpretation of History* schreibt: "Ich bin aufgrund eines Vergleichs der Löhne, Mieten und Preise davon überzeugt, daß die Zeit zwischen 1629 und 1640 eine Periode ungewöhnlicher Not für die Masse der Bevölkerung und die Pächter war, eine Zeit, in der einige reich geworden sein mögen, während die Menge in eine hoffnungslose und fast andauernde Armut gedrückt wurde."

Dennoch sind diese Unterschiede in Besitz und Lebenshaltung nur eine der verschiedenen und komplexen Ursachen der großen englischen Revolution, die im Jahr 1640 alle Schichten der Bevölkerung in ihrer Opposition gegen die Monarchie vereinte, ausgenommen das Bürgertum, das nichts anderes wünschte als weiteren Frieden für gute Geschäfte. Während man Jakob I. wenigstens keinen bösen Willen unterstellen konnte, wirkte der hochfahrende und selbstsichere Karl I. (1625–49) volksfremd, verschwenderisch und wurde zudem beschuldigt, zuviel auf seine französische Frau zu hören, eine Tochter von Frankreichs beliebtestem König Henri IV.

Die Revolution, deren Peripetien hier nicht nachgezeichnet werden können, weckten in Irland die Hoffnung, aus der angespannten Lage in England Vorteile ableiten zu können. Die O'Neill, das Haus der Grafen von Tyrone, hatten nichts vergessen, sie hatten tüchtige Männer im Land und erfahrene Truppenführer im spanischen Sold, die bereit waren, mit einer irischen Legion auf die Heimatinsel zurückzukehren. Der Aufstand des (später konstituierten) 'Höchsten Rates der vereinigten Katholiken' hatte beträchtliche Anfangserfolge, weil die Überraschung zuhilfe kam und die aufgestaute Wut das übrige tat. Als am 23. Oktober 1641 im Dorf Portadown am Flüsschen Bann, etwa 40 Kilometer von Belfast, nicht weniger als 12.000 Protestanten – Männer, Frauen und Kinder – in einem wahren Blutrausch getötet wurden, wußten die Protestanten, was sie von diesen christlichen Streitern zu erwarten hatten, und zogen sich, soweit sie es noch schafften, in einige feste Plätze mit ausreichenden englischen Garnisonen zurück. Auch Dublin hatten die Katholiken nicht einnehmen können.

Mit diesem Aufstand, der nach verläßlichen Schätzungen insgesamt 150.000 Protestanten das Leben kostete, hatte Irland seine letzte Chance auf einen glimpflichen Übergang in die neuen Zeiten verspielt. Der Mann, der diese Chance etwa zehn Jahre zuvor eröffnet hatte, gilt als einer der fähigsten britischen Staatsmänner des Jahrhunderts und als einer der stärksten Charaktere in dem großen Desaster Irlands und des Hauses Stuart. Er hieß Thomas Wentworth, war am 13. April 1593 in einem vornehmen Stadthaus von London zur Welt gekommen und mußte am 12. Mai 1641 in derselben Stadt den Nacken unter den Stahl des Henkers beugen. Die Wentworth hatten ihre Baronie erst 1611 gegen einen Betrag von 1080 Pfund gekauft, waren nach ihrer Vorfahrenreihe jedoch adelig bis in die Fingerspitzen (das ist in einem Land möglich, in dem nur der Erstgeborene den Adelstitel erbt: auch Winston Churchill aus der Familie der Herzöge von Marlborough wurde erst im Alter der persönliche Adel zuteil) mit überwiegend nordenglischen, aber auch einigen anglo-irischen Linien (Fitzwilliam, Gascoigne, Beaumont, Clifford, Beaufort u. a.).

Zunächst als leidenschaftlicher Parlamentarier ein Gegner Karls I. wurde der hochbegabte Verwaltungsjurist bald gemeinsam mit William Laud, dem Erzbischof von Canterbury, eine Hauptstütze Karls I. gegen das selbstherrliche Parlament und gegen den aus Genf nach England gekommenen puritanischen Extremismus. Als Wentworth eben an der Schwelle zu höchsten Staatsämtern stand, legten seine Feinde und Neider dem König nahe, daß ein so tüchtiger Mann doch eigentlich der richtige Vizekönig für das unregierbare Irland sei. Das war im Oktober 1631. Trotz Warnungen nahm Wentworth, nach vertraglichen Absicherungen, die schwere Bürde auf sich, begann etwa ein Jahr später in Dublin zu arbeiten und hatte, als er 1639 nach England zurückgerufen wurde, die Einnahmen der Krone aus irischen Steuern mehr als verdoppelt, eine Fülle von Land-Räubereien der Protestanten an Katholiken und an der katholischen Kirche rückgängig gemacht und den Hauptusurpator, den sogenannten Great Lord of Cork, in einem zähen Prozeß zur Herausgabe großer illegal errungener Vermögenswerte und zur Zahlung einer hohen Geldstrafe gezwungen – gegen unendliche Intrigen dieses Mannes, der praktisch ganz Irland in seinen Diensten gehabt hatte. (Er hieß Boyle, war mit ein paar Pfund aus England gekommen, hatte sich als Advokat in Dublin niedergelassen und 1603, als Raleigh in Ungnade gefallen war, mit Hilfe höchster Verbindungen den herrlichen Landsitz des großen Reisenden und Dichters für ganze 1500 Pfund an sich gebracht.)

Auch Wentworth scheint in einem gewissen Maß der Versuchung, sich in Irland schnell zu bereichern, erlegen zu sein. Er erwarb in seinen Statthalterjahren irische Grundstücke und Liegenschaften für 13.000 Pfund, was damals dem Wert von fünf bis sechs guten Stadthäusern entsprach. Dann aber war in London Not am Mann, der bedrängte König brauchte Wentworth, machte ihn endlich zum Earl (of Strafford) und mußte ihn schließlich im hitzigsten Streit mit dem Parlament opfern, um sich selbst zu retten. Nicht die Gerichte, sondern eine Parlamentsakte (*bill of atteinder*, vergleichbar dem berüchtigten *lettre de cachet* im absolutistischen Frankreich) brachte ihm das Todesurteil. Er bat selbst den König, das

Urteil zu unterzeichnen, um die Lage zu beruhigen. Die Szene, in der Wentworth, nun Earl of Strafford, sich von seinem Bruder Georg verabschiedete, gehört zu den erschütterndsten der englischen Geschichte, weswegen auch die Romane und Dramen, die sich mit Strafford beschäftigen, vorwiegend seine letzten Jahre behandeln und die hervorragende Arbeit vernachlässigen, die er gegen unsägliche Intrigen und Anwürfe in Irland geleistet hatte. Während aber Walter Raleigh in Shakespeares *Troilus und Cressida* und wohl auch in *The Rape of Lucrece* portraitiert wurde (und Essex, wie manche meinen, in *Hamlet*) hat die tiefe Tragik des Straffordschen Lebens keine adäquate dichterische Nachformung gefunden. Robert Browning (Gemahl von Elisabeth Barret) widmete ihm eine Tragödie, die es 1837 auf einige Aufführungen brachte und eine persönliche Beziehung zwischen Strafford und seinem Hauptwidersacher John Pym herstellt. Strafford stirbt in dem Stück, indem er sich ahnungsvoll dazu beglückwünscht, vor seinem geliebten König sterben zu dürfen.

Im Januar 1649, nach dem Krieg, den vor allem Pym entfacht hatte, ereilte dann Karl I. das gleiche Schicksal wie Strafford, und als sich daraufhin Schotten und Iren gegen Cromwell erhoben und für den Sohn des enthaupteten Königs zu den Waffen griffen, kam Irlands dunkelste Stunde. Es war das Jahrhundert, in dem man sich zu seinem Glauben vor allem dadurch bekannte, daß man andere für ihn sterben ließ. Calvin hatte es den Puritanern vorgemacht, als er Miguel Serveto verbrennen ließ. Irlands Vizekönig, ein Graf Ormonde aus anglo-irischer Familie, wußte, was er von Cromwell zu erwarten hatte. Wer nach Jahren eines unbarmherzigen Bürgerkriegs im eigenen Land nach Irland übersetzt, das für den Stockengländer ja doch noch immer eine Kolonie war, der würde keine Rücksichten kennen.

Unter Aufbietung aller seiner Truppen versuchte Ormonde, Dublin zu nehmen, um ein Faustpfand zu haben, um verhandeln zu können, aber Cromwell war schneller. Schon im

August 1649 landete er seine im Bürgerkrieg verrohten, kampfgeübten und gut bewaffneten Truppen südlich von Dublin, das sein erster Stützpunkt wurde und wo die ersten Verfolgungen und Exekutionen gegen die Anhänger des Königs begannen. In der Händlerstadt hatte man sich mit Religion stets weniger beschäftigt als mit wirtschaftlichen Dingen und seit Elisabeth I. und ihrer energischen Handelspolitik standhafte Sympathien für das Königshaus entwickelt. Andererseits waren in Dublin die Katholiken ebenso rar wie die irischen Traditionalisten, so daß Cromwell seine Aktionen bald nach Norden ausdehnen konnte, wo in der Hafenstadt Drogheda eine kleine anglo-irische Armee versuchte, den Norden gegen die Invasion abzuschirmen. Wegen der häufigen Angriffe mohammedanischer Piraten aus den nordafrikanischen Barbareskenstädten hatte Wentworth die irischen Häfen mit Garnisonen und Wachttürmen versehen lassen, aber gegen die zehntausend *Ironsides*, die Cromwell gegen Drogheda heranführte, hatte die Stadt keine Chance.

Da das Blutbad vom Blackwater allen Beteiligten noch in deutlicher Erinnerung war, machten sich die Verteidiger von Drogheda keine Illusionen über ihr Schicksal, kämpften hinter den sturmreif geschossenen Mauern der kleinen Stadt und machten keinen Versuch, Cromwell davon zu überzeugen, daß sie mit den katholischen Übergriffen im Norden ganz und gar nichts zu tun gehabt hätten. Nicht nur die Garnison starb bis auf ein paar gute Schwimmer, die sich in der engen Bucht nach Baltray retten konnten, sondern auch der größte Teil der Zivilisten, wobei Cromwells siegestrunkene Männer in einem wahren Blutrausch auch Frauen und Kinder nicht schonten.

Da Cromwell in Drogheda weder Glaubensgegner noch Verräter oder eine Räuberschar bekämpft und vernichtet hatte, sondern Anhänger der Königspartei, einen kriegführenden Gegner, hatten die Historiker, die diese Untat kaschieren, erklären oder gar entschuldigen wollten, einen schweren Stand, umsomehr, als sich bei der Eroberung von Wexford im Oktober 1649 der grausame Vorgang wiederholte und etwa zweitausend Einwohner den Tod fanden, von denen nur ein Teil überhaupt Waffen getragen hatte. Die Panegyriker englischer Größe wie Trevelyan machen es sich am einfachsten: Auf hundert Seiten, die er Cromwell widmet, figuriert die Eroberung von Irland mit ganzen drei Zeilen: "Nachdem Drogheda erobert und durch die Siege bei Wexford und Clonmel der Widerstand im Osten gebrochen war, kehrte Cromwell nach Hause zurück" (II, 478).

Tatsächlich kommandierte Cromwell seine Truppen vom August 1649 bis zum Mai 1650 selbst, und der Verdacht liegt nahe, daß er ihnen die irischen Städte und Dörfer, Schlösser und Bauernhöfe als leichte Beute versprochen hatte, um sie für die harten Feldzüge gegen die Royalisten in England zu entschädigen. Dabei "übertraf die Rücksichtslosigkeit seines Vorgehens alle bislang in Irland bekannten Maßstäbe und sicherte ihm eine dauernde Spitzenposition in der ewigen Liste der am meisten gehaßten Persönlichkeiten in Irland" (Elvert p. 229).

Nach dem Mai 1650 setzte Henry Ireton, Cromwells Schwiegersohn und einer seiner besten Generale, die Befriedung der Insel weiter fort, auf der sich durch den Krieg, die vielen Toten und die Verwahrlosung der Bevölkerung Seuchen ausgebreitet hatten und die irischen Milieus, die noch einigen Widerstand geleistet hatten, miteinander in Streit geraten waren. Nach Kapitulationen in Kilkenny und anderen kleinen Widerstandszentren im Jahr 1653 gab es nur noch das, was wir heute Partisanenkrieg nennen. Er hatte seine Hauptursache allerdings nicht in fortschwelendem Widerstand gegen die Engländer, sondern in der vollkommenen Verelendung des Landes nach zwölf Jahren eines gnadenlosen Krieges mit Hungersnot und Seuchen. Irland hatte in diesen Jahren mindestens die Hälfte seiner Bevölkerung verloren, anders ausgedrückt: Etwa 500.000–600.000 Iren hatten in diesem blutigen Jahrzehnt ihr Leben lassen müssen.

Die Entvölkerung der Insel war den englischen Beobachtern natürlich nicht entgangen, und es wurden Vorschläge laut, auch den Rest des offensichtlich unbeugsamen Volkes zu vertreiben, die Welt hatte sich inzwischen ja erheblich vergrößert, und irgendwo würde für die Iren schon Platz sein. Tatsächlich zielten manche der nun eingeleiteten Maßnahmen auf diesen frühneuzeitlichen Morgenthau-Plan ab: Die Iren erhielten die Erlaubnis, fremde Kriegsdienste zu nehmen, was nicht wenige lockte; sie wurden gezwungen, ihre Liegenschaften, soweit sie gute Böden und entsprechende Erträge hatten, gegen schlechtes Land im Innern und im Südosten zu tauschen, oder sie wurden überhaupt zugunsten der Soldaten enteignet, die sich mordend und plündernd zwischen 1649 und 1653 so denkwürdig ausgezeichnet hatten.

Die Präsenz britischer Truppen blieb stark, ja übermächtig, und durch Umsiedlungen und Ausmordungen hatte sich im Norden, wo englische und schottische Protestanten schon lange gut miteinander auskamen, "ein fester Block, ein Stützpunkt englischer Interessen (gebildet), wie ihn Irland früher nicht gekannt hatte" (Trevelyan). Dieser Norden – wir wissen es inzwischen – behielt seine Bedeutung, seine Strukturen und seine Festigkeit, während die über die Insel verstreuten Kleinbesitzungen von Cromwells Soldaten nach und nach aufgesaugt wurden: Die Krieger und ihre Nachkommen konnten sich inmitten einer feindseligen Umgebung nur halten, indem sie Kontakte suchten, mit der Landbevölkerung eheliche Bindungen eingingen und nach und nach die Verbindungen zum englischen Mutterland abbrachen. Die auf diese Weise langsam gewachsenen neuen Verhältnisse konnten auch durch die Restauration der Stuarts nicht entscheidend verändert werden, vor allem, da Karl II., um auf den Thron zu kommen, auch den Neusiedlern in Irland gewisse Zusicherungen gemacht und nicht wenige protestantische Parteigänger gehabt hatte. Was einzig blieb, war die Lockerung der religiösen Restriktionen, da Karl II., intelligent und gebildet, durchaus tolerant gesinnt und jedem Glaubenskrieg abhold war.

Karl II. (1660–85) und Bonnie Prince Charlie, der jüngere Prätendent, sind die beiden Stuarts, die uns den Untergang dieses Hauses bedauern lassen, erst recht, wenn wir Heinrich Benedikt, den Kardinal, hinzunehmen, der 1807 starb. Karl II. hatte die interessantesten Großväter, die sich denken lassen – Jakob I. und Heinrich IV. von Frankreich – und er wurde trotz sehr wenig englischen Blutes zu dem König, den die Engländer ungeachtet seiner fleischlichen Sünden von Herzen liebten und dem sie ein erträgliches Vierteljahrhundert zu verdanken hatten.

Er entschied nur dort, wo es unbedingt sein mußte, und da Irland königliche Entscheidungen wenn überhaupt nur abgeschwächt und verspätet umsetzte, tat er den Iren wenig zuleide. In seiner schweren Jugend in der Emigration hatte er Toleranz gelernt, und der Kummer seiner Regierungszeit bestand für ihn darin, daß jede Freiheit, die er einer der drei Religionen der beiden Inseln gewährte, sogleich Stürme der Entrüstung bei den anderen Bekenntnissen hervorrief. Englands Tragik bestand darin, daß ein einzelner aufgeklärter Monarch sich nicht gegen die Bußprediger in Schottland und die tief verletzten Katholiken Irlands durchsetzen und ihnen eine mildere Form des Christentums einreden konnte. Mit den Anglikanern, die er in London um sich herum hatte, kam Karl so einigermaßen aus, sie warfen ihm allenfalls seine französische Mätresse vor. Eben diese französischen Relationen jedoch, die grandseigneuriale Sympathie, die Ludwig XIV. dem armen Vetter jenseits des Kanals entgegenbrachte, halfen Karl II. entscheidend, denn die Gelder, die er aus Frankreich erhielt, brauchte er seinem Parlament nicht abzuverlangen, und wenn man nichts von ihnen verlangte, blieben die Herren ja friedlich.

Nach den endlosen und blutigen Religionskriegen der ersten Jahrhunderthälfte wurde ganz Europa mit einer sanft ansteigenden Welle der Prosperität beglückt, ganz so, als hätte die Erde ein Einsehen mit den uneinsichtigen Menschen. Selbst Irland profitierte von einer blühenden Agrarwirtschaft, die über Dublin, Cork und in zunehmendem Maße über Galway exportierte. Anti-irische Maßnahmen waren zumindest im anglikanischen England nicht mehr populär, wußte man doch, daß sich jenseits der Irischen See die Protestanten genau so redlich abmühten wie die katholischen Bauern, und als London Nadelstiche zu setzen versuchte, in der Behinderung irischer Rinderexporte zum Beispiel, waren die Meinungen darüber im Parlament wie in den Londoner Milieus durchaus geteilt: *The bill against importing Irish cattle*, notiert Samuel Pepys, den man wohl als Volkesstimme gelten lassen kann, am 8. Oktober 1666 in sein berühmtes Tagebuch, *a thing, it seems, carried on by the western Parliament-Men, wholly against the sense of most of the rest of the house; who think if you do this, you give the Irish again cause to rebel.* Er sah also ein, daß Verbote oder Verteuerung der Rindfleischimporte die Iren zum neuerlichen Aufstand reizen und vernünftigen Statthaltern wie dem alten Herzog von Ormonde oder Clarendon das Leben schwer machen mußten. Irland versuchte in den Zeiten solcher Restriktionen nach Frankreich zu exportieren, was wiederum die Umsätze des englischen Handels und der westenglischen Hafenorte senkte, also letztlich auf die Kräfte zurückfiel, die meinten, die Wirtschaft dirigieren zu können.

Pepys seufzt zwar, vielleicht auch nur, um sein Gewissen zu reinigen, über den sittenlosen Hof, aber er hatte schon wenige Jahre nach dem Tod Karls II. allen Grund, das Ende dieser Herrschaft zu bedauern. Karls jüngerer Bruder Jakob, der schon bis dahin vor allem in militärischen Dingen den Ton angegeben hatte, wurde 1685 König, obwohl er sich zum Katholizismus bekannte: Das Volk wußte, er habe keinen Thronerben, die Zukunft gehöre also seinem Schwiegersohn Wilhelm von Oranien, einem angesehenen niederländischen Vorkämpfer gegen den Katholizismus und Gatten der

Königsstochter Maria. Dann aber geschah, was das Entzücken der heutigen Medienlandschaft gewesen wäre: Am 10. Juni 1688 wurde dem fünfundfünfzigjährigen Monarchen nach fünfzehn kinderlosen Ehejahren ein Kind geboren, ja mehr als das: ein Sohn und männlicher Thronfolger, der alle Hoffnungen auf die stille Ablösung des katholischen Königtums der Stuart zunichte machte.

Im ersten Augenblick stand natürlich für die ganze Nation fest, daß es sich um ein untergeschobenes Kind handelte, aber im heutigen Rückblick auf die Entwicklung, die dieser bald seines Thrones beraubte Königssohn nahm, muß man sagen, er war das getreue Abbild seines hölzern-harten Vaters. Niemand dachte daran, zu warten, was von diesem Spätgeborenen etwa zu hoffen oder zu fürchten sei. Alles rüstete, und am schnellsten rüstete Wilhelm von Oranien, den der protestantische Wind, sonst stets in der Gegenrichtung wehend, am 5. November 1688 sicher in der Bucht von Torbay landen ließ. Das wäre, aus dem schmalen Cornwall heraus, noch ein weiter Weg nach London geworden, hätten nicht die Londoner selbst Jakob II. zu verstehen gegeben, daß er gut tun würde, seine Haut zu retten. Niemand hinderte ihn, an den Hof von Versailles zu flüchten, wo er in aller Sicherheit Ränke spinnen konnte.

In England selbst hatte er keine Chance, aber Irland war stets für einen Mißbrauch gut, und da es dort einen überaus energischen Einzelkämpfer gab, einen zum Earl of Tyrconnell gemachten Emporkömmling mit maßlosem Ehrgeiz, konnte Jakob II. schon im März 1689 in Kinsale landen, einem kleinen Hafen, der damit nicht seine erste und nicht die letzte Invasion sah. Jakobs Truppe bestand aus geflüchteten Iren, dazu aus schottischen Katholiken und Franzosen, wozu eine Armee kam, die Tyrconnell geradezu aus dem Boden gestampft hatte, denn Geld aus England war dafür natürlich nicht zu bekommen gewesen. Niemand liebte diesen Krieg, man hatte zu gut im Frieden gelebt, und so gab es nicht viele Großtaten. Die eine war die Hunderttage-Verteidigung des protestantischen Londonderry gegen Jakob II., der geschlagen abzog, die andere die legendäre Schlacht am River Boyne, wo schon die alten Hochkönige einst gekämpft hatten. Hier siegte am 1. Juli 1690 Wilhelm III., inzwischen König von England, über Jakob und Tyrconnell. Jakob gab auf und ging nun endgültig ins Exil, Tyrconnell reiste nach Frankreich, um Hilfstruppen zu organisieren und starb, schon nicht mehr wirklich aktiv, im August 1691 in Irland, wo ein holländischer General die Befriedungsaktionen zuende brachte. Für uns mag noch erwähnenswert sein, daß Wilhelm von Oranien, der entgegen allen Lobreden kein großer Feldherr und auch sonst ziemlich beschränkt war, sich am Boyne-Fluß der Hilfe des deutschen Generals Friedrich von Schomberg, Grafen von Mertola, erfreuen durfte. Schomberg hatte den Oberbefehl über die protestantischen Truppen, die trotz einer Drei-zu-zwei-Übermacht keinen Vernichtungssieg errangen, wohl aber das Feld behaupteten. Schomberg, einer der tüchtigsten Heerführer seines Jahrhunderts, hatte den für jene Zeiten typischen Lebenslauf, da er für Ludwig XIV. in Spanien gekämpft hatte, vom Edikt von Nantes aus Frankreich vertrieben und preußischer Generalissimus wurde und schließlich im fremden Land für einen fremden Souverän starb, noch nicht sechzig Jahre alt.

Das Beispiel des deutschen Generals, der zum portugiesischen Granden wurde, ja als einer der ganz wenigen Protestanten am französischen Hof vom Sonnenkönig hoch ausgezeichnet worden war, regt an, in einem kleinen Exkurs über die Rolle eines anderen Deutschen von Rang im Zeitalter Cromwells zu berichten. Zum Unterschied von den weltläufigen Stuarts und ihrem erfahrenen diplomatischen Personal waren die Puritaner des Kriegsmannes Cromwell schon aus weltanschaulichen Gründen allem Fremden gegenüber feindlich eingestellt, haßten Frankreich und damit die Diplomatensprache jener Zeit und verstanden sich auch auf internationalem Parkett nicht zu bewegen. Das führte zu der verblüffenden Karriere des deutschen Poeten Georg Rudolph

Weckherlin, geboren 1584 in Stuttgart, gestorben 1653 in London. Er hatte in Dover die Tochter des Stadtschreibers geheiratet, war im republikanischen 'Komité beider Königreiche' (England und Irland) als eine Art Staatssekretär für Äußeres tätig und legte seine Funktionen erst nach der Hinrichtung Karls I. nieder, ohne daß ihm dies Nachteile brachte: Seine Fähigkeit, in vier Sprachen zu korrespondieren und mündlich zu verhandeln, hatte den Republikanern beträchtliche Vorteile gebracht, die man ihm dankte. Er half jedoch weiterhin seinem Nachfolger in diesem Amt, dem Dichter Milton, der schon nahe am Erblinden war.

Die Isoliertheit der Republikaner geht auch daraus hervor, daß Cromwells Gesandte in verschiedenen Städten des Kontinents gleich nach ihrem Eintreffen ermordet wurden, so in Den Haag und in Madrid. Als sich 1650 in Hamburg die Nachricht von einer Niederlage der Republikaner gegen die Schotten verbreitete, erhielten die Gesandten Cromwells in der Hansestadt Stricke zugeschickt: Nun könnten sie sich endlich aufhängen. Angesichts dieser Einstellung hatte Cromwell auch keine Chance, das Herzogtum Bremen zu erwerben und damit einen festen Handelsstützpunkt auf dem Kontinent (vgl. dazu Leonard Forster, *England und die Hansestädte 1643–54,* Hansische Geschichtsblätter 75/1957).

In Zeiten, in denen fähige Militärs überall auf der Welt Kommandostellen erhalten konnten, ist es nicht von entscheidender Bedeutung, daß am Boynefluß ein deutscher Feldherr die Iren besiegte; ein Bonneval-Pascha schafft im gleichen Jahrhundert die Artillerie, die der Sultan gegen das Abendland verwenden wird, ein Prinz von Savoyen wird zum wichtigsten Feldherrn gegen den Sonnenkönig und ein unehelicher Sohn Augusts des Starken mit einer schwedischen Generalstochter wird für den fünfzehnten Ludwig von Frankreich große Schlachten gewinnen. Dennoch vernimmt man mit einer gewissen Erleichterung, daß es kein Deutscher war, der den geschlagenen Iren in immer neuen Schlägen den

Todesstoß versetzte, sondern Godbert de Ginkell, späterer Earl of Athlone (1630–1703), Berufssoldat aus einer holländischen Adelsfamilie, kein Abenteurer, kein Condottiere, sondern ein braver Diener seines beschränkten, im übrigen aber bibelfesten Herrn aus dem Hause Oranien.

Ginkells Anfänge liegen so sehr im dunkeln, daß die Angaben über sein Geburtsjahr zwischen 1630 und 1644 schwanken. Sicher ist, daß er 1688 mit Wilhelm III. nach England ging und seine Härte sogleich zeigen konnte, als ein schottisches Regiment meuterte: Ginkell hatte die zweifelhafte Ehre, die Meuterei niederzuschlagen. 1691 übernahm er den Oberbefehl in Irland und eroberte am 7. Juni dieses Jahres Ballymore, am 30. Juni Athlone und schlug am 12. Juni die Reste einer jakobitischen Armee in offener Feldschlacht bei Aghrim, ein Datum, das die *Orangemen* Nordirlands bis heute feiern. Die zunächst gut postierten Iren hatten das Unglück, daß ihr fähiger französischer Oberkommandierender, ein Marquis de Saint-Ruth, von einer Kanonenkugel getötet wurde, wonach eine überlegte Führung des Kampfes nicht mehr möglich war. Ginkell verlor 700 Tote und 1.000 Verwundete, seine Truppen machten etwa 7.000 Iren nieder und erbeuteten deren gesamtes Kriegsmaterial. Die Eroberung von Galway und, im Oktober, von Limerick, besiegelten diese Erfolge.

Indes hatten doch auch die Unterlegenen ihre Helden, denn schließlich kämpften sie für den legitimen Monarchen, und wenn dieser auch mit seinem düsteren Temperament nie die Beliebtheit seines Bruders erlangen konnte, so war er doch ein Stuart und hatte sich vor allem auf militärischem Gebiet die Achtung der Nation erworben. Jakob II. hatte einen vergleichsweise jungen Obristen aus einer anglonormannischen Familie bemerkt, der sich bei den britischen Truppen in Frankreich erste Sporen erworben hatte und ihn herangezogen, als die königliche Armee in Irland zu einer katholischen Kampftruppe gemacht werden mußte – ein schwieriges und, wie sich gezeigt hatte, nicht sehr aussichtsreiches Unterfangen. Dieser Oberst, er hieß Patrick Sarsfield, hatte jedoch Erfolg; seine Männer liebten ihn, weil er geschickt genug war, landschaftliche Gegebenheiten und Informationen auszunützen und auch dann noch Erfolge errang, als das Schicksal der Jakobiten eigentlich schon besiegelt war. Im hungernden Irland wurde es besonders wichtig, daß er in schnellen Überfällen Versorgungs-Konvois der Holländer an sich brachte, und als er zwischen Limerick und Tipperary gar einen großen Wagenzug mit militärischen Ausrüstungsgütern, Verpflegung und Munition einbrachte, wurde er für ein paar Monate zum Helden eines verlorenen Krieges und erzielte im Frieden von Limerick erträgliche Bedingungen.

Sarsfield ging im Dezember 1691 nach Frankreich, wo sein König inzwischen das Schloß von Saint-Germain-en-Laye bezogen hatte, wurde vom Sonnenkönig zum Maréchal de Camp befördert, erhielt aber in der Schlacht von Landen am 19. August 1693 eine tödliche Wunde. So erlebte er nicht mehr, wie die Protestanten des nördlichen Irland nach und nach die Vereinbarungen von Limerick unterliefen, wie sie dem mit anderen Dingen beschäftigten Wilhelm III. immer härtere Maßnahmen gegen die Jakobiten abverlangten und schließlich etwa eine Million Morgen Land neu verteilten. Da mit Jakob II. mindestens 14.000 Iren das Land verlassen und damit ihren Besitz aufgegeben hatten, befand sich um die Jahrhundertwende nur noch ein Siebentel des irischen Grundbesitzes in den Händen irisch-katholischer Bauern, eine so gut wie vollständige Enteignung also, die auch dem Land selbst schadete. Denn die neuen Eigentümer lebten nur zum Teil auf der Insel, ließen ihren Besitz durch Mittelsmänner verwalten und hatten nicht mehr den unmittelbaren Kontakt zum Land, zum Viehstand, zu den Pächtern und Landarbeitern. Damit war Irland nun endgültig zur Kolonie geworden.

Niemand in Europa hatte dies vermutet, erwartet oder gar beschrieben. Die Insel hatte keinen Boswell, der sich ins innerste und wildeste Korsika wagen wird, um über ein unbekanntes Volk zu berichten und seinen Freiheitsdrang; es gab keinen Herberstain, der durch ein vielfach nachgedrucktes Reisebuch von Irland künden würde. Irland war jener äußerste Westen des Kontinents, in dem niemand Rätsel vermutete, Abenteuer erwartete, sensationelle Eindrücke zu registrieren erhoffte für Bücher, wie sie am Beginn des großen Reisezeitalters inzwischen in allen Metropolen des Festlands erschienen.

Aber es gab nun endlich den ersten irischen Dichter von europäischem Format, einen Mann, der englisch schrieb und den man darum nicht mehr überhören konnte. Er hieß Jonathan Swift, hatte seinen Vater nie gekannt, weil er nach dessen Tod geboren worden war, entstammte aber einer Familie mit starken geistigen Traditionen und Ansprüchen, zu der unter anderen auch der Dichter John Dryden gehörte, der eine berühmte Ode auf den Tod Karls II. Stuart geschrieben hatte. Swifts Vater und zwei seiner Brüder, Söhne eines nicht sonderlich begüterten Landpfarrers, hatten sich nach Irland aufgemacht, als die neue Siedlungspolitik den Engländern dort besondere Chancen eröffnete. Aber schon 1704, also wenige Jahre nach den Niederlagen der Jakobiten, hatte Swift die religiösen Streitigkeiten als das Unglück der Insel erkannt und als den Schlüssel zu dem unglücklichen Verhältnis zwischen der grünen Insel und England. *"We have just enough religion to make us hate, but not enough to make us love one another"* schrieb er 1706 in seinen *Thoughts of various subjects*, und schon zwei Jahre zuvor hatte er in einem berühmten Streitgespräch die Unterschiede zwischen den damals vorherrschenden drei religiösen Richtungen – Katholiken, Anglikanische Hochkirche und schottische Dissenters – lächerlich gemacht: Alle drei Kontrahenten hätten sich in Eitelkeit und Selbstsucht dem Urgeist des Christentums entfremdet.

Swift, der die beste Schule Irlands in Kilkenny besucht hatte, gewann als Sekretär des Politikers Sir William Temple tiefe Einblicke in den besonderen Charakter des anglo-irischen Verhältnisses, bemühte sich aber um eine Position in England und ging, als sie dem Satiriker Swift verweigert wurde, frustriert nach Dublin. Die Enttäuschung öffnete ihm die Augen für das Unglück seiner Wahlheimat, und er schrieb nach neun Jahren in Dublin 1723 seine Tuchhändlerbriefe *(Drapier's letters)*, in denen er aus genauer Kenntnis all die Ungerechtigkeiten darlegte, die Irland widerfuhren.

Nach einem Leben, das durch unglückliche Liebesbeziehungen und am Ende sogar durch Geisteskrankheit arg getrübt wurde, starb Swift 77 Jahre alt 1745 in Dublin. Er hatte General Schomberg auf eigene Kosten ein Denkmal in der Kathedrale setzen lassen und ein Drittel seines Vermögens für wohltätige Zwecke gespendet, vor allem aber in mindestens einem Dutzend von Büchern und Schriften auf die Not der irischen Bevölkerung und die unbefriedigenden Zustände auf der Insel aufmerksam gemacht. Da er in Verhandlungen mit London manche Erleichterung für die Iren erreicht hatte (ohne anderes zu sein als ein Mann der Kirche) genoß er auf der Insel allseitige Verehrung. Irland hatte einen Fürsprecher, aber da sich eben in Swifts letzten Lebensjahren in Schottland die Tragödie des letzten Stuart-Prätendenten vollzog und die Schotten nach der blutigen Schlacht von Culloden beinahe noch mehr Not und Unterdrückung litten als die Iren, verhallte manches deutliche Wort des Jonathan Swift ungehört.

Es ist aber zum Verständnis der weiteren Entwicklung zwischen England und Irland unerläßlich, sich die Gründe zu vergegenwärtigen, die einen Mann wie Swift – Nichtkatholik, Brite und rechtschaffen bis ins Mark – dazu brachten, so deutlich und nachhaltig gegen seine eigene Nation aufzutreten und seinem Gastland zum Sprachrohr und Fürsprecher zu werden.

Als die Katholiken in Limerick kapitulierten, stand der Winter bevor, ein Winter, der für das junge Regime des Oraniers durchaus hätte schwierig werden können, drohte doch eine Invasion aus Frankreich und das irische Winterwetter, das fremden Truppen noch nie gut bekommen war. Die sogenannte Kapitulation von Limerick war also nicht bedingungslos erfolgt, sondern enthielt wichtige Zusicherungen zugunsten der römisch-katholischen Religion und ihrer Ausübung in Irland.

Schon in den ersten Jahren des 18. Jahrhunderts aber begann das Parlament, in dem die Iren nicht mehr vertreten waren, von jenen Zusagen abzurücken und eine Reihe antikatholischer Gesetze zu beschließen, gegen die Wilhelm III. in seiner Indolenz und Lethargie keinen Einwand erhob. (Allerdings muß gesagt werden, daß die schlimmsten dieser Gesetze erst nach seinem Tod, unter Königin Anna, tatsächlich beschlossen wurden.)

William Edward Hartpole Lecky (1838–1903), Sohn eines anglo-irischen Gutsbesitzers und in der Nähe von Dublin geboren, hat in zunächst acht, später aber zwölf Bänden Englands und Irlands Geschichte im 18. Jahrhundert mit der größten Akribie und genauester Quellenkenntnis durchleuchtet und dargestellt. Er bringt eine Fülle von Beweisen dafür, daß die fortwährende Einschnürung Irlands, die von Jahr zu Jahr schlimmer werdende Bedrückung, von den irischen Katholiken in keiner Weise provoziert war. Zwar kämpfte die Irische Legion im Spanischen Erbfolgekrieg (1701–14) ruhmreich an verschiedenen Fronten, aber Irland selbst blieb in der ganzen ersten Hälfte dieses Jahrhunderts so ruhig, daß immer wieder Truppen aus Irland abgezogen und in Schottland und anderswo eingesetzt werden konnten. "Fast alles, was sich an Talent, Ehrgeiz und Energie in der (irischen) Nation vorfand, war auf den Kontinent getrieben worden" (Lecky I, 298), im Land blieb niemand zurück, der eine Initiative hätte ergreifen können. Selbst als Charles Edward Stuart, der jüngere Prätendent, sich praktisch ganz Schottland unterworfen und mit seinen Truppen das nördliche Vorfeld von London erreicht hatte, rührte sich in Irland nicht der Hauch eines Aufruhrs. "Ihrer natürlichen Führer beraubt, meist in die gröbste Unwissenheit und in die tiefste Armuth versunken, blieben die irländischen Katholiken daheim gänzlich passiv" (ebda. p. 301).

Man muß den englischen Statthaltern in Irland allerdings das Zeugnis ausstellen, daß sie, die an Ort und Stelle waren, wo immer es ging für Irland eintraten. So schrieb zum Beispiel der Herzog von Bolton 1719 nach London, man könne unbesorgt Regimenter aus Irland abziehen, nur müsse dafür gesorgt sein, daß das arme Land nicht für die Kosten dieser Truppen in der Fremde aufkommen müsse (was übrigens abgelehnt wurde). Katholiken durften nicht ins Parlament zu Dublin, besaßen auch das aktive Wahlrecht nicht, durften keinerlei Waffen besitzen, und selbst wer nur eine Vogelflinte hatte, mußte mit härtesten Geld- oder Körperstrafen rechnen. In jedem Rechtsstreit hatte der Protestant alle Chancen gegen den Katholiken, so daß, wer immer konnte, das Land verließ, in dem er seine Kinder auf keine hohe Schule schicken konnte und in dem sie, von allen Ämtern ausgeschlossen, keine Zukunft hatten. "Eine Protestantin, die Land besaß und einen Katholiken heiratete, wurde sofort ihres Erbgutes beraubt, das dann auf den nächsten protestantischen Erben überging. Ein späteres Gesetz verordnete, daß jede von einem katholischen Priester eingesegnete Ehe eines katholischen mit einem protestantischen Individuum null und nichtig sein und daß der betreffende Priester gehängt werden solle" (ebda. p. 310). "Der Einfluß dieser Gesetzgebung schien allgegenwärtig zu sein, sie minderte die Chancen der Katholiken in allen Kämpfen des Lebens und warf ihre Schatten in die tiefste Verborgenheit des Hauses, ja sie trübte noch die letzten Stunden des irdischen Daseins. Denn kein Katholik konnte Vormund eines Kindes sein: der sterbende Vater wußte also, daß seine Kinder unter die Obhut von Protestanten kommen würden" (ebda. p. 311). Die Folgen solcher Gesetze reichten bis in die ältesten irischen Familien hinein: In der Familie Cavanagh war ein minderjähriger katholischer Erbe übrig geblieben; der Lordkanzler (!) von England wurde durch dieses Gesetz sein Vormund, die Krone hatte die Verfügungsgewalt über den alten irischen Adelsbesitz, und der Jüngling wurde auf eine protestantische Schule in England geschickt.

Von katholischen Priestern wurde ein Treueid auf die protestantische Linie der englischen Herrscher verlangt, den allerdings nur 33 Geistliche (nach einer anderen Quelle 37) wirklich ablegten. Auf die Denunzierung von katholischen Priestern bis hinauf zum Bischof, die diesen Eid nicht geleistet, das Land aber auch nicht verlassen hatten, war eine Belohnung von 50 Pfund ausgelobt. Einige mutige Geistliche schlugen sich unter falschen Namen, bei Bauern nächtigend, noch jahrelang von Dorf zu Dorf durch, die meisten aber gaben auf und gingen nach Amerika oder auf den Kontinent. Allerdings ging ein Antrag des Geheimen Rates von Irland, entdeckte Priester zu kastrieren (!), nicht durch; die scheußliche Strafe, die um 1700 in Schweden eingeführt und einigemale auch verhängt worden war, wurde für Irland durch die Brandmarkung ersetzt: Der Entdeckte wurde durch ein Brandmal in Form eines Pa auf der Wange gekennzeichnet; wer ihn verborgen hatte, wurde hart bestraft.

All diese Gesetze und Verordnungen waren nicht gegen eine Minderheit gerichtet, sondern gegen eine Religion, der drei Viertel des Landes anhingen; das erschwerte den Engländern naturgemäß die wirksame Durchführung. Wurde ein Priesterjäger entdeckt, so bezahlte er das erhaltene Kopfgeld nicht selten mit seinem Leben, denn wenn Gesetze so eindeutig gegen jegliche Gerechtigkeit und Moral verstoßen, so einigen sie das Volk, und die irischen Bauern hatten schließlich Söhne und Töchter, die als militante Jugendbanden ihrerseits wiederum Jagd auf die Häscher des Systems machten.

Dazu kam, von außen, der Einfluß der katholischen Mächte: Sie trugen durch ihre Botschafter in London Bedenken und Beschwerden vor und machten die wirtschaftliche und politische Zusammenarbeit mit dem Inselreich von einer Milderung der Gesetzgebung gegen die irischen Katholiken abhängig. Selbst die Statthalter in Dublin, die ja gleichsam an der Front tätig waren, wirkten mäßigend auf Parlament und Krone ein, indem sie hervorhoben, daß gerade der höhere irische Klerus selbst am Frieden zwischen Katholiken und Protestanten interessiert sei, so daß die lückenlose Durchführung der antikatholischen Gesetze und Verbannungen nur Schwierigkeiten und Risiken für London mit sich bringen müßten.

Erreichte also der Strafkodex der Engländer gegen die Iren in rein religiöser Hinsicht nicht allzuviel, so wirkte er sich umso härter in der allgemeinen Stimmung des Volkes aus, denn wer verläßt sich schon gerne auf Lücken des Gesetzes oder darauf, daß es nicht überall mit der vollen Härte angewendet wird. Die Diskriminierung, die Erniedrigung und Entrechtung trübten vielleicht nicht plötzlich, aber in der Abfolge der Generationen den Lebensmut der Iren und reduzierten ihr Heimatgefühl, blieb dieser Kodex doch beinahe ein Jahrhundert ungemildert in Geltung, "ein mit großem Scharfsinn erdachter und ausgearbeiteter Mechanismus, geeignet, ein Volk zu unterdrücken, arm zu machen ... und in ihm die menschliche Natur selbst zu erniedrigen, wie nur je ein Gesetzeswerk aus dem bösen Gedanken der Menschen hervorgegangen ist" (Burke). Und der vielberufene Doktor Johnson, den die Briten häufiger zitieren als Shakespeare, stellte fest: "Die Irländer leben in einem höchst unnatürlichen Zustande, denn wir sehen, wie dort die Minorität über die Majorität herrscht. Selbst in den zehn Christenverfolgungen gibt es kein Beispiel solcher Strenge, wie sie die Protestanten Irlands gegen die Katholiken geübt haben." Der Historiker Henry Hallam (1777–1859) wird noch deutlicher, wenn er sagt: "Die Katholiken durchs Schwert auszurotten oder sie wie die spanischen Moriscos (äußerlich zum Christentum übergetretene Mauren) zu vertreiben, würde nur wenig ungerechter und unmenschlicher, aber ohne Zweifel politisch klüger gewesen sein" (*Hist. of England* III, p. 401).

All diese papiernen Zeugnisse und Beweise für eine im Jahrhundert des Lichts kaum vorstellbare Unterdrückungspolitik gegenüber einem christlichen Nachbarvolk reichen jedoch kaum hin, sich die praktischen Folgen vorzustellen, die für die nur etwa eineinhalb Millionen katholischer Iren mit solchen Gesetzen verbunden waren. Das Land war stets arm gewesen. Was es erbrachte, floß größtenteils zu den neuen Gutsbesitzern nach England und wurde dort ausgegeben. Die wenigen Arbeitsplätze blieben Protestanten vorbehalten, und man müßte sich über die Inserate, die nach einem protestantischen Schmied suchten, wundern, würden nicht noch am Ende des 20. Jahrhunderts in Bayern evangelische Kindergärtnerinnen ihrer Konfession wegen arbeitslos, geschiedene Frauen bei der Stellensuche benachteiligt und konfessionslose Lehrerinnen an Sonderschulen abgeschoben. Im Irland jener Tage freilich waren dies Entscheidungen über Leben und Tod, und wenn auch Swifts berühmt-berüchtigte Satire über die Verfütterung der sonst ohnedies verhungernden irischen Kinder über die Grenzen des guten Geschmacks weit hinausschießt, so wird aus ihr doch deutlich, welches Elend im Land herrschte, wieviele Kinder (der traditionell kinderreichen) katholischen Familien zerlumpt bettelten und auch keine Aufstiegs-Chance hatten, weil sie allenfalls in Heckenschulen, den geheimen Elementarschulen der Katholiken, hätten unterrichtet werden können. Swift beziffert das Kinderelend mit 120.000 verarmten Kleinkindern gegenüber etwa 30.000 Kindern aus einigermaßen wohlhabenden Familien und sagt am Beginn seines grausamen Aufsatzes: "Es ist ein melancholischer Anblick für alle, die in dieser großen Stadt (Dublin) umhergehen oder im Lande reisen, wenn sie die Gassen, Straßen und Türen der Hütten voller Bettlerinnen sehen, hinter denen sich drei, vier oder sechs Kinder drängen, alle in Lumpen, die jeden Vorübergehenden um ein Almosen belästigen. Diese Mütter sind, statt für ihren ehrlichen Lebensunterhalt sorgen zu können, gezwungen, ihre ganze Zeit auf Streifzüge zu verwenden, weil sie für ihre hilflosen Kinder Brot erbetteln müssen; die aber werden, wenn sie aufwachsen, entweder aus Mangel an Arbeit zu Dieben, oder sie verlassen ihr geliebtes Vaterland, um in Spanien für den Prätendenten zu kämpfen."

Schon diese Präambel zu der bitteren Satire macht klar, daß diese Gesetze nicht zur Befriedung des Landes beitrugen, sondern nur den Haß schürten, und es ist kein Wunder, daß sich noch unter Wilhelm III. die ersten geheimen Verschwörergruppen in Irland bildeten. Sie werden oft unter dem Sammelbegriff *Defenders* (Verteidiger) zusammengefaßt, bildeten aber früh Untergruppen von weitgehend lokaler Bedeutung, die bezeichnenderweise nunmehr nicht gälische, sondern englische Namen tragen wie *Hearts of Oak* (Eichenherzen) oder *White Boys* (Weiße Burschen). Ihre Einzelaktionen gegen unbeliebte Grundherren, schikanöse Beamte oder auch abtrünnige Priester blieben ohne überregionale Auswirkung, bis sich während des Unabhängigkeitskrieges der amerikanischen Kolonien – in denen inzwischen viele Tausende von Iren lebten – die Londoner Positionen abschwächten. Die wirtschaftlichen Restriktionen, die Behinderung irischer Industrien, Handwerksbetriebe und Exporte, wirkten sich zunehmend auch zu Lasten der neuen protestantischen Grundherren und Kaufleute aus, so daß sich Widerstände selbst in englischen protestantischen Milieus unüberhörbar artikulierten. Das bewirkte ab 1781/82 eine Lockerung der verhaßten Gesetze; die Wirtschaft auf der Insel wurde von drückenden Vorschriften befreit, und die Iren durften fortan nicht nur wählen, sondern konnten auch in niedere Ränge der Verwaltung einrücken. Mischehen wurden gestattet, Elementarschulen zugelassen und Katholiken durften Grundbesitz erwerben.

Irland war noch immer eine Insel von sehr begrenzter Bedeutung und England wie nie zuvor in weltweite Auseinandersetzungen verstrickt. Das Jahrhundert hatte mit dem beinahe alle europäischen Staaten einbeziehenden Spanischen

Erbfolgekrieg (1701–1714) begonnen, der in einem Erschöpfungsfrieden endete und England wichtige Gebiete in Nordamerika einbrachte. Auch im Siebenjährigen Krieg der Jahrhundertmitte verbrauchten die Mächte des Kontinents ihre Kräfte gegeneinander, während England weitere machtmäßige und diplomatische Aufwertungen erfuhr, trotz seines verlustreichen Engagement in dem beinahe unmittelbar anschließenden Unabhängigkeitskrieg der später in den USA zusammengeschlossenen amerikanischen Kolonien. Irland lag in einem Windschatten, niemand in London liebte es, an die unbotmäßige Insel erinnert zu werden, waren doch alle Kräfte des Inselreiches über die Maßen angespannt durch den weltweiten Konflikt mit den alten Seemächten wie Spanien und den Mitbewerbern um die letzten noch nicht vergebenen überseeischen Gebiete wie Frankreich und Holland.

Aus diesem Grund überrascht im Rückblick die Tatsache, daß Frankreich zwar in Nordamerika, Louisiana, ja sogar in Indien heroische militärische Leistungen vollbrachte, offensichtlich aber nicht im Stande war, in dem gegenüber Pondichery oder Kanada doch vergleichsweise vor Frankreichs Häfen liegenden Irland eine schlagkräftige Armee abzusetzen. In England jedenfalls nahm man diese Möglichkeiten ernst, und der ältere Pitt (1708–78), einer der größten Staatsmänner seines Jahrhunderts, begründete bei dieser Gelegenheit und zum Schutz Irlands Methoden der maritimen Abwehr und der Küstenverteidigung, die bis zum Zweiten Weltkrieg in unserem Jahrhundert als vorbildlich gelten durften. Mit dem Stützpunkt Torbay, dem landschaftlich so reizvollen Hafen auf der Halbinsel Cornwall, schuf Pitt einen Abwehrschleier aus drei Ketten von Fregatten. Auf der Insel Wight wurde zudem eine Alarmtruppe bereitgehalten, um an jedem gefährdeten Punkt der langen Küsten eingreifen zu können, sobald eine französische Landung gemeldet wurde. Vor allem das ständige Kreuzen dieser Wachschiffe vor der irischen Südwestküste und vor dem nördlichen Irland war wegen der Wetterunbilden im offenen Atlantik und der

Feindseligkeit der irischen Hafenbevölkerung äußerst strapaziös, und Pitt mußte, um genug Marineure für die Ablösungen zu haben, die Mannschaftsstärke der Flotte um 1600 Mann anheben. "Die gesamte englische Streitmacht zur See bis auf das letzte Schiff hatte damit Verwendung gefunden, es wurde aber bereits aufs eifrigste gearbeitet, um weitere Schiffe, die sich noch auf den Werften oder in den Docks befanden, bald in Dienst stellen zu können" (Ruville, *William Pitt*, Bd. 2, p. 268). Seeleute erhielten höheres Landgeld, Deserteure wurden begnadigt, Matrosen in aller Welt für die britische Flotte gepreßt, ja Pitt ergriff die Offensive und entsandte den (später zu verdientem Ruhm gelangenden) Kommodore Rodney vor die Stadt Le Havre, in der Spione die Zusammenziehung eines Irland-Kontingents festgestellt haben wollten. Das Bombardement vom Juli 1759 zerstörte jedoch nur einige Gebäude, die Landungsboote wurden nicht beschädigt.

Mehr Erfolg hatten die Briten, als sie im Herbst desselben Jahres ein Landungskorps von 18.000 Mann unter dem Herzog von Aiguillon in der bretonischen Bucht von Quiberon abfingen und trotz einiger eigener Verluste zersprengen und in die Heimathäfen zurücktreiben konnten. Wegen der Ereignisse an anderen Küstenpunkten hatte ein kleines französisches Geschwader, fünf Fregatten unter Kapitän Thurot, sich aus Dünkirchen durch die englischen Linien stehlen und Nordkurs einschlagen können. Als dies bekannt wurde, bemächtigte sich der englischen Milieus in Dublin große Aufregung, wußte doch niemand sicher, wie stark die französische Invasionsflotte war. Die englischen Wertpapiere fielen auf den Börsen des Kontinents um 10 Prozent, und zwischen Pitt und dem Herzog von Bedford, der damals Lord-Lieutenant für Irland war, kam es zu einem sehr frostigen Briefwechsel, denn Bedford vermochte zur Verteidigung der grünen Insel nur ein paar hundert Mann aufzubieten. Der Landadel vor allem schien mit dem Kommen der Franzosen keineswegs unzufrieden zu sein.

Eben diese Franzosen aber, die auf den Weltmeeren mit ihren Korsaren soviel Ruhm ernteten, kreuzten äußerst hilflos in der Nordsee und in skandinavischen Gewässern; Göteborg und Bergen wurden angelaufen, durch Krankheiten und Unfälle verminderte sich Thurots Kontingent schließlich auf drei Fregatten mit zusammen 600 Mann Landungsinfanterie. Mit dieser erreichte der Kapitän im Februar 1760 die Hebrideninsel Islay, heute durch ihren Malt-Whiskey weltberühmt, damals aber ein trostloses Eiland, auf dem niemand viel zu beißen hatte. Notdürftig versorgt segelten die Franzosen weiter und landeten am 26. Februar im äußersten Norden Irlands, dort, wo nur englandfreundliche Protestanten lebten, nämlich in Carrickfergus.

Da an diesem Punkt niemand, der die irischen Verhältnisse kannte, mit einer Landung rechnen konnte, war Thurot zunächst Herr der Lage, eroberte, plünderte, nahm Geiseln und schiffte sich vor Belfast hurtig ein, als Verstärkung aus dem Süden der Stadt Belfast Entlastung brachte. Ohne zu bedenken, daß man ihn am Südausgang der Irischen See leicht würde abfangen können, segelte Thurot stolz nach Süden, wo ihn tatsächlich eine überlegene britische Flotte unter Kapitän Elliot stellte. Die von langen Irrfahrten ermatteten Franzosen wehrten sich so lange tapfer, bis ihr Kommandant von einer Kugel getroffen wurde, dann strichen sie die Flagge. Die außerordentlichen britischen Anstrengungen zur See waren für all diese Erfolge entscheidend, und der Überblick über das Engagement der insgesamt 106 Linienschiffe ist eindrucksvoll: Zwanzig standen in Ostindien und Sankt Helena, 13 in Westindien, sieben in Nordamerika, 13 vor der bretonischen Südküste, acht weitere zwischen Finisterre und Le Havre, neun lagen in britischen Häfen, vier kreuzten im Kanal, 24 lagen zur Verproviantierung und Nachrüstung in verschiedenen englischen Häfen. Diese Flottenmacht war es letztlich, die Irland unter der Herrschaft Englands hielt, denn auf sich allein gestellt, hatte die Insel nicht mehr die Kraft, sich von England zu lösen.

Erst gegen Ende des Jahrhunderts kamen neue Hoffnungen auf, vor allem angesichts der Niederlagen der britischen Armee und ihrer hannoverschen und hessischen Hilfstruppen in der Neuen Welt. Die inzwischen besser organisierten irischen Untergrundgruppen witterten Morgenluft. Der Bund der *United Irishmen* (Vereinigten Irländer) mit seinen 100.000 Mitgliedern arbeitete auf eine völlige Loslösung von England und eine Begründung einer Republik Irland hin, die natürlich die ganze Insel, auch mit den anglo-irischen und protestantischen Grafschaften umfassen sollte. War dieses Ziel auch auf friedlichem Weg nicht zu erreichen, so hätte sich dank einzelner verständnisvoller englischer Politiker doch zweifellos eine weitere Normalisierung des Verhältnisses zwischen England und Irland erreichen lassen, aber die große Französische Revolution brachte jene gewaltige Unruhe in das System der Monarchien des ganzen Europa, daß sich auch die Iren sagen mußten 'Jetzt oder nie!'

Lazare Hoche, einer der begabtesten Generale der französischen Revolutionsarmeen und als solcher ein natürlicher Rivale Bonapartes, trat an die Spitze einer Invasionstruppe, die den Iren in ihrem Kampf gegen England zu Hilfe kommen sollten. Da Paris mit seinen Provinzen damals noch erhebliche Kommunikationsprobleme hatte, wurde es Dezember 1796 und der protestantische Wind wehte mit winterlicher Kraft, so daß die Transportflotte zwar nicht von den britischen Küstenschiffen, wohl aber vom Wind in drei Miniaturflotten zersprengt wurde und nur ein kleiner Teil der Landungstruppen eine Bucht auf der Insel erreichte. Hoche erkannte die Unternehmung als aussichtslos und kehrte um, London aber hatte neue Gründe, die Iren als gefährliche Feinde anzusehen und auch als solche zu behandeln.

Irland im Empire

Am Ende des 18. Jahrhunderts war Frankreich durch die Revolution geschwächt und von der großen Bühne der Weltpolitik zunächst abgetreten, da mit den Königsmördern niemand verhandeln wollte. Die junge Revolutionsarmee, wie sie Carnot aufgebaut hatte, schlug sich achtbar gegen die lustlos heranmarschierenden Truppen aus Deutschland und Österreich, aber ein furchterregendes Instrument internationaler Machtansprüche war sie zunächst noch nicht, und so blieb es bei den britischen Erfolgen in Nord- und Mittelamerika, in Westafrika und Ostindien. Das englische Publikum beschäftigte sich mit dem Besitzwechsel einzelner Antilleninseln und dem Schicksal von Louisiana mindestens ebenso ernsthaft, wenn nicht sogar leidenschaftlicher, als mit der Lage in Irland.

Um dies zu verstehen, muß man sich klar machen, daß England schon seit Jakob II., dem letzten Stuart, keine englischen Könige mehr hatte. Die dynastischen Rösselsprünge der britischen Geschichte hatten nach dem Oranier noch zwei Königinnen auf den Thron gebracht – seine Witwe als Maria II. und deren Schwester als Königin Anna – dann aber hatte die legendäre Kurfürstin Sophie von Hannover mit ihren jahrelangen Intrigen Erfolg gehabt und einen deutschen Fürsten auf den Thron Englands gebracht, Georg I. (Lebenszeit 1660–1727), ein Urenkel König Jakobs I. von England, also ein ferner Nachfahre der Maria Stuart.

In der Folge heirateten diese Könige aus dem Haus Hannover/Braunschweig ausschließlich deutsche Prinzessinnen, so daß sich eine familiäre Annäherung an ihre neue Heimat und die große Aufgabe auf der Insel nicht ergab: Bei Georg I. war es die schöne und beliebte Sophie-Dorothée von Braunschweig, bei Georg II. Caroline Markgräfin von Brandenburg, bei Georg III. Charlotte von Mecklenburg-Strelitz, bei Georg IV. Caroline von Braunschweig, bei seinem Bruder Wilhelm IV. eine Prinzessin von Sachsen-Meiningen und bei Eduard, jenem Herzog von Kent, der in seinem letzten Lebensjahr noch mit einer Tochter namens Victoria gesegnet wurde, eine Prinzessin von Sachsen-Coburg.

Da nicht nur die Gemahlinnen dieser sehr unterschiedlich begabten Monarchen aus Deutschland stammten, sondern zunächst sogar die Mätressen, blieben nicht nur die Englischkenntnisse der George lange Zeit rudimentär, sondern auch die Interessen für so schwierige Probleme wie die aufmüpfige Insel Irland, zu deren Bevölkerung – katholisch, gälisch sprechend, republikanisch gesinnt – eine Brücke des Verständnisses kaum zu gewinnen war. Aber nicht nur das minderte die Chancen der Iren, sondern auch die unleugbare Tatsache, daß sich England zu einer Militärmacht ersten Ranges entwickelt hatte, die durch die natürlichen soldatischen Tugenden der Hannoveraner noch einiges an Infanterietechnik hinzugewonnen hatte. Bei Culloden waren es die exakt gedrillten Hannoveraner, die den Hochländern des Prinzen Charles Edward Stuart den Garaus gemacht hatten, und in Kanada hatten sie sogar die französischen Kolonialtruppen geschlagen, allerdings, weil sie auf die mächtigeren Indianer-Stammesverbände gesetzt hatten.

Der Aufstand, der in Irland losbrach, als alle Landungsversuche der französischen Invasions-Detachements gescheitert waren, hatte militärisch keine Aussichten auf Erfolg, und die Annahme von 500.000 Mitgliedern der irischen Untergrundorganisationen sind bei einer Gesamtbevölkerung von fünfeinhalb Millionen schon darum gewiß übertrieben, weil ja viele Katholiken die Insel verlassen hatten, nach Übersee, nach England und in Richtung auf verschiedene Länder des Kontinents. Auf der Insel selbst war die Bevölkerung nach Herkunft und Interessen inzwischen so gemischt, daß selbst innerhalb der Clans und der Familien schroffe Gegensätze herrschten, was eine Geheimhaltung des Aufstands unmöglich gemacht hatte. Durch verstärkte Garnisonen auf die Erhebung vorbereitet, waren die Engländer für den 24. Mai 1798 beinahe besser gerüstet als die Rebellen. Nur in fünf

Grafschaften wurde anhaltend gekämpft (Wicklow, Leinster, Antrim, Down, Wexford), die Nachbargrafschaften schlossen sich jedoch den meist bäuerlichen Verbänden nicht an, und im Hochsommer 1798 war alles vorüber.

Den englischen Truppen auf der Insel kamen etwa 30.000 königstreue Protestanten zu Hilfe, vor allem aber war es die immer wieder scheiternde und wohl gar nicht entschlossen geplante französische Waffenhilfe, die selbst so standhafte Führernaturen wie Theobald Wolfe Tone am Erfolg der großen Aktion verzweifeln ließen: Dieser Sohn eines Dubliner Wagenbauers, zunächst Anwalt und politischer Schriftsteller, hatte seit 1791 auf die Rebellion hingearbeitet, 1794 ernsthafte Verhandlungen mit der französischen Regierung aufgenommen und hatte nach einer ersten Aufdeckung der Verschwörung die Erlaubnis erhalten, nach Amerika zu gehen. Er nahm dort aber gleich Verhandlungen mit dem französischen Gesandten auf und erreichte schließlich, daß Frankreich einen letzten Invasionsversuch unternahm, der wie die vorangehenden scheiterte. Tones Bruder wurde in Irland verhaftet und gehängt, Tone selbst schlug das Angebot des französischen Admirals Bompard aus, ihm eine Fregatte für die Flucht zur Verfügung zu stellen, und geriet in englische Gefangenschaft, als die *Hoche* die Flagge streichen mußte. Obwohl inzwischen französischer Offizier, wurde Tone zum Tod durch Erhängen verurteilt, schnitt sich aber am Tag vor der Hinrichtung am 11. November 1798 die Kehle durch.

Die Grausamkeit, mit der die Revolte niedergeschlagen wurde, und die haßerfüllten lokalen Aktivitäten der siegreichen Protestanten im Norden reichen zwar kaum zu, die oft zu lesende Zahl von 50.000 Toten auf seiten der Aufständischen glaubhaft zu machen. Aber man war am Ausgang des Jahrhunderts schon sensibler gegenüber Bürgerkriegen, es herrschte nicht mehr die spätmittelalterliche Gleichgültigkeit gegenüber Todesopfern, wie sie noch Cromwell an den Tag gelegt hatte, und so wurde der Aufstand immerhin durch seine politischen Folgen bedeutsam. Unter dem Eindruck der napoleonischen Siege auf dem Kontinent trachteten einsichtige britische Politiker nach einem Zusammenschluß mit Irland, dessen Bedingungen alle Parteien auf der Insel neuem Unfrieden und anhaltenden Rebellionen als das kleinere Übel vorziehen würden.

Auch die seriösesten und zurückhaltendsten Kommentatoren betonen in diesem Zusammenhang, daß die Zustimmung des irischen Parlaments zu der Union mit England nur mit Hilfe von ungeheuren Bestechungen erlangt werden konnte, Bestechungen, wie sie in der Geschichte der beiden Inseln in solchem Ausmaß noch nie vorgekommen waren. Da Irland nach der grausamen Niederwerfung des Aufstands nichts mehr zu verlieren hatte, muß man sich fragen, wer denn Widerstand leistete und warum? Da waren zunächst die religiösen Gründe. Es war ja nicht so, daß alle Katholiken arm und alle Protestanten reich waren. Im Dubliner Parlament saßen nicht wenige Nachfahren der großen Familien, die von einem Aufgehen in einem beide Inseln vereinigenden Staatswesen die gnadenlose Majorisierung der letzten Katholiken befürchteten und das Schwinden auch der letzten mehr traditionellen als institutionellen Einflüsse der alten Clans. Hier machte der jüngere Pitt (ein Sohn des großen Pitt aus der Zeit des amerikanischen Unabhängigkeitskrieges) den irischen Katholiken Zusagen, von denen allerdings bald klar wurde, daß sie am Widerspruch des Königs scheitern würden – denn Georg III. wurde 82 Jahre alt, von denen er sechzig Jahre lang (mit Unterbrechungen wegen seiner mentalen Unpäßlichkeiten) so regierte, wie man eben im Jahrhundert zuvor regiert hatte.

Neben den religiösen Gründen für den Widerstand gab es aber auch wirtschaftliche Bedenken, und in diesen waren irische Protestanten und Katholiken sich einig. England stand nach einem Jahrhundert der Kriege vor seiner größten militärischen Auseinandersetzung, nämlich dem Krieg gegen Napoleon, der sich anschickte, ganz Europa zu unterwerfen und die Insel durch eine Absperrung vom Kontinent wirtschaftlich in die Knie zu zwingen. Die Kontinentalsperre gab es um die Jahrhundertwende zwar noch nicht, sie wurde erst nach der Niederwerfung Preußens Tatsache, aber daß dem Inselstaat hier ein Gegner heranwuchs, wie England ihn in den unfähigen französischen Monarchen des 18. Jahrhunderts nicht gehabt hatte, das war auch in Dublin klar, weswegen schließlich die Auseinandersetzung um den irischen Anteil an den gemeinsamen Staatsausgaben entscheidend wurde. Man einigte sich schließlich nach neuerlichem Stimmenkauf auf einen irischen Anteil von 2/17, festgeschrieben für die ersten zwanzig Jahre der Union, und auf eine Anzahl von 100 Abgeordneten aus Irland im Londoner Unterhaus. Ins *House of Lords* sollten vier geistliche Würdenträger aus Irland einziehen und 28 gewählte Peers. Damit stand Irland vergleichsweise besser da als Schottland, allerdings hatte Irland erheblich mehr Einwohner.

Der unvermeidliche Doktor Johnson hatte auch zu all dem sein Bonmot parat, und es machte natürlich die Runde. Als in einer politischen Krise gegen Ende des 18. Jahrhunderts jemand ihm gegenüber die Meinung äußerte, England sei verloren, antwortete er: "Schlimmer ist, daß die Schotten es gefunden haben!" Damit spielte er auf die immer deutlicher werdende Tatsache an, daß sich die von den Engländern unterdrückten Schotten und Iren in steigendem Maß von der Heimat ab- und der Neuen Welt zuwandten. Das hatte, da sie England nicht liebten, zur Loslösung der amerikanischen Kolonien südlich der Seenplatte geführt, in der Folge aber auch zu beträchtlichem wirtschaftlichem Schaden. Denn die Schotten erwiesen sich als ein begabter, in der Highländerhärte für das Leben der Pioniere äußerst geeigneter Menschenschlag, der es in der Neuen Welt schnell zu besonderer Geltung brachte, Firmen gründete, ganze Handelskompanien aufzog und binnen weniger Jahrzehnte im Atlantikhandel die gleiche Rolle spielte wie vordem in der Ostsee.

Den Iren, die ohne einen Penny in Amerika ankamen, oft kaum englisch sprachen und keine nennenswerte Schulbildung besaßen, ging es dagegen zunächst sehr schlecht. "Bis 1729 waren 7.000 oder 8.000 Iren nach Amerika ausgewandert, zumeist nach Pennsylvania; aber in diesem Jahr landeten weitere 6.000 in Philadelphia, und zwei Jahre später schrieb Logan, es sehe aus, als wolle Irland seine ganze Bevölkerung auf die Kolonien abladen. Schon wegen ihrer äußersten Armut erwarben sie sogleich an der fernsten noch besetzten Grenze Land, das wenig oder nichts kostete, in den Tälern des Susquehanna und des Cumberland, den Juniata entlang und bis ins Shenandoah-Tal" (John Truslow Adams, *Der Aufstieg Amerikas* p. 68).

Um die Mitte des 18. Jahrhunderts stehen den 80.000 bis dahin nach Amerika gegangenen Deutschen bereits 50.000 Iren und Schotten aus Nordirland gegenüber, die sich als Presbyterianer unter der anglikanischen Hochkirche und neben den Katholiken auf der Insel nicht wohlgefühlt hatten. "Auf der Überfahrt war die Verköstigung oft halb verfault und ungenießbar. Verzögerungen durch Windstille beschworen unmittelbar das Gespenst eines Todes durch Hunger oder Durst herauf. In vielen Fällen gab es Kämpfe um tote Ratten, und in einem Fall zumindest ist offiziell bestätigt worden, daß Auswanderer sechs menschliche Leichen verzehrt hatten und im Begriff waren, eine siebente zu zerschneiden, als sie von einem anderen Schiff gesichtet und mit ein wenig Nahrung versorgt wurden. Es gab so gut wie keine sanitären Einrichtungen (auf den Schiffen), Schmutz und Ungeziefer dominierten allenthalben. Auf einem Auswandererschiff starben von 400 Passagieren 350, und das ist nicht der einzige Fall dieser Art: Immer war die Sterblichkeit fürchterlich. Den Einwanderern wurden unerwartete, vorher nicht vereinbarte Kosten in solcher Höhe angerechnet, daß sie beim Landen, wenn die Überlebenden für die Passagekosten der Toten haftpflichtig gemacht wurden, nicht selten gezwungen waren, sich als Knechte zu verkaufen. Familien wurden auseinandergerissen und ihre Mitglieder für eine gewisse Zeit verschiedenen Eigentümern überlassen, als wären sie Negersklaven" (ebda. p. 72).

Wenn wir in diesem Zusammenhang ein wenig vorgreifen, auf die Zeit der großen irischen Hungersnöte im 19. Jahrhundert, gelangen wir zu sechsstelligen Einwandererzahlen, ja zu 300.000 und mehr. "Die so zahlreichen irischen Ankömmlinge wurden zumeist zu Erdarbeiten verwendet, und in beträchtlichem Ausmaß waren sie es, die unsere Kanäle gruben und den (Bahn-)Körper unserer Eisenbahnen legten, denn der auf einer Farm erzogene gebürtige Amerikaner hatte eine angeborene Abneigung, für einen anderen zu arbeiten" (ebda. p. 205).

Aber bei diesen tristen Anfängen blieb es nicht immer: "Die Iren, wie arm sie auch bei ihrer Ankunft waren, gingen wie Entlein ins Wasser ins amerikanische Leben hinein und stiegen schnell auf, indem sie Werkmeister, Polizisten und endlich sogar Politiker stellten; und schließlich konnten schon viele Nachkommen dieser armen Einwanderer eine Höhe des Einflusses und der wirtschaftlichen Lebenshaltung erreichen, die sie sich in ihrer alten Heimat nie erträumt hätten" (ebda. p. 211).

Das sehr bekannte Standardwerk, unter dem Titel *The Epic of America* mitten in der Roosevelt-Euphorie 1932 erschienen, unterscheidet sehr deutlich zwischen den verschiedenen Einwandererströmen und kennzeichnet die Iren als jene, die in der Neuen Welt den weitesten Weg zurückzulegen hatten, von ganz unten, als verschuldete Leibeigene und Erdarbeiter, bis zum schließlichen Aufstieg in die mächtigen irischen Clans, die heute leider auch die Geldgeber für die Waffenlieferungen ins unruhige Nordirland sind.

Zurückkehrend zu Pitt, Castlereagh und Napoleon, finden wir ein Irland, das sich nur mühsam in die Enttäuschungen schickt, die mit der neuen politischen Daseinsform verbunden sind. Das Mißtrauen ist eben zu alt, es sitzt zu tief in den Gemütern der Katholiken wie auch der irischen Protestanten, die sich ja in der Minderzahl wissen und sich durch jedes Londoner Zugeständnis an die Katholiken in ihrer Existenz bedroht fühlen. Der *Catholic Association* steht darum nach wie vor die militante Organisation der *Orange-Logen* gegenüber, und als 1825 durch ein salomonisches Urteil beide Vereinigungen aufgelöst werden, gehen sie in den Untergrund, was die Lage nicht weniger gefährlich macht.

Es war ein heikler, ja dramatischer Augenblick. In England mehrten sich die Stimmen, die von einer Unbelehrbarkeit der Iren sprachen und damit die Rückkehr zu den alten Methoden des Kolonialismus empfahlen, aber man befand sich in einem neuen Jahrhundert, in dem beinahe alle europäischen Staaten ihre Freiheitsbewegungen hatten, in dem die Presse eine Macht zu werden begann und das nachnapoleonische Europa offen oder geheim auf neue Formen des politischen Lebens zusteuerte.

Der Mann dieser Stunde war wie Napoleon im Zeichen des Löwen geboren worden, im August 1775 nahe von Cahirciveen in der Grafschaft Kerry: Daniel O'Connell of Derrynane, später von den Iren als *The Liberator* bezeichnet. Von einem vermögenden Onkel adoptiert, konnte er ausgezeichnete französische Schulen in Saint Omer und Douai besuchen, Jura studieren und schon mit 23 Jahren seine Zulassung als Anwalt in Dublin beantragen.

O'Connell war also ein junger, wacher und gebildeter Mann katholisch-kontinentaler Schulung, als das Jahrhundert mit der völligen Unterwerfung aller irischen Freiheitsbewegungen zuende ging. Er verfolgte dann zwar auch als kundiger Jurist die teilweise Zurücknahme der Zwangsmaßnahmen, die Abmilderung ungerechter Gesetze und die Versuche, König Georg III. für die völlige Toleranz des Katholizismus in Irland zu gewinnen, aber er wußte, daß die volle Stoßkraft irischer Interessen das Zusammengehen mit dem hohen Klerus verlange, der, von London hofiert, sich bis dahin politisch stets zurückgehalten hatte.

1828 ging O'Connell als Abgeordneter für die Grafschaft Clare ins Unterhaus und hatte zu diesem Zeitpunkt schon Millionen von Iren hinter sich, die dem charismatischen Politiker vertrauten. Seine Redeschlachten im Unterhaus beeindruckten nicht nur bei irischen Themen, sondern halfen auch insgesamt der Politik von Lord Melbourne, der sich dafür mit versöhnlicher Irlandpolitik revanchierte, trotz kleinerer Unruhen. Ein kluger und menschlicher Irlandbeauftragter namens Mulgrave sekundierte insgeheim O'Connell, der ständig mit der Auflösung der Union von 1800/1801 drohte und in Massenversammlungen von 1842 und 1843 klarmachte, daß er neun Zehntel der Iren hinter sich habe. Nun aber war nicht mehr der Viscount Melbourne Premierminister, sondern Sir Robert Peel. O'Connell, sein Sohn John und einige Kampfgefährten, darunter auch Priester, wurden angeklagt und im Oktober 1843 verhaftet. Der Schuldspruch nahm nur den Priester aus, O'Connell, inzwischen beinahe siebzig Jahre alt, blieb fast ein Jahr im Gefängnis und war, als er im September 1844 entlassen wurde, ein gebrochener Mann mit ruinierter Gesundheit. Die großen Hungersnöte hatten zudem zu Verzweiflung und Wut in ganz Irland beigetragen, das Volk war ungeduldig und hatte kein Interesse mehr für die feinen Ränke zwischen Dublin und dem Londoner Unterhaus, in denen O'Connell so bewandert gewesen war. Auf dem Weg nach Rom, zum Papst, starb Daniel O'Connell am 15. Mai 1847 in Genua, am Vorabend der großen europäischen Revolutionen. Sein Sohn John kämpfte wohl weiter und errang sich den Ehrennamen *the young Liberator*, aber es war ein Kampf, der in dieser Generation und der folgenden nicht zu gewinnen war.

Als O'Connell verhaftet wurde, hatte sein Land an die acht Millionen Einwohner, heute hat es mit Nordirland nicht viel mehr als fünf Millionen, bei einer ungleich verbesserten Infrastruktur und stärkeren Industrialisierung. Schon Swift hatte auf den traditionellen Kinderreichtum in den Familien der katholischen Irländer hingewiesen, und als 1845 und

1846 vollständige Mißernten aufeinander folgten, mußte eine Hungersnot ausbrechen, wie sie Europa in Friedenszeiten noch nie gesehen hatte. Die Regierung, die es versäumt hatte, durch Bauarbeiten und staatlichen Eisenbahnbau Arbeitsplätze zu schaffen, half zwar mit Lebensmitteln und Agrarkrediten für weitere Anbauflächen, aber diese Maßnahmen kamen spät und griffen nur langsam; die Unruhe wuchs, über einzelne Grafschaften mußte der Ausnahmezustand verhängt werden, und die Auswanderung nahm bis dahin ungekannte Ausmaße an.

Hungersnot und Auswanderungswelle gewannen mythischen Charakter und damit Macht über Denken und Vorstellungen, Pläne und Hoffnungen des ganzen Volkes auf der Insel. Die rationale Ursache, daß man sich viel zu sehr auf den Kartoffelanbau verlassen hatte und durch die aufeinanderfolgenden Kartoffel-Mißernten darum der Hauptnahrungsquelle beraubt worden war, blieb unbestritten. Aber die Nationalisten wiesen darauf hin, daß die Iren ja gar keine Wahl gehabt hatten: Auf den schlechten Böden, die ihnen seit Vertreibung und Zwangs-Landtausch seit Cromwell verblieben waren, gedieh ja gar nichts anderes als eben die Kartoffel.

Andere Legenden betrafen die Haltung der großen Queen, die soviel Geld aus Afrika und Indien erhielt, für die Behebung der irischen Nahrungsmittel-Not aber nur 5.000 Pfund gespendet hatte (das irische Volk kolportierte, daß es gar nur fünf Pfund gewesen seien). Daß während der größten Hungersnot immer noch Schiffe mit Brotgetreide Irland in Richtung England verlassen hatten, war nicht zu verheimlichen, andererseits aber überwogen die Lebensmitteleinfuhren doch deutlich die irischen Exporte. "Gewiß war die Hungersnot in Irland kein bewußt herbeigeführter Völkermord, aber sie war auch kein natürliches Verhängnis, für das die Briten keinerlei Verantwortung trügen. Die Kartoffelmißernte mag noch ein Naturereignis gewesen sein, aber die grausame Farce der britischen Hilfsaktionen war gewiß keines. Die britische

Regierung gab für die (Irland-)Hilfe nicht mehr als 10 Millionen Pfund aus, während sie 70 Millionen Pfund in den Krimkrieg steckte. Hätte man eine Million Menschen umkommen lassen, wenn die Kartoffelfäule in London oder Manchester ausgebrochen wäre? Das ehrwürdige Dogma des freien Marktes hielt die Briten davon ab, staatliche Hilfe zu gewähren – so lange, bis es zu spät war." (Terry Eagleton, Professor am St. Catherine's College in Oxford, im Oktober 1996 in der *Frankfurter Allgemeinen Zeitung*).

Man spricht heute von 40 Millionen irisch-stämmiger Amerikaner in den Vereinigten Staaten, aber schon in der zweiten Hälfte des vorigen Jahrhunderts machte sich der Einfluß dieser großen irischen Kolonie jenseits des Ozeans bemerkbar, da man freier sprechen und publizieren konnte, wo Londons Arm nicht hinreichte, und da durch die zu Vermögen gekommenen Auswanderer jene Geldmittel zur Verfügung standen, an denen es in Irland selbst stets gefehlt hatte.

1861 wurde in Amerika *The Fenian Brotherhood* gegründet (nach vagen Anfängen, die bis 1858 zurückreichen). Der Name wollte an Finn Mac Cumhaill und seine Krieger erinnern, eine legendäre Gemeinschaft aus dem dritten Jahrhundert. 1863 kam es in Dublin zur Gründung einer Zeitung *The Irish People*, aber schon zwei Jahre darauf machte London der ganzen Bewegung den Garaus durch die Besetzung des Zeitungsgebäudes und die Verhaftung der Häupter der Bewegung. Dabei wurden Unterlagen beschlagnahmt, die weitere Verhaftungen zur Folge hatten, und als die Fenier 1867, um zwei ihrer Anführer zu befreien, das Londoner Clerkenwell-Gefängnis in die Luft sprengten (trotz einer Mauerdicke von siebzig Zentimetern), gab es zwölf Tote in der Nachbarschaft und Folgen auf beiden Inseln: In Irland verloren die Fenier viele Sympathien, und in England wurde der *Special Branch* begründet, Vorläufer der späteren modernen Geheimdienste, die sich dann freilich auch mit anderen als irischen Angelegenheiten zu befassen hatten.

Immerhin reagierte die Regierung Gladstone überlegt und maßvoll: Die dem katholischen Irland bis dahin aufgezwungene staatliche anglikanische Kirche wurde aus dem Dubliner Budget genommen, Kirchengrund irischen Pächtern zur Verfügung gestellt und durch die Landakte von 1870 die Lage der Landwirtschaft verbessert. Die Unruhen flauten ab, die Diskussion beruhigte sich; aber die Iren wollten ihre Selbstverwaltung, sie wollten *Home Rule* und Herr im eigenen Haus sein ...

Da O'Connell an der Spitze der Unabhängigkeitsbewegung fehlte und diese selbst durch die Auswanderung, die Hungersnot und die Cholera an Stoßkraft verloren hatte, besserte sich also die Stimmung zwischen den Lagern ein wenig. Die Not in Irland war so groß, daß auch die selbstgerechten Anglikaner in den Londoner Ministerien sich der Notwendigkeit effektiver Hilfe nicht mehr verschließen konnten. Die irische und englische Geistlichkeit vereinigten sich in Resolutionen gegen die Einfuhrbeschränkungen von Brotgetreide und anderen Lebensmitteln, und die Iren mußten sich in ihrer bitteren Not immerhin eingestehen, daß sie ihre Not zwar nicht selbst verschuldet hatten, daß aber an den Mißernten die große Königin keine Schuld trage.

Von der Queen, von der inzwischen fest im Sattel sitzenden Victoria, gingen später doch die ersten versöhnlichen Signale aus, eine Tatsache, die umso mehr für sie spricht, als sie in ihrer Politik gegenüber anderen Völkern bekanntlich keinerlei Nachsicht übte. Und daß sie in ihren Bemühungen nicht erlahmte, obwohl die Iren sich sehr spröde zeigten, das stellt ihrem weiblichen Spürsinn und ihrem Takt selbst in einer so hohen Position das beste Zeugnis aus.

Seit 1861 hatte kein englischer Souverain mehr irischen Boden betreten. Nach dem Tod des Prinzgemahls, des von ihr sehr geliebten Albert, Prinz von Sachsen-Coburg und Gotha, hatte die trauernde Königin der Stadt Dublin eine Statue des Verblichenen zum Geschenk gemacht, doch hatten Bürgermeister und Stadtrat die Gabe abgelehnt und zurückgeschickt, eine böse Kränkung für die Trauernde. 1885 hatte der Prinz von Wales, der sich sonst meist in Paris, Deauville oder Baden-Baden herumtrieb, Irland besucht. Der Dubliner Stadtrat hatte am Empfang des späteren Edward VII. nicht teilgenommen, und in der Stadt Cork hatte man, als er ankam, schwarz geflaggt und auf die Straße, durch die er fuhr, Särge gestellt.

Es war also durchaus ein Wagnis, als Victoria, zu deren Jubiläen niemals ein Glückwunsch aus Irland eingetroffen war, sich noch im hohen Alter zu einer Irlandreise entschloß, in erster Linie wohl, weil sich in den afrikanischen Kriegen die irischen Regimenter hervorragend geschlagen hatten. Die Anerkennung durch die Queen löste bei den Truppen große Freude aus, die angekündigte Bildung einer irischen Leibwache für Victoria tat das übrige, und als Victoria endlich in Dublin eintraf, wurde *Victoria & Albert*, die königliche Yacht, mit Fahnen und Salutschüssen empfangen. "Beim Einzug in Dublin bildeten die Menschen dicke, schwarze Knäuel und auf den Dächern ganze Trauben. Von all den vielen Besuchen dieser Art, die ich in meinem Leben mitgemacht habe, reicht an Enthusiasmus und fast möchte ich sagen Raserei der Begeisterung keiner an diesen heran" (Ponsonby).

Der katholische Erzbischof von Dublin hatte eine diplomatische Reise angetreten, um die Queen nicht sehen zu müssen, während Kardinal Logue, der Primas von Irland, bessere Manieren zeigte und wiederholt mit Victoria dinierte: Am Ende ihres Lebens furchtlos wie nur je, scheute die Königin sich nicht, weite Spazierfahrten mit kleiner Bedeckung in der Umgebung von Dublin zu unternehmen, bei denen sie, der frühlingshaften Wärme wegen, mitunter einnickte. Zeigte sich dann eine Ansammlung jubelbereiter Iren, so ließ Sir Frederick Ponsonby, ihr Privatsekretär, sein Pferd pirouettieren, und die neben Victoria sitzende Prinzessin Beatrice (ihre jüngste Tochter) weckte die Mama. In einem Dorf rief eine Gruppe "Gott segne die Queen", während eine andere, auf der anderen Straßenseite, hinzufügte: "Aber nieder mit dem Minister neben ihr", womit der unschuldige Ponsonby gemeint war.

Schloß diese Episode das Jahrhundert mit einer versöhnlichen Note ab, so hatten Auswanderung, Elend und Seuchen vorher schon jahrzehntelang die Iren zermürbt in einem Vorgang, der sich bis in die fernsten Dörfer auf den Inseln erstreckte, in Familien, deren Leben davor jahrhundertelang keinen nennenswerten Wandel gekannt hatte.

Als John Millington Synge (1871–1909) unschlüssig, ob er sich der Musik oder der Literatur widmen solle, in Frankreich reiste, traf er in Paris auf William Butler Yeats (1865–1939). Der riet ihm zur Gewissenserforschung an, ein paar Wochen auf den Aran-Inseln vor der irischen Westküste zuzubringen. Ergebnis verschiedener Insel-Aufenthalte Synges war sein bis heute fesselndes Buch *The Aran Islands* von 1901, in dem er neben vielen anderen Einzelheiten, die heute schon Geschichte und Kulturgeschichte sind, uns auch ein Bild von jenen Frauen und Müttern gibt, deren Männer und Söhne in die Neue Welt gegangen sind, fort aus einer Heimat, in der so gut wie ausschließlich Gälisch gesprochen wurde, in eine Welt, die sich die Zurückgebliebenen nicht einmal vorzustellen vermochten:

"Das Muttergefühl ist auf diesen Inseln so stark, daß es den Frauen das Leben manchmal zur Folter macht. Ihre Söhne wachsen heran, um fortgeschickt zu werden, sobald sie alt genug sind, oder um zu Hause in andauernder Gefahr auf der See zu leben; ihre Töchter gehen ebenfalls weg oder sind schon in der Jugend durch viele Geburten verbraucht und dadurch, daß ihre Kinder ihnen beim Aufwachsen Sorgen und Kummer bereiten."

Briefe aus Amerika, so sehr sie ersehnt wurden, stifteten oft Unruhe und Verwirrung: (Wenn man ihr den Brief vorgelesen hatte) "saß die alte Frau den ganzen Abend auf ihrem Stuhl, in der Ecke am Feuer, den Schal um den Kopf, und klagte traurig vor sich hin. Amerika schien weit weg, doch hatte sie offenbar das Gefühl gehabt, daß es trotz allem nur die andere Seite des Atlantiks war (und damit ein wenig wie die Aran-Inseln selbst). Wenn sie jetzt aber von Eisenbahnen und Städten im Landesinnern sprechen hört, in denen es kein Meer gibt, Dinge, die sie nicht verstehen kann, dann begreift sie, daß ihr Sohn für immer fortgegangen ist."

Noch niederdrückender waren die Nachrichten von jenen Iren, die sich nicht über den Atlantik gewagt, sondern nur die Irische See überquert hatten und nun in den westenglischen Großstädten Elendghettos bildeten:

"Der abscheulichste Fleck heißt Klein-Irland (Little Ireland). In einem ziemlich tiefen Loch, das in einem Halbkreis vom Medlock und an allen vier Seiten von hohen Fabriken, hohen bebauten Ufern oder Aufschüttungen umgeben ist, liegen in zwei Gruppen etwa 200 Cottages, meist mit gemeinschaftlichen Rückwänden für je zwei Wohnungen, worin zusammen an 4.000 Menschen, fast lauter Irländer, wohnen. Die Cottages sind alt, schmutzig und von der kleinsten Sorte, die Straßen uneben, holperig und zum Teil ungepflastert und ohne Abflüsse: eine Unmasse Unrat, Abfall und ekelhafter Kot liegt zwischen stehenden Lachen überall herum, die Atmosphäre ist durch die Ausdünstungen derselben verpestet und durch den Rauch von einem Dutzend Fabrikschornsteinen verfinstert und schwer gemacht – eine Menge zerlumpter Kinder und Weiber treibt sich hier umher, ebenso schmutzig wie die Schweine, die sich auf den Aschenhaufen und in den Pfützen wohl sein lassen, kurz, das ganze Nest gewährt einen so unangenehmen, so zurückstoßenden Anblick wie kaum die schlechtesten Höfe am Irk. Das Geschlecht, das in diesen verfallenen Cottages, hinter den zerbrochenen und mit Ölleinwand verklebten Fenstern, den rissigen Türen und abfaulenden Pfosten oder gar in den finstern nassen Kellern, zwischen diesem grenzenlosen Schmutz und Gestank, in dieser wie absichtlich eingesperrten Atmosphäre lebt – das Geschlecht muß wirklich auf der niedrigsten Stufe der Menschheit stehn –, das ist der Eindruck und die Schlußfolgerung, die einem bloß die Außenseite dieses Bezirks aufdrängen. Aber was soll man sagen, wenn man hört, daß in jedem dieser Häuschen, das allerhöchstens zwei Zimmer und den Dachraum, vielleicht noch einen Keller hat, durchschnittlich zwanzig Menschen wohnen, daß in dem ganzen Bezirk nur auf etwa 120 Menschen ein – natürlich meist ganz unzulänglicher – Abtritt kommt, und daß trotz allen Predigens der Ärzte, trotz der Aufregung, in die zur Cholerazeit die Gesundheitspolizei über den Zustand von Klein-Irland geriet, dennoch alles heut im Jahr der Gnade 1844 fast in demselben Zustande ist wie 1831?"

Das ist ein Text von Friedrich Engels aus seiner erschütternden Reportage über *Die Lage der arbeitenden Klasse in England* von 1844; wenn er darin Cottage schreibt, so entspricht dies natürlich nicht unserem heutigen Begriff, sondern meint kleine, aneinander gebaute Hütten. Man muß leider annehmen, daß sich die ausgewanderten Iren an sehr verschiedenen Orten Englands im Vorfeld der großen Städte mit ähnlichen Wohnverhältnissen abfinden mußten, es ist jenes Dauer-Elend, das bis heute angesichts der Rückwanderer aus den britischen Kolonien aus Manchester, Birmingham, Liverpool und anderen Zentren nie ganz verschwunden ist. Monica Charlot und Roland Marx jedenfalls stellen in ihrem gut dokumentierten Buch über *La Société Victorienne* (Paris 1978) fest: "London, das 1880 die Viermillionengrenze überschritt, aber auch Manchester und Liverpool boten in ihren Elendsquartieren noch um 1900 dieselben schrecklichen Eindrücke wie 1850."

Eine natürliche Folge dieser Zustände war das Ansteigen der Kriminalität. Nach 1850 wurden in England zahlreiche neue Gefängnisse gebaut, darunter riesige Anstalten wie Millbank oder Pentonville, die auch viele irische Delinquenten kennenlernten. Seit damals ist die Frage, ob nordirische Verhaftungen zur Haft auf der Hauptinsel oder zur lokalen Inhaftierung führen, eine der brennendsten in der alten Auseinandersetzung: Die irischen Frauen, bei allem Elend, schneiden in dieser Lage besser ab als die Männer. Mütter wie Töchter der irischen Emigranten in England verfallen nur in sehr geringem Maß der Anziehungskraft von Halb- und Unterwelt. Während die höchsten Schätzungen von 350.000 Prostituierten im viktorianischen England sprechen, sind unter diesen selbst die schottischen Frauen häufiger als die Irländerinnen.

Die Frage, warum die Emigranten sich angesichts solcher Verhältnisse nicht doch wieder heimwärts wandten, auf die Insel, die sie verlassen hatten, beantwortet uns der Dichter John Keats in einem Reisebericht:

"Auf unserer Tour durch Irland hatten wir nur allzu reichlich Gelegenheit, die unvorstellbarste, nackteste Armut zu sehen, die Lumpen, den Dreck und das Elend der armen einfachen Iren. Ein schottischer Katen ist, obwohl der Rauch aus ihm zuweilen nur durch die Tür entweichen kann, ein Palast, verglichen mit einem irischen. Dabei ist hier alles dreimal so teuer wie in Schottland. Wir hatten das Vergnügen, uns durch ein Torfmoor von mindestens drei Meilen Länge zu schlagen – öde, schwarz, feucht, trist und sumpfig: Hier und da waren arme, schmutzige Kreaturen und ein paar kräftige Männer dabei, Torf zu stechen oder abzufahren. Als wir auf dem Weg nach Belfast einen überaus erbärmlichen Vorort durchquerten, hörten wir das widerlichste aller Geräusche – schlimmer als die Sackpfeife, als Affengelächter, als Weibergeschnatter, vergleichbar solus dem Schrei eines Papageien – ich meine den Lärm des Weberschiffchens. Wie ungeheuer schwierig ist es doch, die Lebensbedingungen dieser Leute zu verbessern! Ich wüßte nicht, wie ein Geist, der 'schwanger geht' mit Menschenliebe, das anpacken sollte – ich empfinde nichts als Verzweiflung. In einer elenden Schenke auf halbem Wege zwischen Donoghadee und Belfast saßen zwei Männer beim Whiskey – der eine ein Landarbeiter, und der andere schien mir ein betrunkener Weber zu sein. Der Landarbeiter hielt mich für einen Franzosen, und der andere fragte nach Handgeld und sagte, er würde es gern annehmen. Als wir aus Belfast zurückkamen, begegneten wir einer Sänfte – drin saß die Duchess von Misthaufen, aber das ist ganz und gar nicht zum Lachen – Du mußt Dir das so vorstellen: die miserabelste Hundehütte, die Du je gesehen hast, das Ganze auf zwei Pfählen von einem verschimmelten Gitterzaun. In diesem elenden Ding saß eine erbärmliche Alte, zusammengekauert wie ein Affe, der auf der Überfahrt von Madagaskar zum Kap schon beinahe verhungert ist, weil es an Schiffszwieback mangelt. Sie hatte eine Pfeife im Mund und schaute mit starrem, leerem Blick unter faltigen Lidern hervor, und wackelte dabei mit dem Kopf wie eine Geisteskranke. Zusammengekauert und dürr saß sie da und paffte den Rauch vor sich hin, während zwei zerlumpte, abgerissene Mädchen sie durch die Gegend trugen."

Diesen vielsagenden Brief schrieb der Dichter John Keats an seinen jüngeren Bruder Thomas, der bald darauf, erst neunzehnjährig, ebenso der Tuberkulose erliegen wird wie wenige Jahre später der Dichter selbst. Wichtig ist zunächst die Erwähnung der Teuerung in Irland, aber auch daß die Verhältnisse dort als entsetzlich empfunden werden, selbst wenn man nicht aus London kommt, sondern aus jenem Schottland, das von der Krone ja nicht sehr viel besser behandelt wurde als die grüne Insel. Tatsächlich finden sich bei den irischen Dichtern beinahe aller Generationen Elends-Schilderungen von einer Intensität und zwanghaften Dichte, daß wir die Lebensverhältnisse auf Irland – abgesehen vielleicht von der 'Hure Dublin' (wie einer dieser Dichter sich ausdrückt) – als extrem belastend und somit thematisch zentral auch für das geistige Leben erkennen müssen, sobald es sich aus den mittelalterlichen Bedingungen herausentwickelt hat. Und es spielt dabei keine Rolle, ob es ein selbstverschuldetes Elend ist wie bei Brendan Behan (das Trinken ist nun einmal ein *circulus vitiosus*, dessen Anfänge nicht auszumachen sind), eine Studie *in extremis* bei Samuel Beckett (*Das Ende*) oder die tiefe Ratlosigkeit in der Schule zwischen Gaelisch und Englisch, etwa bei Flann O'Brien (*Eine arge Geschichte vom harten Leben)*. Nur Dublin, die Stadt der Wikinger, der Normannen, der Anglo-Iren, der Kaufleute und des Parlaments, die Stadt, die der Ire aus den Dörfern immer als fremd empfinden wird, während James Joyce behauptet, nach seinen Büchern könne man sie im Fall einer Zerstörung wieder aufbauen; nur diese große Stadt, dieser Welthafen bot eine Chance in Hinblick auf den Kontinent; eine Öffnung zur Welt, und sie wurde eben dafür gehaßt.

Das letzte Wort – ehe zwei Weltkriege völlig neue Verhältnisse schufen – sprach der größte englische Satiriker seit Jonathan Swift, und auch er kam, wie sollte es anders sein, aus Irland: George Bernard Shaw (1856–1950), Sohn einer Gesangslehrerin, die in schlechter Ehe lebte, als Journalist Schüler von Frank Harris, des Wüstlings unter den großen Zeitungsleuten. Shaw führte eine gute Ehe, lebte ähnlich wie Swift in einer heute kaum noch vorstellbaren Konsequenz aus dem Kopf und den Ideen, stand aber zeitweilig irischen Unabhängigkeitsströmungen nahe und schrieb um die Jahrhundertwende das Theaterstück, das die bis dahin hin und her wogende Diskussion auf den Punkt brachte und die Entscheidung erzwang: *John Bull's Other Island* (1903/04) nach einer vorbereitenden Studie *Fabianism and the Empire* von 1900.

Die ausführlichen Kommentare, Vorreden und Regieanweisungen Shaws sind bekannt und erreichen bei manchen Stücken, etwa dem über die Jungfrau von Orléans, den Charakter und den Wert ganzer Abhandlungen. Im Fall unseres Stückes lieferte Shaw das *Preface for Politicians* erst 1906 nach. Der Dichter betont, daß auch die protestantische Minderheit auf der Insel sich als patriotische Iren fühle: *The more Protestant an Irishman is ... the more intolerable he finds it to be ruled by English instead of Irish folly*. Irland sei durch das naturnotwendige Streben nach Selbstregierung für alle anderen Aktivitäten blockiert und an einem normalen Leben gehindert: Schließlich appelliert er an das Naturrecht eines Volkes auf Selbstregierung und exemplifiziert im Stück selbst dann allerdings, daß von einer Alleinschuld Londons keine Rede sein könne. Ein schwerwiegendes Hemmnis auf dem Weg zur staatlichen Vollsouveränität sei die geistige Bevormundung und völlige Beherrschung der unteren Klassen durch die katholische Geistlichkeit. Sie nutze die Tatsache aus, daß angesichts der unglücklichen politischen Verhältnisse in Irland eine andere Alternative zu den Protestanten, ihrer Presse und ihrer wirtschaftlichen Übermacht gar nicht gegeben sei. Es konnte nicht ausbleiben, daß dieses Stück vor allem bei den amerikanischen Iren zu einem Dauererfolg wurde ...

Zwei Weltkriege und endlich 1949

Wenn sich irische Autoren mit der Geschichte ihres Landes beschäftigen, lautet die bitterste Erkenntnis immer, daß die Einwohner der grünen Insel zu keinem Zeitpunkt der Weltgeschichte imstande waren, ihr Schicksal aus eigener Kraft zu bestimmen. Erinnern wir uns an ein Gespräch mit einem vertriebenen irischen Kleinkönig, von dem schon Cornelius Tacitus in seinem Buch *Agricola* berichtet: In ihm wurde den Römern die Insel mit dem Bemerken angeboten, daß sie mühelos zu erobern sei, ein paar Kohorten würden genügen.

Es hat sich dann gezeigt, daß die Abwehrkräfte mehr des Landes und seines Klimas als der dort lebenden wenigen Menschen eine völlige Durchdringung der Insel beinahe bis in die Gegenwart verhinderten, aber seltsamerweise behob dies nicht die schicksalhafte Schwäche, sondern zementierte sie. Irland hätte als voll erschlossenes modernes Land ganz gewiß mehr Gewicht bei den Verhandlungen mit London gehabt als in seiner angestammten Rolle als Herd gleichsam institutioneller Armut und nicht behebbarer Bildungs-Defizite. Und die absurde Verschränkung von Vor- und Nachteilen, wie Bernard Shaw sie aufdeckt, tat ein übriges: Jenes Christentum, das Irland aus dem Heidentum heraus in ein glanzvolles Mittelalter führte, hielt die Insel und ihre Menschen in eben diesem Mittelalter fest, als auf der großen Nachbarinsel schon die ersten Eisenbahnen fuhren und die Industrie Tausende von Arbeitsplätzen schuf.

Nur wenn das übermächtige England militärisch engagiert oder gar gefährdet war, hob die Hoffnung in Irland ihr Haupt. Aber nach dem Hundertjährigen Krieg wurden die Herrscher in London vorsichtiger; soviel, wie sie schon besessen hatten, beinahe das ganze Frankreich bis zu den aquitanischen Grenzbergen gegen Spanien, konnte das Inselreich nicht wieder zu erringen hoffen. Es gab noch überflüssige und erschöpfende Auseinandersetzungen um Brückenköpfe südlich des Ärmelkanals, um Cherbourg oder Calais, dann aber öffnete sich die Welt für die britischen Schiffe, und Nord- und Mittelamerika, Vorderindien und der Pazifische Ozean banden mit ihren unendlichen Weiten die Kräfte des Landes, das sich inzwischen seiner schottischen Könige entledigt und lieber deutsche Fürsten auf den Thron geholt hatte.

Es ist in der Rückschau kaum zu begreifen, daß nicht einmal schwere Niederlagen wie jene gegen Washington und seine französischen Helfer eine Glücksstunde für Irland schlagen ließen. Man gewinnt den Eindruck, daß gerade nach Niederlagen die Erbitterung Londons sich gegen Irland entlud, als dürften besonders die Iren aus solchem Unglück keinen Nutzen ziehen. In den größten Kriegen des 18. und 19. Jahrhunderts war England ungemein vorsichtig und klug geführt, es stand zum Schluß immer besser da als die Mächte auf dem Kontinent, es bekam nach dem Spanischen Erbfolgekrieg Stillhalte- und Vermittlungsprämien und auf dem Wiener Kongreß von 1815 überhaupt den Siegerkranz der standhaftesten Gegnerschaft gegen Napoleon, aber die Neuordnung Europas nach der Abdankung des großen Korsen barg für Irland nicht einmal symbolische Gaben, so tapfer irische Regimenter mitgekämpft hatten. Das mit Napoleon verbündete Bayern etwa blieb Königreich, Irland aber blieb Kolonie.

Die Thronbesteigung Eduards VII. im Jahr 1901, jenes Prinzen von Wales, der so lange hatte warten müssen, brachte in der englischen Politik zwei Klimaveränderungen. Die eine betraf die Weltpolitik: Die englisch-französischen Gegensätze, die 1898 wegen des Faschoda-Konflikts beinahe zu einem englisch-französischen Krieg geführt hätten, wurden diplomatisch abgebaut, und die beiden Mächte wandten sich weitgehend einhellig gegen den letzten Mitbewerber um Kolonialbesitz, gegen das junge Deutsche Kaiserreich. Der zweite Wandel betraf Irland: Seit etwa 1900 wurde die Verbreitung proenglischer Literatur auf der grünen Insel konsequent gefördert. Das geschah sehr geschickt im Verein mit einer Art keltischer Renaissance, die jedoch nicht die autochthonen irischen Traditionen überbetonte, sondern mit anglo-irischen Materialien operierte. Selbst sehr nationale Iren erlagen diesen suggestiven Einflüssen, weil die *Entente cordiale* mit der großen Insel ja eine geheime Sehnsucht der Gebildeten sein mußte. Man hat die lange Zeit wenig bekannten Verbindungen zwischen James Joyce und dem britischen Außenministerium in diesem Zusammenhang genannt (Müllenbrock p. 73, Levin, James Joyce 1941), vor allem aber besitzen wir in dem Roman *Ulysses*, der in den letzten Jahren des Ersten Weltkriegs entstand und 1922 als Buch erschien, das unschätzbare Dokument jener irischen Selbsterkenntnis und Selbstironie, die am Anfang einer neuen Entwicklung steht. Der 'Bürger' in diesem Roman ist irisch-national, antisemitisch und beschränkt, aber aggressiv. Die Rolle Dublins als der Nabel der Welt für alle Iren wird von Joyce, der den größten Teil seines Lebens in Städten des Kontinents zubrachte, ironisiert.

Auf dem Boden der harten Tatsachen freilich blieb alles, wie es war: Die verschärften Spannungen zwischen England und Deutschland, das Wettrüsten auf dem Meer, der Panther-Konflikt in Marokko (so benannt nach einem als Demonstration entsandten deutschen Kanonenboot) und andere Nadelstiche führten zu der grotesken Situation, daß sich die Befürworter der Union mit England und ihre Gegner für die herannahende große Auseinandersetzung im Schatten eines Weltkriegs in Deutschland mit Waffen versorgten – und daß die deutschen Waffenfabriken in der Belieferung zahlungsfähiger Kunden nicht zimperlich waren, ist inzwischen ja aktenkundig. Ja auf dem Höhepunkt des Ersten Weltkriegs, als die Engländer an der Somme schwere Blutopfer brachten, gelang es Sir Roger Casement (1864–1916) sogar, eine ganze Schiffsladung Waffen für die irischen Rebellen aus Deutschland zu erhalten, der es aber nicht besser erging als den zahlreichen französischen Landungsversuchen in früheren Jahren.

Die Episode, wiewohl uns erheblich näher als jene spanischen, französischen oder jakobitischen Versuche, ist heute vergessen, aber der Mann, der damals an Bord eines deutschen Unterseeboots in seine Heimat gebracht wurde, verdient um so mehr unsere Beachtung, als auch von ihm und allem, was er vor diesem Abenteuer geleistet hat, überhaupt nicht mehr die Rede ist, und weil unsere Geschichte Irlands, da sie schon mit den großen fachwissenschaftlichen Darstellungen weder konkurrieren kann noch will, sich nun einmal die Menschen und die Schicksale zum besonderen Thema gewählt hat.

Roger David Casement wurde am 1. September 1864 in der Grafschaft Dublin geboren und von seinem Onkel, einem Ulster-Protestanten, aufgezogen. Er ging nach frühen Sprachstudien in den konsularischen Dienst und arbeitete unter schwierigen Verhältnissen in Portugiesisch-Ostafrika, dann in Angola und schließlich im Kongo-Staat, damals einem belgischen Protektorat. Casement wurde international bekannt, ja berühmt durch seine Aufdeckung jener unglaublichen Grausamkeiten, mit denen weiße Händler sowohl in Afrika als auch am Putamayo-River (Peru) die eingeborene Bevölkerung ausbeuteten und als Zwangsarbeiter zugrundegehen ließen. Sein Kongo-Report wurde 1904 publiziert und hatte weitreichende Folgen in der belgischen Kolonialverwaltung, sein Bericht über Peru brachte ihm den Adelsstand ein (1911), blieb aber wegen des 1914 ausbrechenden Krieges weitgehend folgenlos.

Erst 48 Jahre alt, zog sich Casement aus dem diplomatischen Dienst zurück, lebte fortan in Irland und beteiligte sich leitend in der Vereinigung der *Irish National Volunteers*, die gegen eine Teilnahme irischer Freiwilliger am Krieg agitierte. Über die USA reiste er nach Berlin, veröffentlichte antienglische Pamphlete, hatte aber keinen Erfolg, als er unter in Deutschland gefangenen irischen Soldaten nach Freiwilligen für eine Befreiungstruppe suchte. Da er feststellen mußte, daß die maritime Unterlegenheit des Deutschen Reiches eine

Invasion Irlands ausschloß, bemühte er sich verzweifelt, aber vergeblich, die für Ostern 1916 zu erwartende irische Revolte zu verhindern. Ein deutsches Unterseeboot brachte ihn im April 1916 nach Irland, wo er am Banna Strand in der Grafschaft Kerry an Land ging. Der britische Geheimdienst aber hatte die Deutschen erwartet; das Begleitschiff mit einer Ladung Waffen und Munition für die Aufständigen wurde gekapert, und die Engländer hatten folglich wenig Mühe, auch Sir Roger Casement gefangen zu nehmen und nach London zu bringen.

Wegen Hochverrats in Kriegszeiten angeklagt, wurde er am 29. Juni 1916 zum Tode verurteilt. Gegen seine Überzeugung, nur auf Drängen seiner Freunde und Familie, brachte er ein Gnadengesuch ein, das am 18. Juli von König Georg V. verworfen wurde. Am 3. August 1916 wurde Sir Roger Casement in dem riesigen Pentonville-Gefängnis gehängt. Es hatte nicht an Versuchen gefehlt, einen Strafaufschub und eine neue Verhandlung zu erreichen, doch begannen in den entscheidenden Tagen angebliche Tagebücher Casements zu zirkulieren, die detaillierte Darstellungen seiner homosexuellen Gewohnheiten und Erlebnisse enthielten. Die Diskussion über diese Blätter, die sich auf die öffentliche Meinung in einer für Casement sehr ungünstigen Weise auswirkten, führte noch 1959 zu einer vom Innenministerium in Auftrag gegebenen Prüfung durch Schriftsachverständige, doch auch sie erbrachte keine wirkliche Klarheit über Echtheit oder Fälschung. Die Iren aber ließen sich bei aller Religiosität von diesen Gerüchten nicht beeindrucken und führen Sir Roger Casement als einen der Märtyrer im Heldenbuch des irischen Widerstands gegen England. Die nach etwa einer Woche aussichtsloser Kämpfe in Dublin zusammengebrochene Revolte, als Oster-Aufstand unvergessen, hatte immerhin im Postamt von Dublin zur Ausrufung einer Irischen Republik geführt, dann war der Versuch blutig niedergeschlagen worden. Der Dichter Patrick Henry Pearse, der Gewerkschaftsführer Connolly und einige Mitstreiter wurden wenige Tage später von den Engländern hingerichtet (Erinnerungstatuette in der Schalterhalle des Postamts, das damals von der britischen Artillerie schwer beschädigt wurde).

Die harten Urteile im Fall einer lokalen Verschwörung, die keine ernstliche Gefahr für London darstellte, zeigt die Regierung Georgs V. unbesorgt hinsichtlich des irischen Nachbarn. Man war nach wie vor überzeugt, auf die Gefühle von *John Bull's other Island* keine Rücksicht nehmen zu müssen. Dabei hatten die Intellektuellen Irlands und auch der sich seiner keltischen Vorfahren rühmende H. G. Wells in ihrer Publizistik erkennen lassen, daß sie den Konflikt mit Deutschland mißbilligten. Shaw schrieb in diesem Sinn nicht nur im Organ der *Fabian Society*, sondern auch im vielgelesenen *Daily Chronicle*, und James Joyce, der als junger Mann ein gewisses Verständnis für die britische Weltmachtrolle aufgebracht hatte, erboste die Engländer durch die Veröffentlichung seines wohlgelungenen satirischen Gedichts über *Dooleyprudence*, aus dem wir nur die erste Strophe zitieren:

Who is the man when all the gallant nations run to war
Goes home to have his dinner by the very first cablecar
And as he eats the cantelope contorts himself in mirth
To read the blatant bulletins of the rulers of the earth?
    It's Mr Dooley
    Mr Dooley
    The coolest chap our country ever knew ...

In der Übersetzung von Fritz Senn liest sich das so:

Wer ist der Mann, der, wenn zum Krieg rennt
jeder Untertan,
heimfährt an seinen Mittagstisch mit der
nächsten Straßenbahn
und über seiner Melone süß vor Lust schier
in Zuckungen fällt,

liest er den allerneuesten Quatsch der Lenker dieser Welt:
's ist Mr. Dooley
Mr. Dooley
der kühlste Kerl, den im Lande ich seh ...

Daß dieses lange und witzige Gedicht, das von Strophe zu Strophe immer deutlicher wurde, dem britischen Konsul in Zürich (wo Joyce damals lebte) nicht gefallen konnte, ist klar, und Joyce reagierte auch in diesem Falle lyrisch, nach alter Irensitte mit einem Limerick:

There's an anthropoid consul called Bennett
With the jowl of a jackass or jennet,
    He must muzzle or mask it
    In the waste paper basket,
When he rises to bray in the Senate

Da Senn einen deutschen Reim auf Bennet offensichtlich nicht finden konnte, übersetzte er in Prosa:

Es gibt einen menschenähnlichen Konsul,
genannt Bennett,
mit der Wange eines Esels oder eines Ponys;
am besten verdeckt er sie mit einem Maul- oder Papierkorb,
bevor er sich zu seinem Eselsgeschrei im Senat erhebt.

Weit weniger harmlos war, was unmittelbar nach dem Ersten Weltkrieg begann: Die Unabhängigkeitserklärung Irlands am 21.1.1919, also wenige Wochen nach dem Waffenstillstand vom November 1918 und lange vor den Friedensverträgen von Versailles, und der Beginn blutiger Auseinandersetzungen, in denen erstmals die IRA, die Irische Republikanische Armee, auf den Plan trat. Andererseits hatte die irische Unabhängigkeit nun mit Eamon de Valera, einem 1882 in New York geborenen Mathematiker, eine Persönlichkeit mit

Weitblick und starker Intelligenz an ihrer Spitze. Valera war nach dem Osteraufstand ebenfalls zum Tod verurteilt, aber auf Grund amerikanisch-irischer Beziehungen begnadigt worden, konnte nach einer erneuten Verhaftung in die USA fliehen und bekämpfte 1922/23 in dem schmerzlichen inneririschen Bürgerkrieg den Dominion-Status, den London den Iren einräumen wollte. Da auch Kanada oder Neuseeland Dominions waren, brauchte man allerdings keine Herabwürdigung Irlands darin zu erblicken, zum Problem wurde vielmehr die Abtrennung der protestantischen Grafschaften von Nordirland und damit die Teilung der Insel gegen den Willen der Mehrheit ihrer Bevölkerung. Als Politiker mit praktischem Sachverstand erkannte de Valera jedoch schließlich das Machbare als Lösung an, gründete seine von Anfang an erfolgreiche *Fianna Fail* und zog nach ihrem Wahlsieg als Ministerpräsident die Fäden einer neuen maßvollen, das Ziel aber nicht aus den Augen verlierenden irischen Politik, vor allem in seiner langen ersten Ministerpräsidentschaft von 1932–48.

Da die Abtrennung von Nordirland bis heute eine offene Wunde und Grund zu dauerndem Unfrieden mit zahlreichen Verlusten an Toten und Verwundeten ist, muß man Eamon de Valera bescheinigen, daß er weiter geblickt hatte als sein Gegner William Thomas Cosgrave (1880–1965), der in dieser bewegten Zeit der großen Entscheidungen Präsident des Irischen Freistaates war. Andererseits offenbarte dieser Bürgerkrieg der Iren gegen die Iren schon die volle Brutalität der seither weltweit bekannt gewordenen Auseinandersetzungen und die Rücksichtslosigkeit dieses Kampfes, der auch Zivilisten vom ersten Augenblick an in keiner Weise schonte.

Als kennzeichnende Episoden seien nur erwähnt, daß damals der Dichter James Joyce beinahe seine Familie verloren hätte. Der *Ulysses* war erschienen, der Abverkauf der ersten Auflage hatte Joyce Geld ins Haus gebracht, und da dies sehr selten der Fall war, hatte Nora Joyce darauf bestanden, die irische Verwandtschaft zu besuchen. Gegen den Rat ihres Gatten, den eine Augenkrankheit in Paris festhielt, reiste sie zu ihrem Schwiegervater nach Galway, also in das im allgemeinen ruhige westliche Irland, geriet dort aber in so heftige Kämpfe, daß sie und ihre Begleiter buchstäblich Tag und Nacht nicht sicher waren. Noch im Zug nach Dublin wurden die drei von beiden Bürgerkriegsparteien beschossen, blieben aber unverletzt. Oliver Gogarty, Chirurg und Dichter (Joyce hatte drei seiner obszönsten Lieder in den *Ulysses* aufgenommen) rettete sich vor dem Terror durch einen Sprung in den Fluß Liffey und entkam schwimmend und tauchend – was allerdings Joyce, obwohl er Gogarty sehr mochte, mehr amüsierte als wirklich betroffen machte. Dennoch mögen solche Eindrücke mitgewirkt haben, als er entschied, nicht nach Irland zurückzukehren, obwohl er dem kurzzeitigen Präsidenten Griffith freundschaftlich verbunden gewesen war und der Kultusminister ihm für den Fall einer Rückkehr in die Heimat die schönsten Hoffnungen machte.

Wurde der Austritt Irlands aus dem British Commonwealth – dem Empire – auch erst 1949 rechtskräftig, so kann man doch sagen, daß in diesen Regierungsjahren des charismatischen Ministerpräsidenten de Valera alle Entscheidungen fielen. Er sprach nicht nur die Vernunft der Iren an – um die war es ja, wenn es um das eigene Land ging, nicht sonderlich gut bestellt –, sondern auch ihren alten romantischen Sinn, ihre Vorliebe für das Beinahe-Märchenhafte und für das Walten des Schicksals. De Valera war das Kind aus einer Ehe zwischen einem spanischen Künstler und einer irischen Mutter, und da sein Vater früh starb, ging es ihm wie Sir Roger Casement, er wuchs bei Verwandten in Irland auf, auch er im umstrittenen Nordirland, in der Grafschaft Limerick. Seine wiederholten Verhaftungen – in einem Fall sogar durch eine irische, englandhörige Regierung –, seine dramatische Flucht aus dem Gefängnis von Lincoln im Februar 1919, dies alles hob ihn heraus aus der Doppelphalanx der Diplomaten, die zu beiden Seiten der Irischen See ein Problem zu lösen versuchten, das mit den herkömmlichen Mitteln, die auf Kompromisse abzielten, nicht zu lösen war.

Bei Ausbruch des Zweiten Weltkriegs erklärte de Valera sein Irland als neutral, stellte zugleich aber starke heimische Abwehrkräfte auf. Er blieb bei dieser Haltung auch noch, als schließlich alle Staaten der Welt bis auf zehn (!) Deutschland den Krieg erklärt hatten oder von Deutschland mit Krieg überzogen worden waren; sogar das Bombardement der nordirischen Stadt Belfast im April 1941 brachte in der Haltung des Freistaates Irland keinen Wandel.

Heikel wurde die Lage, als sich ein Ire auf dem Höhepunkt der Auseinandersetzungen zum Hauptsprecher der antibritischen Propaganda gebrauchen ließ, nämlich William Joyce, wie de Valera in den Vereinigten Staaten geboren, aus einer Familie, die seit dem 12. Jahrhundert in Irland nachzuweisen ist. Joyce, der irische Jesuitenzögling, führte über deutsche Radiosender eine so haßerfüllte Kampagne gegen England und Amerika, daß man ihn Lord Haw-Haw nannte und nach dem Krieg hängte.

Als Eamon de Valera am 29. August 1975, also dreiundneunzigjährig, in Dublin starb, hatte er in seinem politischen Kampf gewonnen, was zu gewinnen war, sieht man davon ab, daß Nordirland der Republik nicht einverleibt wurde und die seit 1952 wiederholten Terrorismus-Verzichte der IRA und die Antiterrorismus-Gesetze selbst nur sehr bedingte Wirkung erlangten. Verloren hatte de Valera den Kampf um die Sprache der Iren, das Volks-Gälische, das ihm und einigen anderen beinahe so sehr am Herzen gelegen war wie die Unabhängigkeit der Insel von England. In den Zeiten, da er Staatspräsident war, also von politischen Tagesnotwendigkeiten nicht mehr so bedrängt wurde (1959–73) wäre noch Zeit und Gelegenheit gewesen, auf diesem Gebiet Erfolge anzubahnen, aber de Valera war im hohen Alter in zunehmendem Maße von Sehschwäche befallen und zeitweise so gut wie blind, was ihn außerordentlich behinderte.

Es ist die Frage, ob diese zwei ungelösten Probleme überhaupt zu lösen waren und ob die protestantischen Grafschaften innerhalb der Republik weniger Probleme verursacht hätten als die katholischen Dörfer und Stadtteile im britischen Nordirland. Und wie übermächtig die eingängige, bequeme, durch den modernen Verkehr, die Technik und die Medien weltweit vordringende englische Sprache sich auf allen Kontinenten durchsetzt, das erleben ja keineswegs nur die Iren, die in einer veralteten Sprache mit rudimentärer Grammatik und schwierigstem Vokabular von vorneherein chancenlos waren, sondern auch Völker, die eine im täglichen Gebrauch geschliffene und tauglich befundene Sprache gegenüber dem Englischen nur noch durch Gesetze und Vorschriften verteidigen können.

Harry Rowohlt, der vermutlich beste Übersetzer englischer und englisch-irischer Literatur, erzählt gerne die Geschichte von den Schulen auf der Insel, in denen man den Kindern, die gälische Worte gebrauchten, einen Stock um den Hals hängte. In diesen Stock wurde immer, wenn der Schüler ein gälisches Wort gebrauchte, eine Kerbe geschnitten, bis man die Eltern mit Geld- oder Gefängnisstrafen dafür belegen konnte.

Diese Zeiten sind glücklicherweise vorbei, und die paar hundert Familien, die auf den Aran-Inseln oder im irischen Westen das irische Gälisch sprechen, auf den äußeren Hebriden das schottische, die werden in keiner Weise bedrängt, im Gegenteil, man hegt und pflegt diese Sprachinseln trotz oder gerade wegen der Aussichtslosigkeit, aus der autochthonen Sprache der Insel eine lebendige und gebrauchte Sprache zu machen. Darüber können Ortsnamen und Bezeichnungen von Institutionen so wenig hinwegtäuschen, daß man dies besser unterlassen sollte. Gudrun Boch, die sich in ihrem schönen *Irischen Lesebuch* (Frankfurt 1996) als eine Enthusiastin für die Literatur der grünen Insel beweist, sagt es deutlich: Man sei hierzulande, aber auch in Irland selbst dazu übergegangen, den akademisch definierten Begriff angloirisch fallen zu lassen, schreiben doch 99 Prozent aller Autoren und Autorinnen der Insel heute in englischer Sprache, ungeachtet der Tatsache, daß es einige hochbegabte Lyriker gibt, die am angestammten Gälisch für ihre Poesien festhalten. Die 1893 von Douglas Hyde gegründete *Gaelic League* erhält jegliche öffentliche Förderung, und auch an den ein wenig bizarren Pfarrerssohn Hyde wird man heute noch oft erinnern, den Protestanten aus Tibohine, dessen Vorfahren erst nach Cromwell auf der Insel seßhaft wurden. Da er für den Schulunterricht zu kränklich war, wuchs er auf dem Land zwischen gälisch sprechenden Pfarrkindern seines Vaters auf, begann gälische Gedichte zu sammeln, Volkserzählungen herauszugeben und den Zeitgenossen durch zweisprachige Ausgaben die Scheu vor der schwierigen alten Sprache zu nehmen. Seine gälische Liga war – ein Kunststück für Irland – überkonfessionell. Und als 1938 ein erster Präsident für die noch gar nicht so wirkliche Republik Irland gesucht wurde, fiel die Wahl einstimmig auf Hyde (1860-1849), was ebenfalls als Seltenheit festgehalten zu werden verdient, denn die Zeit der Gemeinsamkeiten ist vorüber oder hoffnungsvoller: sie ist noch nicht wiedergekehrt. Die Republik Irland kann ihres inneren Friedens nicht recht froh werden angesichts des Dauerkampfes, der in ihrem Nordosten tobt, und auch die besonnensten Präsidenten und Ministerpräsidenten von Irland mußten sich den Vorwurf gefallen lassen, daß die katholische Republik zu wenig auf ihre Irredenta in Nordirland einwirke.

Der über das Fernsehen inzwischen in der ganzen Welt bekannte Kampf in Belfast und anderen nordirischen Orten ist ein beschämendes Ergebnis jener uralten religiösen Intoleranz, die in vierhundert Jahren nicht überwunden werden konnte, ein Kampf, der irische Dichter wie Bernard Mac Laverty von der Insel vertrieben hat, weil man seine kleine Tochter auf dem Schulweg mißhandelte, ein Krieg, der Kinder nicht verschont und dessen Akteure sich kaum verhüllt zum politischen Mord bekennen wie der Schriftsteller und

Politiker Gerry Adams in seinem Erinnerungsbuch *Bevor es Tag wird* (Berlin 1996).

Daß sich eine immerhin eineinhalb Millionen Menschen zählende Gruppe von zivilisierten Bewohnern eines modernen, in allen Weltorganisationen präsenten Staates von den Eierschalen des Religionshasses nicht freizumachen versteht, daß es immer wieder Umzüge mit Emblemen, Farben, Herausforderungen und Waffen gibt, obwohl man doch ebensogut zu Hause bleiben könnte, das erniedrigt nicht jene, die dies alles erleiden, sondern die anderen, die sich dadurch bestätigen zu müssen glauben. Aber diese Erniedrigung durch Gewalt und Unrecht ist nach Bernard Shaw dem Menschen sehr schwer auszutreiben: "Ein Maultier oder ein Esel wird sich nur bis zu einem gewissen Grad alles gefallen lassen, die Geduld dieser Tiere hat Grenzen; aber der Mensch läßt sich so tief und so lange erniedrigen bis zur Erbärmlichkeit" *(Mensch und Übermensch)*.

Die tragische Situation im umstrittenen Nordirland wurde zur blutigen Groteske, als der Verlust des afrikanischen Kolonialreiches und anderer britischer Kolonien das Mutterland mit Hunderttausenden Einwanderern der verschiedensten ethnischen Gruppen konfrontierte, denen der Zuzug nicht verwehrt werden konnte, weil sie britische Pässe hatten und die Beschränkungs-Gesetze nicht so schnell beschlossen werden konnten.

Auf der stolzen Hauptinsel leben darum heute etwa 800.000 Menschen, die sich zum Islam bekennen, 25.000 Buddhisten, eine halbe Million Glaubensjuden und eine unbekannte Anzahl assimilierter Juden vor allem sephardischen Ursprungs, also der Elite des Judentums zugehörig, die in Spanien, Konstantinopel, Rumänien, Bulgarien und Holland große Vermögen und stabile Familienverbindungen aufgebaut haben. Im adelstreuen England ist damit eine zweite Gesellschaft entstanden, die nicht nur wirtschaftlichen Einfluß ausübt, sondern auch in Presse und Kulturleben außerordentlich aktiv ist und Spitzenleute in Ministerien und höchste EU-Ämter entsendet. Davon wurde in England nicht viel gesprochen, bis die autobiographischen Schriften von Elias Canetti und Hilde Spiel und das sehr aufschlußreiche Erinnerungsbuch von Lord George Weidenfeld die neuen Verhältnisse auf der Insel ausleuchteten.

"Nichts ist so schlecht und nichts ist so gut", sagt Bernard Shaw, "daß sie es einen Engländer nicht werden vollbringen sehen, aber sie werden einem Engländer niemals beweisen können, daß er im Unrecht ist. Denn er tut alles aus Prinzip." Diese Prinzipientreue ist durchbrochen, sie ist in den großen Städten der Hauptinsel einer neuen Wirklichkeit gewichen, und wenn in Liverpool oder Bristol ganze Stadtviertel in Flammen stehen, dann wird der Terror rund um Belfast zum Buschfeuer. Trotz der Aufhebung aller verfassungsrechtlichen Bindungen zwischen der Republik Irland und Großbritannien gelten die Bürger des einen Staates im anderen nicht als Ausländer, und auch in schlimmsten Nordirland-Krisen hat sich Dublin den Wünschen der Nordirlandkatholiken nach der Entsendung irischer regulärer Truppen etwa nach Belfast oder Londonderry versagt. Es ist ein sehr langsames Aufeinanderzugehen der Gegner, und die Entwicklung in Irland selbst gibt im Menschlichen mehr Anlaß zur Hoffnung als im Politischen: Seit dem Februar 1997 dürfen sich irische Ehepaare scheiden lassen, für 45.000 getrennt lebende Paare bricht eine neue Zeit an ...

Die Könige Englands und (bis 1949) Irlands

1066–1087 Wilhelm I.
1087–1100 Wilhelm II.
1100–1135 Heinrich I.
1135–1152 Stefan v. Blois

Anjou–Plantagenet
1154–1189 Heinrich II.
1189–1199 Richard I. Löwenherz
1199–1216 Johann Ohneland
1216–1272 Heinrich III.
1272–1307 Eduard I.
1307–1327 Eduard II.
1327–1377 Eduard III.
1377–1399 Richard II.

Lancaster
1399–1413 Heinrich IV.
1413–1422 Heinrich V.
1422–1461 Heinrich VI.

York
1461–1470 Eduard IV.

Lancaster
1470–1471 Heinrich VI.

York
1471–1483 Eduard IV.
1483 Eduard V.
1483–1485 Richard III.

Tudor
1485–1509 Heinrich VII.
1509–1547 Heinrich VIII.
1547–1553 Eduard VI.
1553 Johanna (Jane)
1553–1558 Maria I.
1558–1603 Elisabeth I.

Stuart
1603–1625   Jakob I.
1625–1649   Karl I.
Lordprotektoren
1653–1658   Oliver Cromwell
1658–1659   Richard Cromwell
Stuart
1660–1685   Karl II.
1685–1688   Jakob II.
1689–1694   Maria II.
Oranien
1689–1702   Wilhelm III.
Stuart
1702–1714   Anna
Hannover
1714–1727   Georg I.
1727–1760   Georg II.
1760–1820   Georg III.
1820–1830   Georg IV.
1830–1837   Wilhelm IV.
1837–1901   Victoria
Sachsen-Coburg-Gotha
1901–1910   Eduard VII.
1910–1936   Georg V.
1936   Eduard VIII.
1936–1952   Georg VI.
1952   Elisabeth II.

Zeittafel

vor Christus:

7500-4000 Erste Besiedlung der Insel Irland, zunächst vom nördlichen England, dann auch von Schottland aus.

ab 4000 Erste Ackerbaukulturen auf der Insel. Beginn der Megalithbauten beinahe allenthalben auf Irland.

2000 Frühbronzezeit auf der Insel, zahlreiche Fundgegenstände aus Metall (Flachbeile, Dolche). Bronzegegenstände, Goldfunde.

500 Nicht gesichertes Datum der keltischen Einwanderung (Gälen). Kriege gegen die afro-iberische Einwohnerschaft. Festungsbau.

300 Eisenzeit auf der Insel mit hochstehender keltischer Kunst (La Tène-Stil). Die Kleinkönige umgeben ihre Residenzen mit Ringwällen (Tara).

55 und 54 Römische Landungen in England ohne Eroberung.

nach Christus:

ab 432 Missionierung des druidischen Irland durch den Hl. Patrick und andere Sendboten aus Gallien oder England. Einführung der Lateinschrift (vorher nur einige Inschriften in der sog. Ogham-Schrift).

5. bis 10. Jhdt. Gründung zahlreicher Klöster in allen Teilen Irlands, oft mit Hilfe jener Kleinkönige, die zum

Christentum übergetreten waren. Heidnische Gegenströmung (Bardenbewegung).

Seit dem 8. Jhdt. Erst vereinzelte Wikinger-Raubzüge gegen meernahe Klöster, dann massive Invasionen mit Städtegründungen. Einbeziehung des nördlichen und östlichen Irland (Dublin) in das Welthandelsnetz der Nordmänner.

1014 Brian Boru, Hochkönig von (Nord-)Irland, fällt in der siegreichen Schlacht von Clontarf gegen die Wikinger. Diese werden nach Norden (Orkneys, Shetlands) abgedrängt.

12. Jhdt. Beginn der Aufzeichnungen von bis dahin nur mündlich überliefertem irischem Sagengut.

ab 1170 Nach vereinzelten Eroberungszügen normannischer Barone aus England dehnt Heinrich II. Plantagenet den Einfluß der inzwischen in ganz England herrschenden normannischen Oberschicht auf Irland aus; der Westen der Insel bleibt weitgehend frei.

1500-1800 Führende anglo-normannische Familien machen die irische Unabhängigkeit zu ihrem eigenen politischen Anliegen. Harte Auseinandersetzungen mit den Tudors (Heinrich VIII.), zahlreiche Todesurteile, leichte Entspannung unter Stuartherrschern wie Karl II. und Jakob II.

1800/01 Nach gescheiterten französischen Invasionsversuchen zur Unterstützung irischer Aufstände und massiven Bestechungen von irischen Parlamentariern Unions-Akte. Irische Abgeordnete sitzen im Parlament des Vereinigten Königreichs von

Großbritannien und Irland. Die Auswanderung nach Übersee verstärkt sich.

1845-49 Mißernten, Kartoffelfäule und Verringerung der Anbauflächen zugunsten von Viehweiden verursachen die größte Hungersnot in geschichtlichen Zeiten. Irland verliert durch Hunger, Seuchen und Auswanderung etwa zwei Millionen Menschen.

1885 Die Sonderentwicklung im überwiegend protestantischen Nordirland wird deutlich, Widerstand gegen irische Unabhängigkeitstendenzen.

1921 Irland Freistaat innerhalb des britischen Weltreichs.

1949 Irland wird Republik und tritt aus dem British Commonwealth aus.

1985 Margret Thatcher und der irische Ministerpräsident Garret Fitzgerald schließen Nordirland-Abkommen zur Bekämpfung des Terrorismus.

Literatur-Hinweise

Zur Bequemlichkeit des Lesers wurden die Herkunftsorte der Zitate stets mit angegeben. Hier werden darum nur Bücher angeführt, denen meine Darstellung besonders viel verdankt bzw. die sie ergänzen.

Beckett, J. C.: Geschichte Irlands. Stuttgart (Kröner) 1971

Botheroyd, S. u. P. Lexikon der Keltischen Mythologie. München (Diederichs) 1992

Elvert, Jürgen: Geschichte Irlands. München (DTV) 1993

Löpelmann, Martin: Erinn: Alte irische Märchen und Geschichten (mit wertvoller Einleitung). Wien (Rudolf M. Rohrer) o. J. Reprint bei Diederichs in München.

Oeser, Hans-Christian: Treffpunkt Irland. Ein literarischer Reiseführer. Stuttgart (Reclam) 1996

Paor, Maire u. Liam: Alt-Irland (Frühchristliches Irland). Köln (Dumont-Schauberg) 1960

Thierry, Augustin: Histoire de la Conquête de l'Angleterre par les Normands. 2 Bände, Paris (Garnier Frères) 1830. Altes, durch Originalzitate aus den Quellen nach wie vor wertvolles Standardwerk, ausführliche Irland-Partien.

Nach Fertigstellung meines Manuskriptes wurde mir bekannt:

Kossow, Annette:	Reisehandbuch Irland. Dormagen (Iwanowski-GmbH) 1996/97. Führer mit reicher historischer Information.
Empfehlenswerte Landkarten:	Four Holiday Guide Maps of Ireland ISBN 1–873819–00–5 Belfast 1995

Wer sich besonders für die aktuelle, in unserem Jahrhundert entstandene Situation in Irland und Nordirland interessiert, findet auf dem deutschen Büchermarkt etwa zwei Dutzend Titel zu diesem Thema. Besonders empfehlenswert:

Elvert, Jürgen:	Vom Freistaat zur Republik. Bochum 1989
Raatz, Hans:	Der Nordirland-Konflikt und die britische Nordirlandpolitik seit 1968. Stuttgart 1990

Personenregister

Agricola 42, 75 f.
Armagh, Benignus von 109
Avienus, Rufus Festus 20 f.
Becket, Thomas 186 f., 189, 195
Bellingham, Sir Eduard 269 f.
Bernhard von Clairvaux 225
Bicknor, Alexander de 240
Blount, Charles, Lord Mountjoy 276 f.
Boleyn, Anna 253 ff., 273
Boleyn, Sir Thomas 254
Boru (Boruma), Brian, König 106 f., 154 ff.
Brendan, Hl. 71 f., 128 ff., 134 ff.
Brigida, Hl. 109 f.
Brouet, Jesuit 267 f.
Bruce, Eduard 209, 213 f.
Burgh, de, Familie 208 ff., 219
Burgh, Hubert de 210
Butler, Black Tom, Earl of Ormond 211
Butler, Edmond, Earl of Carrick 210 f.
Caesar, Gaius Julius 42 ff.
Canynges, William 243
Casement, Sir Roger 331 ff.
Cavanagh (Kavanagh), Familie 259, 300 f.
Cessair 13 f.
Ciarán, Hl. 168
Clare, Richard de siehe FitzGilbert de Clare
Clemens V., Papst 240, 253
Columba, Hl. 142 f.
Conall Cernach 79, 101
Conchobar, König 78 ff., 84, 87
Condla (Connle) 72 f.
Cosgrave, William Thomas 336
Courcy, John de 213, 220
Cranmer, Thomas 253, 267 f.
Cromwell, Oliver 167, 173, 286 ff.
Cromwell, Thomas 257

Cuchullin 78 f., 81 ff., 152
Cuimine Fota (Cummineus Longus) 177 f.
Cummianus 177
Dermot mac Murrough (Diarmait mac Murchada), König 182, 184 f.
Desmond, Familie 233, 236 ff., 259 f.
Devereux, Robert, Earl of Essex 275 f.
Diarmait mac Cerbaill 168 f.
Eduard IV., König 233, 238 f., 246
Elisabeth I., Königin 202, 211, 273 ff., 280
Elisabeth II., Königin 8
Enda (Endeus), Hl. 112 f.
Finnian, Hl. 111
Fitzgerald, Earls of Kildare, Familie 233 ff., 257
Fitzgerald, Gerald (Garret), gen. Mòr 235, 256 f.
FitzGilbert de Clare, Richard, gen. Strongbow 185 f., 188, 190 f., 195, 199, 202 f., 206
Flann, Sinna, König 169, 174 f.
Georg III., König 312
Ginkell, Godbert de, Earl of Athlone 295
Giraldus Cambrensis 110, 183, 234
Gray, Jane, Königin 272
Grey, Lord Arthur 268, 279
Griffith, Familie 234
Hadrian IV., Papst 183
Heinrich I., König 180 f.
Heinrich II., König 181 ff., 185 ff.
Heinrich VI., König 228 ff.
Heinrich VII., König 232, 236 ff.
Heinrich VIII., König 252 f., 255 ff., 266 ff.
Hillery, Patrick 8 f.
Hoche, Lazare 308
Hyde, Douglas 340

Ireton, Henry 288
Jakob I., König 282 f.
Jakob II., König 291 ff.
Johann (ohne Land), König 200, 207
Johannes Paul II., Papst 7
Joyce, James 331, 334 ff.
Joyce, William 338
Karl I., König 283 ff.
Karl II., König 289 f.
Keats, John 325 f.
Kildare, Familie siehe Fitzgerald
Kitler, Alice 263 ff.
Knut der Große, König 162 ff.
Lacy, Hugh de 195, 199 ff.
Lech, John 240
Lionel, Duke of Clarence 211
Loigaire (Leoghaire), König 97 f., 101 f.
MaelDuin 134 f.
Malachias, Erzbischof 225
Manchanus Leprosus, Hl. 223 f.
Maria I., Königin 261, 272
Noigiallach, Niall 90
O'Brien, Familie 156, 259 f.
O'Connell, Daniel 316 f.
O'Connell, John 317
O'Connor, Roderick, König 175, 191 ff., 199 ff.
O'Connor, Turlough 166, 175
O'Donnell, Earl of Tyrconnell 277 f.
O'Neill, Familie 142, 259 ff., 283 f.
O'Neill, Conn, Earl of Tyrone 260
O'Neill, Hugh, Earl of Tyrone 276 ff., 280
O'Toole, Familie 259 f.
O'Toole, Laurence 203
Oengus 66 f.
Ormonde, Earl of 286 f.
Palladius, Bischof 94 f.
Partholon 12 f.
Patrick, Hl. 28, 89 ff., 107 ff., 126

Pelagius 93
Pitt, William (der Ältere) 305 f.
Pitt, William (der Jüngere) 312
Pytheas 18, 20
Raleigh, Sir Walter 278 f.
Richard, Duke of York 228 ff.
Robinson, Mary 8, 10
Roderick von Connaught siehe O'Connor, Roderick
Rodyard, William 241
Saint-Leger, Sir Anthony 258 ff., 269, 271
Saint-Leger, Sir William 262
Sarsfield, Patrick 295 f.
Schomberg, Friedrich von 293
Shaw, George Bernard 327
Skeffington, William 257 f.
Spenser, Edmund 279
Swift, Jonathan 297 f., 303
Synge, John Millington 322
Tone, Theobald Wolfe 311
Tyrconnell, Earl of 278, 292 f.
Tyrone, Hugh Earl of siehe O'Neill, Hugh
Valera, Eamon de 335 ff.
Victoria, Königin 320 ff.
Warbeck, Perkin 236 ff.
Weckherlin, Georg Rudolph 293 f.
Wentworth, Thomas, Earl of Strafford 284 ff.
Whittington, Richard 242 f.
Wilhelm der Eroberer, König 160 f.
Wilhelm III., König 293, 296, 299
Wolsey, Thomas 252 f., 255
Yeats, William Butler 227, 239, 242, 322

Autor und Verlag bitten um Verständis für die Tatsache, daß nur die wichtigsten Personen- und Ortsnamen aufgenommen wurden und daß zu diesen wiederum nur die Hauptstellen verzeichnet werden konnten.

Ortsregister

Aenghus 52
Aghrim 295
Anglesey 39 ff., 44
Annagassan 152
Antrim, Grafschaft 32 f.
Aran-Inseln 52, 112 f., 322 f., 339
Armagh 80, 104, 106 f., 109, 267
Arvagh 65
Athenry 262 f.
Athlone 270
Ballingskelligs 115
Ballyferriter 279
Bann, Fluß 32
Barrow, Fluß 151
Boyne, Fluß 25, 28, 60 f., 293
Brendan Hill (Montain) 129
Carrickfergus 220, 307
Cashel, Kloster 116 f., 193 f.
Céide Fields 8
Clonard 111, 173
Clonfert 129, 176 f.
Clonmacnois 167 ff.
Clontarf 155 f.
Cong, Kloster 201, 223
Cork 321
Dingle 51, 129
Downpatrick 96
Drogheda 153, 220, 287
Dublin 146 f., 153 f., 162, 184, 195 f., 202 f., 239 ff., 286 f., 320 f., 327, 331, 333
Dunbeg, Fort 51
Dunbrody 151
Dundalk 152
Durrow 200
Emuin Macha 79 f., 84
Färöer-Inseln 131 ff.
Fochlad 92
Galway 219 f.
Great Skellig 113 ff.
Inishmore 112 f.
Inverdea 95
Iona 57, 142
Island 133 f.
Kells 223 f.
Kildare 109 f., 233, 239
Kilkenny 211, 264 f.
Killala-Bay 92
Knock 7
Knowth 28
Lambey siehe Reehru
Lemanaghan 223 f.
Liffey, Fluß 146 f.
Limerick 296
Lindisfarne, Kloster 141, 143
Lough Neagh 32
Man, Insel 42 ff.
Meath, Grafschaft 54, 99
Mellifont 225
Mona (Mon) siehe Anglesey
Munster, Grafschaft 154
Na Cruacha Dubha 21
Newgrange 25 ff.
Ormond Castle 211
Pale 202, 205, 267
Portadown 284
Prescelly-Berge 29
Rathmullan 278
Reehru 144 f.
Ronaldsway 43
Rough Island 32
Saul 96
Scilly-Inseln 15 ff.
Shannon, Fluß 60 f., 168
Skellig Michael siehe Great Skellig
Strangford Lough 96
Tara 54 ff., 87, 116
Trim 98
Tyrone, Grafschaft 32 f.
Ulster, Grafschaft 3 f., 80
Waterford 162, 191, 237
Wexford 151 f., 162, 288
Wexham 149 f.
Wicklow, Grafschaft 95
Youghal 279

Geneologische Tafeln (stark vereinfacht)

Normandie und Anjou

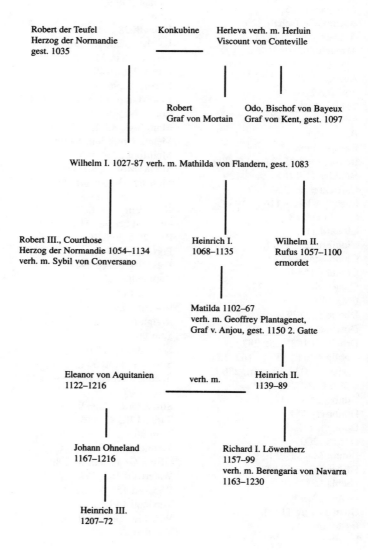

Lancaster und York

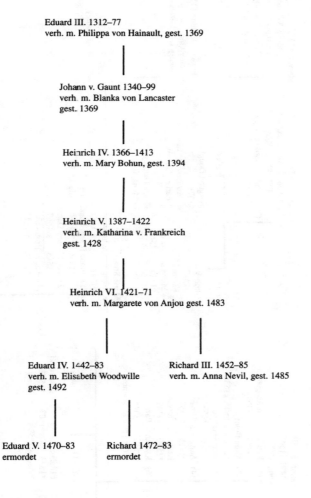

Stammbaum der Familie Tudor

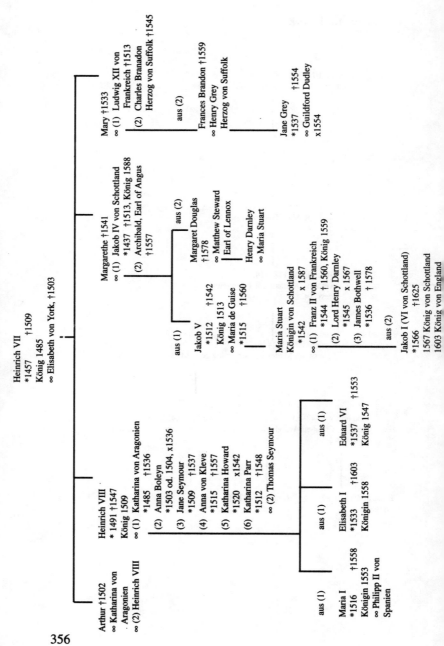

Von Tudor zu Stuart

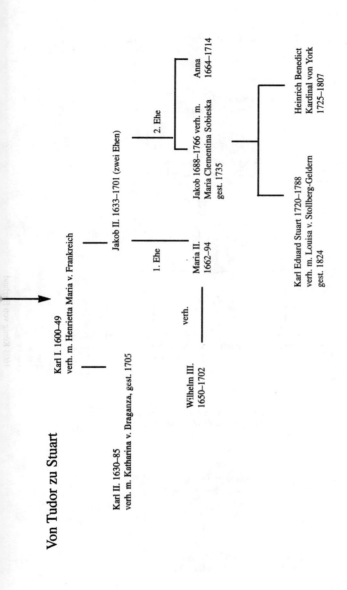

Hannover und Sachsen-Coburg-Gotha

Georg I. 1660–1727
verh. m. Sophia Dorothea v. Celle, gest. 1726

Georg II. 1683–1760 verh. m.
Caroline v. Anspach, gest 1737

Sohn

Georg III. 1738–1820 verh. m.
Charlotte Sophia v. Mecklenburg Strelitz gest. 1818

Georg IV. 1762–1830 verh. m.
Caroline v. Braunschweig-Wolfenbüttel
gest. 1821

Wilhelm IV. 1765–1837 verh. m.
Adelaide v. Sachsen-Meiningen
gest. 1849

Eduard Hzg. v. Kent 1767–1820 verh. m.
Victoria v. Sachsen-Coburg-Saalfeld

Victoria 1819–1901 verh. m.
Albert v. Sachsen-Coburg-Gotha
gest. 1861

Eduard VII. 1901–1910
verh. m. Alexandra v. Dänemark
gest. 1925

Weitere interessante und preiswerte Romane:

Hermann Schreiber:
Die Geschichte Schottlands
390 Seiten, Format 13,0 x 21,5 cm,
gebunden, 12 Seiten Bildteil
Best.-Nr. 157 404
Sonderausgabe nur DM 19,80

Hermann Schreiber:
Die Hunnen
352 Seiten, Format 13,5 x 21,5 cm,
gebunden, 24 Seiten Bildteil
Best.-Nr. 160 390
Sonderausgabe nur DM 19,80

Hermann Schreiber:
Die Geschichte der Päpste
384 Seiten, Format 14,3 x 21,5 cm,
gebunden, 16 Seiten Bildteil
Best.-Nr. 204 800
Sonderausgabe nur DM 19,80

Hermann Schreiber:
Marie Antoinette
568 Seiten, Format 12,5 x 18,7 cm,
gebunden, 8 Seiten Bildteil
Best.-Nr. 236 737
Sonderausgabe nur DM 16,80

Albert Martin Steffe:
Die Hugenotten
564 Seiten, Format 12,5 x 21,5 cm,
gebunden, zahlreiche s/w-Abbildungen
Best.-Nr. 228 098
Sonderausgabe nur DM 19,80

Gerhard Herm:
Die Kelten
438 Seiten, Format 14,5 x 22,0 cm,
gebunden, mit Bildtafeln
Best.-Nr. 490 029
Sonderausgabe nur DM 19,80

Eberhard Zangger:
Atlantis – Eine Legende wird entziffert
336 Seiten, Format 13,0 x 21,0 cm,
gebunden mit Schutzumschlag,
durchgehend s/w Bebilderung
Best.-Nr. 295 592
Sonderausgabe nur DM 19,80

D.S. Lichatschew / G. Wagner
G. Wsdornow / R.G. Skrynnikow:
Rußland
488 Seiten, Format 24,0 x 21,5 cm,
gebunden mit Schutzumschlag,
durchgehend farbig bebildert
Best.-Nr. 278 523
Sonderausgabe nur DM 49,80

Bestellungen an Weltbild Verlag GmbH,
Steinerne Furt 68–72, 86167 Augsburg